教育的变革

钟秉林 著

商务印书馆
创于1897 The Commercial Press

图书在版编目(CIP)数据

教育的变革/钟秉林著. —北京:商务印书馆,2020
ISBN 978-7-100-18510-3

Ⅰ.①教… Ⅱ.①钟… Ⅲ.①教育改革—中国—文集 Ⅳ.①G521

中国版本图书馆CIP数据核字(2020)第086550号

教育的变革
钟秉林 著

商 务 印 书 馆 出 版
(北京王府井大街36号 邮政编码100710)
商 务 印 书 馆 发 行
北京艺辉伊航图文有限公司印刷
ISBN 978-7-100-18510-3

2020年8月第1版 开本710×1000 1/16
2020年8月北京第1次印刷 印张31½
定价:98.00元

自　序

一

在商务印书馆出版的《大学的走向》一书中，收录了2015年之前我在高等教育领域的研究成果，时光流逝，转瞬间五个年头过去了。这五年，是党的十八大以来我国优先发展教育的理念和战略落到实处的五年。党中央、国务院颁布、实施多项教育改革文件和方案，为改革提供了方向与制度保障。2019年2月，中共中央、国务院印发了《中国教育现代化2035》，中共中央办公厅、国务院办公厅印发了《加快推进教育现代化实施方案（2018—2022年）》，这是中国特色社会主义进入新时代，党中央、国务院作出的重大战略部署，是贯彻党的十九大精神和全国教育大会精神、加快教育现代化的重要举措。中国教育处在了新的历史起点。

这五年，一方面，作为北京师范大学教育学部的教授，我继续指导高等教育学专业的硕士和博士研究生，开展高等教育研究工作，在人才培养与质量保障、"双一流"建设、地方普通本科院校转型发展、民办高等教育发展等领域都有所涉及。2014年国家启动新一轮高考综合改革以来，我担任国家教育考试指导委员会委员，带领研究团队跟踪浙江、上海、山东、北京等地高考综合改革实施进展，评估高考改革实施效果，研究视野更多转向高等教育与基础教育的衔接与协调发展。另一方面，出于中国教育学会工作需要，研究领域拓展到整个教育系统，包括义务教育、学前教育和高中教育等领域。在研究工作中愈发意识到，随着我国教育普及化程度的迅速提高，教育利益相关者增多，公众对优质教育资源的选择性需求旺盛，教育政策制定与改革举措实施过程中的利益冲突与博弈更加凸显，因此，必须加强系统研究和顶层设计，推进综合改革和内涵建设，做好决策咨询，推动发展更加公平更高质量的教育。本书收录的论文也多是这个时期我的所思所想。

二

本书主要收录了2015年以来正式发表的有关论文，包括六个部分：

第一，教育发展与综合改革。这部分反映了笔者对改革开放以来我国教育发展的宏观思考与判断，包括遵循教育规律、坚持依法治教、深化综合改革，提高教育质量和建设教育强国，以及对高等教育、基础教育、学前教育等不同学段教育改革与发展问题的思考与研究。

第二，高等教育发展方式变革。这部分反映了笔者对高等教育发展思路与策略的思考与判断，重点关注我国高等教育发展方式从外延式发展到内涵式发展的转变，探讨不同类型高等学校质量提升的路径。文章涉及“双一流”建设、地方普通本科院校转型发展、新建本科院校和民办高校内涵建设等。

第三，普通高校考试招生制度改革。这里主要汇集了笔者对我国普通高校考试招生制度的思考与研究成果，包括回顾我国高考改革的价值取向变迁，预判新一轮高考改革对中学、高校乃至整个教育领域带来的挑战，评价高考综合改革试点省份的实施效果，并进而提出改善高考综合改革科学性与公平性的对策建议。

第四，高校人才培养模式变革。这里面的文章涉及高校学科建设与专业建设的关系辨析、通识教育内涵及其实践路径、大学生批判性思维的养成与学习结果评价、学位与研究生教育改革，以及高校教师的专业发展等，其宗旨在于强调人才培养模式变革是高校内涵建设的核心。

第五，信息科技驱动下的教育变革。这里主要是笔者对信息技术与教育教学融合发展趋势的思考与判断，包括互联网、慕课、翻转课堂、STEAM 教育等对传统教育教学观念、教师角色、教学与学习过程、教学组织形态、教学管理机制等带来的新挑战，以及应对挑战应保持的敏锐目光和理性态度。

第六，教育治理体系变革。在这个部分，笔者主要探讨了教育治理体系与治理能力现代化问题，包括现代大学制度建设、高校章程中的学术治理、大学与政府的法律关系规范、科研管理体制创新、中外合作办学的质量监控、独立学院的发展，以及民办教育培训行业的规范与发展等。

三

今年适逢中华人民共和国成立 70 周年，我们要回首来路、展望未来。

70 年来，尤其是改革开放以来，中国社会政治、经济、文化领域取得了巨大的发展成就，创造了震撼世界的奇迹，解决了 13 亿人口的温饱问题，实现了最大规模的经济和社会转型，正在实现从人口大国向人力资源强国的历史性转变，我国教育发展水平已经迈入世界中上行列。中华人民共和国成立之初，内忧外患，国际上遭遇美国的孤立封锁政策，国内经济形势一穷二白，新中国逐步走向自力更生的科教发展道路。十一届三中全会以后，中国实施改革开放战略，邓小平提出“科学技术是第一生产力”的重要论断，科教兴国成为中国参与世界竞争的新战略。党的十八大以来，在以习近平同志为核心的党中央领导下，中国进入实现中华民族伟大复兴的新时代，对教育发展提出了新的战略要求。面向新时代，我国教育发展的目标、战略地位、教育形态、发展模式、治理体系都呈现出新的样态与特征。

70 年来，我国教育发展的目标已经从规模普及转向质量提升。面向新时代，我们期待更加公平、优质、卓越的教育。新中国成立之初，我国教育发展的重要任务是“基本扫除青壮年文盲”，2002 年教育发展的重要任务是“两基”攻坚：基本普及义务教育、基本扫除青壮年文盲。进入 21 世纪，我国教育普及化程度大为提高，截至 2018 年，九年免费义务教育全面实施，巩固率为 94.2%；学前教育加快普及，毛入学率 81.7%；高中阶段教育基本实现普及，毛入学率 88.8%；高等教育毛入学率 48.1%，今年即将迈入普及化阶段；中等职业教育和高等职业教育已经成为高中阶段教育和高等教育的半壁江山。当前，教育领域的主要矛盾已经转化为人民群众对优质教育的需求与优质教育资源供给不充分不平衡的矛盾，教育公平与质量问题凸显，择校、进城务工人员随迁子女接受教育、大学生就业等已经成为社会广泛关注的热点问题。我国教育的发展方式正在发生根本性转变，从以规模扩张和空间拓展为特征的外延式发展，转变为以提高质量和优化结构为核心的内涵式发展。具体表现在：义务教育要兼顾均衡发展与质量提升，学前教育要坚持抓好普及与提高质量并重，高等教育要兼顾优化体系结构与提高整体水平，职业教育要适应科技进步和产业革命需求，同时要利用市场机制推动教育可持续发展。面向未来，我国教育要致力于拓展优质教育资源覆盖面，合理配置有限的优质教育资源，提升中国教育的国际地位。

70 年来，我国教育的战略地位逐步提升，从为政治建设、经济发展服务上升为优先发展。面向新时代，我们期待教育发展引领经济社会可持续发展。新中国成立之初，百废待兴，教育的首要目标是保障工农大众的受教育权，教育在国家政治目标中占有重要地位。改革开放以来，教育事业成为社会主义现代化建设的战略重点，科教兴国成为中国经济社会发展的重要战略。近年来，国家财政性教育经费占全国教育经费投入的比重平稳增加，国家财政性教育经费占 GDP 的比重从 2012 年起实现了 4%的既定目标。2018 年，习近平总书记在全国教育大会上强调，教育是党之大计、国之大计，教育的基础性、先导性、全局性地位更加凸显。实施“双一流”建设计划，致力于培养创新型人才，提升我国高等教育的综合实力和国际竞争力，建设高等教育强国；加快发展现代职业教育战略的实施，致力于构建现代职业教育体系，培养应用型人才，提升国民素质；加强教师队伍建设，致力于提高教师的政治地位、社会地位和职业地位，为教育发展提供人力资源保障。面向未来，我们期待中国教育能够引领实现“两个一百年”的奋斗目标，实现中华民族伟大复兴的中国梦。

70年来，我国教育信息化发展从无到有、由弱到强。面向新时代，我们迎接信息革命驱动下的教育现代化新形态。我国教育信息化发展萌芽于20世纪80年代初期，正式起步于90年代。近年来，人工智能、大数据、虚拟现实、区块链等新兴技术日新月异，我国政府先后颁布了《新一代人工智能发展规划》《教育信息化2.0行动计划》，教育信息化建设进入了新的发展阶段。新兴信息技术与教育教学深度融合，正在改变着传统的教育教学观念、教学组织形态、教学方式方法，知识传播方式从传统的单向传递转为多向互动，教师的角色正在从学生的知识传授者转变为学生学习活动的设计者、组织者和指导者。中小学校和高等学校在为信息科技革命提供人力和智力支撑的同时，要主动适应信息科技创新带来的教育形态的变革和就业市场的变化，保持敏锐的目光，主动、理性地应对挑战。面向未来，在向现代化教育形态转变的同时，也呼唤我们回归生命养成的教育，让我们的孩子们学会学习，迎接不确定性的未来社会。

70年来，我国教育发展的模式从照搬、模仿转向自主探索。面向新时代，我们期待我国教育能够为世界教育发展和教育国际化作出中国贡献。新中国成立之初，我国先是全面照搬、模仿苏联的发展模式。1978年，我国掀起了“实践是检验真理的唯一标准”大讨论，教育也开始在照搬、模仿国外经验的基础上探索中国特色发展道路。习近平总书记在全国教育大会上强调指出，在实践中，我们就改革发展提出一系列新理念新思想新观点，包括：坚持党对教育事业的全面领导，坚持把立德树人作为根本任务，坚持优先发展教育事业，坚持社会主义办学方向，坚持扎根中国大地办教育，坚持以人民为中心发展教育，坚持深化教育改革创新，坚持把服务中华民族伟大复兴作为教育的重要使命，坚持把教师队伍发展作为基础工作。这是我们对我国教育事业规律性认识的深化，要始终坚持并不断丰富、发展。教育发展的模式要根据各国不同的历史传统、现实国情和发展方向来进行抉择，不能走趋同的道路。面向未来，我们要坚守中国优秀文化传统，加强国际化战略思维，探索和总结教育改革发展的中国方案与中国经验；追求质量卓越，努力培养具有中国灵魂、国际视野、国际理解力和参与能力的世界公民。

70 年来，我国教育体制机制经过重建、调整和改革，在摸索中不断前行。面向新时代，我们期待建立政府主导、多元参与的中国特色现代化教育治理体系。新中国成立之初，教育体制机制的建立是与计划经济体制相适应的；经过“文革”十年浩劫之后，迫切任务是拨乱反正，1977 年恢复高考就是我国恢复与重建教育新秩序的开端。改革开放以来，我国教育体制机制改革的核心是简政放权、扩大学校办学自主权，建立与社会主义市场经济体制相适应的教育管理体制。21 世纪以来，我国进入深化教育领域综合改革、推进教育治理体系与治理能力现代化的新阶段：义务教育管理体制逐步完善，举办农村义务教育的责任由主要依靠群众转到主要由政府承担，将政府对农村义务教育的责任从乡镇为主转到以县为主，建立了中央和地方分项目、按比例分担的农村义务教育经费保障机制；逐步探索普通高校考试招生制度改革，人才选拔的标准从知识本位转向能力本位，考试科目从文理分科走向文理融合，考试方式从单一走向多元，招生录取更加注重科学性与公平性；民办学校在改革开放后得以恢复和快速发展，教育经费投入渠道多方拓展，形成了从学前教育到高等教育、从学历教育到非学历教育，层次类型多样、充满生机活力的发展局面。面向未来，我们要进一步深化教育领域综合改革，建立和完善政府主导、多元参与的新型教育治理体系，实现治理能力的现代化，为实现教育现代化，建设教育强国提供体制机制保障。

继往开来，不忘初心。流年可忆，未来可期。

是为序。

2019 年 12 月

目　　录

教育发展与综合改革

推进教育综合改革　适应经济社会新常态 …………………………… 3
深化综合改革　坚持依法治教　提高教育质量 ………………… 10
努力为国家现代化事业提供人力资源支撑 ………………………… 22
遵循教育规律　建设高等教育强国 ………………………………… 27
加强科学谋划　提高教育质量 ……………………………………… 30
关于基础教育集团化办学的若干思考 ……………………………… 42
特大城市义务教育均衡发展的成功探索 …………………………… 45
农村义务教育学校公用经费支出实证研究 ………………………… 49
积极探索小学全科教师的培养 ……………………………………… 64
发展学前教育要坚持抓好普及与提高质量并重 …………………… 67
发展更加公平更有质量的教育 ……………………………………… 70

高等教育发展方式变革

转变教育发展方式:教育事业科学发展的必然选择……………… 75
强化高校办学主体地位　促进内涵建设和质量提升 …………… 90
扎实推进世界一流大学和一流学科建设 ………………………… 98
一流本科教育是“双一流”建设的重要内涵 …………………… 112
在建设一流学科的进程中着力加强创新人才的培养 ………… 122
我国地方普通本科院校转型发展若干热点问题辨析 ………… 131
我国地方普通本科院校转型发展路径探析 …………………… 146

新建本科院校要高度重视内涵发展和质量建设 …………………… 159
民办高校要高度重视和切实加强文化建设 ………………………… 169
科学谋划 励精图治 创建高水平民办大学 ………………………… 176

普通高校考试招生制度改革

我国高考改革的价值取向变迁与理性选择 ………………………… 187
回望与启示:纪念恢复高考40周年 ………………………………… 205
科学认识招生计划管理 正确看待区域教育公平…………………… 215
深化综合改革 应对高考招生制度改革新挑战…………………… 219
高考招生制度改革与高中学校人才培养 ………………………… 229
高等学校要主动应对高考招生制度改革新挑战…………………… 232
新高考背景下高校招生与人才培养的成效、困境及应对 ……… 241
新高考综合评价招生的成效与现实困境探析……………………… 255
积极稳妥推进高考综合改革 ……………………………………… 269

高校人才培养模式变革

试析本科院校学科建设与专业建设 ………………………………… 275
通识教育的内涵及其本土化实践路径探析………………………… 285
人才培养模式改革是高等学校内涵建设的核心…………………… 298
大学生批判性思维养成的影响因素及培养策略研究 …………… 309
大学生学习结果评价:高等教育质量保障的新视角 …………… 327
欧洲高等教育区质量保障及其对“双一流”建设的借鉴 ……… 338
教育专业学位新拓展 职业教育发展新举措……………………… 351
关于“十三五”期间深化研究生教育改革的建议………………… 360
我国大学教师发展的现状、困境及对策 ………………………… 363

信息科技驱动教育变革

互联网技术与学习革命 ……………………………………………… 377

互联网教学与高校人才培养 …… 383
慕课发展与大学人才培养模式改革 …… 391
STEAM 教育如何本土化 …… 399
信息科技驱动下的教育变革 …… 403

教育治理体系变革

建设现代大学制度　推进高校内涵发展 …… 419
高校章程中学术机构及其运行模式 …… 424
我国大学与政府的法律关系：规范分析的范式 …… 437
论日本竞争性经费配置机制对我国创新科研管理的启示 …… 451
独立学院发展再审视 …… 464
我国民办教育培训行业发展现状与对策 …… 477

后　记 …… 488

教育发展与综合改革

推进教育综合改革　适应经济社会新常态*

中共中央十八届五中全会公报明确提出了到2020年“全面建成小康社会”的奋斗目标。作为立国之本、民生之基，在全面建成小康社会的伟大征程中，教育必将被放在优先发展的战略位置并发挥不可替代的作用。如同经济社会领域重大方针政策的制定一样，教育事业的发展离不开关键节点作出的重要决策。1985年经中共中央政治局审议通过的《中共中央关于教育体制改革的决定》（以下简称《决定》）具有里程碑意义，我国教育事业由此进入了发展的快车道。从1986年颁布《中华人民共和国义务教育法》到1993年印发《中国教育改革和发展纲要》，从1999年发布《中共中央、国务院关于深化教育改革，全面推进素质教育的决定》到2010年印发《国家中长期教育改革和发展规划纲要(2010—2020年)》，这些都是我国教育事业改革发展进程中的重要节点。值此《决定》发布30周年和“十三五”规划即将开启之际，我们有必要对《决定》实施30年以来我国的教育改革与发展进行梳理，从而为新形势下的教育改革提供有益的思考。

一、教育改革成就举世瞩目

党的十八届五中全会提出，到2020年，我国要全面建成小康社会，这是我们党确定的“两个一百年”奋斗目标的第一个一百年奋斗目标，而“十三五”则是完成这一奋斗目标的决胜阶段。当我们以昂扬的斗志

---

* 原载《教育与职业》2016年第1期。

与百倍的信心开始这一段伟大征程时，我们需要意识到：今天的高起点是改革开放以来经济社会改革积淀的结果，教育事业为经济社会发展提供了强大的精神动力与智力支持。伴随着我国改革事业的蓬勃发展，我国教育改革事业成就斐然。

随着我国改革开放事业的不断深化和经济社会的快速发展，我国教育领域也积极推进各项改革，由此带动了我国教育事业的跨越式发展，成就为世人所瞩目。无论是学前教育、中小学阶段教育及高等教育各阶段教育，还是普通教育、职业教育、成人教育等各类型教育，都得到了长足发展。总体上看，我国学生上学难的问题基本得到了解决，入学机会已经不再是社会的稀缺资源，与此同时，人民群众对优质教育资源有着新的更大的需求。

随着教育普及化程度的不断提高，教育公平已经成为人民群众关注、关心的新的焦点。教育资源配置进一步向薄弱学校、欠发达地区和弱势群体倾斜；农村薄弱校改造工程、农村义务教育学生营养改善计划继续实施，缩小了教育的城乡差距和区域差距；支援中西部地区招生协作计划和联片贫困地区招生计划的实施，增加了中西部地区学生和农村学生接受高等教育和进入重点大学学习的机会。

我国大中小学的人才培养模式改革不断深化，坚持以提高质量和优化结构为核心的内涵式发展，已经形成广泛共识。许多中小学校立足校本研究，积极探索促进学生全面发展的有效教育模式；许多高校面向社会需求，结合学科专业特色，积极探索多样化的人才培养模式，努力培养经济社会发展亟需的拔尖创新人才、学术型人才和应用型、技术型人才。

我国的中小学评价模式正在发生实质性的转变，逐步形成扭转应试教育倾向的制度环境。比如，上海市全面推行“绿色评价”，不再以分数和入学率作为学生考核和学校评价的唯一依据；教育部颁布的《关于推进中小学教育综合质量评价的意见》，也引导着中小学教育质量评价发挥促进学生全面发展、提高教师素质和改进教学效果的功能。高校自评、院校评估、专业评估、国际评估、常态监测相结合的“五位一体”高等教育质量保障体系正在探索和构建。

近几年来，政府职能转变和简政放权的力度不断加大，在国家层面大力推进中央向地方放权、政府向学校放权，强化学校的办学主体地位，支持专业机构和社会组织规范开展教育评价。坚持以学校为主体，以学生发展为本位，健全多元化的评价标准，采用现代化评价方法和技术保证教育教学评价的科学性、规范性和独立性，切实发挥教育评价的诊断、导向和激励作用，努力形成政府管教育、学校办教育、社会评教育的格局。

二、教育改革遭遇深层次难题

在肯定成绩的同时，我们也要清醒地认识到，随着教育规模的扩大，“上好学校难”的矛盾凸显，教育质量和公平问题突出，教育事业发展面临诸多新的严峻挑战。

虽然我国的教育规模已位列世界之首，成为教育大国，但还不是教育强国：人才培养质量还不够高，国际竞争力还不够强，优质教育资源短缺，还不能很好地满足人民群众的需求和经济社会发展的需要，特别是创新人才培养乏力，高技能型人才短缺，教育对经济转型升级和全面建成小康社会应当发挥的人才支撑和智力支持作用还没有充分发挥；教育观念仍然比较落后，对于教育外部环境发生的变化不够敏感，不少学校仍一味沿袭传统的课堂教学模式，教学方式和管理模式还不能很好地适应知识数字化和互联网技术发展的新要求。

此外，教育资源配置仍然不够均衡，区域、城乡、校际之间的差距仍然较大，中西部和农村地区一些学校基本的校舍安全还难以保障，教学设施设备严重短缺。办学体制仍然比较僵化，虽然实现了财政性教育经费支出占 GDP 比例 4%的目标，但非财政性教育经费所占比例有所下降。在我国主动调低经济增长速度的背景下，亟待完善鼓励社会力量参与办学的环境。教育行政管理体制仍然存在许多不适应的方面，还没有完全理顺中央与地方教育事权、财权的关系，学校的办学主体地位还没有落实到位。在一些地区和学校，违背教育规律的现象时有发生，因此，如何建立一整套行之有效的监督和制约机制尚需不断探索。

随着教育综合改革的不断深入，教育领域的一些深层次矛盾和问题也凸显出来，需要教育主管部门以更大的决心、更大的魄力予以推进，制定科学性强、可行性强的改革措施。分析当前教育改革形势，笔者认为有三个现实问题尤为突出，也是下一步教育改革的着力点所在。一是在教育规模适度扩大的基础上，如何拓展优质教育资源，以有效满足人民群众对优质教育资源的需求，尤其是保证和不断提高人才培养质量。二是在持续提高教育质量的过程中，如何实现有限优质教育资源的合理配置，保证教育公平尤其是入学机会公平，从而实现教育质量与教育公平的同步推进与均衡发展。三是如何在教育国际化背景下，增强中国教育的国际话语权，让中国教育在国际上获得与国力相称的分量与地位。

从以上几点不难看出，在新一轮教育体制改革中，随着改革向纵深方向发展，教育发展的重心必然发生改变。教育发展重心的改变势必带来教育发展方式的转变——从外延式发展模式向内涵式发展模式转变。如果说外延式发展以规模扩张和空间拓展为特征，那么内涵式发展则以提高质量和优化结构为核心。两种发展模式的特点决定了在教育改革发展的不同阶段有所侧重。

当前，我国教育改革已经进入"深水区"，有着不同于以往的复杂性。教育发展内部和外部环境的变化、教育主要矛盾的转化和发展方式的转变、教育诸影响因素之间的相互作用和相互制约，以及不同教育利益相关者的利益博弈等一系列因素，增大了教育决策的复杂性，增加了教育政策出台和教育改革举措实施的难度，学校特色发展和内涵建设的任务也因而更加繁重。

党的十八届三中全会通过的《关于全面深化改革若干重大问题的

决定》，把深化教育领域综合改革、推进考试招生制度改革、推进管办评分离作为今后一个时期教育改革的战略重点。这既是平稳涉过教育改革“深水区”的必然选择，也标志着新一轮教育改革的全面启动。党的十八届五中全会胜利召开，“十三五”规划的制定和实施提上议事日程。在全面建成小康社会的征程中，教育承担着为经济社会发展提供人才支撑、智力贡献和文化引领的重大使命。如何通过自身的改革来适应经济社会发展新常态，为改革事业提供不竭的源动力，无疑是教育领域综合改革的重大命题。

三、教育改革需有新思维

当前，中国经济发展已经进入新常态，党的十八届五中全会公报也对促进国家发展提出了五个理念，其中，“创新发展”被放在首位。创新的动力在于人才，而人才的培养依托教育。无论是推动“大众创业、万众创新”，实现新技术、新产业、新业态蓬勃发展，还是实现“脱贫攻坚”，让亿万人民实现全面小康、提升公民的综合素养，在很大程度上依托于教育的改革创新。

在深化教育领域综合改革的过程中，要把握经济社会发展大势和阶段性发展特点，明确教育所承担的历史使命与人才培养重任，根据新时代的人才培养需求，在遵循教育内在发展规律的基础上，积极创新教育理念，转变教育观念，着力加强教育系统研究、顶层设计和综合改革，这是教育改革平稳涉过“深水区”、适应经济社会新常态的必然选择。

教育理念的创新不是无源之水。对教育传统进行价值反思，对教育现实进行深度审视，在此基础上对教育政策作出适时调整和应对，这是深化教育领域综合改革的动力源头和重要先导。我们必须把握经济社会和教育发展的大趋势，遵循教育发展规律，树立先进的教育观和教育价值观、富有时代特色的人才观和多样化的质量观、现代的教学观和科学的发展观，努力形成教育改革的共识与合力，不断深化综合改革，坚持依法治教、依法治校，努力提高教育质量。

1. 要加强政策研究，健全协调机制

要建立教育行政绩效评估体系，在政府转变职能、简政放权、探索宏观管理路径和手段的过程中，打破教育不同管理部门之间的行政壁垒。为了保证教育政策制定的科学性与可行性，需要教育相关部门在制定教育政策的过程中，破除本位主义，加强相关领域的联合调研和论证。只有这样，才能不断提高教育政策制定的水平，真正使教育跟上时代发展的步伐，满足经济社会发展对人才培养的新要求。教育协调机制的建立，还能够从制度和机制上保证教育发展的协调性和延续性，保证教育政策能够落实到位，让教育改革见到实效。

2. 要加强教育研究，促进科学决策

当前，教育改革已经进入"深水区"，要破解束缚教育发展的深层次矛盾，解决教育领域的深层次问题，需要对教育改革进行科学决策。教育系统内部的复杂性和外部发展环境的约束性，迫切需要科学的理论支撑和决策咨询，这无疑对教育科研工作者提出了新的挑战。教育科研工作者要植根于我国的教育改革实际，着眼于教育发展中的重大问题和实践诉求，进行科学研究，将理论思辨、实证研究与量化分析相结合，不断提高科学咨政和指导实践的水平。有了科学理论与先进理念的指导，教育改革才能少走弯路，进而实现科学发展。

3. 要加强综合改革，探索协同创新

无论是教育现实问题的解决，还是教育事业的可持续健康发展，从根本上讲都依赖于国家对教育改革的顶层设计与长远规划，依赖于政府和学校对教育改革的系统研究和科学认知。在此基础上，教育改革才能持续有效地推进，教育政策落实才能有强力支撑。因此，在全面深化教育领域综合改革的进程中，政府要更加重视对教育改革的系统研究和顶层设计，在此基础上及时总结改革经验和成功案例，提高教改立项的系统性和项目管理的协调性，从而能够引导教育内部各个领域和各级各类学校之间加强系统规划与协同改革。学校则应优化内部治理结构,加强各部门之间的协调,系统推行人才培养模式、管理体制机制以及教师队伍建设等方面的综合改革。

4.要加强舆论引导,优化社会环境

教育是强国之本、民生之基,在全面建成小康社会的进程中,教育处于优先发展的战略地位。从4%的教育经费达标,到政府对各级各类教育的系统规划,教育改革取得了可喜的进步,但教育发展如何能够惠及全体国民,依然是一个很大的课题。教育要发展,改革是关键。教育改革的推进,需要健康的舆论环境。在信息化条件下,要通过适合的途径,让先进的教育理念能够为更多人所接受。针对教育改革所取得的成效以及改革中遇到的一些难题,要通过有效的信息传达,让民众对教育改革有理性的认知,进而凝聚社会共识,从而营造出教育综合改革的良好氛围,把握改革的主动权。

显然,《决定》颁布30年来,我国教育事业改革和发展成就斐然,有力地支撑了经济社会的持续发展,彰显了教育在社会体系中的独特价值。在全面建成小康社会的进程中,教育作为改革事业的重要组成部分,必将发挥"基石"作用,为经济社会改革注入持久的动力。笔者相信,在政府、学校和社会各界的共同努力下,我国教育领域的综合改革将会不断走向深入,教育事业的发展一定会跃上一个新的台阶。

深化综合改革　坚持依法治教 提高教育质量*

进入21世纪以来，尤其是《国家中长期教育改革和发展规划纲要（2010—2020年）》实施五年以来，我国教育改革与发展成效显著。免费义务教育全面实施，学前教育和高中阶段教育加快普及，职业教育大力发展，高等教育进入大众化阶段；与此同时，教育主要矛盾转化，深层次问题凸显，教育改革发展面临诸多新的挑战。

一、教育改革发展成就显著

教育涉及亿万学生和千家万户，与经济社会发展密切相关。《教育规划纲要》实施五年以来，我国教育改革发展的成就可以从学生、教师、社会和国际化等四个不同的视角进行观测和评价。

1.学生发展的视角

关爱学生，尊重学生选择权，促进学生全面发展，已经成为教育公共政策的重要价值取向。

一是学生心理健康和体魄强健进一步得到重视。国家实施了集中连片特困地区义务教育学生营养改善计划，每年惠及三千多万农村学生；新一轮基础教育课程改革在总课时减少的情况下，增加了体育课课时，严禁任何学校以任何理由占用，保证学生每天锻炼一小时。

---

* 原载《教育研究》2016年第2期。

二是减轻学生过重课业负担扎实推进。组织开展义务教育学校“减负万里行”和“身边的好学校”主题介绍活动等，从更新教育观念、加强招生管理、规范教育教学、完善考评体系、保证学生休息时间等多方面入手，减轻中小学生不合理课业负担；已有十多个省份建立学生课业负担定期监测制度，小学生减负成效初显。

三是学生选择机会不断增加。上海、浙江开展高考综合改革试点，探索分类考试、一年两考、自选三科、注册入学等，将统考成绩、普通高中学业水平考试成绩、学生综合素质评价结果作为招生录取的基本依据和重要参考，可望增加学生的选择权和学校的自主权。

四是弱势群体得到越来越多的关注。首次在高考中为盲人考生专门研制试卷，首次在硕士研究生招生考试中实行残疾学生单考单招，首次专门设立残疾人中医专业硕士学位；建立健全覆盖从学前教育到研究生教育的家庭经济困难学生资助政策体系，确保学生不因家庭经济困难而失学、辍学；不断扩大面向农村贫困地区定向招生规模，近年来农村学生上重点大学的机会明显增多。

2. 教师发展的视角

教师工作突破了一系列制度“瓶颈”，推动了教育内涵式发展和人才培养质量的提升。

一是教师管理制度不断完善。出台了统一城乡中小学教职工编制标准的文件，对规模较小的村小和教学点予以倾斜，长期以来城乡教师编制倒挂这一老大难问题的解决因而在制度上得以突破；严格教师资格准入，在15个省份开展中小学教师资格考试和定期注册改革试点。

二是教师职业发展空间不断拓展。全面推进中小学教师职称制度改革，实行统一的中小学教师职称制度，在中小学设置正高级岗位；进一步完善教师培训制度，全面实施中小学、幼儿园教师国家级培训计划，五年培训教师700多万人次。

三是教师队伍整体素质不断提升。围绕完善教师职业道德规范和建立师德建设长效机制等，出台了一系列制度文件，划出中小学教师十种师德禁止行为和高校师德七条红线，师德建设进入制度化、规范化和法治化轨道；出台幼儿园、小学、中学、中等职业学校、特殊教育教师专业标准和校长（园长）专业标准，进一步明确校长和教师的素质要求。

四是乡村教师队伍建设得到加强。国务院出台“乡村教师支持计划”，对补充乡村教师、提高乡村教师待遇水平、改善乡村教师生活条件、增强乡村教师职业吸引力等做出系统部署，乡村教师在国家教育事业中的重要性进一步强化，政府、企业和热心人士共同推进乡村教师队伍建设的合力加快形成。对集中连片特困地区村小和教学点乡村教师给予生活补助，对在乡村长期从教的教师给予奖励，为乡村教师建设周转宿舍，实行城乡义务教育教师交流轮岗等一系列举措出台，长期以来乡村教师“下不去、留不住、教不好”的局面正在扭转。

3. 社会发展的视角

经济社会发展的现实需求已成为教育改革发展的重要参照，教育在促进经济结构调整和转型升级中的重要作用进一步发挥。

一是人才培养与经济社会发展结合更加紧密。教育部门与行业部门加强合作，实施系列卓越人才教育培养计划，探索工程、医学、农林、法学、新闻传播等领域人才培养新机制；主动对接需求，加快培养服务外包、信息安全、集成电路、非通用语种等领域紧缺人才；全面部署高校创新创业教育，加强实践教学，大力培养富有创新精神、勇于投身实践的创新创业人才。

二是学科专业建设与行业企业需求更加匹配。主动对接劳动力市场需求，优化中高职专业设置，中职专业大类由 13 个增至 19 个，专业数由 270 个增至 321 个，高职新增设 3504 个与现代产业紧密联系的专业点。

三是职业教育与产业布局更加协调。高职院校布局向中小城市延伸，全国1186所高职院校中，设在地级市及以下地区的超过630所，150多所设在工业园区、开发区和科技园区，进一步契合了区域经济发展需求。

4. 国际化的视角

顺应教育国际化的潮流，教育对外开放积极稳妥推进，师生资源和教学资源流动加速，我国教育的国际竞争力不断增强，国际影响力显著提升。

一是引进了一批高质量境外优质教育资源。新设上海纽约大学、昆山杜克大学等四所中外合作大学，新增600多个本科及以上层次中外合作办学项目和机构，高质量中外合作办学资源持续增多，在满足选择性教育需求方面发挥了越来越重要的作用，为我国教育不断注入新的活力。

二是“走出去”的步伐明显加快。已有厦门大学马来西亚分校、老挝苏州大学等四所高等教育机构和一些项目在境外落地。在全世界130多个国家设立470多所孔子学院和近900个孔子课堂，越来越多的国家开设汉语课程或汉语专业，国外学习汉语人数达1亿人次。

三是双向留学发展迅速。围绕服务国家战略，完善出国留学的选拔机制和自费出国留学的资助制度，先后推出了“国家留学基金委优秀本科生国际交流项目”、“国家建设高水平大学公派研究生项目”等出国留学项目，大力培养国家紧缺人才；实施“留学中国计划”，来华留学发展迅速，来华留学学生总数、生源国家数、接收留学生单位数及中国政府奖学金学生数等指标均创新高，越来越多国际学生选择来中国留学。

以上几个维度，尽管尚不能囊括五年来我国教育事业发展成就的全貌，但反映出我国教育改革发展在理念、目标、重点、方式等方面发生的巨大变化。

总体上来看，五年来特别是党的十八大以来，我国各级各类教育发展势头良好，人民群众的基本教育需求得到了较好的满足，为经济社会发展提供了强有力的人力资源保障和智力支持，我国正加速从教育大国向教育强国迈进。

二、教育改革发展任重道远

在肯定成绩的同时也要看到，当前和今后一个时期，人民群众对优质教育资源的选择性需求越来越旺盛，经济结构调整和转型升级对人力资源的需求越来越多样，日趋激烈的国际竞争对提升教育质量的要求越来越迫切，我国教育改革发展任务依然繁重，迈向教育强国和人力资源强国任重道远。当前，我国教育发展呈现出如下问题和特点。

1. 教育主要矛盾转化，质量公平问题凸显

上好学校难、优质教育资源短缺已成当前我国教育发展的主要矛盾，教育公平和人才培养质量问题凸显，并引起社会广泛关注。[①] 中小学教育还没有完全走出“应试”的怪圈，距实现让孩子们健康快乐成长的愿景还有不小差距；高校人才培养还不能完全适应经济社会发展的需求，学科专业结构还需调整、优化，应用技术型人才和拔尖创新人才培养还比较乏力；教育观念仍然比较落后，对教育外部环境的变化不够敏感；不少学校仍习惯于沿袭传统的课堂教学模式，教育方式和管理模式还不能很好地适应互联网技术发展的新趋势；区域、城乡、校际办学条件和办学水平差距仍然较大，在中西部农村仍有不少学校基本的校舍安全难以保障，教学仪器设备严重短缺；教育布局结构仍需进一步调整、优化，弱势群体入学机会尤其是享受优质教育资源的机会还有待增加，新型城镇化和城乡发展一体化带来的人口流动、生育政策调整导致的生源数量增加，将对教育资源配置和学校布局带来新的影响；办学体制仍然比较僵化，教育体制改革尚需深化，虽然实现了财政性教育经费

① 钟秉林：《加强综合改革，平稳涉过教育改革“深水区”》，《教育研究》2013年第7期。

支出占 GDP4%的目标，但非财政性教育经费所占比例下降，鼓励社会力量参与举办教育的政策环境亟待完善。

2. 利益群体增加，价值取向多样

随着教育普及程度的提高和教育体制改革的深化，教育利益相关者增加，不同的利益群体强烈表达自身的利益诉求，体现的价值取向呈现多样化趋势，有的甚至相互矛盾和冲突，教育决策和改革举措出台的过程往往成为利益博弈的过程。现行高考招生制度为维护教育公平和社会公正作出了历史性贡献，但是，由于不能完全适应当前经济社会发展和教育改革的现实需求，且其公平性遭遇新挑战，要求改革的呼声日趋强烈。由于涉及千家万户和不同群体的切身利益，在分类考试、一年多考、自主招生、规范高考加分、综合评价和多元录取等改革方案的调研过程中，利益冲突激烈，观点众说纷纭。这一方面增强了改革高考招生制度的驱动力，另一方面也增加了改革的复杂性和艰巨性。①

3. 内部外部关联紧密，发展环境更加复杂

教育与经济社会联系更加紧密，内部和外部发展环境更加复杂，教育改革和学校发展必须应对多元化的目标诉求，一项教育发展政策或改革举措的出台，往往涉及学前教育、基础教育、高等教育、职业教育等相关教育领域的改革，并且受政治、经济、文化等教育外部制度、政策和舆论环境的影响和制约，教育政策的制定和改革举措的实施实际上已经远远超出了教育自身的范畴。培养创新型人才既需要高校改革人才培养模式，提高教育教学质量；亦需要中小学校和学前教育发挥启蒙性和基础性作用，从小培养孩子们的学习兴趣和学习习惯，保护他们的好奇心和求知欲，养成他们的综合素质和创新意识；还需要用人单位和社会营造创新人才脱颖而出的环境和氛围。2015 年，有 28 个省份实施

---

① 钟秉林：《深化综合改革，应对高考招生制度改革新挑战》，《教育研究》2015 年第 3 期。

了“异地高考”政策，约8万随迁子女在其父母务工所在地参加了高考，但社会上不同意见依然不断，尤其是针对“北上广”的方案。究其原因，除了不同利益群体的多元利益诉求发生冲突，在政策制定时必须有所取舍和妥协之外，亦与社会管理改革不配套，尤其是户籍管理制度改革滞后有关。[①]

4. 学校主体地位增强，内涵发展任务艰巨

随着教育结构的调整和教育治理体系的改革，学校办学主体地位不断增强，教育治理能力亟待提高，现代学校制度建设任务艰巨，内涵发展任务十分繁重。近年来，政府围绕转变职能、简政放权出台了一系列教育改革的政策文件，[②]旨在推进学校章程制定，建设现代学校制度，构建学校面向社会依法自主办学、自主发展、自我约束的制度保障框架。在高等教育领域，从2016年起取消国家统一印制学位证书，改由高校自行设计、自行印制，学位文凭回归学校本位；上海、浙江率先进行高考综合改革试点，取消本科招生录取批次，实行大平行志愿投档；取消大学研究生院的行政审批，由高校自行设置，使其回归学校二级职能部门的本位；增加国家教育专项经费申请的开放度，打破高校固化身份壁垒，鼓励公平竞争；改革博士、硕士学位授权审核制度，增强地方统筹权，扩大高校自主权。显然，这些政策的设计目标均指向扩大学校办学自主权，强化学校办学主体地位，引导学校提高办学水平，改善社会声誉。必须指出的是，提高质量、拓展优质教育资源需要遵循教育规律，优良的教师队伍、办学传统、学习文化和校风学风的形成只能依靠长期积累、厚积薄发，不可能一蹴而就，也不可能用钱堆砌，而这又与公众对于优质教育的急迫期盼形成了强烈反差。

---

① 钟秉林：《积极稳妥地推进高等学校考试招生制度改革》，《高等教育研究》2012年第9期。

② 钟秉林：《强化高校办学主体地位，促进内涵建设和质量提升》，《中国高等教育》2015年第18期。

5. 依法治教有待加强，诚信体系尚需健全

与教育体制改革的目标相比，教育行政管理体制仍然存在着许多不相适应的方面，依法治教在实施层面尚未全面落实。[①] 一方面，中央与地方教育事权、财权的关系没有完全理顺，学校自主办学的地位没有落实到位，违背教育规律的现象在一些地区和学校时有发生，如何建立一整套行之有效的监督和制约机制仍须不断探索；另一方面，社会诚信体系尚不健全，违背教育公平乃至教育腐败的现象时有发生，教育政策和改革举措往往在社会公信力方面遭受质疑，教育改革环境和氛围不够优化。高校自行印制学位证书、高中学生综合素质评价档案作为高校录取的重要参考、高校多元录取和"自主招生"等改革措施，从政策设计初衷而言，是为了扩大学校办学自主权，符合教育改革走向和国际教育发展趋势，但在相关政策制定和实施之初，仍遭到了一部分人的质疑，担心"暗箱操作"、违背教育公平者有之，担心以权谋私、诱发教育腐败者有之，从而增加了教育政策实施的难度。

综上所述，教育主要矛盾的转化和发展方式的转变、教育内部和外部发展环境的变化、教育诸影响因素之间的相互作用和相互制约以及不同教育利益相关者的利益博弈，使得学校内涵建设任务更加繁重，教育决策的难度明显增加，教育政策的出台和教育改革实践的推进更为艰难，教育改革已步入"深水区"，教育发展已进入以提高质量和优化结构为核心的内涵发展新阶段。

三、教育改革发展的对策建议

贯彻落实党的十八届三中、四中和五中全会精神，加强系统研究和顶层设计，深化教育领域综合改革；坚持依法治教、依法治校，构建现代

---

① 程接力、钟秉林：《我国大学与政府的法律关系：规范分析的范式》，《中国高教研究》2014 年第 10 期。

教育治理体系和现代学校制度；提高教学水平和创新能力、不断提升教育质量，是推进学校内涵建设的必然选择。政府和学校要把握经济社会和教育发展的大趋势，遵循教育发展规律和人才成长规律，树立先进的教育观和教育价值观、富有时代特色的人才观和多样化的质量观、现代的教学观和科学的发展观，抓住国家、地方和学校制定"十三五"教育规划的契机，科学谋划我国今后一个时期的教育改革与发展。为此，笔者提出如下政策和对策建议。

1. 优化资源配置，保证投入、扩大供给，推进教育内涵发展

在继续强化政府教育责任的同时，创新教育公共服务供给方式，拓宽教育资源渠道，扩大教育有效供给，提高资源配置效率，更好地满足多样化教育需求。一是巩固4%成果。加强制度保障和政府责任，巩固"十二五"期间国家财政性教育支出占GDP的比重达到4%的成果，确保"十三五"期间经济新常态下4%足额到位。二是补齐教育投入"短板"。制定学前教育和高中阶段教育的生均拨款标准，进一步落实职业教育、高等教育的生均拨款标准足额到位，实现所有学段的教育经费保障机制和生均财政拨款标准全覆盖，逐步提高义务教育生均办公经费标准和高等教育生均拨款标准。三是拓宽教育资源渠道。制定和完善相关政策，抓住修订《民办教育促进法》契机，进一步鼓励民间资本进入教育领域，吸引境外优质教育资源进入国内教育市场。四是提高教育资源配置效率。调整和完善专项教育经费分配政策和机制，提高教育资源配置的公正性和透明性，增强学校绩效评价的科学性和导向性，引导学校科学定位、公平竞争、多样化发展，把主要精力放到内涵发展、特色发展和提高教育教学质量上。

2. 加强顶层设计，分类指导、精准施策，推进教育协调发展

加强系统研究和统筹谋划，针对各地各校发展不平衡的现实，以及社会公众的差异化教育需求，加强教育供给侧改革，通过分类管理、分类指导，增强教育政策措施的针对性和精准性。

一是注重优化结构。进一步调整和优化教育区域布局结构、学科专业结构、师资队伍结构和人才培养结构，构建多样化的人才培养模式和体系，全面助推经济转型升级发展。

二是加强统筹规划。推进学前教育扩大规模与提高保教质量并重发展，推进义务教育优质均衡发展和高中阶段教育多样化发展；理顺高等教育体系与职业教育体系关系，推进高等教育与职业教育协调发展；探索学分认定标准、互认机制和“学分银行”建设，推进学历教育与非学历教育协调发展，不断提高人力资源开发水平。

三是跟踪科技发展。推进基于互联网的教学（慕课、翻转课堂、微课程等）与线下教学、学校教育的有机融合，扩大优质教学资源覆盖面，创新教学方式，改善学习效果，提高学习效率，加速构建学习型社会，依托教育信息化实现教育现代化。

四是推进教育国际化。在支持我国学生和教师“走出去”的同时，吸引更多的外国学生和学者来中国留学和任教；在借鉴国外先进教育理念和探索国际经验本土化实践的同时，积极推进中国优质教育教学资源的国际拓展。

3.深化综合改革，聚焦问题、突出重点，推进教育质量提升

针对不同层次和类型教育的现实问题，加强科学、民主决策，集中力量解决制约教育现代化的“瓶颈”问题，在构建基本教育公共服务网络、调整优化教育结构、加强教师队伍建设等方面取得新突破。

一是加强规划，进一步提高教师的教学能力和水平。认真总结“十二五”期间教师培训的经验，结合教育改革和经济社会、科技发展的新趋势，加强科学规划，增强幼儿园和中小学教师政府培训的针对性和实效性，提高高校教师校本培训的规范性和前瞻性。

二是面向重大现实问题，加强教育研究。重视教育改革的系统研究和顶层设计，提高教改立项的系统性和项目实施的协调性，及时总结改革经验和成功案例，引导教育内部各个领域和各级各类学校之间加强系统规划与协同改革；教育科研工作者要结合教育发展的重大现实问题和实践诉求开展研究，将理论思辨、实证研究与量化分析相结合，为教育改革提供有效的理论支撑和决策咨询。

三是加强统筹协调，推进学校综合改革。优化学校内部治理结构，加强各部门之间的协调，系统谋划人才培养模式、管理体制机制和教师队伍建设等方面的综合改革，不断提高人才培养质量和办学声誉；加强政策导向，鼓励教师更新教育观念，利用现代教育技术和教学手段，创新教育教学方法，改革传统的课堂教学模式，强化以学生实践创新能力为主线的教育教学综合改革。

四是加强试点跟踪，探索协同创新。明晰地方本科院校转型的内涵和应用型人才培养的规格，改革博士、硕士学位授权审核制度，引导学校多样化探索应用型人才和学术型人才培养；以高考招生制度改革为切入点，推进基础教育和高等教育、中小学校和高等学校协同改革，协调推进教育系统内部和外部的配套改革，促进学生全面发展和学校办学水平提升。

4. 建设现代学校制度，依法治教、依法治校，推进教育可持续发展

抓住新修订的《教育法》《高等教育法》颁布实施和修订《民办教育促进法》的契机，以建立现代教育治理体系和现代学校制度为目标，更新教育行政法治理念，调整行政管理方式，强调行政程序价值，对政府与学校之间的行政法律关系进行深层次的调适。

一是深入推进政府转变职能、简政放权。进一步理顺学校和政府的关系，加快落实"管办评"分离和管理重心下移，中央向地方放权，政府向学校放权、向教育学术社会团体转移职能。[①] 当前，尤其要加快地方政府向地方高校放权的步伐，调动地方和学校的办学积极性，进一步释放教育活力。

二是加强政策研究，健全协调机制。建立教育行政绩效评估体系，

---

① 钟秉林：《教育学术社团要重视提升专业能力》，《中国教育学刊》2016年第1期。

在政府转变职能、简政放权、探索宏观管理路径和手段的过程中，打破不同管理部门之间的壁垒，克服部门本位倾向，加强联合调研论证，不断提高政策制定水平，从制度和机制上保证教育发展的协调性和延续性。

三是加快制定学校章程，建设现代学校制度。加快推进学校章程的制定和实施，改革教育评价制度，完善内外联动的质量保障机制和体系，引导学校面向社会依法办学，自主发展，自我约束。在学校改革政策设计等方面，加强统筹研究和顶层设计，不断完善教育治理体系，提高教育治理能力。

5.优化教育改革环境，凝聚共识、形成合力，推进教育和谐发展

营造宽松和谐、公正透明的教育改革环境，是教育可持续发展的重要基础和条件。一是加强舆论引导。加强先进教育理念和改革成效的宣传，尽可能凝聚社会共识，让社会各界真正理解教育改革的目标；客观宣传教育改革的艰巨性和复杂性，让公众对教育发展有理性的认识，对教育改革有合理的期盼。二是推进信息公开。政府有关部门和学校要提高教育信息的透明度，切实推进政务公开和校务公开，建立教育信息发布和质量年报制度，保障公众知情权和社会监督权，营造教育综合改革的良好社会氛围，把握改革的主动权。

努力为国家现代化事业提供人力资源支撑*

党的十八大报告和《国家中长期教育改革和发展规划纲要(2010—2020年)》明确提出,2020年基本实现教育现代化。教育现代化是国家现代化的重要组成部分,在社会主义现代化事业中具有基础性、先导性和全局性的战略地位。提高教育现代化水平,对实现全面建设小康社会奋斗目标、建设富强民主文明和谐的社会主义现代化国家具有决定性意义。教育督导是根据有关教育方针、政策、法规和制度对教育行政部门和各级各类学校进行监督、指导、评估和反馈,旨在加强对教育事业发展的全面管理,以保障教育方针和政策的贯彻执行。教育督导是不断提高教育质量,实现教育现代化的重要手段和制度性保障。

改革开放以来,随着经济社会的快速发展和体制改革的不断深化,我国教育事业取得了长足发展,免费义务教育全面实现,学前教育和高中阶段教育加快普及,职业教育快速发展,高等教育进入大众化发展阶段。同时也要清醒地看到,我们前进道路上还有不少困难和问题。当前我国教育现代化发展的总体水平依然不高,人力资源开发水平与发达国家相比仍存在明显差距。到2020年基本实现教育现代化,全民受教育程度和创新人才培养水平明显提高,从教育大国迈向教育强国、从人力资源大国迈向人力资源强国,是时代赋予中国教育的崇高使命,光荣而艰巨,任重而道远。

近年来,我国学者在教育现代化理论研究、标准应用研究和督导研究等方面取得了丰硕成果。教育部从2012年开始组织专家团队对我

---

* 原载《北京教育》(普教版)2015年第9期。

国教育现代化的发展状况进行监测和评估，并按照“既符合中国国情又具有国际可比性”的原则设计了一整套指标体系。加快实现教育现代化步伐，必须牢牢抓住并着力解决影响教育事业健康发展的主要矛盾，在教育观念、教育结构、教育管理以及教育督导等方面进一步革新和完善，在重点领域和关键环节寻求新的突破。

一、着力破解教育现代化发展进程中的主要矛盾

随着我国教育普及化程度的不断提高，“上学难”的问题得到根本缓解，入学机会已不再是社会稀缺资源。与此同时，“上好学校难”的矛盾日益凸显，经济社会发展和人民群众对高质量教育的迫切需求与优质教育资源的严重短缺，已经成为当前我国教育领域的主要矛盾，并由此引发了教育质量、教育公平、自主办学、学生就业等一系列社会高度关注的热点和难点问题。

毋庸置疑，缓解主要矛盾的根本途径是拓展优质教育资源。硬件条件的改善和软件管理水平的提高是学校发展的重要基础，而教师队伍整体水平的提升，优良办学传统、校园文化、校风学风以及鲜明办学特色的形成，都需要经过几代师生的努力，需要长期的积淀，不可能一蹴而就，也不可能用钱堆砌。从这个角度而言，长期积累、厚积薄发是学校建设进程中一条不可逾越的规律。要引导各级各类学校增强责任感和紧迫感，把主要精力放在以提高质量和优化结构为核心的内涵式发展上，遵循教育规律和人才成长规律，励精图治，扎实工作，不断提高办学质量和水平。

二、树立与现代化发展进程相适应的教育观念

教育改革和发展的实践表明，任何教育观念的创新都不是无源之水、无本之木，它是在对传统进行价值反思和对现实进行辩证审视基础

上的适时调整和应对。这就要求我们结合国情校情，将借鉴国外先进教育理念与传承中华民族传统文化相结合，挖掘传统文化精髓，并赋予其时代内涵。现代化的中国教育，将是体现有教无类理念的公平的教育，每个公民都可以在学习型社会框架下随时、随地、随意地学习，不断丰富和完善自己；现代化的中国教育，将是体现因材施教理念的多样化的教育，每个公民都有机会接受适合自己的教育，彰显个性和特长；现代化的中国教育，将是体现人尽其才理念的高质量的教育，每个公民都可以在学习和服务社会的过程中实现自我价值。实现中国的教育现代化，我们面临着三个重大现实问题和时代任务：第一，不断拓展优质教育资源，提高人才培养质量；第二，科学合理地配置有限的优质教育资源，促进教育公平；第三，提升中国教育的国际地位，推进教育国际化。为此，我国教育的发展方式正在从以规模扩张和空间拓展为特征的外延式发展，转变到以提高质量和优化结构为核心的内涵式发展。要引导各级各类学校将更新教育观念作为学校改革发展的重要先导，树立先进的教育观、科学的发展观、富有时代特色的人才观、多样化的质量观和现代的教学观，并将其贯穿于学校改革和发展的全过程。

三、加快推进我国教育结构调整优化的步伐

优化结构是教育内涵发展的核心内容之一，包括区域布局结构、层次类型结构、人才培养结构，等等。比如，工业化、信息化和城镇化进程的加速，导致了社会职业、就业市场和人力资源需求结构的急剧变化，对人才提出了多方位、多类型、多层次的需求：经济社会发展既需要创新型学术型人才，也需要高素质应用型人才；既需要具有发展潜力的复合型人才，也需要具有高职业素养的技术技能型人才。

因此，要引导各级各类学校认真研究人才需求的变化趋势，优化人才培养目标、规格和培养方案。中小学校要进一步抓好课程改革，将素质教育落到实处，使孩子们健康快乐地成长；高等学校要调整学科专业

结构、课程体系和教学内容，加强大学生实践能力、创新精神和综合素质的培养。

四、建立和完善现代化的教育治理体系

党的十八届三中全会提出，到2020年，在重要领域和关键环节改革上取得决定性成果，形成系统完备、科学规范、运行有效的制度体系，各方面制度更加成熟、更加定型。与教育现代化的要求相比，当前我国教育行政管理体制仍存在许多不相适应的地方，中央与地方教育事权、财权关系还需进一步调整，学校办学主体的地位还需进一步落实，一些地区和学校违背教育规律的现象还时有发生，如何建立健全一整套行之有效的教育监督和制约机制尚需进一步探索并予以完善。

要借助全面深化改革的契机，推进政府职能转变，将先进的理念融入制度建设内涵，在领导、决策、管理和监测等诸多制度方面进行系统研究，通过全局性、前瞻性的制度安排和治理体系设计，构建符合国家要求、适应地方需要、回应百姓诉求的体制机制。要逐步建立健全教育行政绩效评估体系，重点针对履行职责、行政效率、行政效益、行政成本等开展评估；要支持专业机构和社会组织规范开展教育评价；要坚持以学校为主体、以学生发展为本位，健全多元化评价标准，采用现代化评价方法和技术，保证教育评价的科学性、规范性和独立性，切实发挥教育评价的诊断、导向和激励作用，努力形成“政府管教育、学校办教育、社会评教育”的格局。

五、不断深化教育领域综合改革

随着经济社会和教育事业的发展，我国教育发展的内外部环境更加复杂，教育利益相关者增多，利益诉求呈多元价值取向，教育决策的复杂性增大，改革举措实施和创新探索的难度增加，改革的系统性不断

增强。首先，对某一层次或类型教育的内部改革而言，单项改革往往难以深化，难以实质性推进，迫切需要加强顶层设计、统筹谋划和系统改革；其次，教育体系内部不同层次、不同类型教育之间的内在联系更加紧密，一项教育发展政策或改革举措的出台，往往涉及学前教育、基础教育、高等教育、职业教育等相关教育领域的改革和发展，需要各级各类教育统筹协调，系统推进；第三，教育与经济社会联系更加紧密，教育改革和发展往往受到教育外部制度、政策和舆论环境的制约，教育政策的制定和改革举措的实施已远远超出了教育自身的范畴，迫切需要教育领域内部和教育领域外部协同改革。

我们要把握教育发展内外部环境变化的新趋势，全面深化综合改革，全面推进依法治校。要进一步解放思想，转变观念，凝聚各方共识，优化社会环境，形成发展合力；要加强政策研究和教育科学研究，不断提高决策水平和服务学校水平；要加强制度建设，完善协调机制，探索协同创新，释放发展活力，为实现教育现代化和国家现代化提供人力资源支撑和智力支撑。这也应是做好教育督导工作的出发点和落脚点。

遵循教育规律　建设高等教育强国*

在中国特色社会主义进入新时代、全面建成小康社会进入决胜阶段的大背景下，党中央隆重召开全国教育大会，习近平总书记发表重要讲话，从党和国家事业发展全局的战略高度，对新时代教育工作进行了全面系统的阐述和部署，为新时代中国高等教育发展指明了方向和路径。

优先发展教育，形成教育发展合力。习近平总书记强调教育优先发展的战略地位，提出教育是民族振兴、社会进步的重要基石，教育是国之大计、党之大计。优先发展教育，就是要充分发挥高校人才培养、科学研究、社会服务、文化传承创新、国际交流合作的功能，加快一流大学和一流学科建设，实现高等教育内涵式发展，而振兴本科教育则是新时代高等教育改革发展的核心任务和“双一流”建设的重要内涵。这就需要加强党对教育工作的全面领导，增强“四个意识”，坚定“四个自信”，各级党委要将教育改革纳入议事日程，同时，家庭、学校、政府和社会都有责任支持、参与、监督高等教育事业发展，形成政府主导多元参与的新型教育治理体系，为建设高等教育强国作出贡献。

遵循教育规律，加强高校内涵建设。习近平总书记提出了教育改革发展“九个坚持”的新理念、新思想、新观点，将其作为我国教育事业规律性的认识。遵循教育规律发展高等教育，就是要转变发展方式，从以规模扩张和空间拓展为特征的外延式发展，转变为以提高质量和优化结构为核心的内涵式发展。要注重长期积累、厚积薄发；硬件条件的

---

* 原载《中国高等教育》2019年第2期。

改善和软件管理水平的提升可以在较短的时间内实现，而精良的教师队伍，优良的办学传统、校园文化、校风学风以及鲜明办学特色的形成都非一朝一夕之功。高校要遵循规律、励精图治、科学规划，集中精力抓好内涵建设。

坚持立德树人，促进学生全面发展。习近平总书记指出，要将立德树人融入思想道德教育、文化知识教育、社会实践教育各环节，提出要在坚定理想信念、厚植爱国主义情怀、加强品德修养、增长知识见识、培养奋斗精神、提高综合素质上下功夫，树立健康第一的教育理念，全面加强和改进学校美育，弘扬劳动精神。这就要求我们将立德树人的成效作为检验高校一切工作的根本标准，改革人才培养模式，促进学科交叉融合，加强教学质量监测和保障，提高学生的综合素质和创新实践能力，培养德智体美劳全面发展的社会主义建设者和接班人。

深化高考综合改革，完善教育评价机制。习近平总书记指出，要深化教育体制改革，健全立德树人落实机制，扭转不科学的教育评价导向，坚决克服唯分数、唯升学、唯文凭、唯论文、唯帽子的顽瘴痼疾，从根本上解决教育评价指挥棒问题。高考招生制度改革逐步推进，逐步实行分类考试、一年两考、自选三科、取消文理分科等考试方式、科目和内容的改革；完善中学生综合素质评价，探索"两依据一参考"的综合评价招生；取消录取批次、规范高考加分政策等，这一切都是为了扭转不科学的教育评价导向，完善中国特色的考试招生制度。新高考实施过程中出现的"功利化"选科倾向以及某些不确定因素，随着改革深化可以逐步解决。新高考促进教育公平、科学选才和学生全面发展的改革方向不能动摇。

提高社会声望，加强教师队伍建设。习近平总书记强调，全党全社会都要弘扬尊师重教的社会风尚，努力提高教师政治地位、社会地位、职业地位，教育投入要更多向教师倾斜，不断提高教师待遇。提高教师政治地位，就是要倾听一线教师的声音，吸纳他们参与教育决策；提高教师社会地位，就是要给与教师的辛勤劳动付出相匹配的尊重；提高教师职业地位，就是要促进教师职业发展，获得职业成就。将教师队伍建设作为教育投入重点优先保障，引导教师教书育人，热爱教育，淡泊名利，提高教师待遇，整个社会尊师重教蔚然成风，才能吸引最优秀的人才充实到教师队伍中来。

加强科学谋划　提高教育质量*

今年是“十三五”规划的制定年和实施初年。党的十八届五中全会通过的《中共中央关于制定国民经济和社会发展第十三个五年规划的建议》，明确了我国“十三五”规划的指导思想、主要目标和基本理念，“提高教育质量”成为教育改革发展的主题词。

高校发展规划是学校长远性、战略性、全局性的发展计划，它将学校行为与发展环境相结合，提供实现预期目标的框架、方向和路径。高校发展规划的制定要兼顾科学性、前瞻性和操作性，除了厘清概念和方法层面的问题之外，更要高度重视以下几个问题：把握发展趋势，更新发展观念，明晰发展定位，突出发展重点。

一、把握发展趋势——制定规划的前提

制定高校发展规划，首先要跳出学校看学校、跳出教育看教育，认真研究和准确把握高等教育改革、经济社会发展和科学技术进步的新趋势、新挑战和新机遇，这是制定发展规划的重要前提。

1. 高等教育发展方式转变

自20世纪末实施大众化高等教育发展战略以来，我国高等教育事业取得了令世人瞩目的成就。高等教育的规模急剧扩大，效益显著提高，经费平稳增加，结构不断优化，体制改革取得突破；高等学校的人才

---

* 原载《中国高等教育》2016年第1期。

培养、科学研究、社会服务以及文化传承创新职能得到充分发挥。与此同时，社会公众接受高等教育的心理预期值迅速变化，高等教育主要矛盾发生转化：一方面，经济社会发展和人民群众对高质量高等教育的需求迫切；另一方面，优质高等教育资源严重短缺，“上好大学难”的矛盾日益凸显，并由此引发了人才培养质量、教育公平、大学生就业、现代大学制度建设等一系列社会高度关注的热点和难点问题。教育质量，尤其是人才培养质量，愈来愈成为高校办学声誉的载体和生存、发展的生命线。

为了缓解高等教育的主要矛盾，满足人民群众的愿望和经济社会发展的需求，我国高等教育发展方式正在发生深刻的变革，即从以规模扩张和空间拓展为特征的外延式发展，转变为以提高质量和优化结构为核心的内涵式发展。随着高等教育体制改革的深化，一方面，高校办学自主权进一步扩大，质量建设和质量监控的主体地位不断强化，内涵发展任务艰巨。另一方面，高等教育利益相关者增多，不同群体的利益诉求呈现出多元化的价值取向；高等教育与其他教育领域的关联度更高，与经济社会的联系更加紧密，政策制定和改革举措实施难度加大，高等教育改革已经步入“深水区”。

高等学校在制定发展规划时，必须明晰办学理念和发展思路，强化质量意识和内涵发展意识，把人才培养作为学校的根本任务，把提高教育教学质量作为学校内涵建设的核心。

2. 高等教育国际化大势所趋

进入21世纪以来，随着经济全球化进程的加速，人力资源和物质资源的跨国流动成为一种常态，并很快渗透到教育领域，高等教育国际化成为大势所趋。这对我国高校发展带来了难得的机遇和严峻的挑战。首先，教师国际流动明显加速，留学生数量大幅增加。2014年我国出国留学人员总数近46万，来自203个国家和地区的近38万名境外学生来华留学，比2013年分别增长11.09%和5.77%。2013/2014学年，美国国际学生总数超过88万，较上学年增加8.1%；其中，中国大陆学生比上学年增长21%，占美国国际学生总数的31%；就读本科的中国大陆学生增长了18%。其次，教学资源跨国流动和传播的速度加快、范围拓展。近年来，我国境内的国际合作办学项目与机构持续增加，促成了课程、教材和课件等教学资源的跨国流动和共享。师生资源和教学资源的加速流动，必然伴随着教育理念、教学方式和管理模式的跨国传播和融合。高等学校在制定发展规划时，要进一步拓展国际视野，借鉴教育发达国家的先进办学理念和成功经验，推进学校的国际化进程。

3.经济发展方式调整

当前，我国经济发展方式正在发生转变，其战略任务可以概括为：全面深化经济体制改革，完善竞争性市场体系，为经济发展方式转变提供制度和机制保障；实施创新驱动发展战略，推进技术创新和产品创新，由主要依靠增加物质资源消耗的粗放型经济增长方式，转变为主要依靠科技进步、劳动者素质提高和管理创新的集约型经济增长方式；推进经济结构战略性调整，改善需求结构，优化产业结构，发展高新技术产业、战略性新兴产业和第三产业，促进就业，扩大内需，提高发展质量和效益；促进区域协调发展，推动城乡发展一体化，加快城镇化发展进程；全面提高开放型经济水平，适应全球经济一体化趋势，在国际竞争中赢得新优势。不言而喻，提高劳动者素质，培养创新型人才，促进科技创新和管理创新，是实现经济发展方式转变的重要基础和决定性因素，高等学校要进一步增强使命感，抓住发展机遇，应对严峻挑战。

首先，经济发展方式转变导致了人力资源需求的变化。劳动力市场对人力资源的结构、类型和素质、层次提出了多样化的需求，如具有创新精神的学术型人才、具备较高职业素养的应用型和技术型人才、具有较好发展潜力的复合型人才、具有国际视野的外向型人才等，这对高校的人才培养、学科建设和科学研究提出了新的要求。

其次，经济结构调整导致了社会职业的变化。新的职业不断涌现，一些传统职业的内涵也在不断更新，社会职业的变化必然带来就业市场的变化，对高校的专业建设和大学生的知识、能力、素质结构提出了新的要求。

第三，大学毕业生就业形势严峻。1998 年，我国普通高校毕业生总数为 87 万人，2015 年达到 749 万，增加了 7 倍多。大学生就业是一项系统工程，既需要政府和企业推进经济发展，提供更加充足的就业岗位，也需要用人单位转变观念，更多地吸纳大学生就业；对于高校而言，则需要不断深化人才培养模式改革，提高人才培养的适应性和大学生的就业创业能力，同时加强就业观和创业观教育，开展就业创业指导与服务。

第四，高等教育投资体制改革不断深化。大学生缴费上学、构建大学生资助政策体系、高校多种渠道筹集办学资金等举措平稳实施，符合国际趋势和中国国情的高等教育成本分担新机制正在完善之中。大学生缴费上学后，更加重视教育收益率，要求知晓学校信息和参与学校管理的民主诉求、要求改善教学质量及生活条件的维权意识更加强烈。

高等学校在制定发展规划时，要认真研究产业结构和社会职业变化导致的人才需求和就业市场的变化，进一步优化人才培养规格，调整专业结构、专业方向、课程体系和教学内容，加强大学生实践能力、创新精神和综合素质的培养，不断提高人才培养效果与经济社会发展需求之间的契合度，提高大学生的就业和创业能力。重视学生的权益诉求，健全学生会、研究生会制度，畅通学生意见表达渠道，保障学生的知情权和权益申诉权。保证教学经费投入，改善教学和生活环境，为学生成才创造良好条件。创新学生管理机制，加强科学管理和规范办学，系统梳理和修订学生管理的有关政策文件，尤其是涉及学籍管理、学历学位授予等方面的规章制度，使其保持与有关法律法规的“自恰性”，不断提高依法治校、依法治教的水平。

4.科学技术迅猛发展

当今世界科学技术迅猛发展，科技进步对经济社会发展的贡献率不断提高，这就对高等学校的内涵建设提出了更高的要求、更严峻的挑战。

首先，学科发展既高度分离又高度融合，综合化成为主要趋势，这必然影响到高校内部学术治理结构的优化、学科布局和专业结构的调整，也涉及高校人才培养体制和内部管理体制的改革。

其次，信息量飞速增长，知识更新和成果转化的周期不断缩短，大学人才培养已经不再是一次性的终结式培养，这必然影响到人才培养规格和课程体系的调整。

第三，一些学科和技术领域孕育着重大突破，在网络技术、信息技术、生物技术、新能源、新材料、航天工程、海洋工程等领域已初见端倪。科技和社会发展史表明，科学技术的突破必然给人类的生产、生活和学习方式带来重大变革，然而，科技发展有其自身的规律性，我们不可能预测到何年何月哪个学科分支发生具体什么样的突破，因此，这必然对高校的人才培养和科学研究提出新的挑战。

第四，知识数字化和互联网技术飞速发展，改变了人们获取知识的渠道和方式，知识传递的方式正在由单向传播转为多向互动，以知识转移为特征的社会参与正在与自主学习、合作学习方式进行整合，教师的角色正在由知识传授者转变为学生的学习伙伴。大学的知识权威和学术垄断地位遭到威胁，高等教育的实际效能受到质疑和批判。这无疑对高校的教育观念、教学方式和学习方式、教学组织形式、教学和学生管理机制，乃至传统的教室布局形成强烈冲击。

高等学校在制定发展规划时，要密切跟踪和深入研究科学技术发展的趋势和特点，重视学术资源、科研资源和教学资源的整合，探索学科融合创新、跨学科研究和跨专业复合型人才培养。要在课程体系和知识结构设计方面体现前瞻性、系统性和实用性，为学生应对科技变革做好知识和能力储备。要树立终身学习的理念，科学确定人才培养规格，深化课程体系和教学内容改革，构建多样化的人才培养体系和模式，重视大学生学习能力和适应能力的培养。要转变教育观念，摈弃传统的课堂教学模式，创造性地运用现代信息技术，创新教学方式和学习方式，促进学生的自主学习和合作学习，探索多样化和个性化培养。

二、更新发展观念——制定规划的先导

高校坚持内涵发展和质量建设，首先取决于是否具有新理念，即所谓的教育观念创新。教育改革和发展的实践表明，任何教育观念的创新都不是无源之水、无本之木，它是在对传统进行价值反思和对现实审时度势基础上的适时调整和应对。高等学校要高度重视教育观念变革在制定规划和改革发展实践中的重要先导作用，通过多种形式开展教育思想大讨论，在师生员工中形成共识，并将其转化为师生的教育创新思想和行动。

1. 先进的教育观和教育价值观

确立以学生为本、促进学生全面发展的教育观，遵循教育教学规律和人才成长规律，围绕立德树人开展教育教学工作和其他各项工作，坚持全员、全方位、全过程育人。要坚持质量为本，注重内涵建设和特色发展，不断提高办学质量和效益。

2. 富有时代内涵的人才观和多样化的质量观

社会本身是一个功能复杂的大系统，随着经济社会和科学技术的发展，社会职业和学科专业结构在不断调整，人才需求也在不断发生变化，人才的内涵必然随之变化。因此，要重建富有时代特色的人才观，重视学生社会责任感、学习能力、适应社会能力的养成和综合素质的提升；重构符合大众化高等教育阶段发展规律的多样化的质量观，契合经济社会发展对不同层次、不同类型的高素质高级专门人才的需求。

3. 现代的教学观和学习观

要践行“因材施教”的教育理念，突破传统的千校一面、万人一面的

培养模式的禁锢，研究学生的差异性，尊重学生的选择权，鼓励学生兴趣、特长的发展，不断深化人才培养模式改革和教育教学体制机制改革，探索学生的多样化和个性化培养途径。在教学活动中坚持以学生学习为中心的教学观，摈弃以教师、教材和课堂为中心的陈旧教学观，转变教师角色，构建师生学习共同体，探索先进的教学方式和学习方式，加强师生互动，鼓励学生自主学习和合作学习，不断改善学习效率和学习效果。

4. 科学的发展观

要坚持规模、结构、质量、效益和速度（节奏）协调发展，克制动辄扩张规模的冲动，把发展重心真正放到优化结构、提升质量和改善效益上来，并且保持合理的发展速度，这是对学校领导班子驾驭全局能力的考验和检验。坚持统筹协调，抓住重点，有所为、有所不为，针对人才培养模式改革、学科专业建设、教师队伍建设和现代大学制度建设中的“瓶颈”问题或薄弱环节，集中力量进行改革探索，力争有所突破。坚持和谐发展，营造为教师学生服务、重视教学工作的管理文化和校园文化。遵循规律，注重长期积累、厚积薄发，努力在人才培养、学科专业建设、大学文化建设等方面通过长期积淀和不断升华，打造鲜明的办学特色，提升学校的比较优势和核心竞争力，为提高办学水平和社会声誉奠定基础。

三、明晰发展定位——制定规划的基础

高校的发展定位包括学校的使命、近期和中长期发展目标、发展思路和发展策略等内容；同时，在办学类型、培养层次、优势和特色，以及人才培养、科学研究、社会服务和文化传承创新等方面亦应有相应明确的定位。发展目标定位是学校办学自主权的体现，更是学校凝聚人心、制定和实施规划的重要基础。

高等学校在制定发展规划时，要遵循教育发展和大学发展规律，瞄

准国家与地方经济社会发展需求，结合学校的办学优势和特色，科学确立学校的发展目标定位。既要体现学校的办学理念，具有一流意识，又要坚持实事求是，做到各安其位，切忌盲目攀比，避免发展目标与模式趋同。发展目标定位要表述准确，在学校类型、学科专业布局、办学水平和优势特色等方面要做到内涵清晰。要通过各种行之有效的方式使发展目标定位在校内干部、教师和学生中形成高度共识，并得到政府、社会的认可和支持。惟其如此，才能够形成学校改革和发展的共识与合力，优化学校改革和发展的内外部环境。

四、突出发展重点——制定规划的关键

在明确发展目标定位的基础上，学校各方面的工作任务及目标均应体现在发展规划之中。总体而言，可以分为战略任务和战略保障两个部分，前者包括人才培养、科学研究、学科建设、文化传承创新与社会服务、国际交流与合作等，后者包括人力资源、物质资源、体制机制、政策与制度、党建与思政工作、文化建设等方面的保障。高等学校要根据着眼全局、立足校情、突出重点、注重综合的原则，进行具体研究和规划。要加强系统研究和顶层设计，密切跟踪经济社会、科学技术和教育改革发展的大趋势，紧密结合学校实际，汇聚多方智慧，整合校内外资源，统筹谋划学校内部管理体制、人才培养、科学研究、社会服务和教师队伍建设等方面的协调发展，认真研究教育综合改革的思路和路径，推出综合改革的举措和项目，力争在深化教育教学改革、提高学校办学水平和效益方面有所突破。限于篇幅，笔者仅就如下四个方面阐明观点。

1. 关于人才培养

首先，确立人才培养目标和规格。明确培养学术型、应用型或技术型人才的目标定位，并从知识、能力、素质结构和面向社会需求的角度明确人才培养规格和要求。

其次，建立科学的学科专业体系。专业是人才培养的平台，是广义

的课程组合。专业设置要科学规范，宜宽则宽、当窄则窄；要完善专业准入、调整和退出机制，重视专业内涵的调整，处理好学科建设和专业发展之间相辅相成、相互促进的辩证关系。

第三，优化课程体系与教学内容，重视能力培养。从学生知识结构和课程体系整体优化的角度，平衡好通识课程与专业课程、学科专业基础与职业技能训练之间的关系；要兼顾系统性、前瞻性和实用性，不断更新教学内容；重视学生独立思考能力、问题意识和批判精神、分析问题和解决问题能力的养成，合理安排教学实践和职业技能训练，提高学生的实践能力。

第四，改革教学方法和教学手段。转变教学观念，充分利用现代信息技术，尤其是互联网技术，探索线上和线下教学相结合，改革传统课堂教学模式，创新教学和学习方式；借鉴国外经验，结合学校实际，积极尝试探究式教学，如基于问题和项目的学习、研讨式学习、高峰体验课程、案例教学等，促进学生的自主学习与合作学习，培养学生的探究能力和创新精神。

第五，倡导教学科研融合。将科研资源转化为优质教学资源，对于培养创新型人才至关重要。具体而言，要将科研项目、经费，尤其是科研成果，转化为教材和课程的新内容，转化为新的教学实验和毕业设计（论文）选题，并支撑本科生早期参加科研、支撑特色专业建设。这种转化就像将科研成果转化为生产力一样艰巨，需要观念的转变、政策的导向和教师的付出。

第六，完善内部质量保障体系。强化高校质量建设和质量监控的主体意识，加强内部教育教学质量保证体系的建设，进一步完善质量标准、政策及规章制度、评价制度，优化评价指标体系和评价方法，注重对学生学习效果和教学资源使用效率的考评，提高学校内部质量监控和保障体系的有效性。

2.关于人力资源建设

首先，进一步加强教师队伍建设。一是要制定和实施教师队伍建设规划，加强师德建设，激发教师重视教学、关爱学生和自我提高的自觉性；重视高层次人才培养和引进，倡导教学科研相长，加强团队精神和学术规范建设；完善教师发展和在职培养培训机制，如设立教师发展中心、开发教师发展模块课程、出台激励约束政策等，不断提高教师队伍的整体素质，尤其是中青年教师的教学能力和水平，让学生直接从中受益。二是要建立和完善新的助教制度，规范研究生担任助教的标准和要求，开展研究生助教的岗前培训和工作评估。三是要关心和改善教师的生活待遇，解决他们的后顾之忧，努力形成体面生活、开心工作、在竞争中成长的良好氛围。

其次，重视和加强管理干部队伍建设。一是引导管理人员增强为教师学生服务、为教学科研服务的意识，克服“行政化”和“官本位”倾向，不断提高服务质量和管理效能。二是制定管理干部队伍建设规划，通过有计划的系统培训提高管理干部队伍的专业化水平，促进管理人员的职业发展。三是完善管理人员考核制度，鼓励他们加强学习、研究问题，克服职业倦怠感，创造性地做好本职工作，为学校发展目标的实现作出贡献。

第三，重视生源质量。随着高等教育规模的扩大，生源竞争日趋激烈，生源已经成为高校发展的重要人力资源。要通过加强内涵建设、提高办学水平、改善社会声誉来吸引数量充足、质量较高、结构合理的生源。要明晰人才选拔标准，抓住高考招生制度改革的机遇，探索考生综合评价和多元录取机制，为选拔合适人才、提高人才培养质量奠定基础。

3. 关于大学内部治理结构优化

高校的内部治理结构涉及学校的决策机制、内部管理体制和运行机制，是实现学校发展战略目标的重要保证。

一是完善高校领导体制。公办高校要加强和完善党委领导下的校长负责制，努力做到职责明晰、机制完善、规则明确、团结协调；民办高校要按照有关法律法规，明晰校董会、校长、党组织之间的关系，健全监事、督导专员制度，保障校长依法行使职权。

二是优化高校组织结构。组织结构的设计应有利于扩大基层教学、科研单位的自主权，遵循教学和科研活动规律；有利于对基层教学、科研单位实行扁平化管理，提高行政效率；有利于加强学科交叉与融合，促进学术创新，发挥学术组织在学科建设、学术发展和教学科研中的作用。随着大学规模的扩张、功能的调整以及高等教育国际化的推进，大学教学、科研单位和行政机构的设置呈现多元化特征，要结合实际，进行积极探索。

三是保障高校民主管理。要健全教代会、学生会、校友会制度，畅通意见表达渠道，保障利益相关者的知情权，调动师生员工参与学校管理的积极性和主动性；要建立权力平衡和监督机制，行政权力和学术权力各安其位、各司其职，相互匹配、相互制约，避免任何形式的专权，克服“行政化”倾向；要完善校务公开和信息公开机制，学校的人事、财务、资产、教师、学生等各个方面的事务和信息都要定期公开，接受师生咨询、社会监督和政府问责。

四是切实加强制度建设。要深化人事聘任制度、教师和管理人员考核制度、教学和学生管理制度、财务会计和资产管理制度的综合改革，健全常态管理和突发事件应急管理机制，确保学校安全稳定运行，通过科学化、规范化和精细化管理，为高校内涵建设和特色发展提供制度保障。

五是制定实施大学章程。大学章程是大学制度的重要载体和大学管理运行的根本依据，应在国家现有法律框架内，规定大学管理和运行的关键方面，如大学理念和宗旨、大学与政府和社会的关系、大学内部治理结构、大学管理和决策规则等。大学章程的制订应当吸收包括大学举办者、管理者、教职工、学生以及其他利益相关者在内的代表参与，并由大学的举办者最终审定和颁布。大学章程的内容应当明确、具体，不应留下过多的解释空间；为保证大学章程的严肃性，要为其修改设定严格的程序，并在学校工作中认真实施。

4.关于大学文化建设

大学文化是大学的灵魂,是一所大学在长期发展过程中形成的历史积淀、人文品格和价值理念。大学文化内化于大学的办学理念、价值追求和学术品位,外显于大学的制度规范、行为方式和物质条件,以潜移默化的方式影响着师生的思想和行为以及大学发展方向,是坚持内涵建设和特色发展、提升办学水平和特色发展的内在支撑。高等学校在制定发展规划时,要高度重视大学文化建设,不断优化育人氛围和学术生态,为人才培养和学校改革发展提供良好的文化氛围和环境。

大学文化建设是一个长期的不断积累的过程,不仅仅是在校园内建造外在的文化景观、主题雕塑或特色展馆,更应贯穿于学校管理和人才培养的全过程。充分利用大学的软资源,通过党建、思政、学生工作,以及导师制、寄宿制等方式,在学习态度、价值观念和生活目标等方面对学生施加潜移默化的影响,努力在校园内形成学术自由的、科学精神与人文精神并重的文化、传统与现代交融的文化、价值宽容的多元文化和全球视野的开放文化。应强调指出的是,中国特色的现代大学文化,必须有利于促进大学主动参与社会变革,引领和推进社会进步。因此,要重视培养师生的爱国精神和社会责任感,让他们融入社会,自觉承担起国家和人民赋予的使命,追求卓越,服务人民,在推动经济发展和社会进步中实现人生价值。

关于基础教育集团化办学的若干思考*

在推进义务教育均衡发展的背景下，集团化办学在我国应运而生。遵循规律、大胆探索、协同改革，对于集团化办学健康发展具有重要的现实意义。

一、集团化办学助推义务教育优质均衡发展

进入21世纪，我国教育普及化程度不断提高，改革成效显著。同时，优质教育资源短缺的矛盾凸显，辅导热、办班热、择校风等违背教育规律和教育公平的现象屡禁不止。提高教育质量，办好每一所学校，使孩子们全面发展、健康快乐地成长，已成为基础教育改革发展的时代任务。

集团化办学最初出现在20世纪90年代，是一种以契约为纽带构建的大规模多层次组织形态，是通过优势互补或以强带弱，推进教育资源优质均衡发展的办学模式。它使传统学校由单一封闭走向联合开放，推动着学校组织的变革。在很多地方，实施集团化办学已经成为扩大优质教育资源覆盖面的重要举措，并逐步形成各具特色的区域模式和学校品牌。

二、集团化办学要鼓励多样化探索

集团化办学模式可以概括为三类：名校加薄弱学校、名校加新建学

---

* 原载《中国教育学刊》2017年第12期。

校、名校加民办学校。其共同特点是通过组织重构和资源重组，输出名校的办学理念、管理方式、优秀文化和优良师资，带动薄弱学校、新建学校或民办学校共同发展，在较短时期内提高办学水平和社会声誉。

集团化办学的内部治理结构可以归纳为三种：一是紧密型关系，实行集团总校校长负责制，集团内各成员校不再具备独立法人资格，人财物由总校统一调配；二是松散型关系，实行名校校长领衔制，集团内各成员校依然具有独立法人资格，独立支配人财物；三是复合型关系，兼具紧密型教育集团和松散型教育集团的特点。

要根据办学需求和区域教育资源现状，探索灵活多样的集团化办学模式，可以是上述办学模式的一种，也可以尝试新的办学模式和内部治理结构。还应指出，集团化办学是促进义务教育优质均衡发展的一种模式，但不是唯一有效的模式。我国教育人口众多，区域、城乡、学校间差异较大，要坚持因地制宜，倡导首创精神，探索多样化的办学新模式，避免一刀切、走形式、一哄而上。改革成功的标准是，扩大了优质教育资源覆盖面，学生真正受益，家长和社会认可。

三、集团化办学要尊重规律长期积累

我国教育集团发展的时间较短，集团化办学的理论建构比较薄弱，实践经验积累不足，需要进一步探索和研究。

一是提倡优势互补，促进合作共赢。今后，教育集团成员校之间的关系将由创建初期的抱团发展，转变为多元主体参与下的共享、联动和创生，即基于个性的资源共享、基于共赢的成员联动和基于自主的协同创生。这种发展方式必须是系统的集成和优化，需要以教育集团成员校之间的互利合作为前提，做好集团文化认同和整合工作，从而实现优势互补、扬长避短、合作共赢。

二是坚持和而不同，注重特色发展。集团化办学以一所名校为龙头，带动区域内若干所学校共同发展，“龙头”学校要有强烈的社会责任感和足够的支撑实力；“拉郎配”会导致“削峰填谷”，甚至会“稀释”优质教育资源。要避免“同质化”现象，尊重集团内各成员校的历史，挖掘每个成员校在独特的发展环境中形成的特色，在相对独立发展的基础上实现集团整体的优质化。

三是遵循教育规律，注重长期积累。精良教师队伍的建设，优良办学传统、校园文化和校风学风以及鲜明办学特色的形成，需要长期积淀、厚积薄发，不可能一蹴而就，也不可能用钱简单堆砌。集团成员校要依托名校的软环境，如文化基因、教学模式、课程体系、管理经验以及办学声誉等，集中精力抓好内涵建设，使学校的文化得到重塑，制度得到完善，质量得到提升，特色得到强化。要探索集团化运作规律，在优化治理结构、建立共享机制、校长教师培训与交流等方面积极探索。要转变急功近利的绩效观和政绩观，宣传先进理念，正确引导舆论，让人民群众对改革有理性的认识和合理的期盼。

特大城市义务教育均衡发展的成功探索*

《国家中长期教育改革和发展规划纲要(2010—2020年)》实施近六年来,我国教育改革发展取得显著成效。免费义务教育全面实施,学前教育和高中阶段教育加快普及,职业教育大力发展,高等教育进入大众化发展阶段。同时也应看到,当前和今后一个时期,人民群众对优质教育资源的选择性需求越来越旺盛,经济结构调整和转型升级对人力资源的需求越来越多样,日趋激烈的国际竞争对提升教育质量的要求越来越迫切,迈向教育强国和人力资源强国任重而道远。

北京作为首都,集聚了丰富的科技、文化创新资源和人才资源,创新能力优势明显。但随着城市竞争力、影响力不断增强,北京也出现了人口过多、交通拥堵、房价高涨、环境污染等“大城市病”症状,其中教育领域的“择校”问题更是根深蒂固、难以破解。目前,北京市常住人口超过2100万,其中常住外来人口超过810万,学前教育在园幼儿超过36万人,义务教育阶段在校生超过112万人。

义务教育阶段适龄人口的增量压力,教育公共服务特别是义务教育优质资源供给的不足,社会、家庭、个人对教育均衡的理解、对教育需求多样化的选择之间存在的差异,使北京市义务教育均衡发展面临的老问题与新挑战相互叠加,不断凸显。“有学上”和“上好学”的问题并存,教育改革社会关注度极高,解决择校问题的压力和难度比以往任何时候都要大。推动义务教育优质资源均衡发展,让每一个孩子都能在家门口上好学,既是北京建设国际一流的和谐宜居之都的需要,也是探

---

* 原载《人民教育》2016年第16期。

索经验、引领全国义务教育均衡发展的需要。

近年来，北京市落实中央“建首善、创一流”的要求，提出了“公平、优质、创新、开放”的教育发展目标，坚持深化基础教育综合改革，注重统筹规划、标准引领、优质共享、综合改革和品质提升，着力破除体制机制障碍，着力加大优质教育资源整合、重组力度，在促进义务教育公平发展和质量提升上取得了显著成效，探索出了一条适合特大城市义务教育均衡发展的新道路。

在参与国家督导评估认定的过程中，笔者接触到了一组组有说服力的数据和一个个真实可靠的事例，充分展示了北京市对解决义务教育难点问题的决心和取得的丰硕成果与成功经验。

一、创新理念：面向首都功能定位，树立科学的教育质量均衡观

北京是全国政治、文化、国际交流和科技创新中心，产业结构和人口结构具有一定的特殊性，对义务教育优质均衡提出的要求更高。在义务教育均衡发展方面，北京走在了全国前列。1993 年，北京率先实现“两基”目标，在全国发挥了示范引领作用；2015 年，北京市所辖区县一次性全部通过国家义务教育发展基本均衡县督导评估认定，为全国其他地区提供了有益借鉴。

理念创新是义务教育优质均衡发展的重要先导。北京市坚持“有水平的发展才是真正的发展、有质量的均衡才是真正的均衡”的教育发展理念，大力推动教育均衡观的转变，始终把提升教育质量作为教育改革发展的主题，调整、优化教育存量，做精做优教育增量。坚持进行教育全链条的改革，在学校间、城乡间、区域间三个层面同时推进，攻克体制机制上的顽疾，突破利益固化的藩篱。优化首都教育资源配置的难点在于资源分属于不同所有制、不同隶属、不同区县、不同级别的部门，难以充分发挥整体优势，这也是导致教育资源分配不公的重要原因。改革就是要在先进教育理念的指导下，打破现有的资源配置格局，积极

强化市级政府的教育统筹力度，将义务教育均衡发展作为统筹城乡发展、缩小区域之间发展差距、保障和改善民生的重要抓手。

二、创新举措：以优质教育资源的重组和整合为杠杆，经纬交织地推进工作

北京市不断创新改革举措，全方位地调整、优化教育资源配置，充分发挥优质学校的辐射带动作用，通过横向联合、纵向贯通、统筹拓展、数字共享等改革措施，扩大优质教育资源覆盖面，在很大程度上满足了首都人民对优质教育资源的迫切需求。

一是横向联手增加优质资源。通过整合区域教育资源，采取学区制、协作区、教育集团、教育集群、联盟组团、一校多址、名校办分校、城乡学校一体化等方式，实现增量推进、存量盘活，推进区域优质教育资源广泛覆盖。二是纵向贯通培育优质资源。通过新建九年一贯制学校、九年一贯对口直升、提高优质高中名额分配比例等方式，加快普通校成长为新优质校的进程。三是统筹协调拓展优质资源。高校办附中附小、教科研部门支持中小学发展、民办教育机构参与中小学学科教学改革、引进外教参与中小学英语教学改革等项目持续推进，优质资源覆盖面进一步实质性扩大。四是数字学校共享优质资源。加强北京数字学校（BDS）平台优化升级，开展名师在线学业辅导、作文辅导、学业水平诊断测试和语数外学科信息推送，推动“教师走网”。

这些举措使优质学位大幅增加，有的家长感慨：“过去是挖空心思找好学校，如今是在家门口‘等’来了好学校。”

三、创新发展：加强政策保障与综合改革，让改革成果惠及群众

深入推进义务教育均衡发展不是一朝一夕、一蹴而就的事情，不能

急功近利，急于求成，需要总体规划，分类指导，抓好后续管理和服务。只有这样，推进义务教育均衡发展的目标才会更加坚定，行动才会更加有力，改革发展成果才会更好地惠及群众。一是加强政策保障。围绕北京市委、市政府发布的《关于推进义务教育优质均衡发展的意见》，建立健全相关制度。同时，要求各区县都有关于本区域优质资源扩大重组的明确的时间表和路线图，做到在 2014 年形成改革的突破局面，到 2020 年全市的优质教育资源整体达到一个较高水平。二是深化综合改革。从人事、经费、资产、招生改革等方面进行系统研究和顶层设计，加强统筹规划和协同创新，促进办学条件的均衡、教师资源的均衡和生源的均衡。三是增强精准施策。在政策制定时突出“三个倾斜”，即向薄弱学校倾斜，切实缩小校际差距；向薄弱区县倾斜，努力缩小区域差距；向农村倾斜，加快缩小城乡差距。

多年来，北京市坚持将有质量的公平作为首都教育最本质的特征，着力推进基本公共教育服务均等化，重视保障各类群体平等接受优质教育的权益和机会，在推进义务教育优质均衡发展方面成绩斐然，在全国范围内发挥了引领和示范作用。义务教育均衡发展是一项长期的战略任务，作为有中国特色的新型特大城市，作为一个现代化国际大都市，我相信并祝愿北京市在不断总结经验的基础上，一定会将义务教育优质均衡发展逐步在更大范围内高效推进，推动北京市和国家教育现代化的全面实现。

农村义务教育学校公用经费支出实证研究*

公用经费是行政事业单位用于日常办公、业务活动方面的经常性开支。公用经费保障水平是农村义务教育学校运转水平的直接表征，与教育教学质量密切相关。[①] 根据财政部、教育部2006年1月颁发的《农村中小学公用经费支出管理暂行办法》的规定，农村公办义务教育学校公用经费是指保证学校正常运转、在教学活动和后勤服务等方面开支的费用，其具体支出范围包括教学业务与管理、教师培训、教学实验、文体活动、水电、取暖、交通差旅、邮电、仪器设备及图书资料购置、房屋及仪器设备的日常维修维护等。

在相当长一段时期内，学校公用经费主要是通过向学生（家庭）收取学杂费来保障。广大农村地区学杂费标准一直较低，且有相当比例的学生不能按时足额缴纳；即便是已收取的杂费，也有相当一部分用于教师工资、校舍建设等方面，并没有全部用于学校公用支出。这一状况导致农村义务教育学校公用经费保障水平不仅较低，而且极不稳定，一些农村义务教育学校甚至连维持最基本运转的经费都严重不足。[②] 从20世纪80年代至21世纪初，保运转、保工资和保安全成为我国农村义务教育办学的重要目标。

为从根本上解决“投入不足、责任不清”这一长期困扰农村义务教育发展的难题，国务院于2005年12月印发《关于深化农村义务教育经

---

* 原载《中国教育学刊》2012年第8期。

① 杜育红：《教育发展不平衡研究》，北京师范大学出版社2001年版，第6—24页。

② 周晓红、孙艳霞：《论重建我国农村义务教育投资新体制：我国农村义务教育投资的困境与出路》，《东北师范大学学报（哲学社会科学版）》2002年第2期。

费保障机制改革的通知》,决定实施农村义务教育经费保障机制改革,将农村义务教育经费全面纳入公共财政的保障范围。这次改革的一项重要内容是免除农村义务教育阶段学生学杂费,所需资金由公共财政安排。2009 年,国家出台并落实了农村义务教育学校公用经费基准定额:小学生每年人均 300 元、初中生每年人均 500 元;2010 年又将基准定额分别提高了 100 元。可以说,实施农村义务教育经费保障机制改革后,农村义务教育学校公用经费严重不足的问题已经得到根本缓解。

但同时要看到,政府和社会各界长期以来更多关注农村义务教育学校公用经费保障的稳定性和充足性问题,而对于公用经费实际支出情况的关注则相对较少。为规范农村义务教育学校公用经费管理,提高使用效益,财政部、教育部于 2006 年印发了《农村中小学公用经费支出管理暂行办法》,严格限定了公用经费支出范围,并规定农村中小学公用经费不得用于人员经费、基本建设投资、偿还债务等方面的开支。《暂行办法》对规范各地农村义务教育学校公用经费管理和支出起到了积极的作用,但是目前农村义务教育学校公用经费还存在着诸多问题,主要表现为公用经费被挤占、挪用的现象仍然不同程度地存在,公用经费支出结构不合理,等等。例如,2007 年国家审计署对全国 54 个县农村义务教育经费的审计调查发现,有 46 个县的中小学和教育、财政部门存在挤占公用经费的现象,累计超过 1.1 亿元。① 有研究显示,农村中小学人头费挤占公用经费现象普遍存在,真正用于教学的经费大量减少,导致公用经费促进教育教学质量提高的作用不显著。②

因此,在我国农村义务教育学校公用经费保障的稳定性、充足性问题得以逐步解决,而经费使用的规范性、有效性问题进一步凸显的背景下,

---

① 《54 个县农村义务教育经费保障及使用管理情况审计调查结果》[EB/OL].(2008-07-04)[2012-05-12]. http://www.audit.gov.cn/n1992130/n1992150/n1992500/2302045.html.

② 薛海平、王蓉:《农村义务教育分权管理制度对教育质量影响实证研究:基于湖北、江苏两省中小学校的调查》,《教育学报》2010 年第 4 期。

有必要进一步跟踪学校公用经费的实际支出状况，发现和分析学校公用经费支出存在的问题，建立健全有关管理制度，切实加强监管，确保公用经费按规定用于保障学校运转和提高教育教学质量，充分发挥其使用效益。

一、数据采集与研究方法

为全面真实了解农村义务教育学校公用经费实际支出情况，在有关部门协助下，笔者采集了我国9个省份107所农村义务教育学校2008年公用经费的原始支出数据。在选择省份时，考虑到地域差异和发展水平差异，在东、中、西部地区各选择了3个省份；在选择学校时，综合考虑学校类别、规模、寄宿和非寄宿等情况，以便于不同地区、不同类型学校之间的比较分析（表1）。

不同地区、不同类型学校的支出数据口径差异较大，累计将近200项。为便于分析，笔者将所有学校的各项支出逐一进行了审核，将其归

表1　抽样调查的样本学校概况

划分依据	学校数量（所）	
按省份分	浙江	34
	山西	12
	安徽	11
	辽宁	10
	青海	10
	云南	10
	重庆	10
	广东	5
	湖北	5
按学段分	小学	49
	中学	48
	九年一贯制	10
按是否寄宿制分	寄宿	66
	非寄宿	41
学校数总计	107	

纳为15大类:办公费、差旅及交通费、水电费、政策性支出、大型修缮费、教师培训费、教学教研费、图书资料费、劳务费及其他人员经费、招待费、日常维修费、专用材料及设备设施购置费、会议费、取暖费和其他。其中,"政策性支出"包括残疾人保障金、环境卫生费、联防费、手续费、学生保险费、税款、校方责任险、职工福利费、工会会费等依有关规定缴纳或提取的各种费用。此类支出中,根据现行规定,校方责任险和职工福利费、工会会费属于学校公用经费中的合理支出,其他均属于超范围支出。"劳务费及其他人员支出"包括教师津补贴、奖金、临时聘用的工勤人员工资以及劳务费等项目,其中教师津补贴和奖金为现行政策明确不允许开支的项目。"其他"支出为所调查学校列举的不易一一归类的支出,包括物业费、广告宣传费、赠予支出费、被装购置费、支付利息费、专项业务费、捐赠慰问款、春节慰问品费、纪念品费等。

同时,笔者从以下四方面对归类后的数据进行了分析。第一,总体支出结构,主要是指各类支出占总支出的百分比,以全面了解公用经费的总体使用情况。第二,地域差异。一是东、中、西部之间的差异,由于社会经济和教育发展水平差异显著,东、中、西部地区在农村中小学公用经费支出方面可能存在差异。二是南方和北方之间的差异,两类地区农村中小学支出需求存在明显不同。例如,北方地区的农村中小学普遍有取暖支出,而南方地区的学校一般没有。第三,学段差异,其主要考察小学、初中和九年一贯制学校之间的差异。这三类学校在办学规模、支出重点等方面的差异可能会影响其公用经费支出。第四,寄宿制学校与非寄宿制学校的差异。由于规模、管理等方面的差异,这两类学校实际运转需求差异很大,公用经费支出可能会存在差异。

为有效反映各类农村义务教育学校公用经费支出的差异情况,本研究引入二分变量来显示学校在地域、学段和寄宿等方面的差异。例如,代表东部的虚拟变量中,东部地区的数据用"1"表征、非东部地区数据用"0"表征。在具体分析中,以每类支出占各学校总支出的百分比为因变量,以上述二分变量为自变量,对二分变量所划分出的两组样本进行均值比较。对于方差齐性的样本，进行单因素方差分析；对于方差不齐性的样本，采用U检定，分析两组样本的等级排列是否有显著差别。

二、调查结果分析

1.总体支出情况

通过对样本学校各类公用经费支出额度及其占总支出比例的统计分析，笔者总结出以下几点：第一，办公费、日常维修费、专用材料及设备设施购置费所占比例最高，三类支出合计占公用经费总支出的40.89%；第二，与教育教学直接相关的支出，如教学教研费、教师培训费、图书资料费等所占比例明显偏低，其中图书资料费仅为1.54%，远低于国家规定的5%；第三，政策性支出、招待费和其他支出所占比例较高，三项支出合计占总支出的18.75%；第四，虽然财政部、教育部明令禁止农村中小学公用经费用于支付人员经费，但此类支出占总支出的比例仍然超过了3%（表2）。

表2 农村义务教育公用经费支出总体状况

支出类别	总金额（万元）	占总支出比例（%）
办公费	1114.21	13.86
日常维修费	1097.19	13.65
专用材料及设备设施购置费	1075.57	13.38
大型修缮费	693.64	8.63
取暖费	603.53	7.51
水电费	450.25	5.60
政策性支出	435.75	5.42
差旅及交通费	431.21	5.36
教学教研费	298.44	3.71
教师培训费	251.41	3.13
劳务费及其他人员经费	245.50	3.05
招待费	244.91	3.05
会议费	146.88	1.83
图书资料费	123.70	1.54
其他	826.03	10.28
合计	8038.19	100.00

2.地域差异情况

运用单因素方差分析和U检定，笔者分别从东、中、西部地区和南北方两个维度对农村中小学公用经费支出的地域差异进行了分析，其具体情况如下。

(1)东、中、西部地区差异情况

首先，东部地区学校在差旅及交通费、政策性支出、大型修缮费、招待费和取暖费等方面的支出比例显著高于非东部地区学校，其中政策性支出、大型修缮费和取暖费比非东部地区学校高10%—15%；而在办公费、水电费、教师培训费、教学教研费、图书资料费、专用材料及设备设施购置费和会议费等方面的支出比例则明显低于非东部地区学校，其中办公费、教学教研费和图书资料费低7%—11%(表3)。

其次，中部地区农村中小学的办公费、教学教研费所占比例明显高于非中部地区学校，其中办公费高8.71%，教学教研费高14.81%；差旅及交通费所占比例则略低于非中部地区的学校(表4)。

最后，西部地区农村中小学、办公费、教师培训费、图书资料费、专用材料及设备设施购置费和会议费所占比例明显高于非西部地区，其中图书资料费高出近10%。政策性支出、大型修缮费、招待费和取暖费等支出所占比例显著低于非西部地区，其中大型修缮费低15.6%，取暖费低12.03%(表5)。

(2)南北方差异情况

南北方农村中小学公用经费支出结构的差异主要体现在图书资料费、取暖费、水电费、政策性支出、大型修缮、教师培训费、招待费和会议费这八个支出类别上。其中，北方学校的前两类支出所占比例显著高于南方学校，取暖费高出21.18%，图书资料费高出8.88%。北方学校的后六类支出所占比例低于南方学校，其中大型修缮费低12.61%(表6)。

3.学段差异情况

统计分析发现,各学段农村中小学公用经费支出结构亦存在差异,其具体表现在以下几方面。

一是农村小学的水电费和取暖费支出所占比例显著低于其他学校。其中水电费低2.31%,取暖费低7.67%(表7)。

二是初中与其他学校在公用经费支出上的差异表现在水电费和劳务费及其他人员经费两方面。其中水电费高3.01%,劳务费及其他人员经费高3.13%(表8)。

表3 东部农村中小学公用经费支出所占比例与其他地区的差异

支出类别	东部(%)	非东部(%)	方法	差值及显著性
办公费	12.11	23.51	方差分析	−11.40***
差旅及交通费	6.50	4.42	方差分析	2.08**
水电费	4.86	6.43	方差分析	−1.57*
政策性支出	11.47	1.44	U 检定	10.03***
大型修缮费	17.33	4.07	U 检定	13.26***
教师培训费	2.90	4.83	U 检定	−1.93***
教学教研费	5.58	16.52	U 检定	−10.94***
图书资料费	2.44	9.87	U 检定	−7.43***
劳务费及其他人员经费	1.61	5.20	U 检定	−3.59
招待费	4.84	3.26	方差分析	1.58**
日常维修费	14.47	15.50	方差分析	−1.03
专用材料及设备设施购置费	9.59	16.21	方差分析	−6.62***
会议费	1.01	4.09	U 检定	−3.08***
取暖费	26.20	11.81	U 检定	14.39**
其他	14.46	7.05	U 检定	7.41***

注:“***”代表衡量该差值显著性的p值小于0.01,“**”代表p值在0.01至0.05之间,“*”代表p值在0.05至0.1之间(下表同)。

表4 中部农村中小学公用经费支出所占比例与其他地区的差异

支出类别	中部(%)	非中部(%)	方法	差值及显著性
办公费	24.74	16.03	U 检定	8.71***
差旅及交通费	3.92	5.90	方差分析	−1.98*

续表

支出类别	中部(%)	非中部(%)	方法	差值及显著性
水电费	6.36	5.48	方差分析	0.88
政策性支出	2.83	8.10	U 检定	−5.27
大型修缮费	15.82	11.19	方差分析	4.63
教师培训费	3.48	4.13	U 检定	−0.65
教学教研费	21.13	6.32	U 检定	14.81***
图书资料费	1.83	4.68	U 检定	−2.85
劳务费及其他人员经费	3.85	3.62	U 检定	0.23
招待费	4.87	3.67	U 检定	1.20
日常维修费	15.87	14.73	方差分析	1.14
专用材料及设备设施购置费	15.29	12.44	方差分析	2.85
会议费	2.97	2.55	方差分析	0.42
取暖费	16.59	14.14	方差分析	2.45
其他	9.90	11.06	方差分析	−1.16

表 5　西部农村中小学公用经费支出所占比例与其他地区的差异

支出类别	西部(%)	非西部(%)	方法	差值及显著性
办公费	22.44	16.49	方差分析	5.95*
差旅及交通费	4.88	5.58	方差分析	−0.70
水电费	6.49	5.39	方差分析	1.10
政策性支出	0.38	9.31	U 检定	−8.93***
大型修缮费	1.55	17.15	U 检定	−15.60***
教师培训费	6.09	3.11	U 检定	2.98***
教学教研费	11.90	7.39	方差分析	4.51
图书资料费	12.29	2.39	U 检定	9.90***
劳务费及其他人员经费	6.26	2.44	U 检定	3.82
招待费	1.60	4.85	U 检定	−3.25***
日常维修费	15.15	14.99	方差分析	0.16
专用材料及设备设施购置费	17.07	11.67	方差分析	5.40*
会议费	4.80	1.60	U 检定	3.20**
取暖费	8.40	20.43	方差分析	−12.03***
其他	4.66	13.05	U 检定	−8.39***

表 6 南北方农村中小学公用经费支出所占比例差异

支出类别	北方(%)	南方(%)	方法	差值及显著性
办公费	19.08	17.80	方差分析	1.28
差旅及交通费	4.14	5.94	U 检定	−1.80
水电费	4.21	6.35	U 检定	−2.14**
政策性支出	2.16	9.53	U 检定	−7.37***
大型修缮费	2.17	14.78	U 检定	−12.61***
教师培训费	3.48	4.18	U 检定	−0.70**
教学教研费	10.84	7.35	方差分析	3.49
图书资料费	11.30	2.42	U 检定	8.88***
劳务费及其他人员经费	2.80	4.18	U 检定	−1.38
招待费	2.57	4.72	方差分析	−2.15***
日常维修费	13.39	15.76	方差分析	−2.37
专用材料及设备设施购置费	11.70	13.86	方差分析	−2.16
会议费	1.53	3.11	U 检定	−1.58***
取暖费	21.39	0.21	U 检定	21.18***
其他	7.54	12.35	U 检定	−4.81**

表 7 小学公用经费支出所占比例与其他类型学校的差异

支出类别	小学(%)	非小学(%)	方法	差值及显著性
办公费	19.88	16.76	U 检定	3.12
差旅及交通费	5.87	5.00	U 检定	0.87
水电费	4.44	6.75	U 检定	−2.31**
政策性支出	8.14	6.19	方差分析	1.95
大型修缮费	12.67	10.59	方差分析	2.08
教师培训费	4.02	3.91	方差分析	0.11
教学教研费	5.67	9.88	U 检定	−4.21
图书资料费	5.14	3.88	方差分析	1.26
劳务费及其他人员经费	2.50	4.63	U 检定	−2.13
招待费	3.75	4.20	U 检定	−0.45
日常维修费	16.31	13.97	方差分析	2.34
专用材料及设备设施购置费	13.21	13.17	方差分析	0.04
会议费	2.79	2.50	U 检定	0.29
取暖费	10.77	18.44	方差分析	−7.67*
其他	10.03	11.49	方差分析	−1.46

三是九年一贯制学校的公用经费支出结构与其他学校的差别体现在教学教研费和取暖费上。其中教学教研费低7.86%,取暖费高14.51%(表9)。

4.寄宿制学校与非寄宿学校的差异情况

寄宿制与非寄宿制学校在公用经费支出结构上的差异主要体现在大型修缮费上,非寄宿制学校的此项支出比寄宿制学校高11.4%(表10)。

三、存在的问题及政策建议

1.存在的问题

经调查研究分析,笔者发现农村义务教育学校公用经费主要存在以下几方面问题。

第一,农村义务教育学校公用经费保障水平总体偏低。绝大多数农村义务教育学校的公用经费主要用于维持基本运转,办公费、日常维修费、专用材料及设备设施购置费、取暖费、水电费等维持运转的费用大约占公用经费总支出的60%,有的学校高达95%以上。相比之下,教学教研、图书资料、教师培训等与教育教学质量直接相关的支出占总支出的比例明显偏低,平均不到9%,最低的学校仅0.3%。值得注意的是,西部地区的教师培训费和图书资料购置费所占比例高于其他地区。据初步分析,这与西部地区总体支出水平较低、国家对西部地区学校有专项经费补助等因素有关。总体而言,实施农村义务教育经费保障机制改革后,尽管农村义务教育学校公用经费水平显著提高,但是其总体上仍处于维持基本运转的水平,还不能满足实际需求和全面提高农村义务教育质量的需要。

表 8　初中公用经费支出所占比例与其他类型学校的差异

支出类别	中学(%)	非中学(%)	方法	差值及显著性
办公费	15.71	20.19	U 检定	−4.48
差旅及交通费	4.89	5.80	U 检定	−0.91
水电费	7.35	4.34	U 检定	3.01***
政策性支出	6.85	7.30	方差分析	−0.45
大型修缮费	11.12	12.00	方差分析	−0.88
教师培训费	3.93	3.98	方差分析	−0.05
教学教研费	9.88	5.67	U 检定	4.21
图书资料费	3.64	5.32	方差分析	−1.68
劳务费及其他人员经费	5.40	2.27	U 检定	3.13*
招待费	4.53	3.57	U 检定	0.96
日常维修费	14.84	15.20	方差分析	−0.36
专用材料及设备设施购置费	14.10	12.46	方差分析	1.64
会议费	2.07	3.06	U 检定	−0.99
取暖费	13.85	15.52	方差分析	−1.67
其他	10.89	10.73	方差分析	0.16

表 9　九年一贯制学校公用经费支出所占比例与其他类型学校的差异

支出类别	一贯制(%)	非一贯制(%)	方法	差值及显著性
办公费	21.70	17.82	方差分析	3.88
差旅及交通费	5.49	5.38	方差分析	0.11
水电费	3.87	5.89	U 检定	−2.02
政策性支出	3.09	7.52	U 检定	−4.43
大型修缮	0.00	11.85	方差分析	−11.85
教师培训费	3.81	3.98	方差分析	−0.17
教学教研费	0.00	7.86	方差分析	−7.86
图书资料费	9.55	4.39	方差分析	5.16
劳务费及其他人员经费	1.30	3.95	U 检定	−2.65
招待费	2.69	4.13	方差分析	−1.44
日常维修费	9.87	15.58	方差分析	−5.71
专用材料及设备设施购置	8.45	13.64	方差分析	−5.19
会议费	4.39	2.45	方差分析	1.94
取暖费	26.61	12.10	U 检定	14.51*
其他	14.15	10.44	方差分析	3.71

表 10 寄宿制学校与非寄宿制学校义务教育公用经费支出结构的差异

支出类别	寄宿(%)	非寄宿(%)	方法	差值及显著性
办公费	18.44	17.79	U 检定	0.65
差旅及交通费	4.93	6.13	方差分析	−1.20
水电费	5.82	5.52	方差分析	0.30
政策性支出	8.26	5.45	方差分析	2.81
大型修缮费	7.16	18.56	U 检定	−11.40**
教师培训费	4.15	3.64	方差分析	0.51
教学教研费	7.82	7.93	方差分析	−0.11
图书资料费	4.87	3.83	方差分析	1.04
劳务费及其他人员经费	4.34	2.53	U 检定	1.81
招待费	4.02	3.95	方差分析	0.07
日常维修费	14.65	15.66	方差分析	−1.01
专用材料及设备设施购置费	14.20	11.66	方差分析	2.54
会议费	2.84	2.32	方差分析	0.52
取暖费	15.60	13.70	U 检定	1.90
其他	9.63	12.57	U 检定	−2.94

第二，违规开支学校公用经费的现象普遍存在。对照国家规定的农村义务教育学校公用经费支出范围和农村中小学预算编制科目，公用经费违规开支大致可分为以下几类：一是用于捐助，包括捐款、赠予支出等；二是用于缴纳社会保障方面的费用，包括医疗保险、失业保险、教师保险、残疾人就业保险等；三是用于教师福利或者在编教师的劳务费，包括抚恤金、教师体检费、女职工身体普查、中考奖金、药费、教师节补助、超课时津贴、班主任津贴等；四是用于资助家庭经济困难学生，包括助学金、学生生活补助、学生资助等；五是招待费支出，包括用餐费和购买香烟、水果等。产生以上现象的原因是多方面的，既有农村义务教育学校公用经费管理粗放的原因，也有相关制度不完善、政策不配套的原因。

第三，北方地区农村义务教育学校的取暖费负担很重。笔者对所调查的北方三省（辽宁、山西、青海）32 所学校的取暖费支出情况进行了专门分析。结果显示，取暖费支出占公用经费支出的 25.42%，而绝大多数南方学校没有取暖费支出。针对这一特殊情况，从2008年起，中央财政对北方地区学校拨付了取暖费，标准为每年生均50元。但据推算，北方高寒地区农村学校生均取暖费支出达每年70—110元，多数学校只能从日常公用经费中列支此项经费。可以说，取暖费已成为北方农村义务教育学校的沉重负担。

第四，寄宿制学校的运行成本高于非寄宿制学校。此次调查的寄宿制学校维持基本运转的经费占总支出的61.39%，而非寄宿制学校仅为51.63%，相差近10个百分点。导致寄宿制学校维持基本运转经费偏高的开支项目主要是劳务费及其他人员经费。寄宿制学校的劳务费及其他人员经费占总支出的4.34%，而非寄宿制学校为2.53%，前者比后者高1.81%。寄宿制学校虽然在提高办学质量、促进教育普及等方面有优势，但办学成本偏高的问题不容忽视。

2.政策建议

第一，进一步提高农村义务教育学校公用经费保障水平。鉴于目前农村义务教育学校公用经费保障总体水平仍然偏低，我国应逐步提高公用经费定额标准，不仅应满足学校正常教育教学的需要，还要充分考虑提高教育教学质量、全面实施素质教育的需要。对于北方高寒地区取暖费负担重的学校，政府要进一步加大扶持力度，避免取暖费挤占学校公用经费，影响学校日常运转。对于寄宿制学校，政府要充分考虑公用经费支出的特殊需求，提高定额拨款标准或以其他方式予以补贴。同时，各地政府应增强政策的弹性，建立农村义务教育学校公用经费标准随物价上涨而相应提高的机制。

第二，调整和规范农村义务教育学校公用经费支出项目。目前，已有的与农村义务教育学校公用经费支出相关的文件主要存在以下问题：一是现有支出类别不能覆盖学校实际运行中的所有合理支出；二是有的支出项目缺乏参照标准，随意性较大。因此，笔者建议有关部门应根据实际需要，尽快修改完善《农村中小学公用经费支出管理暂行办法》，进一步明确农村义务教育学校公用经费开支范围；对于合理且已实际发生的开支项目，要纳入公用经费开支范围。同时，地方政府也要因地制宜地制订本地区农村中小学公用经费支出管理的制度文件，进一步细化支出项目和标准，使其具备可操作性。

第三，进一步明确严禁从公用经费中支出的项目。对107所学校的调查分析显示，农村义务教育学校公用经费被挤占和挪用的现象还比较普遍。针对这一情况，政府在进一步明确公用经费支出项目的同时，对不属于公用经费保障范围的支出要严令禁止。例如，严禁从公用经费中开支教职工人员经费、福利和补助经费（如离退休费、退职费、抚恤金、生活补助、救济费、医疗费、助学金、奖励金、住房公积金、购房补贴、提租补贴、其他对个人和家庭的补助支出等）；严禁将公用经费用于基本建设和偿还债务、缴纳不应由学校承担的政策性收费以及其他经营服务性收费；严禁任何单位和个人以任何形式向学校摊派各种费用。

第四，进一步强化农村义务教育学校预算管理。农村义务教育学校公用经费使用和管理之所以存在各种问题，其重要原因之一是预算管理薄弱。当前，许多农村学校校长的权力缺乏有效制约，公用经费开支随意性大，要么未编制预算，要么预算编制流于形式，不能严格执行。今后，政府必须抓住预算管理这个关键环节，进一步规范农村义务教育学校公用经费的使用和管理。首先，所有农村义务教育学校都必须按要求编制预算，学校全部收支必须纳入预算管理。学校预算的编制要在校长主导下，吸收教师、学生及其他相关方参与。其次，学校编制的预算要按程序报批。教育行政部门和财政部门要充分履行职责，认真审核和批复学校预算。最后，农村义务教育学校预算一经批复，就要保证其严肃性。有关部门要按照预算及时拨付公用经费，学校的各项支出必须严格按照预算执行；预算调整要报有关部门审批，学校不得随意调整。

第五，切实加强对农村义务教育学校公用经费的监督。对农村义务教育学校公用经费进行有效监督，确保公用经费合规、合理使用，是保证公用经费安全和提高使用效益的重要手段。首先，要建立健全相关财务管理制度,将学校公用经费支出全部纳入制度监管范围,避免公用经费使用和管理的随意性。其次,要建立和完善学校财务公开制度,所有收支都应定期在全校范围内公布,接受广大师生监督,提高公用经费管理的透明度。再次,要加强对农村义务教育学校公用经费的审计,并牢固树立审计思维。如果布局调整依然为达到所谓的规模效益而继续维持大班化教学和制造巨型学校,农村儿童就永远无法享有与城市儿童一样的公平教育;如果当前的布局调整政策得不到有效的修正,农村地区地方财政的匮乏与规模效益理论"合谋"的现实在将来也不会有太大的改变。所以,国家层面必须对以城乡教育一体化以及基础教育均衡发展为宗旨的农村中小学布局调整政策进行反思、改造甚至重建。

在具备更为合理的制度保障基础上,针对农村教育的客观现实和特殊困难,各地教育行政部门可采取的具体措施如下:第一,积极保障小规模学校的健康发展;第二,继续进行的布局调整应当以实现小班化教育为目标。布局调整之初,学生减少导致班额缩小本应当转化为农村在布局调整的同时实施小班化教学的契机,但是以规模效益为目标的农村中小学布局调整却扼杀了这种可能性,致使农村学生失去了享受优质教育的机会。所以,在新阶段,随着国家进一步加大对农村基础教育投资的力度,布局调整应当从维持大班额不变的思维转变为积极推进农村中小学小班化实验。

当然,上述措施看似简单却是系统而繁杂的工程,但不论是中央还是地方各级政府,这是为实现基础教育改革与发展的宏伟目标而无法回避的问题。尤其是在自 2006 年新农村义务教育经费保障机制开始建立并逐步完善的背景下,为实现教育现代化和满足现代化学校建设的要求,地方各级政府应当而且必须具备强烈的历史责任感以及足够的远见和魄力正视这一问题,保证基础教育改革与发展的顺利进行。

积极探索小学全科教师的培养*

当前，提升师资队伍水平已经成为提高教育质量和促进教育公平的关键。2014 年，教育部印发了《关于实施卓越教师培养计划的意见》，提出针对小学教育的实际需求，重点探索小学全科教师培养模式。旨在通过实施卓越教师培养计划，深化教师培养机制、课程、教学、师资、质量评价等方面的综合改革，努力培养一大批优秀教师。此后，小学全科教师培养受到各地教育行政部门、师范院校和一线学校的关注。实际上，全科教师培养在我国早有实践。教育资源配置不均衡，特别是师资力量严重不足是一些地方，尤其是西部农村地区，最初实行全科教学、尝试培养全科教师的主要动因。以往的小学全科教师往往被简单地描述为“语数外通吃、德音体美全扛”，但其教学实践在本质上仍然是“分科教学”，因为它所依托的课程形态仍然是相互分离的学科课程。

时代的发展赋予了全科教师新的内涵。20 世纪末以来，我国小学教育出现了课程综合化的改革走向，很多小学积极尝试课程整合改革，并初见成效。课程建设打破了传统的学科课程架构，实现了活动课程、综合课程、广域课程等多样化的课程形态，对我国基础教育教师的素质结构提出了新的挑战。教育部《基础教育课程改革纲要（试行）》明确提出课程结构要改变“过于强调学科本位、科目过多和缺乏整合的现状”，小学阶段则应“以综合课程为主”。《小学教师专业标准（试行）》要求小学教师“适应小学综合性教学的要求，了解多学科知识”，“了解所教学科与社会实践、少先队活动的联系，了解与其他学科的联系”。全科教

---

* 原载《中国教育学刊》2016 年第 8 期。

师本质上强调的是教师将多种学科知识进行综合，把关于生活与世界的完整知识传授给学生。因此，小学教育改革的重要内容是“课程综合”，对全科教师能力的核心要求是“综合能力”。

从一些国家小学教育的实践来看，全科包班制可以有效扭转传统班级授课模式所带来的划一性和刻板性，并破解个别化教学效率低下、学生社会化不足的弊端；同时，能够更好地适应学生的个性化差异，有利于学生全面发展和个性化发展，体现以学生为本的教育理念。在美国，全科教学被认为既有利于通识教育的开展和学生全面发展，又有利于教师全面了解学生，及时发现其优点与不足，真正做到因材施教。英国教育学者认识到，只教一门课的小学教师，往往只关注学生在自己所教学科上的表现，导致其对学生的评价是割裂的。例如，一名学生在数学上表现差，可能是他/她在文字阅读或语言表达上存在障碍，如果没有全科教师的综合观察和全面了解，则可能会对孩子产生片面甚至错误的评价。孩子的潜能往往不由学科界限来粗疏划定，全科教师可以凭借其全科背景捕捉孩子的特殊兴趣。这些国际经验值得我们学习和借鉴。

以往我国小学分科教学存在的弊端是过多关注学科本身，而缺少对儿童全面发展的体验和认识。在小学低年级阶段打破分科，通过全科教学使学生学习和掌握整体的知识，对他们今后的生活、学习和发展具有重要作用。全科教学既适合我国拓展优质教育资源覆盖面、促进教育公平的现实需求，也符合我国农村教育和农村学校或办学点小班化的实际。比如，在小学就读的农村留守儿童为1409.5万人，占农村小学在校生的30.2%，农村小学教师与孩子在一起的时间往往要多于家长，影响力也要大于父母，高素质教师的教育和陪伴是农村留守儿童健康成长的重要条件之一。

小学全科教学的开展，关键是培养高素质的小学全科教师。自教育部推出卓越教师培养计划改革项目后，不少师范院校开始承担全科教师的培养工作，在全科教师教育的基本理念、政策机制、培养目标、课程体系和组织实施等方面进行理论和实践探索，并取得了不少成功经验。

当然，全科教学和包班制教学并不是小学教育的唯一有效模式，也不是解决农村学校师资不足的唯一途径。当前小学全科教师培养还面临不少理论和实践问题。比如，全科教师的知识、能力和素质结构如何构建，培养模式如何改革；教师职后培训和资格认证制度如何完善；包班制教学与科任制教学如何相互取长补短，科任教师的视野和洞察力如何拓宽和提升；如何全方位地科学评价和引导学生；如何推进教育行政部门、师范院校和一线学校协同改革，等等，都需要深入研究和多样化探索。

发展学前教育要坚持抓好普及与提高质量并重*

来自脑科学、教育学、心理学、经济学等不同领域的大量研究表明，儿童早期是大脑发展的重要的时间窗口，早期经验影响和塑造大脑；高质量的早期教育可以促进儿童认知和社会性发展，为儿童入学学习和终身发展奠定良好基础；高质量的学前教育可以重塑儿童人生，对于处境不利的儿童和家庭来说尤为重要，消除社会的不公平应当从儿童早期教育开始。各国政府积极推进本国学前教育的发展，努力把科学研究的成果转化为促进学前教育发展的国家行动。

《国家中长期教育改革和发展规划纲要（2010—2020年）》把加快发展学前教育作为落实教育优先发展战略的重要举措，明确了到2020年基本普及学前三年教育的目标。“十二五”期间中央财政安排500亿元资金，重点支持中西部地区和东部困难地区发展农村学前教育；各地政府制定了本省的学前教育三年行动计划，加大了经费投入、园所建设和教师队伍建设的力度。但总体上看，当前学前教育仍是我国各级各类教育中的薄弱环节，要实现构建覆盖城乡、布局合理的学前教育公共服务体系，保障适龄儿童接受基本的、有质量的学前教育的任务，必须在抓好普及的同时坚持内涵发展和质量建设，唯其如此，才能不辱提升学前教育公共服务水平、为亿万幼儿终身发展和未来国家综合实力奠基的历史使命。

首先，保障学前教育经费来源。“十二五”期间中央财政安排的资

---

* 原载《中国教育学刊》2014年第3期。

金大部分用于支持中西部农村扩大学前教育资源的硬件建设，大批公办幼儿园建立起来后，如何保证运行经费的来源和投入，还缺乏规划。要加快学前教育立法进程，明确学前教育经费的投入机制及其在同级教育财政经费中的比例，探索合理的成本分担机制，落实和保障学前教育经费来源。同时，要积极吸引民间资金进入学前教育领域，支持民办学前教育的发展。

其次，加强幼儿园教师队伍建设。我国幼儿园教师队伍建设现状不容乐观。一方面，幼儿园教师数量严重短缺，师幼比偏低，直接影响到幼儿园保教质量的提升；另一方面，幼儿园教师队伍的专业化水平有待提高，在职幼儿教师的职业发展亟待加强。要完善政策法规，依法明确幼儿园教师的身份，保障其合法权益，改善其生活待遇，扩大和稳定幼儿园教师队伍。要制定幼儿园教师专业标准，完善幼儿园教师资格认证制度、考核制度和奖惩机制，保证幼儿园教师队伍的整体水平。要健全培养培训体系和实验实习基地，重视幼儿园教师专业伦理教育、保教专业教育以及自我规划和反思实践能力的培养。要针对现实问题加强学前教育科学研究和园本教研，促进幼儿园教师的专业成长。

再次，纠正幼儿园教育“小学化”倾向。当前幼儿园教育“小学化”的现象一方面表现在幼儿园教育内容的超前化，另一方面也表现在教学方式方法的“小学化”。这种现象的存在压抑了幼儿的好奇心和求知欲，不利于幼儿的身心健康发展。要明晰教育目标，优化教育内容，规范办园行为，坚持寓教于乐，让孩子们在游戏和生活中健康快乐成长。必须指出，解决幼儿园教育“小学化”的问题，不仅仅是幼儿园的责任，也是家庭、政府和社会的责任。幼儿园和小学要按照幼儿身心发展的特点，为幼儿做好入学准备，共同做好幼小衔接工作。教育行政部门要加强调控，坚持就近免试入园、入学制度。社区、新闻媒体要大力宣传科学的学前教育理念，形成有利于幼儿健康成长的社会氛围。幼儿园要采取多种形式开展家庭教育指导，实现家园合作共育。家长要努力学习科学育儿知识，尊重幼儿的年龄特征和个体特点，不揠苗助长，让孩子拥有快乐幸福的童年生活。

最后，探索学前教育体制机制创新。不少地方在拓展优质学前教育资源、名园办分园以及构建学前教育教师培养培训体系等方面进行了积极探索，要不断完善、适时推广。另外，要吸引民间资金进入学前教育领域，鼓励和规范民办幼儿园的发展，构建多元化的学前教育办学体制。

发展更加公平更有质量的教育*

在学习贯彻习近平总书记全国教育大会重要讲话精神的热潮中，李克强总理在全国人大十三届二次会议的政府工作报告中提出了2019年的教育工作重点："发展更加公平更有质量的教育。"我国教育工作重点呈现出了如下特征：

尊重教育规律，保持教育发展目标的持续性。中华人民共和国成立70年以来，我国教育普及化程度大为提高。2018年，九年义务教育水平进一步提升，义务教育巩固率达到94.2%；学前三年教育加快普及，毛入园率达到81.7%；高中阶段教育基本普及，毛入学率达到88.8%；高等教育即将迈入普及化阶段，毛入学率达到48.1%。随着优质教育资源供给不足矛盾的凸显，我国教育进入了以促进公平、提高质量和优化结构为核心的内涵式发展新阶段。自2015年起，历年政府工作报告都将促进公平和提高质量作为教育工作的重点，2019年政府工作报告依然将发展公平而有质量的教育作为坚定不移的工作目标，体现了尊重教育发展规律性、保持教育改革政策持续性的战略思维。

保障经费投入，彰显教育发展地位的优先性。习近平总书记在全国教育大会上强调，教育是党之大计、国之大计，教育的基础性、先导性、全局性地位更加凸显。2019年政府工作报告明确提出，在国家财力紧张的情况下，国家财政性教育经费支出占国内生产总值比例继续保持在4%以上，中央财政教育支出安排超过1万亿元，保证了当前我

---

* 原载《中国教育学刊》2019年第4期。

国教育优先发展的战略地位,体现了党和国家对教育工作的高度重视和殷切期望。

突出工作重点,增强教育发展政策的精准性。我国教育工作在保持政策持续性和发展稳定性的基础上,更加强调政策精准定位与突出重点。例如,在城乡教育一体化发展方面突出强调,"加快改善乡村学校办学条件,抓紧解决城镇学校'大班额'问题,保障进城务工人员随迁子女教育";在师资队伍建设方面突出强调,"持续抓好义务教育教师工资待遇落实";在职业教育发展方面突出强调,"改革完善高职院校考试招生办法","扩大高职院校奖助学金覆盖面","今年大规模扩招 100 万人";在高等教育发展方面突出强调,"推进一流大学和一流学科建设";在稳定和扩大就业方面将高校毕业生作为重点群体。强调这些工作重点,体现了教育改革和发展政策实施和工作推进的精准性。

促进资源共享,凸显教育发展路径的前瞻性。信息科技革命给世界带来了翻天覆地的变化,互联网、大数据、人工智能等新兴信息技术与教育教学的融合,正在驱动一场新的教育变革,给各级各类学校的教育观念、组织形态、管理机制、教学方式和队伍建设带来了严峻挑战和难得机遇。2019 年政府工作报告指出,"发展'互联网+教育',促进优质资源共享",明确了互联网等信息技术手段在教育领域的应用目标,体现了通过教育信息化实现优质教育资源共享、推进教育现代化进程的前瞻性。

发展民办教育,体现满足教育需求的预见性。改革开放以来,我国多渠道拓展教育经费投入,逐步引入市场机制,民办教育迅速发展,形成了从学前教育到高等教育,层次类型多样、充满生机活力的发展局面,有效增加了教育服务供给。2019 年政府工作报告在明确"支持企业和社会力量兴办职业教育"的同时,强调"多渠道扩大学前教育供给,无论是公办还是民办幼儿园,只要符合安全标准、收费合理、家长放心,政府都要支持"。这体现了支持并规范民间资本进入学前教育领域、在人口政策变动背景下满足教育需求的预见性。

教育发展要有定力,长期积累,厚积薄发;学校发展要有目标,励精图治,不懈探索。教育界人士要增强责任感,不负重托,不辱使命,协力发展更加公平更有质量的教育。

高等教育发展方式变革

转变教育发展方式：教育事业科学发展的必然选择*

事物的发展必然涉及发展方式的选择，教育也不例外。发展方式直接影响甚至决定发展的速度、质量、成本和效果。在我国加快转变经济发展方式、全面建设人力资源强国、教育"由大向强"转变的关键时期，教育发展需要选择更能体现教育规律、更加符合国情的方式。近年来，政府和学界对教育发展方式转变给予了关注。但总体看来，教育发展方式转变的步伐仍较缓慢，有必要进一步明确教育发展方式的内涵和教育发展方式转变的目标、任务及策略。

一、教育发展方式的内涵

转变教育发展方式，首先必须明确教育发展方式的内涵。简而言之，可以将教育发展方式界定为"实现教育发展目标的方法和途径"。进一步深入分析发现，教育发展方式不仅是方法和技术层面问题，还涉及教育属性、教育发展主体和客体、教育过程要素组合、教育发展目标设定、教育发展评价等方面。从根本上讲，教育发展方式的选择体现了对教育根本属性及功能的认识，体现了特定的教育价值取向。因此，可以将教育发展方式定义为：基于一定的教育价值观念，设定适当的教育发展目标，通过对教育过程要素的配置和使用，实现教育发展目标的方法和模式。其内涵具体涉及以下五方面。

---

* 原载《教育研究》2012年第1期，赵应生为第一作者。

1. 教育的根本属性

教育是什么？教育有什么作用？教育的功能如何发挥？这是认识教育根本属性涉及的重大问题。对这些问题的思考与回答，直接关系到教育发展方式的选择。关于教育的根本属性，长期存在不同的观点：有学者认为，教育作为培养人的活动，其根本目的是为了促进人的全面发展[①]；也有学者认为，教育的目的应该由受教育者固有的活动及其需要来确立[②]；还有学者认为，教育作为人类社会发展到特定历史阶段的产物，其根本目的是为了服务经济社会发展，推动人类文明进步[③]。对教育根本属性的不同定位，直接关系到教育发展方式的选择；而教育发展方式的转变，往往会涉及对教育根本属性认识的转变。教育是培养人的活动，这是对教育根本属性的基本判断。教育的基本功能是通过教育活动向受教育者传授知识和技能，促进人的发展，但教育的功能不仅仅局限于此，它还肩负着其他社会功能和使命，如促进社会公平、服务经济发展、推动社会文明进步等。教育自身不具备生产能力，教育功能的发挥必须依赖外部条件的保障，只有通过教育活动本身，教育的功能才能显现。

2. 教育发展的主体和客体

教育发展的主体，主要指谁来主导和推动教育的发展；教育发展的客体，主要指的是教育发展的指向对象。[④] 现代公共教育体系建立后，政府是教育发展最主要的推动力量，是教育发展的第一主体。教师和学生，是教育活动的直接对象，是教育发展的主要客体。但同时还应当看到，虽然政府在教育发展中起着主导性作用，但社会的参与、支持和

---

① 黄济、王策三：《现代教育论》，人民教育出版社 1996 年版。

② 郝文武：《教育：主体间的指导学习——学习化社会的教育本质新概念》，《教育研究》2002 年第 3 期。

③ 刘智运、胡德海：《对教育本质的再认识》，《北京大学教育评论》2004 年第 4 期。

④ 张应强：《教育过程的主客体及其关系新论》，《教育理论与实践》2001 年第 12 期。

驱动是教育发展必不可少的,师生的行为也影响着教育发展的过程和效果,教育发展的成效只有通过教师和学生才能最终体现。从这个意义上讲,社会力量和教师、学生也是教育发展的主体。教育发展的客体除了教师和学生之外,还体现为教育规模的扩大、教育质量的提高、教育结构的优化、教育效益的显现等。对教育发展主体和客体的认识,不仅关系到对教育发展驱动力和表现形式的认识,也会影响到教育发展方式的选择。

3.教育发展的目标和任务

选择教育发展方式的重要前提是明确教育发展的目标任务。如果目标任务不清晰,也就无从选择发展方式。影响教育发展目标任务定位的因素主要包括四个方面。一是教育价值观念。对教育价值、教育目的和教育功能认识的差异,必然影响到教育发展目标的设定。二是社会属性。不同社会形态,对教育目标的定位存在很大差异。比如,在封建社会的生产方式之下,国家一般不会确立构建公共教育服务体系的目标;而资本主义社会化大生产条件下,须由政府主导提供覆盖全民的公共教育服务,为社会再生产提供合格的劳动力。三是社会发展阶段。设定教育发展目标,受教育资源总量供给的制约,在不同的社会发展阶段,能有效供给的教育资源存在差异。比如,经济发达国家设立的教育发展目标,往往会高于发展中国家。四是国家发展战略。不同的国家发展战略直接影响到对教育的需求,进而影响到教育发展方式的选择。比如,人才强国、科教兴国、创新型国家建设等重大战略的实施,必然影响到我国教育发展方式的选择。[①]

4.教育发展的过程要素及其组合

转变教育发展方式,必然涉及对教育发展过程要素的重新配置。

---

① 扈中平:《教育目的中个人本位论与社会本位论的对立与历史统一》,《华南师范大学学报(社会科学版)》2000 年第 2 期。

教育发展过程要素主要是教育资源，包括人、财、物资源，教育最重要的人力资源是教师，财力资源主要是经费，物力资源主要是实物化的办学条件，如学校用地、校舍、仪器设备等。[①] 除此之外，还包括制度和管理因素。不同的教育发展方式，对教育资源的依赖程度有所不同，因此，教育发展方式的转变，必然体现为教育资源配置方式的转变。好的教育发展方式，应当有利于教育资源的优化配置，有利于教育资源使用效益的提高，有利于教育发展成本的控制。[②] 转变教育发展方式，就是要通过教育发展过程要素的组合，改变不合理的教育资源配置方式，不断完善教育资源配置机制。

5. 教育发展的结果及效果评价

对教育发展结果和效果的评价，直接影响甚至决定教育主体和客体的行为，以及教育资源的配置。影响教育发展结果和效果评价的因素包括三方面。首先是教育价值取向。教育价值取向不同，对教育活动的认识也不同，这就会影响到对教育结果和效果的评价。从某种程度上说，教育价值观决定了教育评价观。[③] 其次是社会观念。基于历史文化传统、政治制度等形成的社会观念，对教育发展结果和效果评价的影响是显而易见的。随着社会观念的转变，人们对教育发展结果和效果的认知也在逐渐发生变化。[④] 另外是评价的方式方法。对教育发展结果和效果的评价，既是观念问题，也是方法和技术问题。对同样的教育结果，采用不同的评价方法，往往会得出不同的结论。[⑤] 转变教育发展方式，必然涉及对教育发展结果和效果的评价方式的转变。

---

① 李祖超：《我国教育资源短缺简析》，《高等教育研究》1997 年第 6 期。

② 范先佐：《论教育资源的合理配置与教育体制改革的关系》，《教育与经济》1997 年第 3 期。

③ 张意忠：《教育评价价值取向研究》，《教育探索》2002 年第 10 期。

④ 孔祥沛：《浅论传统文化对我国教育评价制度的影响》，《教育科学研究》2001 年第 7 期。

⑤ 赵必华：《教育评价范式：变革与冲突》，《比较教育研究》2003 年第 10 期。

二、既往教育发展方式的特点

从上述分析可见,教育发展方式的选择受到诸多因素影响。辩证和历史地看,任何教育发展方式都有其存在的合理性和必然性;随着教育观念和社会观念的变化、教育发展阶段的跨越和教育资源供给情况的变化,教育发展方式都可能不适应新的发展需求,需要进行变革。纵观发达国家教育发展历程,教育发展方式始终在不断调适。尽管我国直到近年来才明确提出转变教育发展方式,但并非意味着过去我国教育发展方式一成不变。实际上,中华人民共和国成立以来特别是改革开放以来,正是由于发展方式不断变革,我国教育发展才得以不断迈上新台阶。当前,之所以特别强调教育发展方式转变的必要性和紧迫性,是因为过去的教育发展方式已不适应新的形势,不予变革则难以实现教育的科学发展。那么,以前那种难以为继的教育发展方式到底具有什么样的特点?对此,可以从以下五个方面加以剖析。

1.行政本位型发展

在中华人民共和国成立后较长时期内,受客观条件制约,政府提供公共教育服务的角色存在缺位现象。改革开放后,我国政府发展教育的职能不断强化。最近三十多年来,我国教育的发展与政府责任的强化是并行的,这是教育快速发展的根本保障。但同时必须看到,政府责任的强化过程,也是教育行政权力不断强化的过程。即便现在看来,我国教育发展仍是行政本位型的,这体现在两个方面:一是行政机构直接主导教育事业的发展;二是教育资源配置以行政手段为主,市场在教育资源配置中的基础地位未真正确立,作用没有得到有效发挥。行政本位型的发展方式,一方面调动了政府发展教育的积极性,有利于政府责任落实;但另一方面,在某种程度上压抑了社会参与教育改革发展的积极性和主动性，教育发展的推动力量单一。[①]

2.投入驱动型发展

经费投入不足历来是我国教育发展面临的最大难题，筹措充足的教育经费是教育工作的迫切任务。应当说，经过多年不懈努力，教育经费紧缺矛盾已大为缓解。与改革开放初相比，教育经费总量增长了数十倍，各级各类教育生均经费水平稳步提高，为教育事业发展提供了有力保障。但同时必须看到，投入驱动型的发展模式，往往忽略了体制机制变革对于教育发展的重要性。客观地讲，既往教育发展方式在多元筹措教育经费上是有效的，但其明显不足就是过度依赖经费投入，体制机制方面的变革严重滞后，已成为制约教育事业科学发展的主要障碍。在2010年召开的第四次全国教育工作会议上，胡锦涛总书记强调，要加快重要领域和关键环节改革步伐，以改革推动发展，以改革提高质量，以改革增强活力，进一步消除制约教育发展和创新的体制机制障碍，全面形成与社会主义市场经济体制和全面建设小康社会目标相适应的充满活力、富有效率、更加开放、有利于科学发展的教育体制机制。

3.外部依赖型发展

教育发展离不开外部支持，但同时应具有相对独立性。没有外部支持，教育发展寸步难行；但如果过度依赖外部驱动，将会缺乏自主性和特色，可能导致根本属性的丧失。教育发展所依赖的外部支持主要包括三个方面。一是政治力量的支持。教育发展离不开特定的政治环境，教育制度具有依附于政治制度的特性。二是经济资源的支持。教育发展需要经济支撑，经济不发展，教育也很难发展。三是思想观念的支持。在政治、经济条件都已基本具备的情况下，思想观念往往影响甚至决定教育发展的方向。改革开放以来，我国教育发展的外部环境可

---

① 钟秉林：《关于大学"去行政化"几个重要问题的探析》，《中国高等教育》2010年第9期。

谓“天时、地利、人和”:从政治上看,确立了教育在国家发展和民族振兴中的重要地位;从经济上看,教育发展所需的资源不断扩展;从观念上看,教育成为改革开放的先行先试领域,可以大胆学习借鉴不同领域、不同国家和地区的先进理念。改革开放三十多年来,我国努力争取外部力量支持教育发展。但同时必须看到,在凝聚外部力量的同时,教育发展的自主性、特色性没有充分挖掘出来,容易受到政治氛围、经济条件、国际环境等因素制约。这种外部依赖型的教育发展方式具有两面性:一方面,促进了教育的快速发展;另一方面,教育在急剧变化的外部环境中显得比较脆弱,发展的稳定性和可持续性面临很大挑战。

4. 规模扩张型发展

教育规模直接关系到教育的普惠性和效益。教育的发展离不开规模的扩展,在某种程度上还直接体现为规模的扩展。没有规模,教育很难普及,公民受教育权很难保障,教育的效益也难以充分显现。长期以来,我国教育面临的主要矛盾是总体规模小,满足不了社会公众的需求和经济社会发展的需求。中华人民共和国成立以来特别是改革开放以来,为解决这一矛盾,我国致力于扩大教育规模,教育工作的重心和资源配置都向规模扩展倾斜。经过数十年不懈努力,我国已经建成了世界上最大规模的教育体系。但必须引起重视的是,在集中力量扩展教育规模的同时,对教育结构优化、质量提高、效益发挥的关注不够,规模扩展型发展方式面临诸多问题和挑战,内涵发展严重滞后,各级各类教育发展不够协调、不够均衡的问题尤其突出,矛盾正在从教育的外部向内部转移。如果说规模扩展型的发展方式更多依靠外部支持,那么,优化教育结构、提升教育质量和改善教育效益则更多需要加快教育自身改革的步伐。

5. 硬件导向型发展

校舍、教学仪器设备、体育运动场所、教育办公环境等方面的硬件建设，是教育发展的重要体现。在教育发展的初期阶段，硬件建设具有重要意义。只有基本办学条件得以保障，教育才可能健康发展。长期以来，我国教育发展面临的首要任务是保证基本办学条件，将主要精力和财力集中于硬件建设，而对与教育教学质量直接相关的教师、教学、课程、学校管理、教育行政管理等重视不够，相关制度建设明显滞后。在教育改革发展实践中，不仅公共教育资源配置向硬件建设倾斜，对教育工作的评价也是重硬件、轻软件。如果说在教育发展的初期阶段，这种重硬件、轻软件的发展方式还有其存在的合理性和积极意义的话，那么，到了今天，注定将走向"死胡同"。今后，必须在软件建设上狠下功夫；否则，教育内涵发展的目标极有可能落空，建设教育强国和人力资源强国的目标将难以实现。

改革开放三十多年来，我国教育发展之所以能取得举世瞩目的成就，是因为选择了基本符合我国国情的发展方式。重行政主导、重经费投入、重规模扩张、重外部支持、重硬件建设，是既往教育发展方式的总体性特征。实际上，在不同地区、教育发展的不同阶段，往往各有侧重。这种发展方式的弊端也显而易见，概而言之，在扩大规模的同时，忽视了内涵发展和效益提高；在加强硬件建设的同时，忽视了制度建设和体制机制变革；在强化政府主导作用的同时，忽视了政府职能转变和全社会的深度参与；在扩大教育资源总量供给的同时，忽视了资源配置效率和使用效益的提升；在争取外部支持力量的同时，未同步加强教育自身建设；在学习借鉴的同时，忽视了继承和创新。进一步而言，既往教育发展方式过多依赖人力、物力、财力投入，发展成本高、代价大。随着我国经济社会发展和教育发展不断迈上新台阶，教育发展的目标、任务已发生了明显变化，教育发展方式转变势在必行。

三、转变教育发展方式的主要任务

转变教育发展方式的总体目标，就是要革除既往发展方式的弊端，为教育发展注入动力,增添活力,实现教育的科学发展。根据今后一个时期我国教育发展的目标任务,针对既往教育发展方式的弊端,当前转变教育发展方式有五大任务。

1.全面提高教育质量,实现内涵发展

除学前教育和高中阶段教育仍存在供给不足现象之外,全国绝大多数地区已基本解决了教育规模偏小、社会公众的教育需求得不到满足的问题。当前,教育质量不高、优质教育资源短缺已成为教育发展面临的主要矛盾。可以说,提高质量已经成为各级各类教育面临的共同任务。转变教育发展方式,必须强化教育内涵建设,这是各级党委、政府、各级教育行政部门和各级各类学校的共同任务。要研究各级各类教育质量标准,据此开展形式多样的教育质量评估,将此作为对学校工作考核的首要依据,引导和督促学校真正重视内涵发展。同时,还应深化对教育教学规律和人才成长规律的研究,加快教材、课程、教法等方面的变革。

2.不断优化教育结构,实现协调发展

按照结构功能主义的观点,教育的结构会影响甚至决定教育的属性和功能的发挥。因此,转变教育发展方式,促进教育科学发展,必须不断优化教育结构,主要涉及教育的类型结构、层次结构、学科专业结构等。评价教育结构是否合理,有内部和外部两个视角:从内部来看,主要依据是各级各类教育是否协调发展、规模是否大致匹配;从外部来看,主要依据是教育的类型和学科专业是否与经济社会发展需求基本适应。改革开放以来,我国教育发展迅速,但不平衡、不协调的问题日益突出,集中体现在两个方面:一是学前教育、普通高中教育、职业教育发展滞后,成为我国教育的“短板”;二是职业教育、高等教育的学科专业结构与经济社会发展存在脱节,导致结构性失业问题十分突出。解决这些问题,迫切需要优化教育结构:大力发展学前教育和中等职业教育,加快普及高中阶段教育,适度发展高等教育,促进各级

各类教育协调发展。要根据经济社会发展现实需求,及时调整学科和专业结构,切实增强教育的外部适应性,使教育发展与经济社会发展相协调。

3.落实以人为本,促进学生全面发展

学生是教育活动的对象,学生学习效果是教育目的的直接体现。教育规模、硬件条件等仅是教育发展的外在评价指标,而核心指标是学生的全面发展。促进学生全面发展,这是办好社会主义教育事业的基本要求。但长期以来,学校肩负着保障安全、维护稳定的重任,提高入学率和升学率、降低辍学率等外在目标成为评价教育工作成效的重要标准,学生全面发展往往得不到真正重视,学校教育面临中小学生课业负担重、青少年学生体质下降、德育效果不明显等诸多问题。产生这些问题的根本原因在于,学生作为教育活动主体的地位未真正确立,教育工作过多追求学生发展之外的目标。因此,转变教育发展方式,必须坚持以人为本,全面实施素质教育,促进学生全面发展。① 要切实提高学生的学习能力、实践能力和创新能力,不仅教学生知识技能,还要着力培养动手动脑、生存生活等方面的能力。尤其要加强德育,建立大中小学相互衔接、学校内外相互协调的德育体系,增强德育的实效性。同时,要针对不同学生的特点,为其个性发展、特色发展创造条件。概而言之,就是要通过教育发展方式的转变,促进教育目的由教育外部向教育内部回归。

4.深化体制机制改革,加强教育基本制度建设

教育发展的成效,不仅体现为教育规模的扩张、办学条件的改善,还体现为科学、有效的教育制度的建立,这是教育可持续发展的根本保障。教育制度建设受政治、经济、文化等诸多因素影响和制约,与硬件建设相比,往往更为不易。新中国教育事业发展取得的重要成就之一,

---

① 顾明远、张民生:《推进素质教育》,《教育研究》2010年第7期。

就是探索、建立了中国特色的社会主义基本教育制度。但同时还须看到,由于长期以来偏重规模扩展和硬件建设,教育体制机制改革与建设滞后,已成为制约教育科学发展的“瓶颈”。转变教育发展方式,必须尽快完善适合我国国情的教育制度体系。这就需要深化教育基本规律研究,科学判断我国基本国情、教情,加快教育内部改革的步伐。当前,要重点把握好三个关键环节:一是保障教育优先发展环节,重点是进一步明确各级各类教育的基本办学标准和生均投入标准,完善政府教育投入责任落实的制度;二是教育内部质量保障环节,重点是完善符合教育规律和适合我国国情的现代学校制度,制定各级各类教育质量标准,建立和完善教育质量评价制度;三是教育外部监督环节,重点是完善教育督导、审计监督等相关制度。这三个环节的突破,迫切需要政府职能的切实转变。

5.优化教育资源配置,切实保障公平效率

教育发展方式的选择,必然涉及公平和效率问题。教育的公益性,决定了公平是教育发展的重要目标;教育资源的稀缺性,决定了效率是教育发展方式选择的重要依据。公平的缺失,可能导致教育被“异化”,影响教育功能的发挥;效率的低下,将带来教育资源的浪费,影响教育发展的可持续性。[①] 应当看到,进入21世纪以来,我国实现了免费义务教育和高等教育大众化,初步建立了学生资助体系,社会公众的受教育权基本得到保障,教育公平迈出了巨大步伐,教育资源利用效率显著提升。但同时还应当看到,我国教育发展仍面临诸多公平问题,教育资源利用效率总体不高,效益没有充分发挥。当前,转变教育发展方式的重要任务,就要是围绕公平和效率这两大目标,优化教育资源配置。一方面,要进一步促进基本教育公共服务均等化;另一方面,要进一步扩大教育资源,充分发挥教育资源的利用效率。

---

① 褚宏启:《关于教育公平的几个基本理论问题》,《中国教育学刊》2006年第12期。

四、推进教育发展方式转变的策略

转变教育发展方式，涉及对前述教育发展方式五个核心要素的重新反思，即对教育根本属性的重新认识、教育发展主体和客体地位的重新确立、教育发展目标任务的重新定位、教育发展过程要素的重新组合、教育发展结果和效果评价机制的重新设计。这是一项艰巨而复杂的系统工程，必然会遇到诸多困难和阻力，比如，陈旧的教育观念的束缚、既得利益群体的反对、既往教育发展方式的惯性、外部环境的复杂多变等。笔者认为，必须着眼于国家和民族未来、经济社会可持续发展和人的全面发展，迎难而上，加快教育发展方式转变的步伐。

1. 解放思想，树立科学的教育观

选择教育发展方式，受诸多因素影响和制约，但决定性因素是思想观念。教育思想观念涉及面很广，核心是回答教育是什么、教育的目的是什么、教育发展遵循什么规律的问题。对这三个问题的认识，直接决定着个人（家庭）的教育选择行为和公共教育政策的价值取向。教育是培养人的活动，兼有促进个人发展和社会发展的双重功能，教育发展要遵循教育教学规律、人才成长规律和经济社会发展规律。对此，在理论层面已形成共识，但在实践层面尚存在不少问题和困惑。比如，教育本质上是培养人的活动，但在教育实践中常常背离了人才培养这个中心。又比如，促进人的全面发展是教育的主要目的之一，但在教育实践中受教育者的主体性时常被压制。再比如，教育活动有其客观规律，但教育实践时常违背客观规律。教育理论与实践之间的脱节，深层次原因在于教育观念落后。转变教育发展方式，首先要针对现实问题，解放思想，树立符合社会主义本质要求、与我国国情相适应的科学教育观。通过教育思想观念的更新，紧扣人才培养这个中心,按教育规律办教育,使教育的功能使命得以全面发挥,促进受教育者的全面发展、个性发展,促进社会文明进步,实现教育本质属性的回归。

2.转变政府职能,破除体制机制障碍

作为公共教育资源配置主体和公共教育服务的提供者,政府主导着教育发展的方向,政府职能定位及履行在很大程度上影响甚至决定着教育发展方式。改革开放以来,我国政府教育管理职能不断强化,但还存在诸多问题。一是中央政府和地方政府的权责划分不尽合理。按照我国法律规定,举办教育的主要责任在地方,但管理教育的权限和发展教育的资源过多集中在中央。二是政府职能履行尚不到位,公共教育服务提供还有很大改善空间。比如,学前教育资源还满足不了需求,弱势群体平等受教育权还未得到切实保障,地区之间、城乡之间、学校之间义务教育发展水平还很不均衡等。三是政府职能越位现象还比较普遍,主要体现在过度干预学校办学行为,学校办学自主权没有切实落实。四是政府履行职能的方式还比较落后,过多依靠行政命令,与社会主义市场经济体制相适应的宏观调控机制亟待完善。以上问题的存在,直接或间接导致我国教育体制机制,特别是办学体制、管理体制、人才培养体制、评价体制等,难以适应教育科学发展的要求。当前,体制机制不顺已成为制约教育科学发展的主要障碍。因此,转变教育发展方式,必须加快转变政府职能,加快简政放权的步伐。要以中央向地方放权、政府向学校放权为重点,合理定位政府职能,改善政府调控方式,建立高效、廉洁的公共教育行政体制机制。

3.落实教育优先发展,加强条件保障

实现教育科学发展,必须坚持教育优先发展,这是教育发展方式转变的基础,是实施科教兴国和人才强国战略的必然选择。教育优先发展主要体现为:经济社会发展规划要优先规划教育发展,财政资金优先保障教育投入，公共资源优先满足教育和人力资源开发需要。① 尽管我国已明确提出教育优先发展方针，但落实情况并不理想。针对这一问题，《教育规划纲要》将“优先发展”作为战略方针，并提出“提高国家财政性教育经费支出占国内生产总值比例，2012年达到4%”。应当说，这一目标实现后，教育优先发展将进一步得到保障。但同时还要看到，与发达国家比，这仍然是较低水平目标。今后很长一段时期，仍需坚持教育优先发展，努力增加教育投入，提高财政教育经费占教育经费的比重。要通过教育优先发展地位的落实，凝聚全社会的力量发展教育，为教育发展争取更多的资源，为教育发展方式转变提供强有力的条件保障。

4.建立利益协调机制，减小改革阻力

转变教育发展方式涉及利益格局的调整和资源的重新分配，难免遇到阻力。现有利益格局不调整，教育发展方式转变不可能取得实质性突破；合理合法既得利益得不到尊重和保护，教育发展方式转变也将因缺乏群众基础而寸步难行。转变教育发展方式主要触及两方面利益。一是政府及有关部门的利益。比如，政府职能转变和简政放权，将减少行政审批，导致公权力对教育领域人财物控制力的弱化。二是已往教育政策潜在受益者的利益。比如，取消高考加分政策，将使部分学生不能再享受高等教育入学机会特权；减轻中小学生课业负担，可能导致校内外培训机构利益受损，甚至使部分教师实际收入水平下降等。为此，有必要建立利益协调机制，平衡各方面的利益和诉求。一方面，要尊重既得利益群体的合法利益；但另一方面，又要敢于打破既有利益格局，扫除教育发展方式转变的障碍。应当说，二者之间存在矛盾是难免的。这就需要通过公共教育政策的引导，处理好存量利益和增量利益的关系。尽可能实行增量改革或以适当方式建立补偿机制，保障合

---

① 教育规划纲要工作小组：《教育规划纲要辅导读本》，教育科学出版社2010年版，第8页。

理合法的利益;对于阻碍教育科学发展的不合理、不合法的利益,要坚决取缔。

5.完善监督考评机制,确保责任落实

教育发展方式转变是长期性和系统性的变革,涉及各级党委、政府和相关部门、各级各类学校的职责。加之教育工作具有涉及面广、周期长、环节多等特点,只有建立和完善一整套监督机制,转变教育发展方式的政策措施才能落到实处。我国实行中央集权的教育行政管理体制,虽然国家层面的教育政策具有强制性,但在教育政策制定者和实施主体之间难免存在利益冲突和博弈。目前,我国的一些教育法规和政策文件,缺乏强有力的责任落实和追究机制。在缺乏有效监督和问责机制的情况下,许多教育政策难以真正落实。可以说,执行不力是当前我国公共教育政策落实中存在的最为突出的问题。转变教育发展方式,政府负有主要责任。为确保责任落实,必须把转变教育发展方式的任务细化并层层分解,明确各级政府的工作职责,建立监督机制和考核评价机制。尤其要充分发挥各级人民代表大会的职能,加强教育立法和对教育法律法规执行情况的监督和质询。

总之,教育发展方式转变是我国教育科学发展的必然选择,是决定我国教育命运的深层次变革。变革的顺利推进,需要以先进的教育观念作为重要先导,以有效的制度作为根本保障,以学生的全面发展作为根本目标,以充足的投入作为重要基础。基于我国国情,政府行为在这场变革的推进中具有决定性作用。笔者呼吁:政府切实加快职能转变的步伐,加大简政放权的力度,调动全社会的广泛参与,进一步激发教育的活力;各级各类学校深化对教育教学规律的研究,把精力集中到人才培养上来,切实提高学校管理水平和教育教学质量,促进学生的全面发展、个性发展。希望在政府的主导下,在全社会的广泛参与下,我国教育在科学发展的道路上走得更好更快,确保教育强国和人力资源强国目标顺利实现。

强化高校办学主体地位　促进内涵建设和质量提升*

随着我国高等教育大众化进程的推进，教育规模急剧扩大，普及程度不断提高。2014 年，高等教育毛入学率升至 37.5%，高考录取率超过 75%，高等教育在学总规模达到 3559 万人，入学机会已不再是稀缺教育资源。与此同时，优质高等教育资源短缺、“上好大学难”的矛盾日益凸显，热点难点问题更加突出。满足社会需求和公众愿望，提高高等教育质量，拓展优质高等教育资源，合理配置有限的优质高等教育资源，促进入学机会公平，已经成为我国高等教育面临的重大现实问题和时代任务。教育发展内部和外部环境的变化、教育诸影响因素之间的相互作用和相互制约，以及不同教育利益相关者的利益博弈，使得教育决策难度明显加大，教育改革实践推进更为艰难。贯彻落实党的十八届三中全会和四中全会精神，加强系统研究，深化综合改革，坚持依法治教，激发高校办学活力，是缓解高等教育主要矛盾、破解热点难点问题、平稳涉过教育改革“深水区”的必然选择。

一、强化办学主体地位，增强质量建设的紧迫感

近年来，教育行政体制改革不断深化，各级政府及教育行政部门转变职能，简政放权，推进管办评分离。从近期出台的一系列高等教育政策和改革举措来看，其重要价值取向是扩大高校办学自主权，强化高校

---

* 原载《中国高等教育》2015 年第 18 期。

办学主体地位，推进高校内涵发展和质量建设。

1. 制定高等学校章程

2012 年伊始，教育部《高等学校章程制定暂行办法》正式实施，对章程的性质与内容、制定程序、核准与监督等做出明确规定；2014 年初，教育部《高等学校学术委员会规程》颁布实施，对高校学术委员会的基本功能、组成原则、运行规则与监督机制等做出明确规定。截至 2014 年年底，“985 工程”和“211 工程”大学的章程制定工作已经完成，地方高校的章程制定工作也将在 2015 年年底基本完成。

高等学校章程是现代大学制度的重要载体，是高等学校依法自主办学、实施管理和履行公共职能的基本准则，由包括高校举办者、管理者、教职工、学生以及其他利益相关者在内的代表参与制定，并由高校的举办者最终审定、颁布。章程在国家法律框架内，规定大学与政府的关系，明晰办学宗旨，保障自主办学；规定大学与社会的关系，参与社会变革，坚守大学精神；规定大学内部治理结构，明确管理和决策规则，平衡学术权力与行政权力。可以预期，章程的制定和实施将进一步强化高校的办学主体地位：一方面，推进高校依法治校、科学发展，坚持正确办学方向，遵循高等教育规律，完善内部法人治理结构，扎实推进内涵建设；另一方面，激发高校办学活力，调动师生员工的积极性和创造性，在人才培养、科学研究、社会服务、文化传承创新等方面开拓性地履行职能，为经济社会发展提供人力资源支撑和智力贡献。

2. 取消统一印制学位证书

国务院学位委员会和教育部 2015 年 6 月颁布的《学位证书和学位授予信息管理办法》决定，自 2016 年 1 月 1 日起，学位证书由各学位授予单位（含高等学校和科研机构）自行印制，国务院学位委员会办公室印制的学位证书不再使用；同时对学位证书制发的监督与管理、学位授予信息的采集与统计做出了明确规定。

目前国内颁发的博士、硕士和学士学位证书均由国务院学位委员会或教育部制定格式和统一印制发行，涉及三级学位的中文正本、全日制、成人教育、专业学位、来华留学生及外文副本等十多种，各级学位证书均印有国徽。这种行政主导的统一格式和内容且统一印制学位证书的办法在特定历史阶段起到了规范学位证书使用、防止滥授学位和伪造学位证书等积极作用，但随着学位工作的发展和高等教育综合改革的深化，问题也逐渐显现。一是统一印制带有国徽的学位证书，容易混淆国家学位制度和国家学位两个完全不同的概念，社会上往往将学校学位误解为国家学位；二是在中外合作联合培养中统一制发带有国徽的证书，体现不出联合培养内容，也不方便国际交流；三是统一制发学位证书难以体现学位授予单位的文化和特色，也不利于高校自主办学。可以预见，在新办法实施后，保证高校学位证书的“含金量”、应对招生和就业新挑战等问题将更加突出，这将推进高校进一步增强质量建设和特色发展意识，不断提高人才培养质量和办学声誉。

3. 取消本科招生录取批次

以促进教育公平、科学选拔人才和引导学生全面发展为目标的高考招生制度改革已经于去年揭开序幕，改革内容涉及招生分配计划调整、入学考试制度改革和招生录取机制改革等诸多方面。本着积极稳妥、试点先行的原则，上海和浙江的高考综合改革试点工作已经正式启动，其中一个重要举措就是逐步取消本科招生录取批次。

现行本科招生录取办法是，按重点高校（部属高校、省属重点大学）、地方公办高校和民办高校（含独立学院）将本科院校划分为一本、二本、三本院校，考生按批次填报志愿，高校按批次调档录取。这种做法有利于考生分流，但同时也人为地将本科高校划分为三六九等，固化了高校身份，甚至误导了考生的选择。事实上，在所谓二本、三本高校中，有些专业的人才培养质量较高，甚至比重点大学还有特色，毕业生受到用人单位欢迎和社会认可，但由于录取批次的限制，往往招收不到好的生源，影响了招生录取的公平性和学校办学的积极性。取消录取批次后，将实行大平行志愿和“专业＋学校”的录取方式，增加考生报考的选择权，扩大高校录取的自主权。对于专业建设水平较高且有特色的地方高校和民办高校，将有可能招收到更好的生源；而对于重点大学一些水平不高或缺乏特色的专业，则难以靠专业调剂录取高分学生，将面临生源危机。显然，这一改革举措将倒逼高校加强内涵建设，不断提高专业建设质量和整体办学水平。

4. 取消高校研究生院行政审批

研究生院是指承担研究生培养任务的高等学校中组织实施研究生教育工作的管理机构，但长期以来，高校研究生院成为了政府“特许授权”机构，从 1984 年到 2003 年，先后有五批 56 所高校经国务院或教育部批准试办研究生院。1995 年，原国家教委制定颁布了《研究生院设置暂行规定》，对设置研究生院的高等学校应当具备的条件、研究生院应当履行的职责等都作了明确规定。设有研究生院的高校在招生名额、保研比例和学位授权学科点增设等方面均可享受政策优惠；而未经批准试办研究生院的高校，其相关机构一般称为“研究生部”或“研究生处”。

客观而言，通过行政审批设置高校内部组织机构的做法在特定的历史阶段具有一定的积极意义，如设有研究生院的高校承担了全国三分之二以上博士生和近一半硕士生的培养任务，在我国研究生教育和高水平科学研究中发挥了重要作用；但这与《高等教育法》有关条款不能自洽，不利于高校公平竞争等问题日渐凸显。2011 年，研究生院设置办法实施改革，由原来的“报批”改为“报备”，即高校设置研究生院不再需要经由教育部批准，报国务院学位委员会备案即可。2012 年 9 月，在《国务院关于第六批取消和调整行政审批项目的决定》中，取消了研究生院设置的行政审批。至此，高校研究生院的设置回归“本位”，设有研究生院的高校不再是高水平大学的代名词。显然，这一举措将促进高校进一步强化质量意识和竞争意识，不断提高研究生培养质量。

5.扩大教育专项经费开放度

财政性教育专项经费是高校经费来源的重要组成部分，也是政府对高校进行宏观管理和分类指导的重要经济杠杆。近年来国家推出了一系列高等教育专项计划或工程，比如，实施“211工程”和“985工程”，推进一批高校建设一流学科或国际知名大学；实施优势学科创新平台、特色重点学科项目、中西部高等教育振兴行动计划，支持具有地方或行业背景的高校建设优势重点学科等。这些专项计划或工程在取得显著建设成效的同时，等级身份固化、体制改革滞后、效益意识不强等问题开始显现，迫切需要改进国家重大项目的管理模式，加强动态管理，注重绩效评价，在项目支持范围与遴选条件等方面适度开放，鼓励平等竞争。

2012年，旨在建立协同创新机制、全面提升创新能力的“高等教育创新能力提升计划”（即“2011计划”）正式启动，该专项面向各类高校开放，2013年首批批准建设14个协同创新中心，4所地方高校榜上有名，在高教界引起了强烈震动。最近，中央全面深化改革领导小组审议通过了《统筹推进世界一流大学和一流学科建设总体方案》，强调要引导和支持高等院校优化学科结构，凝练学科发展方向，突出学科建设重点，通过体制机制改革激发高校内生动力和活力，推动一批高水平大学和学科进入世界一流行列或前列，提升我国高等教育综合实力和国际竞争力。可以预期，方案的实施将进一步破除高校身份壁垒，引导高校增强竞争意识和效益意识，不断深化综合改革，全面提高学科建设水平和人才培养质量。

二、集中精力抓好内涵建设，不断提高办学质量

为应对上述新的挑战，高等学校要进一步强化办学主体意识、质量意识、效益意识和竞争意识，增强质量建设和特色发展的紧迫感和责任感，遵循教育规律，深化综合改革，推进内涵建设，不断提高办学质量和

社会声誉。

1.转变教育观念——内涵建设的先导

首先，要确立促进学生全面发展的教育价值观，明晰学校的发展目标定位，坚持各安其位、多样化发展，切忌盲目攀比和目标模式趋同；要遵循教育教学规律和人才成长规律，围绕立德树人开展各项工作。其次，要重建富有时代内涵的人才观，重构符合大众化阶段发展规律和经济社会发展需求的多样化的质量观，突破传统培养模式的禁锢，尊重学生选择权，鼓励学生兴趣特长发展，探索多样化和个性化培养。第三，要在教学活动中坚持以学生学习为中心的教学观，转变教师角色，构建师生学习共同体，探索先进的教学方式和学习方式，加强师生互动，鼓励学生自主学习和合作学习，提高学习效率，改善学习效果。第四，要树立科学的发展观，坚持规模、结构、质量、效益和速度协调发展，在规模适度扩张的同时，注重调整优化结构、提高质量效益、把握发展节奏，促进学校的健康可持续发展。

2.改革人才培养模式——内涵建设的核心

首先，明确人才培养目标和规格。要认真研究经济社会和科学技术发展对人才培养提出的新挑战，明确人才培养目标；根据社会需求和专业特点，优化学生的知识、能力和素质结构，细化专业大类（或专业群）以及专业的人才培养规格，避免学校、专业之间的盲目攀比和规格趋同。其次，优化人才培养方案和课程体系。要根据培养目标和规格要求，平衡理论教学与实践教学、宽口径培养与职业能力养成、对口按需培养与夯实拓宽学科专业基础之间的关系；要面向行业和企业需求，推进产学合作和产教融合，探索多样化的人才培养模式，提高人才培养效果与社会需求的契合度，改善学生的就业和创业能力。第三，加强专业建设与改革。要明确专业设置原则，调整学科专业结构，构建科学的专业体系；要处理好专业发展与学科建设之间的辩证关系，发挥学科建设在专业人才培养中的基础性作用。第四，改革传统的课堂教学模式。

要研究互联网和知识数字化技术发展带来的知识传播渠道和方式的变革，关注慕课、翻转课堂、微课程等基于互联网的教学模式对人才培养带来的冲击，探索以学生学习为中心的教学和学习方式，重视学生独立思考能力、知识融会贯通能力、批判精神和分析与解决问题能力的养成。

3. 加强师资队伍建设——内涵建设的关键

首先，完善教师队伍建设规划。要研究经济社会和科技文化发展新特点，研究国内外教育改革新趋势，结合学校实际情况，进一步明确教师队伍建设的思路和重点；要加强师德建设和学术规范建设，倡导敬业精神和团队精神，关注教师的职业生涯发展；要优化教师队伍结构，不断提高教师队伍的整体素质。其次，加强制度建设和政策导向。要改革教师聘任和考核制度，引导教师教学相长、教研相长，积极参与教学改革试验；要重视将科学研究和技术研发资源转化为课程与教材的新内容、开出新的教学实验、为本科生提供毕业论文（设计）选题，以及支撑特色专业建设，为培养创新型人才创造条件。第三，加强教师和管理干部的培训工作。要加强教师的在职培训工作，尤其要重视提高教师的教学水平和职业发展能力；要通过培训提高教学管理人员和学生工作干部的专业化水平，为学生成长成才提供服务和保障。第四，关心教师的生活待遇，解决他们的后顾之忧，努力形成体面生活、开心工作、在竞争中成长的氛围。

4. 创新体制机制——内涵建设的保障

首先，加强人才培养体制改革的系统研究和顶层设计，积极探索学习制度创新。比如，适时开展学分制、短学期制、书院（学堂）制的改革探索，抑或进行订单式培养、产学合作育人等多样化的改革尝试。其次，调整院系设置和教学组织，优化高校组织结构，探索学部制或大部制改革；适应学习制度创新和人才培养模式改革的要求，创新教学管理和学生事务管理机制。第三，加强高校内部教育教学质量监控和保障体系建设，明晰质量标准，健全政策规章，改革评价方式，强化评估结果反馈和工作改进机制；要注重对学生学习效果和资源使用效益的评价，提高质量保障体系的有效性。第四，推进现代大学制度建设。要抓住一揽子修订教育法律的契机，健全面向社会依法自主办学、自主发展、自我约束的机制，调动师生员工参与学校管理的积极性；坚持校务公开和信息公开，接受师生咨询、社会监督和政府问责；要优化内部治理结构，完善高校领导体制，协调学术权力与行政权力的关系，保证高等学校章程实施的严肃性，为学校内涵发展和战略目标实现提供制度保障。

5. 营造优良校园文化——内涵建设的基础

大学文化是大学的灵魂，是一所大学在长期发展过程中形成的历史积淀、人文品格和价值理念。大学文化内化于大学的办学理念、价值追求和学术品位，外显于大学的制度规范、行为方式和物质条件，以潜移默化的方式影响着师生思想行为和大学发展方向，是内涵建设和特色发展的内在支撑。要努力形成学术自由、科学与人文精神并重、传统与现代交融的文化，以及价值宽容的多元文化和全球视野的开放文化。要充分利用学校的软资源，通过党建、思政、学生工作、导师制、寄宿制等多种方式，在学习态度、价值观念和生活目标等方面对学生施加潜移默化的影响，重视学生社会责任感的养成，形成优良校风学风，营造良好育人氛围。

扎实推进世界一流大学和一流学科建设*

在 2018 年 9 月 10 日召开的全国教育大会上，习近平总书记发表重要讲话，在教育优先发展的战略地位、认识教育事业的规律性、坚持立德树人、加强教师队伍建设和深化教育体制改革等方面作出了精辟论述，对我国高等教育事业发展作出了重要战略部署，提出了战略任务，明确强调“加快一流大学和一流学科建设”。建设世界一流大学和一流学科（以下简称“双一流”建设）是提升我国高等教育综合实力和国际竞争力、建设高等教育强国和人力资源强国的重要战略举措。从 2015 年国务院公布《统筹推进世界一流大学和一流学科建设总体方案》，到 2017 年教育部、财政部、国家发改委联合发布我国世界一流大学和一流学科建设高校和学科名单，“双一流”建设受到社会各界和国际教育界的广泛关注。主动应对教育内部和外部的新挑战，准确把握“双一流”建设的实质与内涵，积极探索体制和机制创新，是高等学校扎实推进“双一流”建设的关键。

一、主动应对新时代的新挑战

“双一流”建设要有大视野、大格局，在教育发展、经济社会发展、科学技术发展和国际化发展的宏观背景下，需理性看待、科学研判新时代“双一流”建设面临的机遇与挑战。

---

* 原载《教育研究》2018 年第 10 期。

1.教育改革发展的新挑战

21世纪以来,我国教育事业发展成就显著,教育规模急剧扩张,教育普及化程度迅速提高,教育发展主要矛盾转化,教育公平和质量问题凸显,教育发展方式正在转变。

首先,教育规模剧增,教育事业发展成就显著。2017年,我国普通高等学校2631所,在读学生3779万,专任教师163万,高等教育毛入学率达到45.7%,正在快速从大众化阶段迈向普及化阶段。我国高等教育发展水平已进入世界中上行列。

其次,主要矛盾转化,公平和质量问题凸显。当前,我国高等教育发展过程中的主要矛盾已经从上大学难转变为上好大学难:一方面,人民群众接受公平、优质、多样化的高等教育的诉求强烈;另一方面,优质高等教育资源供给短缺且发展不均衡。解决这个矛盾的根本途径是加强内涵建设,提高办学质量,办好每一所大学,扩大优质高等教育资源覆盖面。发展教育、办好大学需要遵循内在规律,长期积累,厚积薄发。精良的教师队伍,优良的办学传统、校园文化、校风学风及鲜明的办学特色,需要几代乃至十几代人的长期努力,不可能一蹴而就。当前,提高教育质量的周期性与人民群众接受优质高等教育的迫切期盼之间存在鲜明的反差。

最后,发展方式转变,内涵建设任务繁重。我国高等教育发展方式正在发生根本性的转变,正在由以规模扩张和空间拓展为特征的外延式发展,转变为以提高质量和优化结构为核心的内涵式发展。近期国家出台的一系列教育改革举措都体现了质量为本的价值取向。比如,启动新一轮高考综合改革,逐步取消招生录取批次,增加考生和学校之间的双向选择机会,倒逼高校调整专业结构、提高办学质量;建立周期审核、动态调整与自主审核相结合的学位授权审核机制,制定设置标准,在学位授予单位和一级学科增设工作中突出保证质量和优化结构的导向;改革学位证书发放方式,由学校自行设计、印制和发放,使学位证书回归学校本位,推动学校提高人才培养质量、改善社会声誉。

“双一流”建设大学要增强使命感和责任感，不断强化质量意识，把主要精力放到提高学科建设水平和人才培养质量上，放到优化内部治理结构和学科专业结构上，切实推进内涵式发展，为建设高等教育强国作贡献。

2.经济社会发展的新挑战

我国经济发展方式正在发生转变，国家提出了一系列旨在促进创新驱动的战略任务，其实现依赖于科技进步、劳动者素质提升和管理方式创新。要贯彻落实习近平总书记全国教育大会重要讲话精神，提升教育服务经济社会发展能力，推进产学研协同创新，积极投身实施创新驱动发展战略，为经济社会发展提供人力支持和智力支持，主动应对新的挑战。

首先，人力资源需求变化。经济结构调整、增长方式转变带来了社会职业的变化，传统职业内涵在更新，新职业不断产生，这必然导致人力资源需求的变化和就业市场的变化。“双一流”建设大学要及时研究变化趋势，适时调整人才培养规格、专业结构、专业方向和课程体系，提高人才培养效果与经济社会发展需求的契合度。

其次，高等教育投资体制改革。社会主义市场经济的发展，要求构建政府、社会、大学、学生及其家庭共同参与的高等教育成本分担新机制。在办学过程中，学校要多种渠道筹集办学资金，这是国际高等教育发展的普遍趋势。大学生、研究生缴费上学后，其角色转变为教育消费者，他们更加关注教育收益率，民主诉求意识和维权意识大为提高。“双一流”建设大学要坚持以学生为本，加强质量建设，改善办学条件，保障学生诉求渠道畅通，及时研究、反馈，完善学生管理规章制度，提高依法治校的能力和水平。

最后，大学生就业形势严峻。2018 年，我国大学毕业生达到 820 万人，占到新增劳动力人口的一半以上。受国际金融危机、债务危机及我国经济增长速度下调的影响，今后大学生就业形势会更加严峻。“双一流”建设大学要深化人才培养模式改革，重视学生适应能力和竞争能力的养成；加强就业观和创业观教育，开展创新创业和就业的指导服务，在破解结构性就业难题方面作出示范。

3.科学技术发展的新挑战

现代科学技术迅猛发展，与教育教学的融合加速，给大学的教育观念、人才培养和科学研究工作带来了直接的挑战。

首先，学科发展综合化。当前，学科发展一方面高度分离，另一方面高度融合，综合化是主要趋势。“双一流”建设大学要认真学习习近平总书记全国教育大会重要讲话精神，调整优化高校区域布局、学科结构、专业设置，建立健全学科专业动态调整机制。积极探索学校内部教学、科研、学术资源的整合，促进学科之间的交叉融合，加强跨学科研究和跨专业（类）人才培养，提高师生知识融合、学科交叉和课程整合的能力。这涉及学校内部学术治理结构的调整、学科专业结构的优化，也涉及管理体制机制的创新。

其次，信息量飞速增长，知识更新和成果转化周期缩短。大学教育必须摈弃“终结式”培养的思维惯式，人才培养方案必须体现终身学习的理念。“双一流”建设大学要研究如何重构课程体系和教学内容，调整人才培养目标和规格，重视学生自主学习能力的养成，使他们走上社会后能够从容应对科学技术发展和经济社会发展带来的种种挑战。

再次，科技领域孕育重大突破。进入21世纪，网络技术、生物技术、新能源、新材料、航天工程和海洋工程等学科和技术领域的重大突破初现端倪。人类社会进步史表明，科技革命和技术创新必然影响人类的生产生活和学习方式。“双一流”建设大学要增强前瞻意识、早做准备，进一步凝练学科方向和科研方向，优化人才培养的专业机构、课程体系和教学内容。

最后，网络信息技术与教育教学加速融合。近年来，知识数字化、互联网、虚拟现实、人工智能技术飞速发展，以慕课、微课程、翻转课堂、混合式教学等为代表的基于现代信息技术的教学和学习方式应运而生，正在改变着人类获取知识的渠道和方式。知识传递方式从单向转为多向互动,大学的知识权威和学术垄断地位受到威胁,实际教育效能遭到质疑与批判。大学教师的角色正在由知识的传授者转型为学习活动的设计者和指导者,与学生形成新型的学习伙伴关系;大学的教育观念、教学组织、教学方式、管理机制乃至教室布局都受到直接的冲击。"双一流"建设大学必须保持敏锐目光,密切跟踪发展趋势,积极进行多样化的探索,在转变教育教学观念、融合线上与线下教学、改革传统课堂教学模式、引导学生自主学习与合作学习等方面有所建树、作出表率。

4. 教育国际化进程的新挑战

随着经济全球化进程的推进,教育国际化已是大势所趋。"双一流"建设的目标是提升高等教育国际竞争力,教育国际化进程为"双一流"建设带来新的挑战和机遇。

首先,人力资源跨国流动势头迅猛。近年来,我国教师国际化流动明显加快,留学生数量大幅增加。2017 年,我国出国留学人员超过 60 万,来自 204 个国家和地区的来华留学人员接近 49 万,增长率均超过 10%。中国成为美国国际学生第一大来源国、亚洲第一大留学目的地国。

其次,教学资源跨国流动和传播速度加快。中外合作办学项目和机构是教学资源流动的重要载体,近年来,我国中外合作办学项目和机构逐渐增多。到 2017 年年底,总数已达 2342 个,促进了国际化课程、教材和课件等教学资源的跨国流动和共享,为我国利用国际优质高等教育资源创造了条件。同时,我国大学还积极探索利用自身的资源优势,在海外建立分校或二级学院。

最后,教育理念与教育模式在传播中融合。师生与教学资源的国际流动促进了先进的教育教学理念、现代的教学与学习方式、科学的教学管理和学生事务管理模式在传播中融合。这为我国大学学习借鉴国外先进理念和成功经验创造了条件,也对弘扬中华优秀传统文化、促进多元文化发展,让越来越多的外国留学生融入中国校园文化提出了挑战。

"双一流"建设大学要拓展国际视野,加强国际化战略思维。一方面,贯彻落实习近平总书记全国教育大会重要讲话精神,"要扩大教育开放,同世界一流资源开展高水平合作办学",借鉴国际先进教育理念和成功经验,提高自身办学水平和国际声誉;另一方面,要积极推进中国优质教育教学资源的国际拓展,促进中外人文交流,参与教育国际治理,为高等教育国际化作出中国贡献。

二、准确把握建设实质与内涵

厘清世界一流大学和一流学科建设的实质和内涵,是实现"双一流"建设目标的重要前提,也是形成改革共识与发展合力的重要基础。

1.一流大学建设的实质与内涵

建成世界一流大学,要高度重视和深入研究共性问题,并通过多样化的路径进行实践探索。一流大学建设目标的实现,必须遵循规律、厚积薄发,需要在以下七个方面扎实探索、有所突破。

第一,明晰的办学理念和目标定位。大学要科学定位、各安其位,坚持特色发展和多样化探索。目标定位科学合理、内涵清晰,才能凝聚人心,在校内形成改革发展的共识与合力,校外得到政府和社会的重视与支持。第二,先进的人才培养模式和有效的质量保障体系。应明确人才培养目标和规格,抓好专业建设和改革,优化课程体系和教学内容,加强能力和素质培养,改革教学方式和方法,构建有效的学校内部质量监控和保障体系,在培养拔尖创新人才方面有所突破。第三,优质的学科建设和科学研究。产出国际水平的学术成果、作出高水平的国家贡献,是一流大学建设的重要任务,也是大学学术声誉的重要载体。第四,开放的国际视野和实质性的国际交流与合作。借鉴国际经验、促进双向流动、作出中国贡献,是一流大学建设的重要价值取向,也是提高大学国际影响力的重要路径。第五,精良的人力资源和物质资源保障。须抓好教师队伍和管理干部队伍建设，吸引优秀生源，为一流大学建设提供人力资源保障；增加经费投入，改善办学条件，为一流大学建设提供物质条件保障。第六，科学的治理结构和运行机制。应探索现代大学制度建设，推进学校内部治理结构优化与治理能力提升，创新教学、科研和学科管理体制机制，为一流大学建设提供制度保障。第七，优良的校园文化和育人氛围。重视办学传统凝练和大学文化建设，为人才培养和学科建设营造优良氛围和环境，是立德树人的重要基础和一流大学建设的生态保障。一流大学建设的高校要励精图治、科学谋划，加强系统研究、注重顶层设计，深化综合改革、多样化实践探索，朝着建设目标扎实迈进。

2.一流学科建设的实质与内涵

何谓学科，学者从不同的视角对其内涵和外延进行了大量研究。从本质上言，学科是一门学问的知识集成，是知识体系。从这个角度出发，学科建设的过程就是知识的保护、传承和创造的过程，是知识体系的构建、维护和更新的过程。建设世界一流学科，需要把握以下六个共性问题。

第一，凝练学科方向。顺应学科发展趋势，适应国家和地方发展需求，促进学科交叉与融合，实现重点突破，强化学科特色，形成学科优势。第二，优化学科结构。把握经济社会和文化科技发展趋势，结合学校特色优势，构建和完善学科体系。第三，汇聚学科人才。坚持引进和培养高层次人才并重，倡导团队精神，弘扬奉献精神，组建攻坚团队，为一流学科建设提供人力资源保障。第四，搭建学科基地。从实验室、仪器设备、图书资料和建设资金等方面，为一流学科建设提供物质资源保障。第五，创新体制机制。优化大学内部学术治理结构，建立协同创新机制，健全学科建设绩效评价机制和动态调整机制，完善学科建设激励机制和约束机制，为一流学科建设提供体制和政策保障。第六，制定学科建设规划。明晰学科建设目标、策略和举措，平稳推进一流学科建设

学科建设成果是评价学科建设水平的重要维度，主要体现在以下两个方面：一是培养出基础扎实、创新能力强和综合素质突出的拔尖创新人才；二是产出原创性成果，一流学科的研究成果要符合国际标准，作出国家贡献，具有中国特色的人文社会科学学科，要形成中国学派，取得国际话语权。

在一流学科规划和建设中，要明确两个基本的关系判断。一是特色学科不代表高水平学科。每个学校在长期办学过程中都会形成学科和专业特色，但特色并不意味着高水平，特色学科也不能简单地等同于一流学科。二是主学科不等于一流学科。每个学校在办学实践中都会形成支撑人才培养和科学研究的主学科，但主学科并不意味着高水平学科。一流学科建设大学必须保持清醒的头脑，系统、科学规划，注重内涵建设，经过长期积累，将学科特色转化为比较优势和核心竞争力，并得到国内外学界公认，才能真正建成一流学科。

3. 一流人才培养是"双一流"建设的重要内涵

人才培养是大学的核心功能，一流人才培养是"双一流"建设的重要内涵，一流本科教育是建设世界一流大学和一流学科的重要基础和基本特征。[①]

第一，明确人才培养的目标和规格。优化大学生的知识、能力、素质结构，明确大学生毕业之后面向的特定市场需求或社会需求。以应用型人才培养为例，不仅是指培养工程技术人才，也包括其他各学科、各领域的应用型人才。培养应用型人才不仅是地方本科院校、新建本科院校的重要使命，也是"双一流"建设大学的重要使命之一，只是两类高校应用型人才培养的规格不同。也正是由于这种差异性，才使得高校可以在长期实践探索中形成自己的专业特色和优势。第二，加强专业和学科建设。专业和学科是人才培养的重要平台，专业是指广义的

① 钟秉林、方芳：《一流本科教育是"双一流"建设的重要内涵》，《中国大学教学》2016年第4期。

课程组合，而学科是一个知识体系。在各类人才培养过程中，都需要以知识作为基础，以知识体系作为支撑。从人才培养角度而言，学科建设和专业建设是相互支撑、相互促进、相互耦合的辩证关系，应该进行一体化建设。人才培养可以促进学科建设水平的提升，学科建设支撑一流人才培养。学科、科研资源与教学资源如何相互转化，学科建设和科学研究如何反哺人才培养，这是“双一流”建设的难点之一。第三，创建良好的条件和环境。要营造大学发展、学科建设和人才培养的优良氛围，创建优良的制度环境和校园文化、优良的师资和国际化培养平台。

大学的办学质量尤其是学生质量和创新能力，是大学和学科排名指标体系的重要测量维度，也是大学声誉的载体。世界大学排名中心(CWUR)发布“2018—2019 世界大学排名”，北京大学、清华大学入围 100 强，排名分别在第 92 位和第 98 位；美国大学占去半壁江山，3 所日本大学和 1 所韩国大学排名都比中国大学靠前。[①] 在教育质量、教师素质、研究成果、影响力等方面，我国大学与世界一流大学还有较大差距。“双一流”建设大学，需要在培养拔尖创新人才方面多方位探索、有所建树。

三、积极探索体制机制创新

推进一流大学和一流学科建设，必须完善现代大学制度，推进大学综合改革和体制机制创新，提高大学治理能力，建立内涵式发展的长效机制。政府及其教育行政部门要进一步扩大和落实大学办学自主权，加强宏观管理和分类指导，构建政策和制度保障体系。要贯彻落实习近平总书记全国教育大会重要讲话精神，“深化办学体制和教育管理改革，充分激发教育事业发展生机活力”，在“双一流”建设过程中，深入研

---

① http://www.cwur.org/2018-19.php.

究、积极探索六个机制。

1.择优遴选机制

构建择优遴选机制,是“双一流”建设的重要前提。本轮“双一流”建设名单的确定方式较以往有重要的调整,以遴选制代替了申报制。“双一流”建设专家委员会第一次会议对遴选标准进行了审议和表决,而不是具体讨论某所大学或某个学科;然后,将学校的相关数据事实与遴选标准进行比对,符合要求的则进入“双一流”建设名单;最后,根据国家有关政策对名单进行必要的微调。这种遴选机制坚持了客观公正的原则,体现了开放性和竞争性。

“双一流”建设的遴选工作在遴选指标体系设计方面进行了创新,参考了国内外大学综合排名和学科排名的排行榜,分别赋予不同的权重,是综合各种指标体系进行优化的结果。同时,在指标体系中强化了人才培养工作的导向,剔除了一些“数人头”的指标,如具有各种头衔的教师数等,避免人才的无序竞争与流动。人才队伍建设成效的评价,应该体现在大学的绩效评价当中,在遴选标准和指标体系中已有充分的体现。“双一流”建设大学在建设过程中,要不断完善择优遴选机制,遵循教育教学和科学研究规律以及不同学科的规律、特点,构建科学的遴选指标体系,加强建设、重点突破,引导和扶持一批特色学科和专业形成优势,脱颖而出,推进学校整体办学质量和水平的提升。

2.绩效评价机制

“双一流”建设会带来大规模的国家和地方财政投入,研制绩效评价指标体系,对“双一流”建设大学进行科学的绩效评价,改善资金投入的使用效率,是“双一流”建设取得成功的重要保障。有学者认为,当前,我国对“双一流”建设评价体系的研究存在本体理论基础薄弱、评价过程不科学、评价对象不明确等问题。[①] 笔者认为,构建“双一流”建设

① 梅雄杰、李志峰:《本体与模式:“双一流”建设评价体系研究述评》,《现代大学教育》2018年第2期。

的绩效评价机制要抓住核心要素。一是明晰的质量标准。质量标准既是国际上可以衡量和比较的，也需要立足本国国情和特色。二是科学的指标体系。通过定量与定性结合的方式将质量标准具体化和形式化到指标体系之中，以指导建设、开展评价。三是科学的评价方式。将大学的实际运作情况客观、准确地反映在指标体系之中，以进行分析、作出诊断。四是有效的反馈和改进工作机制。切实改进大学的人才培养、科学研究和学科建设工作，让教师和学生直接受益。

从国际视角看，高等教育质量保障呈现出更加重视教育资源的使用效率、注重学生学习效果的跟踪与评价、重视提高学校内部质量保障体系的有效性等共性发展趋势。“双一流”建设的绩效评价，应借鉴国际先进理念，着眼学校建设成效的考评，构建可对接国际标准、体现中国特色的绩效评价体系。“双一流”建设大学要遵循办学规律、结合学科特色，构建学校层面的绩效评价机制，扎实推进一流大学和一流学科建设目标的实现。

3. 动态调整机制

“双一流”建设是一项复杂的系统工程，也是一个长期的动态建设过程。在某种意义上，“双一流”建设项目可以结束，但“双一流”建设进程只有起点没有终点；“双一流”建设目标的实现只有通过长期积累，厚积薄发，没有捷径可循。世界一流大学和一流学科建成，不是靠行政发文宣布，更不是靠学校自我宣称，也不取决于学生规模大小和学科结构是否综合，关键是集中精力抓好内涵建设，提高人才培养质量、学科建设水平和办学声誉，得到国际学界和国际社会的广泛认可。

“双一流”建设必须建立动态调整机制，依据建设标准，坚持公开透明，体现滚动竞争、优胜劣汰的价值取向。“双一流”建设的动态调整机制要与绩效评价紧密挂钩，吸取以往建设项目、工程的经验教训，避免身份固化和“贴标签”倾向。一流大学和一流学科的建设名单，不应固化不变、只进不出，而应在绩效评价的基础上实现动态微调、有出有进。

动态调整机制的构建与实行，对增强大学内生动力和办学活力、健康平稳推进“双一流”建设具有重要的政策引导和制度保障作用。因此，“双一流”建设大学要增强质量意识、竞争意识和风险意识，集中精力抓好内涵建设和特色发展。在学校有关宣传和行文中要严谨求实，不要随意冠以“双一流大学”的称谓，而应写明是“一流大学建设高校”或“一流学科建设高校”。

4. 统筹协调机制

“双一流”建设的系统性强、复杂性高，既涉及人力资源、财力资源和物质资源的合理配置，也涉及政策制定和管理创新。完善“双一流”建设统筹协调机制，是“双一流”建设取得成功的制度性保证。

首先，构建大学内部的统筹协调机制。“双一流”建设大学要遵循大学发展规律和学科发展规律，重视发挥学术权力作用，克服“行政化”管理倾向，合理规划学校发展和学科建设，提高驾驭全局和学校治理的能力；系统梳理学院、学科之间的关系，调整学术治理结构和运行机制，建立有效的资源配置和协调机制，加强协同推进，深化综合改革，避免重申报、轻建设以及各自为政、分散重复建设等资源浪费现象，力求实现有限教育资源使用效益的最大化。

其次，构建大学外部的统筹协调机制。“双一流”建设的管理涉及多个上级主管部门。有关部门及其内部各司局在转变职能、探索宏观指导和分类管理路径与手段、推进“双一流”建设的过程中，要打破不同管理部门间的壁垒，克服部门本位倾向，加强统筹协调、联合调研和论证，加强绩效评价和动态调整机制的建设，及时总结改革经验和成功案例，推进大学深化综合改革，充分尊重大学的办学自主权，从制度和机制上保证“双一流”建设的协调性和延续性。

最后，处理好塔基、塔身和塔尖的关系。“双一流”建设大学是我国高等教育系统的塔尖。我国还有一大批地方大学及新建本科院校和高职高专院校，它们构成我国高等教育的塔身和塔基。夯实塔基、筑牢塔身，塔尖才能铸造得更高更尖。要通过拓展专项计划等措施，引导和支持不同地区、不同层次与类型的高等学校差异化发展、协调发展，优化高等教育区域布局结构、层次类型结构和学科专业结构，构建科学的高等教育体系。

5. 自主办学机制

“双一流”建设名单，是根据遴选标准和指标体系严格遴选产生的，体现了国家标准和择优原则。前已述及，一所大学的主学科与一流学科之间并不必然存在简单的等同关系。事实上，不少“双一流”建设大学进入一流学科建设名单的学科并不是学校的主学科，因此，在学校制定学科发展规划时面临着选择性困惑。

“双一流”建设大学应从学校发展和学科发展全局出发，加强战略思维和顶层设计，结合国家和地方需求及学校特色，科学制定学科建设规划，自主确定学校的重点建设学科和相应的支撑学科。克服“依附”心理，学校自筹经费既要“锦上添花”，配套支持进入国家一流学科建设名单的学科；更要“雪中送炭”，依据规划支持学校的主学科、特色学科和支撑学科的建设发展，力争更多的学科能够脱颖而出。“双一流”建设主管部门亦应尊重学校的办学自主权，引导学校依法自主发展、自我约束。

6. 监督问责机制

“双一流”建设启动伊始，就受到社会各方和国际社会的高度关注，影响范围远远超出高等教育领域。建立和完善“双一流”建设的监督问责机制，优化“双一流”建设的环境和氛围，是“双一流”建设取得成功的生态保障。

政府主管部门要研究社会力量依法参与“双一流”建设的机制和路径，避免信息不对称带来的质疑；正确引导社会舆论，让社会公众对“双一流”建设有理性的认识和合理的期盼，避免吸引眼球的炒作现象；保证政府和社会公众对“双一流”建设大学的有效监督和问责，避免监督不力、问责不实的现象，推进“双一流”建设取得实效，实现目标。

“双一流”建设大学要不断完善民主管理制度，健全校务公开和信息透明制度，切实保证大学利益相关者和社会公众的知情权、参与权和问责权，激发“双一流”建设的内生动力，优化“双一流”建设的学术环境和文化氛围。我国大学通过深入学习、贯彻落实党的十九大和全国教育大会精神，强化质量意识、特色意识和竞争意识，理性对待、科学借鉴国外大学先进理念和成功经验，探索体制机制创新，深化综合改革，致力内涵建设，未来一批大学和学科一定会屹立于世界一流大学和一流学科之林。

一流本科教育是“双一流”建设的重要内涵*

2015年10月，国务院印发了《统筹推进世界一流大学和一流学科建设总体方案》(以下简称《方案》)，明确了建设世界一流大学和一流学科的指导思想、基本原则、总体目标、建设与改革任务、支持措施和组织实施。《方案》是在国家于20世纪90年代中后期先后实施“211工程”和“985工程”基础上的完善与深化，是建设高等教育强国和实现人力资源强国战略的必然选择和重要举措。《方案》颁布后，引起了高校的高度重视和社会的广泛响应，很多高校结合制定学校“十三五”发展规划进行积极谋划，力争有所建树。

建设世界一流大学和一流学科(以下简称“双一流”建设)，关键在于高等学校认真抓好内涵建设和综合改革，在办学理念和治理能力、人才培养和学科建设、队伍建设和文化建设等方面有所突破，而重要基础则是本科教育质量和水平。

一、本科教育是“双一流”建设的重要基础

世界一流大学必然拥有先进的教育理念与独立的大学精神，能够为各行各业培养领军人才和拔尖创新人才，能够取得原创性的科学研究成果，并对本国乃至世界的社会经济与文化发展产生重要影响。尽管世界一流大学的评价标准和指标体系尚未明确形成，但具有优秀学生、学术精英、高端成果、国际声誉和一流服务等，已成为国

---

* 原载《中国大学教学》2016年第4期。

际社会公认的评判标准。纵观国外一流大学，不论是学科专业特色突出的学院，还是综合实力突出的大学；不论是世界知名的私立大学，还是国际有影响的公立大学；不论是研究型大学，还是教学型大学，无不将本科生人才培养和本科教育教学质量放在学校发展的重要战略地位，甚至连大学校友会和基金会的工作重点也放在本科毕业生这个群体上。这种现象的存在绝非偶然，而是有其内在的规律性和必然性。

1. 一流本科教育是建设世界一流大学的重要基础

通过人才培养和科学研究，为经济建设和社会发展提供人力资源支撑和智力支持，是高等教育和高等学校的重要使命。本科教育是现代高等教育的重要基础，是大学教育的主体组成部分。本科教育随大学形成而产生、随大学发展而不断分化，现代本科教育不仅是一个独立的办学层次，其自身也在发展中逐步形成了由多种人才培养类型所组成的教育体系，如学术型、应用型、复合型本科人才等，以适应经济社会发展对于本科人才的多样化需求和社会公众对于本科教育的个性化需求。本科教育质量彰显了一所大学的人才培养水平和办学特色。

大学通过构建科学的本科教育课程体系和开展丰富多彩的课外活动，帮助学生养成问题意识、质疑精神、批判性思维和创新精神，为经济社会发展和高层次人才培养提供源源不断的新鲜血液。深化本科教育教学改革，可以为“双一流”建设营造良好的学术生态环境，为推进世界一流大学建设作出积极贡献，是建设世界一流大学的重要基础和基本特征。

2. 一流本科教育是建设世界一流学科的重要支撑

学科建设是知识传承、创新与学科优势积累的过程，对专业建设与发展具有基础性的知识体系支撑作用。专业建设是社会需求与学科建设的体现和延伸，是培养高级专门人才和形成人才培养特色与优势的过程。一方面，通过开展学科建设和科学研究，可以提高教师的教学水平和科研能力，为本科教育提供高水平课程体系和培养方案，推进课程改革和教材建设，促进将学科资源有效地转化为教学资源，为提高本科人才培养质量提供条件。另一方面，专业建设和本科人才培养可以为学科发展提供优质的人力资源支撑和学科专业分化与融合的可能性，促进学科构架的优化。从人才培养的角度来看，学科建设与专业建设是相互支撑、相互促进的统一体。

国内外教育实践表明，本科生早期参与科学研究，既是培养创新型人才的重要途径，也为促进学科发展和提升科学研究水平提供了生力军。本科生参与科研不仅给教师带来启示和反思，有助于促进教师科研水平和教学水平的提升，而且也可以直接促成研究成果的产出和学科建设水平的提高。在国内外高水平大学中，本科生通过参加科学研究和技术研发取得创新成果（如发表高水平学术论文、申请发明专利、研发实用系统、社会调查咨询等）的案例并不少见。从这个角度而言，一流本科教育与一流学科建设相辅相成，是建设世界一流学科的重要支撑。

3.一流本科教育质量是大学办学声誉的重要载体

“双一流”建设是一个动态的积累过程，建设的成功不是靠行政发文“认定”或领导人讲话“宣布”，更不是靠学校自我“宣称”，也不取决于学生规模、专业分布和硕士、博士学位授权点的数量，关键是靠学校自身的办学水平，核心是人才培养质量、学科建设水平和办学声誉得到国际社会的认可。

本科毕业生数量庞大，他们承载着母校的传统和文化，在各个领域为国家经济建设和社会发展贡献聪明才智。本科毕业生形成的校友群体在社会上的整体表现和口碑，能对母校的办学声誉产生直接的举足轻重的影响。而校友和用人单位对高校人才培养效果的满意度，已经成为评价高校本科人才培养和教学工作水平的重要标准和核心指标。实际上，社会公众在选择报考高校或评价一所高校时，首先关注的常常是这所高校的本科人才培养质量、专业建设特色、办学声誉和校风学风,而不是别的“高大上”的指标。因此,一流本科教育是世界一流大学的基本特征和声誉载体,也是一流大学重视本科教育和本科校友工作的动因。

由上可知,建设一流本科教育,是“双一流”建设的核心任务和重要基础,“双一流”建设的过程,也是建设一流本科教育的过程。高等学校要放平心态,依靠广大师生员工,把主要精力和财力物力投入到内涵发展上去,投入到本科人才培养上去。要遵循教育教学规律,进一步深化本科人才培养模式改革,不断提高本科人才培养质量,努力培养拔尖创新人才。

二、积极探索建设一流本科教育的实践路径

建设一流本科教育,涉及教育观念更新、人才培养模式改革、教师队伍建设、教学管理制度创新、大学文化建设等重要内容,需要高等学校遵循规律、统筹规划、长期积累、有所突破。鉴于笔者已有相关论述,[①]以下仅提出相关观点,不作过多的阐述。

1. 更新教育思想观念

建设一流本科教育,首先取决于是否具有先进的育人理念和改革思维,即所谓的观念创新。

(1)树立先进的教育观和教育价值观　要坚持以学生为本,全员、全方位、全过程育人,促进学生的全面发展。遵循教育教学规律和人才成长规律,围绕立德树人开展教学工作,致力于培养德智体美全面发展、适应经济社会发展需求的高素质本科人才。

(2)重构富有时代内涵的人才观和多样化的质量观　要研究大众化高等教育发展阶段的规律和特征,主动契合经济社会发展对高素质本科人才的需求,积极开展多样化探索。重视学生社会责任感和职业

---

① 钟秉林:《大学的走向》,商务印书馆 2015 年版。

理想的养成，以及学习能力、适应能力和创新创业能力的培养。

（3）树立现代的教学观 要践行因材施教的教育理念，研究学生的差异性，尊重学生的选择权，鼓励学生兴趣特长的发展，不断深化人才培养模式改革和教育教学体制机制改革。在教学活动中要坚持以学生学习为中心，摒弃以教师、教材和课堂为中心的陈旧教学观。转变教师角色，构建师生学习共同体，探索先进的教学方式和学习方式。鼓励学生自主学习和合作学习，不断改善学习效果，提高学习效率。

（4）树立科学的发展观 要坚持规模、结构、质量、效益和速度协调发展，克制动辄扩张规模的冲动，把发展重心真正放到优化结构、提升质量和改善效益上来，并且保持合理的发展速度。要坚持统筹协调，抓住重点，有所为有所不为，针对本科人才培养模式改革、学科专业建设和教师队伍建设中的“瓶颈”问题或薄弱环节，集中力量进行改革探索，力争有所突破。要坚持和谐发展，营造为教师学生服务、重视教学工作的管理文化和校园文化。要注重长期积累、厚积薄发，在本科人才培养、学科专业建设、学校文化建设等方面通过长期积淀和不断升华，逐步形成鲜明的办学特色，进而形成学校的比较优势和核心竞争力。

2. 深化本科人才培养模式改革

建设一流本科教育，必须坚持促进学生全面发展、适应经济社会发展需求、遵循教育教学规律、发挥学校优势特色的原则，探索、构建先进的人才培养模式和质量保障体系。从广义上讲，人才培养模式包括人才培养目标和规格、专业设置和建设、课程体系和教学内容、教学方法和教学手段、教学评价和质量监控等内容，涵盖包括培养目标、培养内容、培养方式和培养条件在内的人才培养诸要素。[①] 高等学校要认真研究经济社会发展、科学技术进步、教育发展方式转变和教育体制改

---

① 钟秉林：《人才培养模式改革是高等学校内涵建设的核心》，《高等教育研究》2013 年第 11 期。

革对人才培养带来的严峻挑战，在深入推进创新创业教育改革、调整优化学科专业结构、完善协同育人机制、深入推进拔尖创新人才培养、推进信息技术与教育教学深度融合等方面着力深化本科教育教学改革。

（1）确立人才培养目标和规格 随着经济社会、科学技术和高等教育的发展，大学本科教育已经形成了由多种人才培养类型组成的教育体系。要明确培养学术型、应用型或技术型人才的目标定位，在达到《高等教育法》规定的本科教育基本学业标准的基础上，从知识、能力、素质结构和面向社会特定需求的角度研究和细化专业人才的培养规格和要求。

（2）建立科学的学科专业体系 专业是人才培养的平台，是广义的课程组合。专业设置要科学规范，宜宽则宽，当窄则窄。要完善专业准入、调整和退出机制，将系统性、前瞻性与实用性相结合，重视专业内涵的调整和更新。处理好学科建设与专业发展之间相辅相成、相互促进的辩证关系，推进学科与专业一体化建设。①

（3）优化课程体系与教学内容，重视能力培养 要从学生知识结构和课程体系整体优化的角度，平衡好通识课程与专业课程、理论教学与实践教学、学科专业基础与职业技能训练之间的关系；兼顾系统性、前瞻性和实用性，不断更新教学内容。要重视学生独立思考能力、问题意识和批判精神、分析问题和解决问题能力的养成，合理安排教学实践和职业技能训练，提高学生的实践能力。

（4）改革教学方法和教学手段 要充分利用现代信息技术，尤其是互联网技术和移动通信技术，探索线上与线下教学相结合。改革传统课堂教学模式，创新教学方式和学习方式。② 要结合学校实际积极尝

① 钟秉林、李志河：《试析本科院校学科建设与专业建设》，《中国高等教育》2015 年第 22 期。

② 钟秉林、方芳：《“慕课”发展与大学人才培养模式改革》，《中国高等教育》2015 年第 21 期。

试探究式教学，如基于问题和项目的学习、基于成果的学习、研讨式学习、案例教学、高峰体验课程等，促进学生的自主学习和合作学习，培养本科生的探究能力和创新精神。

（5）倡导科教融合育人　将科研资源转化为优质教学资源，对培养创新型人才至关重要。具体而言，要将科研项目、经费，尤其是科研成果，转化为教材和课程的新内容，转化为开出新的教学实验和提供毕业设计（论文）选题，并能支撑本科生早期参加科研、支撑特色专业建设。这种转化跟将科研成果转化为生产力一样艰巨，需要观念的转变、政策的导向和教师的付出。[①]

（6）科学借鉴国际经验　高等教育国际化的发展，使师生资源和教学资源的跨国流动成为常态，同时也必然伴随着教育理念、管理模式和教学方式的跨国传播和融合。教育发达国家在建设一流本科教育方面进行了长期探索，取得了显著成效，我国高校要认真研究和科学借鉴，[②]结合国情和校情探索国际经验的本土化实践，提高本科人才培养质量，丰富高等教育的理论研究和实践案例。

（7）完善内部质量保障体系　要强化高校质量建设和质量监控的主体意识，加强学校内部本科教育教学质量保障体系的建设，进一步完善质量标准和评价制度，优化评价指标体系和评价方法，注重对于学生学习效果和教学资源使用效率的考评。要健全评价结果反馈和改进工作的机制，使学生和教师直接受益，提高学校内部质量监控和保障体系的运行有效性。

3.加强人力资源和物质资源建设

建设一流本科教育，必须具备精良的人力资源和物质资源保障，包括教师队伍、教学管理队伍、本科生源，以及教学经费和教学条件等。

（1）加强教师队伍建设　要制定和实施教师队伍建设规划，加强师

---

① 钟秉林：《推进大学科教融合，努力培养创新型人才》，《中国大学教学》2012年第5期。

② 钟秉林：《国际视野中的创新型人才培养》，《中国高等教育》2007年第Z1期。

德建设，倡导敬业精神和团队精神，加强学术规范建设，引导教师教学科研相长，激发教师重视教学、关爱学生和自我提高的自觉性。抓住“双一流”建设的机遇，引进海外高层次人才，为海外学子报效祖国搭建平台。要完善教师在职培养培训机制，如设立教师发展中心、研发教师发展模块课程、出台激励与约束政策等，不断提高教师队伍的整体素质，尤其是提高中青年教师的教学能力和水平。建立和完善新的助教制度，规范研究生担任助教的要求，开展研究生助教的岗前培训和工作评估。要关心教师的生活待遇，解决他们的后顾之忧，努力形成体面生活、开心工作、在竞争中成长的良好氛围。[①]

(2)重视教学管理队伍建设　要增强教学管理人员为教师学生服务、为教学科研服务的意识，克服“行政化”和“官本位”倾向，不断提高教学服务质量和管理效能，实现人才培养和教学工作的科学化、规范化和精细化管理。要通过有计划的系统培训提高教学管理队伍的专业化水平，鼓励教学管理人员研究问题，克服职业倦怠感，创造性地做好本职工作，促进他们的职业生涯发展。

(3)重视本科生源质量　随着高等教育规模的扩大和教育国际化的推进，生源竞争日趋激烈，本科生源已经成为高校发展的重要人力资源。要通过加强内涵建设、提高办学水平、改善社会声誉来吸引数量充足、质量较高、结构合理的生源。要抓住高考招生制度改革的机遇[②]，明确人才选拔标准，探索考生综合评价和多元录取机制，为选拔合适人才、提高本科人才培养质量奠定基础。

(4)建立稳定的物质资源保障机制　要多种渠道筹集人才培养和教学经费，建立规范的财经、资产管理制度，管好教学资金和资产，发挥有限教学资金和资产的使用效率，用好教学资金和资产。要加强教学

---

① 钟秉林:《高度重视高等学校教师发展问题》,《中国高等教育》2011 年第 18 期。

② 钟秉林:《高等学校要主动应对高考招生制度改革新挑战》,《高等教育研究》2015 年第 3 期。

条件的建设，包括教学基础设施和实验室建设、图书资料添置、仪器设备更新、后勤管理服务，以及校园信息化建设等。

4.科学的教学治理结构和管理运行机制

建设一流本科教育，需要科学的教育教学治理结构、先进的教学管理体制和运行机制作为体制机制保障，这也是现代大学制度建设的重要内容。①

（1）优化本科教育教学治理结构　要根据学科发展趋势和经济社会发展需求，调整和优化院系设置和教学组织，加强教学管理和质量保证机构建设，完善本科生导师制，优化学校的教学治理结构，提高人才培养和教学工作治理能力，不断改善教育教学管理效能。要完善本科教学基本状态数据库，建立本科教学质量年度报告制度，保证社会知情权和公众问责权。

（2）改革本科教育教学管理体制　要改革教师聘任制度和考核制度，创新学生事务管理制度，完善常态管理和突发事件应急管理机制。健全教务公开和教学信息透明机制，落实教师学生的参与权和监督权，发挥院系和师生的积极性和主动性。要完善产学研合作、产教融合培养本科人才的体制，建立线上教学与线下教育融合育人、科教协同育人、高水平科研支撑创新人才培养等机制，为培养本科生的创新精神和实践能力提供制度保障，为拔尖创新人才的脱颖而出创造条件。

（3）深化综合改革，创新学习制度　要加强系统研究和顶层设计，继续深入探索学分制、书院制、弹性学习制等改革。应该强调指出，学习制度的改革与创新不仅仅是学校教学和教务部门的责任，而是涉及人才培养、教师聘任、教学组织、教学管理、学生管理以及大学生就业等方方面面的工作，必须举全校之力，统筹谋划，协同探索改革。

---

① 钟秉林、赵应生：《中国特色现代大学制度建设——目标、特征、内容及推进策略》，《北京师范大学学报（社会科学版）》2011年第4期。

5.营造优良的校园文化和育人氛围

大学文化以潜移默化的方式影响着师生的思想和行为以及大学的发展方向，是建设一流本科教育的内在支撑。要高度重视大学文化建设，努力形成重视本科教学的育人氛围，为本科人才培养和学校健康、可持续发展营造优良的文化环境。[①]

大学文化建设要贯穿于学校发展和人才培养的全过程。要充分利用大学的软资源，努力形成学术自由的文化、科学精神与人文精神并重的文化、传统与现代交融的文化、价值宽容的多元文化和全球视野的开放文化。应强调指出的是，中国特色的现代大学文化，必须有利于促进大学主动参与社会变革，引领和推进社会进步。要重视培养本科生的爱国主义精神和社会责任感，使他们融入社会，自觉承担起国家和人民赋予的使命，在推动经济发展和社会进步中实现人生价值。

我们建议，中央和地方政府在推进“双一流”建设的进程中，要加大对建设一流本科教育的政策引导和资金支持力度。高等学校在制定“十三五”规划和“双一流”建设规划时，要把建设一流本科教育作为重要内容。我们相信，经过长期艰苦努力，我国高等学校的本科教育一定会取得新的突破，一批大学和学科一定会脱颖而出，屹立于世界一流大学和一流学科之林。

① 钟秉林、赵应生：《加快建设中国特色的大学文化——关于当前大学文化建设工作的若干思考》，《国家教育行政学院学报》2010年第9期。

在建设一流学科的进程中着力加强创新人才的培养*

2015年10月，国务院印发的《统筹推进世界一流大学和一流学科建设总体方案》（以下简称《方案》）中明确提出，应加快建成一批世界一流大学和一流学科（以下简称“双一流”建设），并指出培养拔尖创新人才是“双一流”建设的任务之一。本文将阐述一流学科建设与创新人才培养的关系，以及在一流学科建设的进程中加强创新人才培养的实践路径。

一、培养创新人才是建设一流学科的重要内容

1. 培养创新人才是高等学校的重要使命

高等教育和高等学校的关键使命体现在，通过人才培养和科学研究为经济建设和社会发展提供人力资源支撑和智力支持。世界一流大学应当能够取得原创性的科学研究成果，并为各行各业培养领军人才和创新人才，进而对本国乃至世界的社会经济与文化发展产生重大影响。在我国经济结构调整和转型升级、世界科学技术飞速发展的大背景下，加强大学生能力和素质的培养，提高其适应能力、创新能力和实践能力，已成为高等学校面临的重要现实问题。[①]

为此，2010年颁布实施的《国家中长期教育改革和发展规划纲要

---

* 原载《江苏高教》2017年第1期，方芳为第一作者。

① 钟秉林：《推进大学科教融合，努力培养创新型人才》，《中国大学教学》2012年第5期。

(2010—2020年)》指出,要把创新人才培养模式、发展学生个性作为新时期深化教育体制改革的突破口;要牢固确立人才培养在高校工作中的中心地位,着力培养信念执著、品德优良、知识丰富、本领过硬的高素质专门人才和拔尖创新人才。2012年出台的《教育部关于全面提高高等教育质量的若干意见》和《教育部、财政部关于实施高等学校创新能力提升计划的意见》也阐明了培养创新人才的重要性,而《方案》则更将培养拔尖创新人才作为"双一流"建设的任务之一,强调要着力培养富有创新精神和实践能力的优秀人才,加强创新创业教育。

2. 培养创新人才是建设一流学科的重要推力

目前,关于何为世界一流学科还没有一个统一的标准,但从主要的世界学科排名指标体系来看,学生培养质量都是一个重要的方面。譬如,英国的《泰晤士高等教育》(*Times Higher Education*)利用雇主评价衡量毕业生的质量,其权重为10%;美国的《美国新闻和世界报道》(*US News & World Report*)赋予了教学质量指标以更高的权重,教师资源、毕业率、就业率、生师比等反映教学与毕业生质量的指标比重累计达到50%以上①;在英国的国际高等教育研究机构(Quacquarelli Symonds,QS)的指标体系中,雇主声誉调查的权重因学科而异,在5%—30%之间②;在上海交通大学的世界大学排名指标体系中,用获得诺贝尔奖和菲尔兹奖的校友折合数衡量学生质量,更是突出体现了对高校培养创新人才的重视程度。可见,培养高质量的学生,特别是培养创新人才是建设一流学科的重要内容。

有研究将美国哈佛大学、斯坦福大学、麻省理工学院与我国北京大学、清华大学的学科发展进行比较,发现在学术队伍、科研成果、学生质

① 朱明、杨晓江:《世界一流学科评价之大学排名指标分析》,《高教发展与评估》2012年第2期。

② 刘强、潘鹏飞、王玉清:《变革中的大学学科排名——QS世界大学学科排名最新进展与反思》,《比较教育研究》2015年第12期。

量和学术声誉四个方面，中国顶尖大学与美国顶尖大学在学生质量方面的差距最大。[①] 因此，要想跻身世界一流学科之林，我国高校必须重视学生培养质量的提高，特别是在培养创新人才方面下足功夫。

二、建设一流学科为培养创新人才提供支撑

1.一流学科建设为培养创新人才提供精神激励

创新首先源于对未知世界的好奇心和探索精神，而这只有依托良好的学术生态环境才能逐步孕育而成。一流学科建设有助于在大学(至少在本学科范围内)形成良好的学术环境和文化氛围，诸如学术自由、独立思考、尊重个性、鼓励创新，等等。在这样的环境中，学生将受到潜移默化的影响。他们有机会触及世界前沿的理论、方法和实践，有机会与一流学者交流甚至合作，切身体味科学精神和创新精神，并逐渐养成积极探索自然规律和社会规律、求真求实、勇于开拓创新的意识。一流的学者还有可能成为学生的榜样和崇拜对象，激励他们在人生道路上不断进步，实现自己的人生价值。

2.一流学科建设为培养创新人才提供制度环境

对一流学科的形成和持续发展而言，科学合理的制度安排是最为关键的环节。这些制度除了与学科建设直接相关的学术管理体制外，还包括高校内部治理结构(如高校学术和行政组织结构)、人事制度(如招聘、培养、考核评价、职称评定、工资福利等各项制度)、经费管理制度(特别是科研经费管理制度)、资产管理制度(如办公室、实验室、图书资料、仪器设备等资产的管理制度)，等等。此外，由于学生越来越多地参与科学研究，一流学科建设还与学生培养制度(特别是研究生培养制度)有着密切的关系，如很多高校针对研究生，甚至本科生设立科研课

---

① 周光礼、武建鑫:《什么是世界一流学科》,《中国高教研究》2016年第1期。

题、学生工作课题等不同类型的研究项目,旨在提升学生独立自主承担科研项目的能力和素养。一流学科所赖以生存和发展的制度环境是为产生前沿性、创新性的科研成果以及创造这些成果的研究人员服务的,也必然将有助于创新人才的培养。

3.一流学科建设为培养创新人才提供高水平师资

一流学科建设有利于促进教师教学能力的提升。经验表明,高水平科学研究不仅有利于教师转变教学观念,也有利于教师定期更新教学内容,革新教学方法,进而让学生能够从中获益。可见,将教学与科研置于同等重要的位置,不仅是大学教师的基本职责,同时也能促使教学科研相长,这也成为培养创新人才的必然途径。

高校的科学研究,一般意义上指的是自然科学和人文社会科学研究两类,从广义上来说,还应包括课堂教学、课程设计、教学方法等基于教学研究维度的类型。一流的学者在创造高质量的研究成果的同时,必然会通过教材建设、课程建设、教学方法改进等方式将这些成果转化为优质教学资源,传授给学生,从而促进本学科的教学研究。这些致力于教学实践的研究对于培养创新人才同样具有重要的意义。

4.一流学科建设为培养创新人才提供国际化平台

创新人才的一个基本素质是具有宽广的国际视野。一流学科指的是世界性的一流学科,其学术团队成员大多毕业于国内一流大学乃至世界一流大学,有的曾在国外一流大学任教,有的还是外籍教师。他们不但掌握本学科领域的最新理论、技术、方法以及研究动态,也知晓国际先进的办学理念、管理经验、教学内容和教学方法等,因此,他们必然会通过教学和科研活动拓展学生的国际视野。同时,一流学科的研究成果大多是通过国际合作完成的,尤其在高水平大学,各学段学生都有机会通过课程、讲座、国际会议等各种形式的国际交流与合作活动,在体验和分享教育国际化资源的同时,拓展国际视野,积累国际交流经验。还有部分优异学生有机会直接参与国际合作项目研究、撰写国际合作专著或论文等学术活动，这些对于培养学生的创新意识和创新能力都大有裨益。

三、在建设一流学科进程中加强创新人才培养的实践路径

1.牢固树立科教融合育人的教育观念

高校的使命是知识的传承与创新。作为高校的核心功能，人才培养是实现知识传播、文化传承的重要途径。在“双一流”建设的大背景下，创新人才培养工作已成为高校当前面临的紧要任务。科学研究是高校的基本功能之一，一流学科建设过程中产生的一系列前瞻性、高水平的原创性科研成果，不仅有利于推动高校的知识创新，同时也可以作为教学素材反哺高校创新人才培养的各个环节。因此，一流学科建设与创新人才培养应该而且能够相互融合，形成“正效循环”效应。必须扭转目前高校中普遍存在的“重科研、轻教学”的倾向，抓住“双一流”建设的难得机遇，牢固树立教学科研并重和科教融合育人的教育观念，实现一流学科建设和创新人才培养的双赢。

2.积极构建培养创新人才的制度环境

建设一流学科的关键环节之一是实现从经费投入的要素驱动向制度供给的创新驱动转变。[①] 同样，创新人才也只有在优良的制度环境中才能脱颖而出。

首先，优化高校内部治理结构，为创新人才培养提供组织制度保证。一流学科建设和创新人才培养都强调创新，创新蕴含着专业性、前沿性和不确定性，应该由创新活动的主体（如高校教师和学生）自己作出相关决定，尽可能减少外部因素（如高校行政部门）的干涉。要平衡高校的学术权力和行政权力，减少行政权力对学术权力的过度干预。优化高校的学术治理结构需遵循以下原则：一是要有利于扩大基层教

---

① 宣勇：《建设世界一流学科要实现“三个转变”》，《中国高教研究》2016 年第 5 期。

学科研单位的自主权，更好地遵循教学和科研活动规律；二是要有利于对基层教学科研单位实行扁平化管理，提高行政效率；三是要有利于加强学科交叉和融合，促进学术创新；四是要有利于行政部门管理职能的整合与精简，更好地为教学科研服务；五是要有利于发挥学术组织在学科建设、学术发展和教学科研中的作用。[①]

其次，加强高校人事制度改革，为培养创新人才提供高水平师资队伍。要抓住“双一流”建设的机遇，引进海外高层次人才；引导教师教学科研相长，激发教师重视教学、关爱学生和自我提高的自觉性；健全师资在职培养培训机制（如设立教师发展中心等），提供丰富、多元的培训和研修活动，提高教师尤其是中青年教师的教学能力；根据教师结构的新变化完善助教制度，确保辅助教学工作的质量，同时使得教师能从繁琐的事务性工作中解脱出来；在绩效考核、职称评定、绩效工资分配等教师最为关注的制度设计中适当增加教学工作的权重，倡导敬业精神和团队精神，等等。

再次，建立稳定的经费和物质资源保障机制，为培养创新人才提供条件。在经费方面，除了多种渠道筹措科学研究和人才培养经费之外，还应完善经费管理制度，鼓励创新性的科研活动和教学活动，提高科研经费使用的自主性和效率，适当增加科研经费中用于人员支出的比例。在物质资源方面，应加强教学和科研等硬件设施条件的建设，包括教学基础设施、图书资料添置、实验室建设、仪器设备更新、后勤管理服务，以及校园信息化建设等。特别是要为学生使用实验室、仪器设备和图书资料从事科学研究创设宽松的环境。

最后，不断完善创新人才的培养体制。一是明确创新人才的培养目标和规格。结合社会发展需求以及学校和本学科的优势与特色，确立培养学术型或应用型创新人才的目标定位，并从知识、能力和素质全

---

① 钟秉林、赵应生、洪煜：《中国特色现代大学制度建设——目标、特征、内容及推进策略》，《北京师范大学学报（社会科学版）》2011 年第 4 期。

面养成的角度明确各类创新人才的培养规格和要求。二是优化课程体系和教学内容。从学生知识结构和课程体系整体优化的角度出发，平衡通识教育与专业教育、理论教学与实践教学、专业基础教学与职业技能训练之间的关系，兼顾系统性、前沿性和实用性，不断更新教学内容。三是重视能力培养。培养学生的问题意识和批判精神，注重学生学习能力、独立思考能力、分析问题和解决问题能力的养成。四是改革教学方法和教学手段。坚持学生在教学活动中的主体地位，尊重学生的选择权和兴趣特长的发展；充分利用现代信息技术探索个性化、多样化教学；结合学科实际尝试探究式教学，鼓励学生自主学习与合作学习。五是倡导教学科研融合，将一流学科的优质科研资源转化为优质教学资源。① 这种应用或转化并非自然形成的过程，而是需要多方共同努力才有可能实现。这不仅要求高校自身注重从政策、经费和人才等方面加以引导和支持，而且要求高校教师在观念转变、精力投入、探索精神等方面予以重视和加强。

3. 充分重视通过实践环节培养创新人才

大学生创新意识和创新能力的培养要通过实践环节的历练，并最终接受实践的检验，因此，必须充分重视实践环节在创新人才培养中的作用。以往教育教学改革的经验表明，学生直接参加科学研究和技术研发对于创新人才培养来说，是一种最为重要和有效的途径。通常由教师带队指导，学生作为学术团队中的主要成员，共同参加科研项目的研究工作。这种形式可帮助学生将理论知识与实际工作相结合，在探索活动中养成问题意识和批判精神，进而提高分析问题和解决问题的能力。学生往往较少受到已有理论和方法的束缚，更有可能提出新的观点和解决方案，反过来也会促进新理论、新方法、新技术的产生。在我国一些高水平大学中，很多优秀的本科生都有机会加

---

① 钟秉林：《人才培养模式改革是高等学校内涵建设的核心》，《高等教育研究》2013 年第 11 期。

入到教师的科研团队，在学习基础知识的同时开展科学研究，不仅得到了很好的科研训练，甚至还有机会与教师一起合作发表高水平的学术成果，这些科研经验的积累对于学生创新精神和实践能力的培养作用显著。

另一种方式是学生直接作为科研项目的主持人开展研究工作。近年来，不论在国家层面、省市层面，还是高校层面，都设立了各种类型的本科生科研项目。学生个人或小组申报项目，申报成功就可以在教师指导下独立开展科研工作。这些项目一般都强调实践性和应用性，有助于培养学生关注现实、发现和解决新问题的意识和能力。

在推进一流学科建设的进程中，应充分发挥学科优势，积极鼓励和支持在校学生参与乃至主持一流学科领域的科研项目，运用一流学科的理论方法分析和解决现实问题。同时，应尽量避免学生参加科学研究中存在的形式化、功利化倾向。

4. 积极搭建创新人才培养的国际化平台

创新人才应具备宽广的国际化视野，熟练掌握本学科本专业的国际前沿知识，具有较强的跨文化沟通与交流能力。为此，在创新人才培养中，要抓住建设一流学科的契机，在推进教育国际化方面进行积极探索。一是吸引高水平的外籍教师和留学生“走进来”，同时拓展对外交流渠道，鼓励师生“走出去”，如很多高水平大学越来越多地开设全英文学历教育项目，吸引外国学生来华攻读学位。同时鼓励本校教师到海外任教或开展合作研究等学术活动。二是在一流学科专业的教学中学习借鉴国际先进的教学理念、教学内容和教学方法，面向中青年教师提供海外教学方法研修计划的机会。三是在举办相关国际会议和进行国际访问交流时，引导和鼓励学生参与，除业内固定的学术年会以外，还与国外高校建立学科联盟，定期开展师生学术交流活动。四是拓宽一流学科领域高水平人才联合培养和合作研究的渠道，如近年来国家留学基金委资助的国家建设高水平大学公派研究生项目等。

5. 着力打造适合创新人才成长的高校文化

高校文化是高校在长期发展过程中形成的历史积淀、人文品格和价值理念，它内化于高校的办学理念、价值追求和学术品位，外显于大学的制度规范、行为方式和物质条件，以潜移默化的方式影响着师生的思想和行为[①]，是建设一流学科和培养创新人才的内在支撑。我们要高度重视大学文化建设，将其贯穿于人才培养的全过程，不断优化学校的育人氛围。譬如，北京师范大学以教师教育、教育科学和文理基础学科为特色，百余年来形成了"爱国进步、诚信质朴、求真创新、为人师表"的优良传统和"学为人师、行为世范"的校训精神，以及"治学修身、兼济天下"的育人理念。在这种环境和氛围的熏陶下成长起来的学生，尤其在一流学科的学术影响力之下，学生往往对学校怀有高度的认同感，随之形成更为坚定的职业理想、更为扎实的学习能力和更为独立的探究精神，进而在科学研究和教育实践活动中不断开拓创新。

---

① 钟秉林、赵应生：《加快建设中国特色的大学文化——关于当前大学文化建设工作的若干思考》，《国家教育行政学院学报》2010 年第 9 期。

我国地方普通本科院校转型发展若干热点问题辨析*

引导部分地方普通本科高校向应用型转变(以下简称“转型发展”)是我国政府在大力发展职业教育的背景下作出的重要决策部署,引起了社会广泛关注。为贯彻落实这一决策部署,中央、地方、高校各层面都作出了积极响应。2015年10月,教育部、国家发展改革委和财政部联合发布《关于引导部分地方普通本科高校向应用型转变的指导意见》(以下简称《指导意见》),从顶层设计的高度,明确了转型发展的重要意义、指导思想、基本思路、主要任务、配套政策和推进机制;一些地方政府先后出台有关政策文件进行宏观指导,并拨付专项经费,推进高校开展试点或组建区域联盟;部分高校率先进行改革尝试,已经初见成效。

同时,在转型发展过程中也出现了不同的声音,一些高校和地方教育行政部门对转型发展的概念、内涵、实践路径以及未来走向存在诸多困惑与疑虑,比如,转型高校到底是在办职业教育,还是在办普通高等教育?本来就是应用型高校的办学定位,转型发展往何处转?刚从高职院校升格为本科,转型发展是否又要回到高职?

转型发展是我国经济发展方式转变、产业结构转型升级、解决新增劳动力就业结构性矛盾的迫切要求,是深化我国高等教育供给侧改革、破解高等教育结构性难题的深层次变革,也是部分地方本科院校生存与发展的现实需求,已经成为当前我国高等教育改革发展进

---

* 原载《教育研究》2016年第4期。

程中的重大现实问题之一。转型发展涉及的高校多达数百所，厘清相关概念，走出发展误区，对我国高等教育和高等学校发展具有重要的现实意义。

一、转型发展要厘清概念，明晰内涵

目前部分高校在转型发展探索过程中存在着概念模糊、内涵不清的现象以及一些含混的认识，这将直接影响地方院校对转型发展的态度和改革成效，厘清转型发展的概念，明晰转型发展的内涵，是引导部分地方普通本科院校转型发展的重要前提。

1. 厘清转型发展的概念

所谓转型，是指事物的结构形态、运转模式和人们思想观念的根本性和深层次转变，是主动求新求变的创新过程。不同转型主体的状态及其与客观环境的适应程度，决定了转型内容和方向的多样性。

关于高校转型发展的概念，近年来我国颁布的政策文件有三种提法：其一，2014 年国务院颁布的《关于加快发展现代职业教育的决定》提出，引导一批普通本科高等学校向应用技术类型高等学校转型，重点举办本科职业教育；其二，2014 年国务院六部委联合制定的《现代职业教育体系建设规划（2014—2020 年）》提出，鼓励举办应用技术类型高校，将其建设成为直接服务区域经济社会发展，以举办本科职业教育为重点，融职业教育、高等教育和继续教育于一体的新型大学；其三，2015 年颁布的《指导意见》提出，引导部分地方普通本科高校向应用型转变，确定一批有条件、有意愿的试点高校率先探索应用型（含应用技术大学、学院）发展模式。

对上述政策文件进行综合分析，可以归纳出高校转型发展的基本概念。从转型发展的主体而言，是部分地方普通本科院校（含民办本科院校）；从转型发展的目标而言，是发展成为应用型高校或应用技术类型高校（如应用技术大学、学院等）；从转型发展的人才培养层次定位而言，是培养本科应用型人才。应该指出，应用型高校（或应用技术类型高校）是一种新的学校类型的统称，区别于以培养学术型人才为主的本科普通高校（如综合性大学、研究型大学等）和以培养技术技能型人才为主的高职高专院校。至于应用型高校的定义、设置和评价标准，以及应用型人才的内涵和学业标准，目前学界有不同的观点和阐释，学校也有多种理解和表述，[①]尚需教育研究者和实践者结合高校多样化的实践探索进行深入研究和归纳、提升。

2.明晰转型发展的内涵

转型发展的内涵十分丰富，涉及观念转变、目标定位、人才培养模式、队伍建设、制度保障等多方面的内容。

首先，转变教育观念和办学理念是转型发展的重要先导。转型发展是否成功，首先取决于试点院校是否具有新理念和新思维，即所谓的观念创新。一是树立先进的教育观和教育价值观。要坚持以学生为本、促进学生全面发展，遵循教育教学规律和人才成长规律，围绕立德树人开展教育教学工作，致力于培养适应经济社会发展需求的高素质应用型人才。二是重构富有时代内涵的人才观和多样化的质量观。要研究大众化高等教育阶段的发展规律和特征，主动契合经济社会发展对高素质应用型人才的需求，重视学生社会责任感和职业理想的养成，以及学习能力和适应能力的培养。三是树立现代的教学观。要践行因材施教的教育理念，尊重学生的选择权，鼓励学生兴趣特长的发展，不断深化应用型人才培养模式改革和教育教学体制机制改革。在教学活动要中坚持以学生学习为中心，摈弃以教师、教材和课堂为中心的陈旧教学观，转变教师角色，探索先进的教学方式和学习方式，构建师生学习共同体，鼓励学生自主学习和合作学习，不断改善学习效果。四是树立科学的发展观。要坚持规模、结构、质量、效益和速度协调发展，

---

① 陈小虎：《新型应用型本科院校发展定位、使命、路径和方法选择》，《中国大学教学》2014 年第 3 期。

克制动辄扩张规模的冲动，把发展重心真正放到优化结构、提升质量和改善效益上来，并且保持合理的发展速度；要坚持统筹协调，抓住重点，有所为有所不为，针对应用型人才培养模式改革、应用性学科专业建设、教师队伍建设和现代大学制度建设中的“瓶颈”问题或薄弱环节，集中力量进行改革探索，力争有所突破；要坚持和谐发展，营造为教师学生服务、重视教学工作的管理文化和校园文化；要坚持遵循教育教学规律和应用型人才成长规律，注重长期积累，厚积薄发，在应用型人才培养、学科专业建设、学校文化建设等方面通过长期积淀和不断升华，逐步形成鲜明的办学特色，进而形成学校的比较优势和核心竞争力。

其次，明确办学目标定位是转型发展的基本前提。确立发展目标定位是学校办学自主权的体现，更是学校凝聚人心、制定和实施发展战略规划的重要基础。要瞄准国家与地方经济社会发展需求，结合学校的办学优势和特色，借鉴教育发达国家的办学理念和成功经验，明确应用型本科高校的使命、中长期发展目标、发展思路和发展策略。发展目标既要体现学校的办学理念，具有一流意识，又要实事求是，找准定位、多样化发展，切忌盲目攀比、同质化发展。发展目标定位要内涵清晰，在学校类型、学科专业布局、办学水平和优势特色等方面表述准确。要通过行之有效的方式使办学理念和发展目标定位在校内师生员工中形成高度共识，并获得政府、社会的认可和支持。惟其如此，才能够形成学校改革和发展的共识与合力，优化学校改革和发展的内外部环境。

第三，改革人才培养模式是转型发展的核心任务。人才培养是大学的基本功能和根本任务，也是高校内涵建设的核心内容。广义而言，人才培养模式包括人才培养目标和规格、专业设置和建设、课程体系和教学内容、教学方法和教学手段、教学评价和质量监控等内容，涵盖了包括培养目标、培养内容、培养方式和培养条件在内的人才培养诸要素。[①] 转型发展试点院校要认真研究经济社会发展、科学技术进步、教育发展方式转变和教育体制改革对人才培养带来的严峻挑战，不断深化应用型人才培养模式改革。

（1）在培养目标定位上，要从传统的本科学术型人才或专科技术技能型人才培养，转变为高素质的本科应用型人才培养，强调服务地方，对接产业、行业。

（2）在培养层次结构上，要从盲目追求培养层次升格和学生规模扩大，转变为注重培养质量和效益，安于应用型本科教育，有条件的学校尝试开展专业学位研究生教育。

（3）在专业建设上，要从面向学科取向或面向对口职业岗位取向，转变为以经济社会发展需求为取向，应用性与学术性相结合，重构应用型本科专业体系。

（4）在学科建设上，要从单纯学术取向的学科发展模式，转变为构建应用性学科体系，为应用型本科人才培养提供知识体系支撑，促进应用性学科与应用型专业协同共生。[②]

（5）在科学研究上，要从以基础性学术研究为主，转变为以应用性研究和技术研发为主，重视科研资源向教学资源的转化，为应用型本科人才培养创造条件。

（6）在培养方式上，要从相对封闭的人才培养体系，转变为主动面向地方经济建设和社会发展需求，探索校企合作、产教融合，教学与应用性研究和技术研发相结合，注重学生实践能力、就业能力和创业能力的培养。

（7）在课程体系设计上，要从学科和学术导向的课程组合，转变为从应用型人才的知识、能力、素质结构出发，通识课程与专业课程、理论教学与实践教学、学科专业基础与职业技能训练相互平衡。

---

① 钟秉林：《人才培养模式改革是高等学校内涵建设的核心》，《高等教育研究》2013 年第 11 期。

② 钟秉林、李志河：《试析本科院校学科建设与专业建设》，《中国高等教育》2015 年第 22 期。

(8)在师资队伍建设上,要从重理论轻实践的学术导向,转变为重视教师的实践能力培养和“双师型”教师队伍建设。

(9)在质量保障体系构建上,要从学术和学科取向的质量标准,转变为注重技术积累创新、注重实践能力和服务能力养成的应用型人才培养导向,优化指标体系和评价方式,重视社会和用人单位反馈。

二、转型发展要克服功利化倾向,避免“贴标签”

转型发展要坚持遵循教育规律和学校发展规律,主动适应经济建设和社会发展需求。抑制功利化倾向,避免随意“贴标签”的现象,是转型发展顺利平稳推进的关键。

1.加强内涵建设,克服功利化倾向

当前在转型发展的实践探索过程中,部分高校存在着比较明显的功利化倾向,在内涵建设和综合改革方面精力投入不足,而在获取政策“红利”方面则期望较高。比如,希望通过参与转型发展试点增加本科招生计划、获取专项经费支持,或从专科层次升格为本科层次、获得硕士学位授权、学院更名为大学等。这种功利化的动机违背了转型发展政策设计的初衷,如果不加以抑制,可能会造成新的盲目攀高和同质化发展倾向,使转型发展流于形式、名不副实。

英国学者罗杰·金(Roger King)在探讨大学体制多样化时也提到这种功利化倾向,“大学并不很关心大学的体制是否多样化……在寻求更多的研究经费和吸引更多的本科生方面,各大学似乎非常相似——甚至多科技术学院也是一样。”“大学不可避免地选择对自身有利而不一定使公众受益的行动。这种秩序源于为了自身利益的行动和系统中各个单位——大学(尤其是大学的领导人)之间的相互影响。”[①]

---

① 罗杰·金著、赵卫平主译:《全球化时代的大学》,浙江大学出版社2008年版。

克服转型发展中的功利化倾向，需要正确认识应用型本科教育在高等教育体系中的位置。随着高等教育与经济社会发展的联系日趋紧密，以及产业结构转型升级对应用型人才的规格要求不断提高，高等教育与职业教育的边界已经出现了模糊或重叠交叉的情况。实际上，从大部分本科专业的培养目标、规格和学业标准来看，不仅是地方普通高校，包括“985”工程、“211”工程大学在内的重点大学也肩负着培养应用型人才的重要使命；从培养具有创新精神和实践能力的高级专门人才的任务来看，高等教育亦具有部分职业教育的属性。应用型本科教育是普通本科高等教育体系中的一种类型，从某种意义而言，也可以认为是现代职业教育体系中的一个层次。长久以来，我国职业教育体系构建和人才培养实践中存在着所谓“断头路”的问题。虽然就业市场上应用型、技术技能型人才供不应求，但职业教育人才培养体系还不健全，且与普通高等教育体系之间存在壁垒，中高级技术技能型人才培养乏力，上升通道狭窄，不能很好满足经济社会发展对于这类人才的需求。构建现代职业教育体系，打破原来职业教育“断头路”、终结性的格局体系，是转型发展战略提出的重要背景之一。

诚然，满足经济社会发展对不同层次应用型人才的需求，打通应用型人才上升通道，无论从教育的社会功能还是个体发展角度来讲，都是一种必然的发展趋势。如何解决职业教育“断头路”的问题，目前有两种不同的观点：第一种观点主张职业教育体系与普通高等教育体系相对独立、并行发展，构建从中职、专科、本科到专业学位研究生各个层次的技术技能人才培养体系，建立伴随劳动者职业发展的教育—就业—再教育顺畅的终身教育体系①；第二种观点认为，打通职业教育发展的“天花板”，搭建高职院校和普通本科高校之间融合沟通的“立交桥”，为学生提供自由选择的空间，是构建现代职业教育体系的重要内容，但是

① 鲁昕：《要下大决心打破职业教育“断头路”格局》[EB/OL]. http://edu.people.com.cn/n/2014/0425/c367001-24944814.html.

过于强调职业教育系统内部的衔接与贯通，拔高职业教育学历，会导致职业学校成为类似普通学校一样的升学教育，削弱技能型人才培养质量，失去办学特色。① 两种观点各有侧重，有同有异，一致性在于打通应用型人才的上升通道，满足社会对于高层次应用型人才的需求；分歧则体现在高层次应用型人才培养的体系建构不同。这些问题既涉及高等学校分类和定位等教育结构问题，也涉及职业教育体系与高等教育体系协调发展等教育体制问题，还涉及公共教育资源配置和政策导向等政府治理问题，对于我国教育健康可持续发展至关重要。

笔者认为，在当前和今后一个时期，一方面，转型发展试点院校要转变教育观念和办学理念，找准定位，各安其位，不要纠结于“身份”之争，不能总盯在扩规模、上专业、要身份上。要坚信有为有位，将主要精力放在学校的内涵建设和特色发展上，放在应用型本科人才培养上，力争在人才培养模式改革、教育教学管理体制创新、产学合作和产教融合育人等方面有所突破，并接受社会和用人单位的检验。

另一方面，政府有关部门要研究政府管理和市场竞争在资源配置中的作用及关系，引导试点高校结合地方经济社会发展需求和学校优势、特色进行多样化的改革探索，坚持遵循规律、试点推动、示范引领、循序渐进的原则，不搞“一刀切”，不搞形式主义，避免新的盲目攀高和趋同发展；同时，要进一步调整研究生教育的类型结构，改革博士硕士授权审核制度和招生录取机制，引导部属大学和地方重点高校与应用型本科院校对接，在培养高层次应用型人才以及搭建“立交桥”方面协同探索。而对于上述有关争论，则应组织专家学者面向问题开展攻关，从顶层设计的角度进行系统研究和科学论证，在实践基础上升华教育理论，用先进教育理论指导实践探索，完善符合中国国情的教育体制和人才培养体系。

---

① 张婷：《过于追求“高学历”职业教育会受伤——政协委员为发展现代职业教育把脉》，《中国教育报》2015 年 3 月 12 日第 3 版。

2. 重在实践探索,避免随意"贴标签"

在转型发展实践探索中,一方面,部分本科院校担心被贴上"高职"的标签,对是否转型心存疑虑;另一方面,目前部分转型发展试点院校的改革探索还没有全面深化,仅仅贴上了"转型"的标签,而对如何实质性转型感到茫然。

我国重学术、轻技能的传统观念影响深远,"劳心者治人,劳力者治于人""学而优则仕"等传统思想根深蒂固。在相当长的一个时期内,尤其是在精英化高等教育阶段,高等学校重视学术研究和知识传授,而忽视学生实践能力的培养和综合素质的养成;家长"望子成龙""望女成凤",希望子女考上名牌大学,从事学术或管理工作,而看低技术技能型岗位和服务性工作岗位。同时,由于生源质量、师资队伍、办学条件、就业去向等方面的差异,我国高职教育一直处于高等教育结构的底端。作为转型发展主体的地方本科院校多数是由高职高专院校升格而来,担心社会认为转型发展是重回"高职"老路,成为阻碍部分高校转型发展的重要心理障碍。

另一方面,近年来高职院校积极进行改革探索,在服务地方、对接产业、产学研合作培养技术技能型人才方面,探索特色发展之路,提供了很多新鲜经验和成功案例。在不少地区,高职院校的生源质量有所改善,就业率和创业率也有"逆袭"本科生的趋势。而转型发展试点院校的实践探索目前大多集中在专业结构调整、师资队伍建设和产学研合作机制等方面,因此有学者认为,总体上看,试点院校破解这些难题的做法还未能超出高职院校的教学改革思路和实践路径,一些试点院校也对如何在继承高职院校育人传统的基础上开拓创新感到迷茫。

笔者认为,首先,在当前环境下,探索转型发展的地方本科院校不宜随意贴上"本科高职教育"的标签,而应该使用"应用型本科教育"。这一方面可以减少传统观念的负面影响,有利于试点院校在相对宽松的环境下改革探索,避免陷入"概念之争"而延误自身发展,亦有利于社会和公众对于应用型本科院校的认可。另一方面，可以避免造成职业教育体系和高等教育体系逻辑关系的混淆，有利于鼓励部属大学、地方重点大学与转型发展试点院校一起，协同探索应用型人才培养，搭建融通职业教育和高等教育的“立交桥”，亦有利于政府有关部门对教育进行统筹协调，对学校进行分类指导。

其次，本科院校和高职院校在培养应用型人才的总体目标上具有一致性，在宏观实践路径方面亦无本质差别，应用型本科院校在转型发展实践探索中借鉴高职院校的经验也符合实际，无可厚非。两类高校培养应用型人才本质上的差异性则体现在人才培养的层次、规格和面向市场的特定需求不同。因此，转型发展试点院校要面向地方经济社会发展和市场需求，结合学校学科专业特色、优势，认真研究和细化应用型本科人才培养规格和要求，下大功夫深化应用型人才培养模式改革，进行多样化的探索，不断提高应用型本科人才培养质量。

第三，政府和行业、企业要采取切实可行的政策措施和经济手段，同时加强舆论导向，宣传先进的教育观和人才观，提高包括技术型和技能型人才在内的应用型人才的经济待遇和社会地位，优化转型发展的政策环境和社会环境，在高校与地方经济社会发展的良性互动过程中，逐步提升应用型本科院校的社会声誉和地位。

三、转型发展要坚持依法治教，依法治校

坚持依法治教、依法治校，是建设现代大学制度、优化教育治理结构、提高教育治理能力的重要保障。高校转型发展要从高等教育法制化的角度保证转型政策的合法性和延续性。[①]《高等教育法》明确规定了高等学校有权自主制定学校规划并组织实施。如何将转型发展政策

① 张应强：《从政府与大学的关系看地方本科高校转型发展》，《江苏高教》2014 年第 6 期。

转化为部分地方本科院校的自觉的教育实践行动，按《指导意见》要求制定改革的时间表、路线图；如何落实政府转变职能、简政放权、管办评分离，确定中央政府、地方政府和地方高校的权力边界，并发挥市场在教育资源配置中的特殊作用；如何完善我国法律法规体系，确定应用型本科院校同等法律地位，引导企事业单位和社会组织参与应用型人才培养等，都要在转型发展的实践探索中逐步解决。

首先，要抓住制定大学章程的契机，在国家现有法律框架内，规定应用型本科院校管理和运行的关键方面，如办学理念和宗旨、学校与政府和社会的关系、学校内部治理结构、学校管理和决策规则等。要坚持依法办学，实施民主管理，理顺应用型本科院校与政府、社会和企业行业的关系，形成依法办学、自主发展和自我约束的机制，为学校可持续发展提供制度保障。

其次，就人才培养而言，《高等教育法》第二章“高等教育基本制度”中的相关条款都明确规定了专科、本科、硕士研究生和博士研究生学历教育的培养要求和学业标准：

> （一）专科教育应当使学生掌握本专业必备的基础理论、专门知识，具有从事本专业实际工作的基本技能和初步能力；
>
> （二）本科教育应当使学生比较系统地掌握本学科、专业必需的基础理论、基本知识，掌握本专业必要的基本技能、方法和相关知识，具有从事本专业实际工作和研究工作的初步能力；
>
> （三）硕士研究生教育应当使学生掌握本学科坚实的基础理论、系统的专业知识，掌握相应的技能、方法和相关知识，具有从事本专业实际工作和科学研究工作的能力。博士研究生教育应当使学生掌握本学科坚实宽广的基础理论、系统深入的专业知识、相应的技能和方法，具有独立从事本学科创造性科学研究工作和实际工作的能力。

显然，不同层次人才培养的学业标准不同，培养目标和规格各有差异。对于专科教育和本科教育而言,对学生掌握学科专业基础理论和知识方面的要求是逐步深入和扩展的,对学生从事专业实际工作的基本技能和能力的要求也是不同的。应用型本科人才和其他各类本科人才的差异不是层次上的差异,而是类型上的不同。因此,转型发展试点院校要跳出专科教育的培养模式,研究应用型本科学生的培养规格和学业标准,重构学生的知识、能力和素质结构,优化培养方案和课程体系,在达到本科教育基本学业标准的基础上充分体现差异性,办出各自特色。要正确处理学科与专业的关系,发挥学科建设对专业发展的知识体系支撑作用,促进应用性学科与应用型专业一体化发展。不能混淆不同层次人才培养的学业标准,抛弃原有的学科基础和学术传统,单纯以职业岗位为导向进行专业设置和人才培养,简单机械地减少公共基础课和学科专业基础课,将应用型本科办成"膨胀型专科",这将违背《高等教育法》对本科教育学业标准的规定,降低人才培养规格,也会影响学生未来的职业生涯发展。同时,也要避免脱离地方经济社会发展需求和应用型本科人才培养目标定位,因循守旧,墨守成规,重蹈学术性本科人才培养的路径。

第三,在应用型本科院校设置和更名问题上,近年来也引起一些争议,如是否应在校名中冠以"应用技术学院/大学"、是否要调整大学的设置标准等,尽管表面上看是学校的"符号"之争,但也透露了办学定位、发展策略、政府导向等一系列重要问题。笔者认为,《高等教育法》规定了大学和学院设置的基本要求,教育部颁布的《普通本科学校设置暂行规定》明确了大学和学院设置的标准和命名原则,应用型本科院校的设置和更名自然应依法依规执行,强调"四个符合",即符合教育法律法规和申报审理程序,符合教育规律和学校发展规律,符合学校实际情况和发展定位,符合国际高等教育通行惯例。

四、转型发展要科学借鉴国际经验,注重本土化实践

高等教育国际化的发展,使师生资源和教学资源的跨国、跨地区流

动成为常态，同时也必然伴随着教育理念、管理模式和教学方式的跨国传播和融合。[①] 教育发达国家在培养应用型人才、发展应用型大学等方面进行了长期探索，形成了多种模式，比如，以双元制为基础和国家法律制度为保障的德国模式、以国家统一的学历资格框架体系和TAFE学院为依托的澳大利亚模式[②]、以辛辛那提大学工学交替等多种模式共存为特色的北美模式[③]等。我国高校要认真研究和科学借鉴国外应用型人才培养和应用型大学发展的先进理念和成功经验；同时，要结合国情校情，避免生搬硬套，积极探索国际经验的本土化实践，在学习借鉴中创新，探索适应国家和地方经济社会发展的多样化的应用型本科人才培养体系和模式，走出一条具有中国特色的应用型本科院校发展道路。

每个国家应用型本科教育体系和发展模式的形成都有其独特的经济社会发展需求、历史文化传统和国家教育体制的背景，我们必须结合我国实际情况加以辨别分析、准确理解、科学借鉴。以德国为例，德国完善的职业教育法律体系、"双元制"的教育体制和应用科学大学一直是我国借鉴学习的对象，但在理论研究和实践运用中也存在理解上的偏差。

首先，德国完备的法律体系确实对应用型人才培养起到了保障作用，比如《联邦共和国各州高等学校协定》和《德国高等教育法》是确保应用技术大学的成立和法律地位的基础[④]，《联邦职业教育法》和《职业教育条例》规定了企业实施职业教育、配合企业外职业教育以及提供工作和报酬的义务。但不能因此就认为德国"双元制"是行政命令式的[⑤]，

---

① 钟秉林：《推进高等教育国际化是高校内涵建设的重要任务》，《中国高等教育》2013年第17期。

② 孔晓红等：《澳大利亚学历资格框架体系对我国应用型本科改革的启示》，《河南科技学院学报》2015年第4期。

③ 朱士中：《美国应用型人才培养模式对我国本科教育的启示》，《江苏高教》2010年第5期。

④ 应用技术大学（学院）联盟地方高校转型发展研究中心：《地方本科院校转型发展实践与政策研究报告》[EB/OL]. http://wenku.baidu.com。

⑤ 陈德泉：《德国双元制职业教育的重新审视》，《中国高教研究》2016年第2期。

片面强调政府和法律的作用;实际上,德国企业自觉、自愿参与职业教育和培训的传统更不容忽视。

其次,德国职业教育"双元制"可以追溯到中世纪的"学徒制",具有深刻的历史文化渊源,是德国的职业教育法律体系、民族传统、教育理念和制度结构共同塑造的结果。"双元制"主要体现在职业教育范畴内,由联邦政府、企业以及工业行会等共同负责,高中毕业生可以选择读大学或接受"双元制"教育,后者毕业后直接进入劳动力市场,而一般不会进入高等院校即综合性大学或应用科学大学。

第三,"双元制"在德国高等教育领域的应用,是一种将学历教育与职业教育相结合的更高水平的复杂的教育模式,将理论学习与职业培训有机结合、交替进行,多种形式实施。这种教育模式主要在本科层次进行尝试,在过去的几年里发展迅速,"双元制"本科专业数量大幅度增加,目前已占到德国高校本科专业的四分之一左右;"双元制"硕士专业仅占德国高校硕士专业的4%,且主要培养目的是毕业生在综合大学里攻读博士学位。

第四,这类学校的德文名称"Fachhochschule"过去常被国内译为"高等专业学院"或"高等专科学校",作为专科院校看待;近年来又译为"应用技术大学"或"应用科技大学",而德意志学术交流中心(DAAD)的专家认为这种翻译也不尽准确,主张译为"应用科学大学"(Applied Science University),强调是"以科学为基础、以应用为重点"的从事教学和科研活动的高校,它涵盖了广泛的应用科学领域的教育和科研,而不仅仅是技术层面。

不难看出,德国应用科学大学的发展定位和教学科研功能与我国目前致力于发展的应用技术类大学还是有一定差异性的。广而言之,世界各国应用型本科教育的发展和应用型人才培养的背景不同、模式各异,很难在我国高校转型发展中简单移植或照搬,这就需要转型发展试点院校结合国情、区情和校情大胆探索本土化的实践路径,在促进自身发展的同时,丰富世界高等教育领域的理论研究和实践案例。

综上所述，当前高校转型发展的关键，不是讨论该不该转型，而是要解决往哪里转、如何转的问题。因此，探索转型发展的实践路径，关注转型院校的核心任务和深层次结构变化至关重要；政府也应在完善高校分类与评价体系、监督相关法律法规落实、整合配套制度和改革项目、引导试点院校加强内涵建设等方面加大力度。

我国地方普通本科院校转型发展路径探析*

引导地方普通本科院校向应用型转变(以下简称“转型发展”)是我国政府顺应经济社会发展需求变化做出的高等教育战略性结构调整。笔者曾撰文就转型发展的若干热点问题进行了讨论,认为转型发展要明晰概念和内涵,坚持依法治教,科学借鉴国际经验,避免功利化和“贴标签”。[①] 本文将重点讨论转型发展的实践路径,期望对平稳推进我国地方普通本科院校转型发展有所借鉴。

一、分类发展,探索多样化转型发展路径

地方普通本科院校隶属于各省、自治区、直辖市,承担着为地方(行业)提供人力资源支撑和智力贡献的重要功能。根据教育部公布的《2015年全国高等学校名单》,截至2015年5月21日,全国普通本科院校共1219所,其中地方普通本科院校有1108所,占普通本科院校总数的90.9%。我国地方普通本科院校数量众多、类型多样,且历史沿革、办学体制、学科专业布局和优势特色各不相同。从办学历史来看,既有办学历史悠久的地方本科院校,也有2000年之后出现的新建本科院校,其中,大多数新建本科高校由高职高专升格或合并而来,是转型发展的主体。从办学体制来看,地方普通本科院校既有地方政府举办

---

* 原载《高等教育研究》2016年第10期。

① 钟秉林、王新风:《我国地方普通本科院校转型发展若干热点问题辨析》,《教育研究》2016年第4期。

的公办本科院校,也有社会力量举办的民办本科院校,还有依托公办本科院校发展起来的独立学院(2008 年起纳入民办高校系列)。从管理体制沿革来看,既有地方政府投入和管理的地方本科院校,也有在高等教育管理体制改革中由原部委所属转制为地方政府统筹管理的具有行业特色的本科院校。从学科专业结构来看,涵盖综合、工科、财经、师范、农林、医学、语言、政法、艺术、民族院校等多种类型,其中综合、工科、财经、师范四类院校数量占新建本科院校的 84.9%。①

转型发展是深层次的结构性变革,上述地方普通本科院校的多样化特征决定了在转型发展的实践路径上没有统一和唯一的模式,要根据地方普通本科院校的差异性和地方经济社会发展需求的多样性区别对待,在宏观改革方向和目标的引领下,引导和鼓励不同类型的高校创造性地进行多样化探索。

转型院校也要找准定位。从宏观视角而言,转型发展的目标定位是服务地方(行业)发展和培养应用型本科人才。所谓应用型人才,其内涵十分宽泛,不仅指工科、农科等领域的技术技能型人才,也涵盖了文科、理科、艺术、教育、法律、经济、管理等领域的应用型人才。同时,经济社会发展对于应用型人才培养也提出了不同层次和类型的多样化需求。正是基于此,德国的应用科学大学强调"以科学为基础、以应用为重点"开展教学和科研活动,它涵盖了广泛的应用科学领域的教育教学和科学研究,而不仅仅局限于工程领域和技术层面。因此,转型院校的具体目标定位应该实事求是、内涵清晰,呈现出多样性的特征,比如逐步发展成为教学服务型高校、应用技术型高校、文理学院、社区学院等。② 同时学校要结合自身特色、优势以及师资队伍的特点,面向地方经济建设和社会发展需求,践行因材施教、学以致用的教育理念,

---

① 教育部高等教育教学评估中心:《全国新建本科院校教学质量监测报告(2014 年度)》,教育科学出版社 2016 年版。

② 陈小虎、杨祥:《新型应用型本科院校发展的 14 个基本问题》,《中国大学教学》2013 年第 1 期。

探索个性化、特色化的转型发展路径，避免发展模式趋同。转型发展既要超越专科教育的发展模式，也要摆脱对学术型本科人才培养模式的追随和复制，努力探索新的应用型本科人才培养模式、体系和学校发展路径，满足经济社会发展、社会公众和受教育者个体的选择性需求。

地方政府及教育行政部门要树立科学的政绩观和教育绩效观，通过深入调研和科学规划，加强宏观管理和分类指导，科学制定转型发展政策，合理配置教育教学资源，尊重、落实和扩大转型院校的办学自主权，减少行政权力对高校办学自主权的干预，不搞形式主义，避免运动式的“一风吹”和“一刀切”，引导转型院校多样化发展，办出各自特色，避免造成新的同质化发展倾向。

二、深化改革，构建应用型本科人才培养体系

转型发展的内涵十分丰富，涉及学校工作的方方面面。转变教育观念和办学理念，明确应用型人才培养目标和规格，改革人才培养模式，构建多样化的人才培养机制，是转型发展的核心任务。

1. 明晰人才培养目标与规格

转型院校要从传统的学术型本科人才或技术技能型专科人才培养转变为高素质的应用型本科人才培养，注重服务地方、对接产业行业。具体来说，转型院校要根据经济社会发展和科技发展对人才的要求以及各学科专业的特点，明确应用型本科人才的培养目标和规格，明晰毕业生面向的特定社会和市场需求，在《高等教育法》规定的本科学历教育基本培养要求和学业标准的框架下，重构应用型本科人才的知识、能力和素质结构，优化人才培养方案和课程体系，并在此基础上明晰人才选拔标准，吸引合适的学生报考。应该强调的是，人才培养规格的差异性是学校办出专业特色、形成专业优势的基础，而这种差异性主要体现在根据每一个具体专业的规律特点、区域经济社会发展的

特定需求以及学校特色所设计的学生的知识、能力与素质结构上。因此，要研究和细化应用型人才培养规格，而不能仅谈概念或粗放式地进行设计。

2. 稳定人才培养层次结构

转型院校要从盲目追求培养层次升格和学生规模扩大转变为注重培养质量和效益，安于应用型本科教育，有条件的学校可以尝试开展专业学位研究生教育。无论是应用型本科教育还是专业学位研究生教育，都具有职业性和专业性的本质特征。因此，转型院校要克服盲目攀高的功利性倾向，以应用型人才培养为导向，以专业教育为重点，以本科教育本身的丰富性和知识基础性为根基①，围绕应用型人才培养的特点来组织教育教学活动。而有条件的转型院校在探索研究生教育时，当前应将重点放在以自身优势、特色专业与承担专业学位研究生教育的院校②、研究型大学以及相关行业企业等开展合作上，通过联合培养，逐步积累经验、提升水平。

3. 加强专业建设与改革

转型院校的专业建设要从面向学科取向或面向对口职业岗位取向转变为以服务经济社会发展需求为取向，将应用性与学术性结合起来，重构应用型本科专业教育体系。具体来说，转型院校要明晰学科与专业的内涵，科学制定学校的学科和专业建设规划，促进应用性学科与专业的发展；专业设置要科学、规范，突出应用性和针对性，明晰专业人才培养规格与相应的质量标准；坚持以应用性学科建设为基础，以应用型知识体系为支撑，提高专业建设与发展水平；专业结构调整与新兴专业设置要充分考虑经济社会发展尤其是地方支柱性优势产业发展需求，

---

① 邵波：《论应用型本科教育的本质属性》，《职教论坛》2014 年第 13 期。

② 高鸿：《改革专业学位研究生培养模式 完善高层次应用型人才培养体系》，《中国职业技术教育》2014 年第 21 期。

与区域、行业、企业紧密结合，立足学校实际，办出特色。[①]

4. 调整和优化课程体系

转型院校在构建应用型专业的课程体系时，要从学科和学术导向的课程组合转变为从应用型人才的知识、能力、素质结构出发，注重学科专业基础与实践能力训练相互平衡，注重必修与选修、课内与课外、显性与潜性、共性与个性课程相互匹配。课程设置要重视学生知识结构和专业课程体系的整体优化，重视学生实践能力和创新精神的培养与训练；还要完善创新创业课程，增设与职业技能训练相关的考证考级课程，并根据地方经济社会发展及受教育者个体的需求适时进行调整[②]，促进学历教育与职业教育的有机结合；也要重视理论教学和学科专业基础课程，处理好学生岗位胜任能力培养与职业发展潜力养成之间的关系，培养具有较为宽厚的知识基础、人文精神和发展潜力的高素质应用型本科人才。

5. 创新人才培养方式

转型院校的人才培养要从相对封闭的传统人才培养体系转变为主动面向地方经济建设和社会发展需求，推进校企合作、产教融合。转型院校要促进教学与应用性研究和技术研发相结合，探索学历教育与职业资格证书相结合的应用型人才培养方式，注重学生实践能力、就业能力和创业能力的培养；要加强产学研合作办学，积极探索行业、企业全程参与应用型本科人才培养活动，探索有利于开展实习实践活动的弹性学习制度，建立校企双方高层互访机制、实习实践活动管理和评价机制等校企合作的长效运行机制；要研究和明确学校在职前培养过程中应该承担的学生实践能力培养的任务与要求，以及行业、产业及用人单位通过职后教育应该承担的在职人员实践能力培养的任务和要求，使

① 梁丹、徐涵：《地方本科院校转型发展的研究现状及思考》，《职教论坛》2015 年第 1 期。

② 夏明忠：《新建地方本科院校实现二次转型发展的探索》，《决策咨询》2014 年第 2 期。

学校教育与职后教育相互衔接、各负其责、合作育人。

6. 推动应用性学科建设

转型院校要从单纯学术取向的学科发展模式转变为构建应用性学科体系，促进应用性学科与应用型专业协同共生，为应用型本科人才培养提供知识体系支撑。转型院校要面向社会和市场需求，根据学校确定的人才培养目标和规格，将理论研究、技术创新、工程研发和人才培养有机结合，以社会、行业及产业的实际需求和应用型人才培养所需的学科基础为导向，促进应用性学科的建设与发展。同时，重视学科建设对专业发展的支撑作用，处理好二者之间相辅相成、相互促进的辩证关系，避免将二者割裂开来，从而促进应用型专业发展和水平提升，培养具有职业发展潜力的高素质专业人才。

7. 重视科学研究和技术研发

转型院校开展科学研究工作，要从以基础性学术研究为主转变为以应用性研究和技术研发为主，重视科研资源向教学资源的转化，为应用型本科人才培养创造条件。转型院校要以教学为基础开展科研工作，立足于解决教学中的实际问题；坚持教学科研并重，以科研促进教学，重视科学研究和技术研发资源向教学资源的转化；通过政策引导教师将项目、经费尤其是研发成果转化为课程、教材的新内容，支持教师开发新的教学实验，为本科生毕业设计（论文）提供选题，支撑特色专业建设。同时，转型院校要以重视应用和实践为导向，面向区域经济社会发展和行业、企业的实际问题，与行业、企业紧密合作，开展应用性研究和技术研发，为区域经济社会发展助力，从而增强转型院校的社会服务能力。

三、质量优先，重视内涵建设和师资队伍建设

加强内涵建设，拓展优质高等教育资源，全面提高高等教育质量，

是当前我国高等教育改革与发展的核心，而提高高校办学质量的关键和核心是师资队伍建设。

就办学现状而言，地方普通本科院校办学基础相对薄弱，办学质量问题突出表现为：人才培养模式比较僵化，毕业生就业率不高；科研基础比较薄弱，服务地方经济社会发展能力不强；教师队伍结构不尽合理，部分教师的专业实践能力亟待提高；办学经费短缺，实践教学硬件条件不足等。其中新建本科院校由于开展本科教育的历史较短，专业、师资、硬件、技术积累都比较欠缺，尤其是专任教师队伍数量不足和结构不合理等问题比较突出。笔者在对 2013 年接受教育部本科教学工作合格评估的 41 所新建本科院校的评估结果进行量化分析后发现，“教师队伍结构”观测点的不合格率达 80.5%，可见教师队伍建设问题已经成为制约学校内涵建设和可持续发展的瓶颈问题。[①] 另据统计，2015 年全国 403 所新建本科院校师生比达到基本办学条件指标合格要求的不足 30%，35 岁以下青年教师占比达 44.7%，“双师型”教师中具有行业背景尤其是工程背景的比例仍然较低，难以适应应用型人才培养的需要。[②] 此外，在产学研合作教育、专业设置与结构调整、质量控制、教师培养培训等方面，部分地方普通本科院校的现实情况也不容乐观。因此，加强转型院校的内涵建设和质量建设，优化教师队伍结构，提高师资队伍的整体水平和教师的综合素养与教学能力，是转型发展成功的关键。

1. 集中精力抓好内涵建设

转型院校要树立科学的发展观和绩效观，从以扩大办学规模和拓展办学空间为特征的外延式发展转变为以提高质量和优化结构为核心

---

① 钟秉林：《新建本科院校要高度重视内涵发展和质量建设——基于 41 所本科院校合格评估结果的分析》，《中国高教研究》2015 年第 6 期。

② 教育部高等教育教学评估中心：《全国新建本科院校教学质量监测报告（2014 年度）》，教育科学出版社 2016 年版。

的内涵式发展。转型院校要克服动辄扩大规模和盲目攀高的功利性冲动，将主要精力放在学校的内涵建设和特色发展上，力争在应用型本科人才培养方面有所突破；要以更新教育思想观念为重要先导，树立富有时代内涵的人才观、多样化的质量观和现代的教学观；要创新学校内部管理体制机制，加强系统研究和顶层设计，针对人才培养工作中的薄弱环节，推出切实可行的综合改革举措，探索多样化的本科应用型人才培养模式，逐步提高教学水平和应用型人才培养质量。

2.高度重视师资队伍建设

转型院校要从制度建设入手，改革和完善教师聘任制度、专业技术岗位聘用与管理机制，建立对教师教学、科研、实践、社会活动等各方面工作在内的科学绩效考核机制，从重理论轻实践的学术导向转变为重视教师的实践能力培养和"双师型"教师队伍建设。转型院校要鼓励和安排专任教师和实习指导老师到企业实习或实践，探索新教师经过企业实习方可上岗的机制，同时聘用行业、企业具有丰富实践经验的优秀人才到学校任教，探索应用型高校教师资格认证机制①；要建设好教师发展中心等专职机构，通过政策导向，开展教师的校本培训，以提高教师的教学能力和水平，促进教师的专业成长。

3.完善内部质量保障体系建设

转型院校在构建内部质量保障体系时，要从学术和学科取向的质量标准转变为注重技术积累创新、注重实践能力和服务能力养成的应用型人才培养导向。转型院校要明确教学工作综合评价和专业评价的质量标准，优化质量评价指标体系，调整质量评价方式，加强教学工作的常态和动态监测，完善学校内部教育教学质量监控与保障体系；要跟踪国际高等教育质量保障的趋势，注重教育教学资源使用效率

① 胡晓清、李建启：《地方本科高校转型发展需要明确的基本问题》，《教育与职业》2014年第21期。

的评价，注重学生学习效果的跟踪评价，注重评价结果反馈与工作改进机制的建设，不断提高学校内部质量保障体系的有效性；要发挥学校在质量评估中的主体地位，吸纳行业、企业、社会组织等外部机构参与质量保障过程，重视社会和用人单位反馈，提高应用型人才培养效果与经济社会发展需求之间的契合度，促进学校办学质量的提升和社会声誉的改善。

四、交叉融合，衔接普通教育与职业教育

全面深化综合改革，搭建职业教育和普通教育之间的“立交桥”，建立二者之间交叉融合、沟通顺畅的体制和机制，为应用型本科教育提供充足的资源和广阔的发展空间，是转型发展的重要价值取向和制度保证。纵观世界高等教育发展史，一直存在着对普通教育和职业教育关系的争论；对大学是致力于知识创新还是服务社会，也存在政治论和认识论的分歧。教育体制和社会文化背景的差异使得各个国家在处理普通教育和职业教育的关系上呈现出多样化状态。在我国，对如何解决职业教育“断头路”的问题，存在两种观点：一是强调职业教育与普通教育体系相对独立，并行发展；二是强调搭建高职院校与普通本科高校融合沟通的“立交桥”，为学生提供自由选择的空间。两种观点都倾向致力于打通应用型人才的上升通道，满足社会对高层次应用型人才的需求，而矛盾则体现在建构不同的高层次应用型人才培养体系上。①

1. 促进职业教育与普通教育协调发展

笔者认为，当前要致力于搭建普通教育和职业教育之间的“立交桥”，促进职业教育与普通高等教育的协调发展，构建符合中国国情的

---

①　钟秉林、王新凤：《我国地方普通本科院校转型发展若干热点问题辨析》，《教育研究》2016年第4期。

开放灵活、交叉融合、协调顺畅的职业教育体系和高等教育体系。随着高等教育与经济社会发展的联系日趋紧密,以及产业结构转型升级对应用型人才的规格要求不断提高,高等教育与职业教育的边界在一定程度上出现了模糊或重叠、交叉的情况。现代本科教育不仅是一个独立的办学层次,其自身也在发展中逐步形成为由多种人才培养类型所构成的本科教育体系。应用型本科教育是普通本科高等教育体系中的一种类型,从某种意义上而言,也可认为它是现代职业教育体系中的一个层次。推进转型发展,建立起职业教育与普通教育之间沟通顺畅的"立交桥",给中职、高职学生创造机会,进入转型院校接受本科层次的教育,而转型院校的学生也可以进入其他类型高校接受研究生教育,这是协调职业教育和普通教育关系的重要途径,也是满足社会多样化需求和尊重学生个性化差异的必然选择。

2.加强院校合作与协同创新

转型院校要加强与部属大学、地方重点大学、高职院校之间的合作,协同培养应用型人才,打通应用型人才向上发展的通道。比如,通过机制创新,联合设立专业学位研究生培养基地,改革专业学位研究生培养机制,探索以职业能力培养为导向的专业学位研究生教育新模式;高职院校与对口转型院校加强协调沟通,组建合作联盟,探索应用型人才的贯通培养,改善应用型本科教育的生源质量和培养质量;各类院校突破隶属关系的藩篱,共建研究机构,合作进行应用性科学研究、技术研发和政策咨询,探索为区域和地方经济社会发展服务的新机制;以专业建设为切入点,使不同类型的高校实现教育教学资源共享,优势互补,协同改革,探索提高应用型本科人才培养质量的新途径。

3.加强政策引导与财政扶持

各级政府及教育行政部门要加强专题调研,制定相关政策,推进转型发展,促进职业教育和普通教育协调发展。比如,探索高考考试方式和招生录取机制的改革，实行本科和专科分类入学考试；增加转型院校的“专升本”招生计划，选拔具有较强创新精神和实践能力的学生进入转型院校深造；调整研究生教育的类型结构，改革学位授权审核制度和研究生招生录取机制，引导部属大学和地方重点高校与应用型本科院校对接，在培养高层次应用型人才以及搭建“立交桥”方面协同探索；设立专项资金，优化竞争性的资源配置，引导转型院校加强内涵建设，深化应用型人才培养模式改革，办出特色和水平；通过政策措施和经济手段激励应用型人才脱颖而出，改善其经济待遇和社会地位，同时优化转型发展的政策环境和社会环境，使转型院校在与地方经济社会发展的良性互动过程中逐步提升社会声誉和地位。

4.探索应用型人才培养体制改革

通过政策导向和制度调整，在终身教育体系的框架下构建灵活多样的应用型人才培养体系。比如，以学分制改革为突破口，打破各级各类教育的壁垒，拓展应用型人才的学习和发展空间，实现个体的终身学习和可持续发展；制定课程标准，开展课程认证，探索学分互认、学分转换和“学分银行”，为学习者转学（转到其他类型的学校）、升学（转到相对较高层次的学校）设定标准，开辟途径；探索基于互联网的教学方式和学习方式，研发在线课程，拓展和共享优质课程资源，促进线上教学与线下教育相融合，并改革传统的课堂教学模式，鼓励学生自主学习和合作学习，促进其学习效率的提高和学习效果的改善。

五、权责明晰，形成转型发展的改革合力

转型发展的主体是高校，责任在地方。处理好转型院校与政府、社会及市场的关系，彰显地方本科院校在转型发展中的主体地位，发挥市场竞争在转型发展中的特殊作用，明确政府在转型发展中的治理责任，是转型发展的组织和制度保障。

1.彰显高校在转型发展中的主体地位

高校是转型发展的主体,转型与否的权力在高校,转型成功与否的关键也是高校,因而要留给高校自由选择和规划、探索的空间与时间。能否发挥高校的主体地位,在高校内部形成对转型发展的共识至关重要。高校的主体地位体现在三个方面:首先,转变教育观念和办学理念,使先进的教育观、富有时代内涵的人才观、多样化的质量观、科学的发展观和现代的教学观在高校管理层、行政部门、学术组织和干部教师中成为共识,确保转型发展的理念落到实处;其次,明确办学目标定位,根据高校自身的办学基础、国家与地方经济社会发展需求,借鉴教育发达国家的办学理念和成功经验,确定符合学校实际的转型路径,并在专业设置、人才培养方案制定、师资引进、教育教学改革等方面自主地进行改革探索;第三,深化学校内部管理体制改革,建立资源配置利益协调机制,优化学校内部治理结构,以社会及产业需求为原则,调整院系、科研院所设置和学科专业结构,同时以精干高效为原则,调整学校内部职能部门设置,为转型发展提供组织架构和制度保证。①

2.发挥市场在转型发展中的竞争作用

引入市场竞争机制,一是改变计划经济惯性思维模式下高校闭门办学、人才培养目标脱离市场需求、人才培养模式单一和僵化的状况,改变转型院校对政府过度依赖的现状,使学校能对市场和社会需求做出灵敏反应,并以社会评价检验高校办学质量;二是激发转型院校的办学活力,形成竞争态势,积极平稳推进高考招生制度、研究生培养机制、人事管理制度以及教育资源配置机制的改革,为各类高校的公平竞争创造制度条件。② 同时,引入市场竞争机制,要避免完全依赖市场预测

---

① 钟秉林、李志河:《试析本科院校学科建设与专业建设》,《中国高等教育》2015年第22期。

② 陈锋:《关于部分普通本科高校转型发展的若干问题思考》,《中国高等教育》2014年第12期。

大学组织变革，避免完全面向市场办学的功利主义倾向，因为这可能会最终导致院校体制的集中而不是分化，[①]也有降低教育质量的风险。

3. 明确政府在转型发展中的治理责任

政府在高等教育产品供给中扮演的是“元治理”角色，即为高等教育治理结构的确立及运作制定基本的制度和治理机制，以确保公共利益的实现和维护。转型发展中政府的责任体现在三个方面：一是对转型发展进行顶层设计，通过制定政策和规划引导转型发展，主要是完善高等学校分类标准和评估体系，实行高校分类管理和分类评估。同时鼓励专门机构和社会中介机构对应用型高校进行质量评估，对转型院校的教育质量和发展成效进行监督和评价。二是加强资源统筹与整合，为地方本科院校转型搭建公共服务平台，也就是要全面深化综合改革，整合相关配套制度和措施，增强转型发展行动的整体性，避免功利性和改革项目的“碎片化”。同时落实管、办、评分离，统筹中央政府、地方政府、行业企业、高等院校等不同主体各自的功能与定位。三是推进立法，为转型发展提供法律保障和约束监督。要尽快完成《职业教育法》的修订工作，明确职业教育的法律地位和体系架构等关键问题，同时制定《校企合作促进办法》，鼓励地方制定校企合作相关法规制度和配套政策。此外，要完善就业政策和用人机制，改革教师聘任、绩效考核和薪酬制度等。

① 罗杰·金著，赵卫平主译：《全球化时代的大学》浙江大学出版社2008年版，第215页。

新建本科院校要高度重视内涵发展和质量建设*

2015年1月，教育部普通高等学校本科教学评估专家委员会召开工作会议，对2013年接受本科教学工作合格评估的41所新建本科院校的合格评估报告进行审议，并经无记名投票形成了评估结论。这一结果引起了高教界的较大反响。笔者对教育部合格评估专家组进校考察评估的结果进行了量化分析研究，在此基础上对新建本科院校的改革和发展提出了政策与对策建议，以期对其内涵建设有所裨益。

一、参评高校的结构分析

2013年接受教育部本科教学工作合格评估专家组进校考察评估的新建本科院校41所。从学校的区域分布看，东部地区高校13所，中部地区高校17所，西部地区高校11所(表1)。从学校的性质看，公办高校30所，民办高校11所(表2)。从学校的类型看，综合院校21所，理工院校5所，财经院校5所，政法院校3所，语言院校1所，师范院校4所，医药院校2所(表3)。总体上看，参评高校类型比较齐全，覆盖面较广，对其评估结果进行分析具有一定的代表性。

---

* 原载《中国高教研究》2015年第6期。

表 1 参评高校区域结构分析表

	东部地区	中部地区	西部地区	小计
学校数	13	17	11	41
占 比	31.7%	41.5%	26.8%	100.0%

表 2 参评高校性质结构分析表

	公办高校	民办高校	小计
学校数	30	11	41
占 比	73.2%	26.8%	100.0%

表 3 参评高校类型结构分析表

	综合	理工	财经	政法	语言	师范	医药	小计
学校数	21	5	5	3	1	4	2	41
占 比	51.2%	12.2%	12.2%	7.3%	2.4%	9.8%	4.9%	100%

二、专家进校考察工作量分析

2013 年，教育部组织本科教学工作合格评估专家组对 41 所新建本科院校进校考察，根据参评高校学生规模和专业结构布局，每个专家组由 7 至 9 人组成，累计派出专家 346 人次。专家进校前，审阅学校自评报告和教学基本状态数据分析报告，制定进校评估计划；在校期间，通过文卷审阅、听课看课、走访座谈、深度访谈、沟通评价等方式，对学校教学工作进行全面细致的考察，并进行意见反馈；离校后提交专家个人和专家组评估报告。专家们累计听课 1209 节，查阅试卷 51689 份，查阅毕业论文（设计）31034 篇，走访校内行政部门和教学单位 1710 个，考察校外实习基地和用人单位 168 个，深度访谈 4444 人次（表 4）。

概而言之，专家组进校考察内容丰富、方式多样、涉及面广、工作量大；专家们在进校考察期间精力集中、工作勤奋，掌握了大量第一手资料，了解了学校的教学工作现状，体验了学校的校风学风和文化氛围，为客观评定和准确诊断新建本科院校教学工作奠定了扎实基础。

表 4 专家进校考察工作量分析表

考察内容	工作量	校均工作量
听课(节)	1209	30
查阅试卷(份)	51689	1261
查阅毕业论文(设计)(篇)	31034	757
走访校内行政部门和教学单位(个)	1710	42
走访校外实习基地和用人单位(个)	168	4
深度访谈(人次)	4444	108

三、主要观测点评价结果分析

本科教学工作合格评估指标体系涵盖了本科人才培养的全过程及其各个主要环节,是学校迎评促建和专家组进校考察的基本依据,也是对新建本科院校教学工作的全面考核和检验。指标体系包含 7 个一级指标,20 个二级指标和 39 个(民办高校为 40 个)主要观测点(表 5)。

表 5 普通高等学校本科教学工作合格评估指标体系

一级指标	二级指标	主要观测点(个)
1. 办学思路与领导作用	1.1 学校定位	1
	1.2 领导作用	2*
	1.3 人才培养模式	2
2. 教师队伍	2.1 数量与结构	2
	2.2 教育教学水平	2
	2.3 培养培训	1
3. 教学条件与利用	3.1 教学基本设施	3
	3.2 经费投入	1
4. 专业与课程建设	4.1 专业建设	2
	4.2 课程与教学	2
	4.3 实践教学	4
5. 质量管理	5.1 教学管理队伍	1
	5.2 质量监控	2

续表

一级指标	二级指标	主要观测点(个)
6. 学风建设与学生指导	6.1 学风建设	3
	6.2 指导与服务	2
7. 教学质量	7.1 德育	2
	7.2 专业知识与能力	2
	7.3 体育美育	1
	7.4 校内外评价	2
	7.5 就业	2

* 民办本科院校合格评估指标体系的观测点为 40 个，增加的观测点是“领导体制”。

表 6　参评高校不合格观测点排序表(前 12 位)

序号	主要观测点	所属二级指标	不合格学校数	参评高校占比	公办高校	公办高校占比	民办高校	民办高校占比
1	教师队伍结构	2.1	33	80.5%	24	80.0%	9	81.8%
2	产学研合作教育	1.3	18	43.9%	13	43.3%	5	45.5%
3	专业设置与结构调整	4.1	17	41.5%	13	43.3%	4	36.4%
4	质量控制	5.2	15	36.6%	11	36.7%	4	36.4%
5	教师培养培训	2.3	11	26.8%	5	16.7%	6	54.5%
6	实验室实习场所建设与利用	3.1	7	17.1%	4	13.3%	3	27.3%
7	毕业论文(设计)与综合训练	4.3	6	14.6%	4	13.3%	2	18.2%
8	教学管理队伍结构与素质	5.1	6	14.6%	4	13.3%	2	18.2%
9	生师比	2.1	5	12.2%	4	13.3%	1	9.1%
10	实验教学	4.3	5	12.2%	3	10.0%	2	18.2%
11	图书、资料和校园网建设与利用	3.1	4	9.8%	4	13.3%	0	0
12	教学经费投入	3.2	4	9.8%	3	10.0%	1	9.1%

数据分析结果显示：在 39 个主要观测点(民办高校为 40 个)中，参评高校全部合格的有 17 个，其中约 2/3 的主要观测点集中在“学风建设与学生指导”和“教学质量”两个一级指标之中。在其余 22 个(民办

高校为23个）观测点中，有10个观测点（民办高校为11个）有3所以下高校不合格，低于参评高校的8%；有12个观测点有4所以上高校不合格，超过参评高校的10%，其中，有5个观测点有11所以上高校不合格，超过参评高校的1/4。表6列出了参评高校不合格频次较高的12个主要观测点的分析结果。

分析表6可知：

（1）超过4/5的参评高校“教师队伍结构”观测点不合格，不合格率为80.5%，其中参评民办高校仅有2所合格，不合格率高达81.8%；公办高校不合格率亦高达80.0%，与民办高校之间无显著差异。数据分析结果表明：新建本科院校的教师队伍建设问题已经成为制约学校内涵建设和可持续发展的“瓶颈”，尤其是教师队伍结构亟待优化。

（2）有2/5以上的参评高校“产学研合作教育”观测点不合格，不合格率为43.9%，公办高校和民办高校之间的差异性不大，不合格率分别为43.3%和45.5%。数据分析结果表明：新建本科院校需要进一步明晰办学思路，不断深化人才培养模式改革，积极探索校企合作和产学融合育人新模式，不断提高应用型、技术型人才的培养质量。

（3）超过2/5以上的参评高校“专业设置与结构调整”观测点不合格，不合格率为41.5%；公办高校的不合格率为41.5%，高于民办高校的36.4%，差异比较显著。数据分析结果表明：新建本科院校要面向经济建设和社会发展需求，切实加强专业改革与建设工作；尤其是公办高校，要进一步转变观念，完善专业设置，调整专业结构，为提高人才培养质量构建平台。

（4）超过1/3的参评高校“质量控制”观测点不合格，不合格率为36.6%，且公办高校和民办高校之间无显著差异，不合格率分别为36.6%和36.4%。数据分析结果表明：新建本科院校教学管理的科学性和规范性有待提高，内部教学质量监控与保障体系建设已成为学校教学和人才培养工作的薄弱环节，尤其是质量保障体系的有效性亟待改进。

(5)有1/4以上的参评高校“教师培养培训”观测点不合格，不合格率为26.8%，其中民办参评高校更是超过一半，不合格率高达54.6%，而公办高校仅为16.7%，差异非常显著。数据分析结果表明：新建本科院校，尤其是新建民办本科院校要高度重视教师培养培训工作，完善教师培养培训规划，采取切实可行的措施，提高教师队伍的整体素质。

(6)参评高校实验室实习场所建设与利用，毕业论文(设计)与综合训练，教学管理队伍结构与素质，生师比，实验教学，图书、资料和校园网建设与利用，教学经费投入等7个观测点的不合格率均超过10%或在10%左右，但也应该引起有关高校和地方教育行政部门的高度重视，采取有针对性的措施加以改进，务求取得整改实效。

(7)人才培养思路，实习实训，就业质量，校舍、运动场所、活动场所及设施建设与利用，培养方案，教学内容与课程资源建设，学校定位与规划，教学水平，专业基本理论与技能，就业率和民办高校领导体制等11个观测点分别有1到3所参评高校不合格，不合格率均低于8%(未列入表中)，但也应该引起有关高校重视，并采取相应整改措施。

四、切实抓好新建本科院校教学工作

对这次评估结果进行量化分析，对于新建本科院校的发展具有重要的启示和借鉴意义。不管是通过合格评估的高校，还是暂缓通过的高校；不管是已经接受过合格评估的高校，还是准备接受合格评估的高校；不管是公办高校，还是民办高校，都要进一步增强紧迫感和责任感，把主要精力放在人才培养和教学工作上，切实抓好学校的内涵发展和质量建设。

1.更新教育思想观念

首先，新建本科院校要确立以学生为本、促进学生全面发展的教育价值观，遵循教育教学规律和人才成长规律，围绕立德树人开展教学工作和其他各项工作，形成重视人才培养和教学工作的校园文化。其次，要重建富有时代内涵的人才观，重构符合大众化高等教育阶段发展规律和经济社会发展需求的多样化的质量观，鼓励学生兴趣、特长的发挥，探索学生的多样化、个性化培养。第三，要在教学活动中坚持以学生学习为中心的教学观，摈弃以教师、教材和课堂为中心的陈旧教学观，转变教师角色，构建师生学习共同体，探索先进的教学方式和学习方式，加强师生互动，鼓励学生自主学习和合作学习，不断改善学生的学习效果。第四，要树立科学的发展观，坚持规模、结构、质量、效益和速度（节奏）协调发展，在规模适度扩张的同时，调整优化结构，提高质量效益，把握发展节奏，促进学校的健康可持续发展。

2.探索多样化的人才培养模式

首先，明确人才培养目标和规格。新建本科院校要认真研究经济社会和科学技术发展对人才培养带来的新挑战①，根据国家和地方经济社会发展对高级专门人才的不同类型、不同层次的多样化需求，结合学校的发展目标定位和办学优势、特色，明确学校及各个专业的人才培养目标；要根据社会需求和专业特色，研究学生的知识、能力和素质结构，细化不同学科专业大类（或专业群）以及专业的人才培养规格，避免学校、专业之间的盲目攀比和规格趋同。

其次，调整和优化人才培养方案和教学计划。新建本科院校要结合市场需求和专业人才培养特点，注重平衡通识教育与专业教育、理论教学与实践教学、宽口径培养与职业能力养成，对口按需培养与夯实拓宽学科专业基础之间的关系；要根据学生的培养目标和规格要求，调整课程体系，更新教学内容；要面向行业和企业需求，加强产学合作和产

① 钟秉林：《人才培养模式改革是高等学校内涵建设的核心》，《高等教育研究》2013年第11期。

教融合，探索多样化的人才培养模式，努力提高人才培养效果与社会需求的契合度，满足社会和市场对具有较强实践能力的应用型、技术技能型人才的迫切需求。

第三，抓好专业建设与改革工作。专业是人才培养的平台和载体，生源质量、培养质量和就业质量是衡量专业建设水平的核心指标，要明确专业设置原则，规范专业设置，调整专业结构和内涵，构建科学的学科专业体系，建立和完善专业的准入、调整和退出机制；要处理好专业与学科、专业发展与学科建设之间的辩证关系，发挥学科建设在专业发展以及专业人才培养中的基础性和支撑性作用，引导教师通过科学研究和技术研发促进教学水平的提升和培养条件的改善。①

第四，改革传统的课堂教学模式。要认真研究互联网和知识数字化技术发展带来的知识传播渠道和方式的新变化，高度关注慕课、翻转课堂、微课程等基于互联网的教学方式对人才培养工作带来的冲击，着力改革以教师和教材为中心的传统课堂教学模式，探索讨论式教学等新的教学和学习方式，促进学生的自主学习和合作学习，重视学生独立思考能力、知识融会贯通能力、问题意识、批判精神和分析与解决问题能力的养成。

3. 加强人力资源和物质资源建设

在人力资源建设方面，首先，完善教师队伍建设规划。新建本科院校要认真研究经济社会和科技文化发展的新特点，跟踪国内外教育教学改革发展新趋势，结合学校实际情况，明确教师队伍建设的思路和重点。要加强师德建设和学术规范建设，倡导敬业精神和团队精神，关注教师的职业生涯发展；要优化教师队伍结构，不断提高教师队伍的整体素质。其次，加强制度建设和政策导向。要改革教师聘任和考核制度，引导教师教学相长、教研相长，不断提高育人水平

---

① 钟秉林：《推进大学科教融合，努力培养创新型人才》，《中国大学教学》2012 年第 5 期。

和教学水平；要重视科学研究和技术研发资源和成果转化，为本科生提供毕业论文（设计）选题，以及支撑特色专业建设等，为培养创新型人才创造条件和提供支持。第三，加强教师和管理干部的培训工作。要高度重视教师的职业发展和在职培训工作，不断提高教师的教学能力和水平；要重视教学管理人员和学生工作干部的培养培训工作，不断提高学校的教学管理和学生事务管理水平，为提高教学质量和学生成长成才提供人力资源支撑和保障。第四，关心教师的生活待遇，解决他们的后顾之忧，努力形成体面生活、开心工作、在竞争中成长的良好氛围。①

在物质资源建设方面，首先，建立稳定的经费保障机制。新建本科院校要多种渠道筹集办学资金，有条件的民办高校要探索引入公益信托机制和基金会制度，通过基金依法运作为学校发展筹集资金；要建立健全规范的财经、资产管理制度，管好资金；同时重视发挥有限资金和资源的使用效率，用好资金。其次，加强办学条件的建设。包括办学空间拓展、基础设施建设、图书资料添置、实验仪器设备更新、后勤管理服务以及校园信息化建设等。

4. 探索学校内部体制机制创新

首先，新建本科院校要加强人才培养体制改革和内部管理体制改革的系统研究和顶层设计，积极探索体制机制创新和学习制度创新。比如，根据经济社会发展需求和学校的人才培养目标和规格，进行订单式培养、产学合作育人等多样化的改革尝试。其次，要抓住经济发展方式转变、科学技术发展和高考招生制度改革的难得机遇，优化学校的学科专业结构，调整院系设置和教学组织，为深化综合改革搭建组织框架；要适应学习制度和人才培养模式改革的要求，探索教学管理机制和学生事务管理机制创新。第三，要加强学校内部教育教学质量监控和

① 钟秉林：《高度重视高等学校教师发展问题》，《中国高等教育》2012 年第 18 期。

保障体系建设，完善质量标准，健全政策规章，优化指标体系，改革评估方式，强化评估结果反馈和工作改进机制；要注重对学生学习效果和资源使用效益的考评，建立学生学习效果跟踪和评估机制，不断改善学生的学习效果和质量保障体系的有效性。第四，要推进和完善现代大学制度建设，制定和实施大学章程，为深化人才培养模式改革、提高人才培养质量提供制度保障。①

最后还应指出，评估结果的数据分析结果显示，东部地区参评高校主要观测点的合格率与中部、西部地区参评高校没有显著差异，有的主要观测点的不合格率甚至高于西部地区。比照区域经济社会和文化教育发展水平，这种区域高校主要观测点合格率"倒挂"的现象与社会普遍认识形成了反差，应引起东部地方教育行政部门的高度重视，在支持一部分高水平大学率先发展的同时，要切实加强对本地区新建本科院校的全面扶持和分类指导，推进新建本科院校集中精力抓好内涵发展和质量建设工作，为区域经济建设和社会发展更好地服务。另一方面，地方教育行政部门要高度重视，并采取有效措施，大力扶持和严格规范民办高校；民办本科院校要认真反思学校的本科教学工作，采取有针对性的措施加以整改。

---

① 钟秉林、赵应生：《中国特色现代大学制度建设——目标、特征、内容及推进策略》，《北京师范大学学报(社会科学版)》2011 年第 4 期。

民办高校要高度重视和切实加强文化建设*

随着经济社会的发展和高等教育大众化进程的推进，我国民办高等教育自 20 世纪 80 年代初恢复发展以来，经过近 30 年的艰辛探索，已经成为高等教育事业发展的重要增长点和促进高等教育改革的重要力量。当前，高等教育主要矛盾发生转化，社会公众对高质量高等教育的迫切需求与优质高等教育资源严重短缺之间的矛盾不断凸显，高等教育发展方式正在从以规模扩张和空间拓展为特征的外延式发展，转变到以全面提高高等教育质量为核心的内涵式发展。加强内涵建设，提高教育质量，是今后一个时期民办高等学校改革与发展的核心任务和中心工作；而加强民办高等学校的文化建设，则是内涵建设的重要内容和提高教育质量的重要保证。

一、大学文化的内涵、功能和基本特征

重视和加强民办高等学校的文化建设，必须明晰中国大学文化的内涵、功能和基本特征。

从内涵上讲，文化是指人类社会历史实践过程中所创造的物质财富和精神财富的总和。综合中西方关于文化的观点，可以将大学文化定义为“大学在长期办学实践的基础上积淀和形成的物质文化、精神文化、制度文化和行为文化的总和，是相辅相成、辩证统一的有机整体”。

从功能上讲，大学文化是大学在长期发展过程中形成的历史积淀、

---

* 原载《中国高等教育》2012 年第 12 期。

人文品格和价值理念，它内化于大学的办学理念、价值追求和学术品位，外显于大学的制度规范、行为方式和物质条件。大学文化可以分为物质文化、行为文化、制度文化和精神文化四个层面。

大学物质文化即大学校园内物质形态的文化，包括校园建筑、园林绿化、人文景观、文化活动场所、传媒设施和自然生态的保护等。特色浓郁的大学物质文化能够使学生受到潜移默化的陶冶与感染，使学生的心灵得以净化，文化品位得以提高。

大学行为文化即大学师生在教育教学、科学研究、学术交流、学习生活、文体活动中所表现出的精神状态、行为操守、文化品位及相关文化现象。行为文化是大学人文精神和价值观念的具体体现。

大学制度文化既包括学校管理体制和规章制度等内容，又包括在制度的运行过程中所营造的学术氛围、育人氛围、管理氛围和舆论氛围，以及所孕育的价值观、教育观等内容。制度文化为大学实现人才培养、科学研究、社会服务的功能提供保障和激励机制，制约和引领行为方向。

大学精神文化即大学在长期发展过程中所形成的鲜明个性和独特气质，具体表现为大学在办学过程中所尊崇的办学方向、办学理念以及价值追求等。精神文化是大学文化的核心和最高表现形式。作为大学的灵魂，大学文化以潜移默化的方式影响着师生的思想和行为，引领着大学的发展方向，是大学坚持内涵发展和特色发展、不断提升办学质量和水平的内在支撑。

从特征上讲，中国大学文化既具有西方大学文化的合理内涵，又具有中国本土的特殊元素，包括历史文化传统、政治体制和教育管理体制、社会发展阶段等。中国大学文化的基本特征可以归纳为保障学术自由、包容与批评兼具、科学与人文并重、传统与创新协调、社会责任感五个方面：

保障学术自由是大学文化的精髓，也是大学精神的核心。只有营造崇尚学术的宽松自由的氛围，大学教师才能遵循教学和科研规律，根据社会的需求和个人的兴趣来创造性地从事教学和科研活动，才能担负起知识创新和培养创新型人才的使命。

兼容并包是现代大学的基本文化特质，大学之大，不在于高楼大厦，不在于学生规模，而在于其海纳百川、兼收并蓄的气魄与能力。只有在社会主义核心价值观的指导下，允许各种不同的思想、学派和观念在大学内部交锋和碰撞，引导多元的文化争鸣与融合，才能不断推陈出新，并保持大学的相对独立性。另一方面，大学的学术活动必须具有价值导向，大学知识分子应该具备批评精神，不能迷信和盲从。包容与批判二者相互依存、相辅相成，共同构成大学文化中不可或缺的重要元素。

科学精神要求大学崇尚真理，尊重知识，遵循客观规律，将追求真理作为大学的重要使命；人文精神是西方大学文化的传统，也是中国传统文化的重要内涵，要求大学以师生为本，尊重学生的选择权和个性特长的发展，尊重教师的劳动和贡献。只有坚持科学与人文并重，努力营造追求真善美、关注人的价值的文化氛围，才能为学生成长和教师发展创造条件，更好地实现知识创新和人才培养的使命。

大学是新知识、新思想的发源地，也是人类文明存续和传递的依托。大学既要有开拓创新的精神，努力生产知识和创新思想，以前瞻性的科学预见引领时代潮流，烛照社会发展之方向；同时，也要坚持民族性和时代性相统一，善于呵护和传承优良传统，尤其要在剧烈的社会变革中，让人类历史中创造的文明成果能够代代相传。

在中国文化中历来有"天下兴亡，匹夫有责"的传统，"胸怀天下"是中国知识分子理想人格的追求，是中华传统文化中弥足珍贵的财富。大学要主动参与社会变革，重视培养师生的爱国精神，让他们融入社会，以高度的责任感和使命感，自觉承担起国家和人民赋予的使命，追求卓越，勇于担当，服务人民，在履行社会责任、推动经济发展和社会进步中实现人生价值。

二、民办高校文化建设中存在的问题

近年来，不少民办高校重视文化建设，取得了明显成效，为提高人才培养质量、健康可持续发展奠定了重要基础。但由于种种原因，民办高校的文化建设还存在如下一些突出的问题：

对文化建设重视不够　自20世纪末以来，我国高等教育大众化进程迅速推进，高等教育规模急剧扩张。在这种特定的背景和条件下，一方面，大多数处于初创阶段的民办高校出于生存和发展需要，往往将主要精力用在扩大招生规模、拓展发展空间和加强硬件建设上。不少民办高校短期内还无暇过多顾及文化建设，投入的精力和财力明显不足。另一方面，由于文化建设是一个长期的积累过程，短期内不易见到效益，加之目前各类高等教育评估鲜有针对大学文化建设的评价指标，也使得一些民办高校对文化建设重视不够。这些问题的存在导致在市场化、商品化等外部思潮的冲击下，一些民办高校在文化建设上十分被动，甚至一度丧失了对大学文化的主导权和话语权，企业文化、家族文化、军营式管理等背离中国大学文化基本特征的痕迹在少数民办高校时有所见，校园内的一些宣传标语和口号也有悖于中国大学文化的价值取向和现代大学精神。这将直接影响民办高校优良育人氛围的形成和人才培养质量的提升，严重制约民办高校的健康可持续发展。

文化建设重形式、轻内涵　大学文化的内涵十分丰富，涉及面非常广泛，从校园建筑风格、校园环境到教学活动、日常管理，再到校风学风、办学特色等，无一不体现着大学文化。大学文化建设是一项系统工程，需要进行综合规划，尤其要加强制度保障，建立大学文化建设的长效机制。但总体看来，不少民办高校在文化建设上存在着重形式、轻内涵的倾向，将开展文体活动、建造文化景观或主题雕塑、建设特色展馆等简单地等同于大学文化建设，而尚未将文化建设渗透到教育教学活动中，贯穿于学校管理和人才培养的各个环节，也很少从学校整体发展角度对文化建设的效果进行评价。产生这种现象的原因主要是部分民办高校的举办者和管理者对于大学文化的内涵和功能缺乏深刻的理解和全面的认识，这些问题的存在将导致大学文化的育人功能难以得到充分发挥。

大学文化缺乏鲜明个性 大学文化代表着大学独特的精神气质，是大学办学思想和教育理念的集中体现。每一所大学在历史、地域、结构、功能等方面都有其特殊性，必然有其特定的办学思想和教育理念，有其独特的价值追求，在大学文化上也应体现其个性和特色。但遗憾的是，由于政策导向和思维惯性等各种因素的影响，我国民办高校在目标定位、人才培养，乃至专业设置和课程体系设计等方面都程度不同地存在着趋同化或同质化现象，从而抑制了文化个性的彰显。民办高校建设的同质化倾向会导致大学文化的趋同和个性缺失，将造成教育资源的浪费，阻碍民办高校的内涵发展和特色发展。

三、加强民办高校文化建设的对策建议

造成上述问题的原因是多方面的，既有民办高校自身的原因，也有政策导向等外部环境的原因。应当看到，大学文化建设的内容十分丰富，文化的生成和发展需要历史积累，文化的培育和传播需要制度保障。因此，民办高校文化建设将是一项长期性的系统工程，需要学校、政府及社会各方面共同努力。当前，应在如下几个方面加强建设。

学校高度重视 民办高校应该充分认识和深刻理解大学文化的内涵以及文化建设在学校发展中的重要地位和作用。要结合学校实际情况，从规划制定、制度保障、政策设计等方面采取切实有效的措施，注重厚积薄发，扎实抓好文化建设工作。大学文化（尤其是精神文化）是比较抽象的，其培育、传播和继承、创新需要长期积累。因此，要采取有效措施增强大学文化建设的实效性。例如，以校风学风建设为抓手，充分利用课堂、报刊、广播、电视、网络等各种文化载体，努力在校园内形成学术自由的文化、科学精神与人文精神并重的文化、传统与现代交融的文化、价值宽容的多元文化和全球视野的开放文化，为学生成长成才营造良好的氛围。进入 21 世纪以来，网络已经成为大学生获取信息的主渠道和重要的沟通平台，对大学生的思想、心理和行为产生了广泛而深

刻的影响，是大学文化建设的重要阵地。必须深入研究网络文化载体的规律和特点，既要发挥其在文化传播上经济、快捷等优势，又要加强管理和引导，克服其负面影响。

坚持育人为本　大学文化是大学本质特征的直接体现，人才培养是大学的基本功能和重要使命。因此，加强民办高校文化建设，要坚持育人为本，把人才培养作为民办高校的根本任务。必须尊重学生，尊重教师，遵循教育教学规律和学生身心发展规律；在资源配置和工作安排上，要突出教师和学生的重要地位；在教学内容和教学方法方面，要因材施教，注重学生个性和特长的发挥，探索多样化和个性化教学，促进学生的全面发展；要充分利用学校和社会的软资源，通过党建工作、思政工作、学生工作、导师制、寄宿制等方式，在学习态度、价值观念和生活目标等方面对学生施加潜移默化的影响，不断优化育人环境和氛围。应该强调的是，大学文化建设的主体是教师、学生和教学管理人员，要充分发挥他们的作用，调动他们在文化建设中的积极性和创造性。当前，民办高校尤其要克服急功近利的浮躁心态，避免被其它偏离育人目标的事务分散精力和财力，集中力量抓好人才培养和师资队伍建设工作。

加强制度保障　民办高校应将文化建设作为学校的重点工作之一，纳入学校发展规划和年度工作计划之中，建立起加强校园文化建设的长效机制。大学文化建设既要重视形式，更要重视内涵；既要积极探索，也要不断总结。要注重将民办高校办学过程中形成的先进的思想观念和行之有效的行为措施进行凝练、升华，并通过制度固定下来。要通过制定政策和健全制度，使民办高校文化建设的内容贯穿于人才培养、科学研究和队伍建设的全过程，贯穿于学校改革、建设、发展的全过程，渗透到课程体系、教学内容、社会实践、日常管理等各个环节，切实发挥大学文化的育人作用和发展引领作用。此外，还要立足长远，保证民办高校文化建设经费的投入。

拓宽国际视野　在经济全球化和教育国际化的背景下，大学应该是开放的体系，中国大学文化应该是开放的文化。近年来，随着民办高等教育事业的发展，民办高校的国际交流与合作逐渐增多，在学生联合培养等方面取得了很大成绩。今后，在推进高等教育国际化的进程中，民办高校要加强与国外高校之间文化层面的交流，增进相互理解，相互学习借鉴，从国外的先进大学文化中吸取养分，同时把我国大学文化中的精华推向世界，进而增加我国民办高等学校的国际话语权，逐步提升我国民办高等教育的国际地位。

政府积极引导　政府是大学的宏观管理者，在大学文化建设上的主要职责是提供思想指导和政策导向，引领大学文化建设的发展方向。在当前贯彻落实《国家中长期教育改革和发展规划纲要（2010—2020年）》的过程中，要依法落实民办高校的办学自主权，尽快清除不合理的歧视政策，让民办高校真正成为文化建设工作的主体，鼓励和引导民办高校创造性地开展文化建设工作。与此同时，政府有关部门还应加强对民办高校文化建设工作的监督评估，并逐步将评估结果作为对民办高校进行考核和问责的重要内容，扭转目前民办高校中程度不同地存在着的对文化建设工作重视不够、主动性不强等现象，从外部促进民办高校切实重视和加强文化建设工作。

科学谋划　励精图治
创建高水平民办大学*

随着经济社会和教育事业的发展，民办高等教育已经成为我国高等教育事业发展的重要增长点和促进高等教育改革的重要力量。《国家中长期教育改革和发展规划纲要（2010—2020年）》从大力支持发展和依法规范管理两个方面，对今后一个时期我国民办教育的发展进行了精心规划和具体部署，并提出要办好一批高水平民办学校。本文阐述了创建高水平民办大学的意义，探讨了建设高水平民办大学的策略和举措，并提出了相应的政策和对策建议。

一、国家发展呼唤高水平民办大学

提出创建高水平民办大学这个命题，既非突发奇想，亦非盲目攀高，而是适应经济社会发展、全面提高高等教育质量的战略选择，是破解阻碍民办高等教育发展难题、促进民办高等学校可持续发展的重要探索，也是借鉴国际高等教育发展经验的积极尝试。

1. 实施国家发展战略的必然选择

知识经济时代，国家间的竞争日益表现为人才的竞争。高等学校作为培养高素质、高层次人才的摇篮和促进自主创新与科技发展、解决经济建设与社会发展重大问题的基地，越来越深刻地影响着国家和民

---

* 原载《中国高等教育》2012年第2期。

族的现在和未来。在实施科教兴国和人才强国战略,全面建设小康社会、构建和谐社会、建设人力资源强国和创新型国家的进程中,高等教育承担着提供人力智力支持的重要使命。建设高水平大学,培养高层次创新型人才,是实施国家发展战略的必然选择,作为高等教育重要组成部分的民办高等教育和民办高等学校责无旁贷。创建若干所高水平民办大学,必将有力地推进高等学校为经济社会发展和实现国家战略目标做出更大贡献。

2. 建设高等教育强国的战略举措

随着经济社会的发展和高等教育大众化进程的推进,我国高等教育规模已跃居世界第一,成为名副其实的世界高等教育大国。当前面临的重大现实问题是:高等教育主要矛盾发生转化,社会公众接受高质量高等教育的迫切需求与优质高等教育资源严重短缺之间的矛盾日益凸显;提高高等教育质量,促进高等教育公平,已成为建设高等教育强国的时代任务。当前,高等教育发展方式正在从以规模扩张和空间拓展为特征的外延式发展,转变为以提高高等教育质量为核心的内涵式发展。在国家实施"985 工程"(39 所公办大学)和"211 工程"(112 所公办大学)的基础上,再重点建设若干所高水平民办大学,对于满足人民群众多样化和个性化需求、吸引社会资源投入教育、提高高等教育整体水平、实现建设高等教育强国的战略目标,无疑具有重要意义。

3. 完善高等教育体系的重要探索

进入 21 世纪以来,中央和地方政府两级管理、以地方政府统筹管理为主的高等教育管理体制已经建立,高等教育布局结构进一步调整、优化;随着高等教育大众化战略的快速推进,民办高校、独立学院迅速发展,国际合作办学项目和机构稳步增加,部省(自治区、直辖市)共建高水平大学的探索走向成熟,具有中国特色的多元化的高等教育办学体制已经初步形成。在高等教育体制改革不断深化的进程中,重点建设若干所高水平民办大学，有利于形成公办高校和民办高校公平竞争、共同发展的办学格局；有利于部分民办高校在教育改革中发挥引领和示范作用，破解民办高等教育发展难题；也有利于体现高等教育的制度活力，进一步完善多样化的高等教育体系。

4.借鉴国际成功经验的积极尝试

尽管不同国家和地区的私立高等教育在许多方面存在差异，但都在各自国家和地区的高等教育大众化进程中发挥了重要作用。吸引社会资金，通过制定政策法律和提供财政扶持发展优质私立高等教育，是发达国家提高高等教育水平和国际竞争力的重要经验。众所周知，私立大学已经成为美国优质高等教育资源的象征和世界一流大学的代表；英国泰晤士高等教育2011年世界大学排名10强中，前9名均是私立大学，前20强中私立大学占了14所。在我国建设若干所高水平民办大学，是学习借鉴国外和港澳台地区成功经验和有效做法的重要尝试，对于激发民办高校的自信心和进取心，提高高等教育质量和效益，推进高等教育国际化进程，具有深远的意义。

二、励精图治创建高水平民办大学

创建高水平民办大学是一个长期实践积累的过程，不可能一蹴而就。民办高校应科学谋划、励精图治，在如下几个方面进行积极探索。

1.明晰的办学理念和目标定位

创建高水平民办大学，更新教育观念是重要先导。一是树立先进的教育观和教育价值观。对民办高校而言，关键是要确立非营利的价值取向，保证办学的公益性。二是树立科学的发展观。要坚持规模、结构、质量、效益和速度（节奏）协调发展。没有规模谈不上发展，但在规模适度扩张的同时，调整优化结构，提高质量效益，把握发展节奏，同样是科学发展的重要内涵。三是树立正确的人才观和质量观。社会本身是一个功能复杂的大系统，随着经济社会和科学技术的发展，社会职业在不断变化，学科专业结构也在不断调整，人才的内涵必然随之改变。因此，必须重建富有时代特色的人才观，重构符合大众化高等教育阶段发展规律的多样化的质量观。四是树立现代的教学观。要坚持以师生为本、尊重学生的选择权，改革教学内容和教学方式，探索因材施教，注重学生个性特长的发挥和全面素质的养成。

学校的定位是确定其发展方向的关键，通常从学校的发展目标中体现出来。民办高水平大学发展目标的确立，既要具有一流意识，又要坚持实事求是。要瞄准国家与地方经济社会发展需求，科学定位，各安其位，切忌盲目攀比，目标和模式趋同。从原则上讲，发展目标要体现学校的办学理念和办学定位，反映学校对于社会需求和国家战略的适应程度；要符合教育教学规律和人才成长规律，并考虑到学校的历史沿革和发展现状。另外，发展目标要内涵清晰、表述准确，既要在校内形成高度共识，也要在社会上得到广泛认可。

2. 科学的治理结构和运行机制

高等学校的内部治理结构涉及学校的决策机制、内部管理体制和运行机制，是实现学校使命的制度保证。创建高水平民办大学，必须完善内部法人治理结构。一是健全理事会制度，支持校长独立行政、依法治校，严格限制投资方随意干预民办高校的办学行为。二是健全监事、督导专员制度，实现信息公开，保证社会和舆论的知情权。三是落实教职工参与民主管理、民主监督的权利，充分发挥教师、学生的积极性和主动性。四是协调好学术权力和行政权力的关系，两种权力各司其职，相互协调，相互制约；要调整、优化职能处室设置和院系设置，逐步改善行政管理和学术管理效能。五是制定大学章程，进一步明晰学校与政府、学校与社会，以及学校内部利益相关者之间的关系，建立现代大学制度。

要切实加强制度建设，包括人事聘任制度、教师和管理人员考核制度、教学和学生管理制度、财务会计和资产管理制度等，通过科学化、规范化和精细化管理，为高水平民办大学建设提供制度保障；要健全常态管理和突发事件应急管理机制，确保学校安全稳定运行，为高水平民办大学建设提供环境保障。概言之，就是要建立健全民办高校依法办学、自主发展和自我约束的体制机制，确保办学公益性的实现、办学水平和效益的不断提高。

3. 先进的培养模式和质量保障

人才培养模式包括人才培养目标和规格、专业和课程体系设置、教学方法和教学手段、教学评价和质量监控等。创建高水平民办大学，要坚持遵循教育教学规律、发挥学校优势特色、促进学生全面发展、适应经济社会需求的原则，不断深化人才培养模式改革。首先，确立人才培养目标定位。对大部分民办高校而言，要明确培养应用型、技能型人才的目标定位，并从综合提高学生的知识、能力、素质的角度明确人才培养规格和要求。其次，建立科学的专业体系。专业是人才培养的重要载体，专业设置要科学规范，宜宽则宽，当窄则窄；要完善专业准入、调整和退出机制，重视专业内涵的调整。第三，优化课程体系与教学内容，重视能力培养。要从学生知识结构和课程体系整体优化的角度出发，平衡通识教育与专业教育，重视跨学科教育；要兼顾系统性、前瞻性和实用性，不断更新教学内容；要重视学生独立思考能力、问题意识和批判精神、分析问题和解决问题能力的养成，科学安排教学实践和职业技能训练，提高学生的实践能力。第四，改革教学方法和教学手段。要转变教学观念，充分利用现代信息技术尤其是网络技术，探索个性化、多样化教学；要借鉴国外经验，结合学校实际，积极尝试探究式教学，如基于问题的学习、研讨式学习、高峰体验课程、案例教学等，培养学生的创新精神。第五，加强教学建设。要加大经费投入，树立精品意识，切实抓好专业、课程和教材建设，以及实验室、实习实训和社会实践基地建设。

创建高水平民办大学，要强化民办高校质量建设和质量监控的主体意识，加强学校内部教育教学质量保证体系的建设，进一步完善有关质量标准、政策规章、评价制度和指标体系，注重对学生学习效果和资源使用效益的考评。总之，民办高校要将主要精力放到人才培养工作上，遵循教育教学的共性规律，同时注意结合实际，不照搬公办大学模式，通过大胆探索不断提高人才培养质量。另外，在改革和建设过程中要注重实践积累、经验总结和理论升华，逐步形成办学特色。

4.精良的人力资源和物质资源

创建高水平民办大学，必须具备稳定的条件保障体系。在人力资源建设方面，首先，加强教师队伍建设，这是学校可持续发展的关键。要进一步调整和优化教师队伍结构；要结合实际情况，制定和实施教师队伍建设规划，引导教师教书育人，教学科研相长，加强敬业精神、团队精神和学术规范建设，不断提高教师队伍的整体素质；要关心教师的生活待遇，解决他们的后顾之忧，努力形成体面生活、开心工作、在竞争中成长的良好氛围。其次，加强管理干部队伍建设，这是实现学校发展目标的重要保障。要努力建设一支精干、高效的管理干部队伍，不断增强管理人员为教师学生和教学科研服务的意识，并通过系统培训提高他们的专业化水平。

在物质资源建设方面，首先，建立稳定的经费保障机制。要多种渠道筹集办学资金，有条件的民办高校要探索引入公益信托机制和基金会制度，通过基金依法运作为学校发展筹集资金，提供服务；要建立健全规范的财经、资产管理制度，管好资金；同时重视发挥有限资金和资源的使用效率，用好资金。其次，加强办学条件的建设。包括办学空间拓展、基础设施建设、图书资料添置、实验仪器设备更新、后勤管理服务，以及校园信息化建设等。

三、建设高水平民办大学的政策与对策建议

1.采取有力措施,实施高水平民办大学建设项目

作为落实教育规划纲要精神,推进民办高等学校内涵发展和特色发展的重要举措,应适时启动高水平民办大学建设项目。一是统筹安排。建议在中央和地方教育财政预算中安排专项经费,为民办高水平大学建设项目的实施提供财政保障。二是精心规划。组织力量研究民办高水平大学建设标准,制定民办高水平大学建设计划,并在此基础上正式实施建设项目。三是加强监督评价与信息服务。完善质量标准,设计指标体系和评价方式,实施质量认证和审核;研制民办高等教育信息管理系统和公共服务平台,发布民办高校质量建设报告或年度发展报告,为政府、社会对民办高校进行监督和问责提供客观、准确、全面的信息,同时促进民办高校自我约束和公平竞争。四是开展培训服务。加强对于民办高校举办者、管理者和骨干教师的培训工作,为民办高校管理队伍和师资队伍水平的提升提供服务。

2.尽快出台文件,为高水平民办大学建设提供政策保障

民办高等教育是重要的社会公益事业,是高等教育制度活力的体现。无论是从国际经验还是从现实选择来看,民办高等教育作为我国高等教育重要组成部分的地位已牢固确立,政府应站在构建更加充满活力、更加多样化的高等教育体系的高度,大力支持和进一步规范民办高等教育发展。当务之急,要按照教育规划纲要的要求,尽快清理对民办高等教育的歧视性政策,依法保障其充分的办学自主权,并对民办高校给予更多的政策支持和财政扶持。教育界和社会对正在制定过程中的《关于进一步促进民办教育发展的若干意见》高度关注,希望有关部门和民办教育界立足全局,共同努力促成文件早日出台,优化我国民办教育的发展环境,为高水平民办大学建设提供政策保障。

3.搭建交流平台,加强专题研究与成果分享

加强民办高校之间、民办高校与公办高校之间的交流与合作,形成公平竞争、共同发展的良好氛围,是创建高水平民办大学的必要条件。教育行政部门和高等学校应采取多种形式,如专题研讨会议、经验交流会议、大学校长论坛、国际学术会议等,为民办高校管理者开拓办学视野、提高管理素质搭建平台。要特别呼吁的是,教育行政部门尤其是公办高校在组织有关会议或其他活动时,应该主动安排或邀请民办高校的代表参加,以促进相互之间的交流、借鉴,共享先进经验和发展成果;民办高校和公办高校之间亦应加强互访,相互学习,取长补短。

4.立足长期积累,在竞争中提高办学声誉和社会认可度

高水平民办大学建设是一项复杂的系统工程,也是一个长期的动态过程,从某种意义上讲,只有起点,没有终点;只有不断积累,没有捷径可循。经费充足、规划得当,硬件条件可以很快改观;思路正确、认真实践,管理水平也可以在不长的时间内得到提升。但硬件和软件条件的改善还远不足以办好一所高水平大学,精良的师资队伍、优良的办学传统和校风学风,需要长期积累才能逐步形成。还应提及的是,要明确"高水平民办大学"的内涵和外延,从长远建设目标而言,高水平民办大学应是在中国所有高校中处于高水平地位的民办高校;而从中近期建设目标而言,则要求民办高校循序渐进,首先在民办高校中处于高水平地位,继而在地方高校中处于高水平地位。必须强调的是,高水平民办大学建设成功与否,不是靠行政发文"任命"或领导人讲话"宣布",更不是靠学校自我"宣称",也不取决于学生规模、专业分布和是否有硕、博士学位授权,关键是靠学校自身的办学水平,核心是人才培养质量和办学声誉得到社会的广泛认可。因此,民办高校要放平心态、遵循规律,避免急功近利、一哄而上,要依靠广大师生员工,把主要精力和财力投入到内涵发展上去,投入到人才培养模式改革和教学建设上去。笔者相信,经过长期艰苦努力,若干所高水平民办大学一定会脱颖而出,自立于我国高校之林。

普通高校考试招生制度改革

我国高考改革的价值取向变迁与理性选择*

改革开放40年来，伴随着我国高等教育规模和质量的快速发展，高校招生考试制度发生巨大变革。2014年，国务院发布《关于深化考试招生制度改革的实施意见》(以下简称《意见》)，以浙江和上海为试点省份启动了新一轮高考综合改革；2017年，北京、山东、天津、海南四省市加入第二批高考综合改革试点，2018年又有8个省份申请启动高考综合改革。新一轮高考改革承袭历史而来，在历史与现实维度中呈现出面向未来的应然价值导向。

自1977年中共中央、国务院作出恢复高考的重大决定以来，教育部(国家教育委员会)几乎每年都会发布关于做好普通高等学校招生工作的政策文件，对高考招生工作进行部署。1981年、1983—1986年、2000—2017年度全国普通高校招生录取工作的通知都随文颁布了当年的普通高等学校招生规定；《中国教育改革和发展纲要》《国家中长期教育改革和发展规划纲要(2010—2020年)》《普通高等学校招生暂行条例》等文件亦明确指出了我国高考改革的方向，这些政策文件是我国高校招生工作的重要行动纲领。《意见》颁布以来，浙江、上海、山东、北京、天津、海南等试点省份相继颁布本省域深化高校考试招生制度综合改革试点方案(下文简称《浙江方案》等)，2018年，浙江和上海颁布进一步深化高考综合改革试点工作的若干意见，对高考改革方案进行调整，这些方案类文件描绘出我国高考改革的未来愿景。笔者收集了改革开放以来的77个相关文件，其中，通知类35个、规定类21个、方案类8个、政策法规

---

* 原载《教育研究》2017年第10期。

类 13 个,覆盖了 1977 年以来的所有年份,从中既可以窥见政策的延续性,又凸显出每年高考改革的重要动向。以这些政策文件为研究对象,分析改革开放 40 年来我国高考改革的制度变迁过程、政策发展脉络和重要价值调整,提供历史经验借鉴,对于新一轮高考改革的理性选择和平稳推进具有重要意义。

一、我国高考改革的价值取向变迁

改革开放 40 年来,我国高考的选拔标准、考试科目与内容、考试方式、录取方式及招生计划分配等都发生了较大变化,高考改革日趋注重全面发展、能力本位、综合评价和公平公正的价值取向。

1. 选拔标准从知识本位走向能力本位,重视全面发展

1977 年以来,教育部历年招生政策文件中都规定了当年招生工作遵循的基本原则和报考条件要求,从中可以看出,40 年来,我国高考招生的标准发生了显著变化,政治标准进行调整,年龄限制逐步放宽,从强化文化考察到重视德智体美劳全面发展,高考选拔的标准从政治本位、知识本位逐步走向能力本位。

破除唯成分论,拓展入学机会。一是破除唯成分论,转而关注学生个人表现。1977 年恢复高考后,我国高考政策文件逐步对考生的政治标准进行了重大调整。凡是政治历史清楚,具有高中毕业或相当于高中毕业文化水平,身体健康者均可报考。教育部《关于一九七八年高等学校招生工作的意见》指出,要全面地正确地贯彻执行党的"有成分论,不唯成分论,重在政治表现"的政策。1979 年,教育部《关于高等学校录取新生政治审查工作的意见》强调,"政治审查,主要看本人的政治表现……父母及主要社会关系的政治问题和历史问题,一般不应影响考生的录取。"之后的 40 年,对考生的政治审查主要看报考者本人的政治思想品德表现。二是放宽年龄限制,拓展社会成员入学机会。改革开放的前二十多年,高考政策文件中对考生报名条件一直都有年龄限制:

“未婚，年龄一般不超过二十五周岁”，有实践经验者可以放宽到28岁。《2000年普通高等学校招生工作规定》提出，从终身学习的理念和构建学习型社会的视角出发，进一步拓宽考生的报名条件，取消对考生年龄和婚否的限制。2014年，《意见》强调，拓宽社会成员终身学习通道，扩大社会成员接受多样化教育机会。2016年9月，教育部专门出台了《关于推进高等教育学分认定和转换工作的意见》，鼓励探索多种形式学习成果认定，以满足人民群众多样化学习和发展需要。三是将违规者拒之门外。历年文件报考条件中规定了不得报考人员的细则，明确了对报考人员思想品德的要求。2009年以来，我国普通高等学校招生工作规定除了限制高校在校生、非应届毕业的在校生、服刑者参加高考之外，替考或者考试作弊的学生也被限制参加高考。这既是对报考人员基本权益的维护，也是对破坏考试规则的学生的惩戒，有利于维护高考制度的公平与公正。

重视文化考察，探索综合评价。改革开放以来，我国高校招生工作一直按照“德智体全面衡量，择优录取”的原则选拔学生。《2002年普通高等学校招生工作规定》指出，“高等学校招生工作应贯彻公平竞争、公正选拔，德智体全面考核、综合评价、择优录取，入学考核形式以文化考试为主的原则。”综合评价首次成为高校招生工作的基本原则。2003年，取消了“入学考核形式以文化考试为主的原则”的表述，并将“德智体全面考核”调整为“德智体美全面考核”，强调全面发展、综合评价。2006年，加入了“公开透明”的原则，“公平竞争、公正选拔、公开透明，德智体美全面考核、综合评价、择优录取”的基本原则沿用至今。

总而言之，改革开放以来，我国逐渐取消了对考生家庭出身等政治条件的限制，加强了对考生的文化考查，强调为经济社会发展培养高质量的建设者。进入21世纪之后，“应试教育”倾向备受诟病，为了培养经济社会发展需要的多样化、高素质的高级专门人才，满足人民群众日益增强的受教育需求，高考政策取消了对年龄和婚否的限制条件，同时强调学生德智体美全面发展。人才选拔的标准从政治本位、知识本位逐步向全面发展和综合评价转变。

2. 考试科目从零散、分科走向融合，强调能力立意

改革开放40年来，我国高校招生考试的科目设置、考试内容和命题方式发生了很大变化。总体而言，考试科目逐步减少，文理从分科走向融合；高考内容从注重考查知识的获得，转向考查创新精神、综合素质及问题分析能力，强调能力立意；考试命题方式从分散到集中几经反复，更加注重考试质量。

考试科目从分科走向融合，强调文理互通。1977年，高考文科考试科目为政治、语文、数学、史地；理科考试科目为政治、语文、数学、理化。由省、自治区、直辖市组织命题，县（区）统一组织考试。1978年，文理科考试科目均为六门，文科考政治、语文、数学、外语、历史、地理，理科考政治、语文、数学、外语、物理、化学；外语为必考科目，但除了外语院校或专业外，成绩不计入总分。命题方式调整为全国统一命题，省、自治区、直辖市组织考试、评卷。1979年，报考重点院校的考生外语成绩按照10%计入总分。1981年，理科考试科目增加了生物，外语成绩50%计入总分。1983年，外语成绩100%计入总分。

1987年后，我国开始探索在普通高中会考基础上减少考试科目，形成各种科目组合，由高校确定选考科目组合。1987年，上海市开始探索自主命题，在会考基础上开展高考科目改革的试点，将高考科目减少为四门，分为六组。1989年和1990年，国家教育委员会均发布文件规定当年的高考科目组合。1992年，国家教育委员会《关于在普通高中毕业会考基础上高考科目设置的意见》提出，按文理分科设置考试科目，文科考语文、数学、外语、历史和政治；理科考语文、数学、外语、物理和化学，语文和数学分别根据文理科的特点在试题内容方面适当加以区别，从1993年开始逐步实施。至此，在普通高中会考基础上的高考科目改革探索基本成形。

1999年，教育部《关于进一步深化普通高等学校招生考试制度改革的意见》提出，在广东省前期试点的基础上，试行“3＋X”科目设置方

案。“3”是指语文、数学、外语三门考试科目；“X”是指由高等学校根据本校层次特点的要求，从物理、化学、生物、政治、历史、地理六个科目或者综合科目中自行确定一门或几门考试。2000年开始，在广东、山西、吉林、江苏、浙江五省试点，并逐步推开。2002年，北京开始自主命题，到2006年自主命题的省份达到16个，高考命题采取统一命题（全国卷）与分省自主命题（地方卷）相结合的方式。这一时期的高考内容改革强调对考生能力和素质的考查。《教育部关于做好2007年普通高等学校招生工作的通知》指出，进一步深化高考内容改革，着力体现全面实施素质教育和培养创新人才的要求。

2014年，《意见》指出，浙江和上海作为高考综合改革首批试点省份进行高考科目设置改革。考生成绩由两部分组成，一是统考的语文、数学、外语三科成绩；二是高中学生自选三科的等级考试赋分成绩，由考生根据报考高校要求和自身兴趣、特长，在思想政治、历史、地理、物理、化学、生物等科目中自主选择。目前试点省份均按“3＋3”组合进行高考科目设置，但选考科目组合有所不同，浙江省是从思想政治、历史、地理、物理、化学、生物、技术（含通用技术和信息技术）等7门设有加试题的高中学考科目中，选择3门作为选考科目；上海是从普通高中6门学业水平考试自主选择3门作为选考科目；山东也是6选3，并探索将技术（含信息技术、通用技术）科目纳入等级考试科目。

考试命题强调能力立意，命题方式几经调整。改革开放40年来，高考命题从注重考察知识的获得，转向考察创新精神、综合素质及问题分析能力。新一轮高考改革取消了文理分科，着重增强基础性、综合性，着重考查学生独立思考和运用所学知识分析问题、解决问题的能力，高考内容更加强调能力立意。同时为保证国家教育考试的质量和社会公信力，我国高考考试命题方式由分散走向集中。1977年，我国高考由省、自治区、直辖市组织命题，县（区）统一组织考试。1978年调整为全国统一命题，省、自治区、直辖市组织考试、评卷。2000年开始，在广东、山西、吉林、江苏、浙江五省开展自主命题试点，并逐步推开。

2002 年，北京开始自主命题，到 2006 年自主命题的省份达到 16 个。之后又逐步走向集中，2016 年，使用全国统一试卷的省份从 15 个增至 26 个，国家教育考试机构命制多套不同的卷种供有关省份选用，形成“以统为主、统分结合”的命题格局，保证试卷信度和效度，提高命题质量。

3. 考试方式从单一走向多元，注重综合评价

改革开放 40 年来，我国高考招生从“一考定终身”的单一选拔方式，向一年两考、多次选择、综合评价和多元录取的方式转变，致力于改变过去唯分数论的弊端，实现综合评价，科学选才。

预选基础上全国统考。1977 年，我国恢复高考后的第一次考试采取口试和笔试等多种形式，提倡开卷考试。同时，还试招收少数应届高中毕业生直接上大学。1979 年，我国实施全国统一试题、统一录取标准、统一安排、统一划定重点院校录取分数，也允许考生人数较多的省、自治区、直辖市在高考前进行预选。1980 年，四川、湖南、陕西、湖北等省结合高中毕业考试进行预选。1981 年，放宽预选的人数，并将预选下放到中学。1987 年，国家教育委员会颁布《普通高等学校招生暂行条例》明确我国普通高等学校招生实行统一考试，而统考前是否预选由地方招生委员会决定。1987 年，国家教育委员会同意上海在会考基础上减少高考科目。1989 年，国家教育委员会发布《关于试行普通高中毕业会考制度的意见》，将会考作为检查、评估高中阶段教学质量、考核高中毕业生文化课学习是否合格的手段。1990 年，国家教育委员会决定用两年时间在全国逐步实行普通高中毕业会考制度。1993 年，开始实施会考科目基础上的高考科目设置方案，高考成绩基本相同时，可参照普通高中会考成绩决定取舍。

统考基础上的多元评价。2014 年，《意见》指出，要完善高中学业水平考试，各地要合理安排课程进度和考试时间，创造条件为有需要的学生提供同一科目参加两次考试的机会；规范高中学生综合素质评价，建立规范的学生综合素质档案，各省、自治区、直辖市制定综合素质评

价基本要求，学校组织实施；加快推进高职院校分类考试，实行“文化素质＋职业技能”评价方式，学生也可参加统一高考进入高职院校。各地试点方案在落实方面有所差别，比如在考试次数方面，浙江方案规定学考与选考同卷进行，外语和选考科目一年两考；上海方案规定合格性考试和等级性考试分开进行，只有外语一年两考。2018年，浙江省《关于进一步深化高考改革试点的若干意见》和山东省《深化高等学校考试招生综合改革试点方案》都规定，外语一年两考，而其他选考科目则只能报考一次。同时，浙江、上海都提出建立科学合理的选考科目保障机制，确保学生专业学习基础与国家人才培养需求相适应，在考试方式改革方面进行政策微调。

4.招生录取从效率优先到更加注重公平，实施阳光工程

改革开放40年来，“尊重志愿、分数由高到低、择优录取”是我国高等学校录取新生的一贯原则，注重效率，看重分数，优先保证重点高校生源，但是，这也造成了唯分数论倾向以及高校之间的不公平竞争，因而遭到社会诟病。近年来，通过各种改革措施，在保证生源质量的基础上更加强调公平性。

逐渐推行平行志愿，取消录取批次，增加学生选择机会。《教育部关于1979年高等学校招生工作的意见》规定，要优先保证重点院校新生质量；全国重点院校如按规定的录取分数线在某些地区不能完成招生任务时，允许调整到成绩较好的地区录取；同时规定了第一批次录取的高校名单，之后第一批次录取高校数量逐年增加。2000年以后，“211工程”高校都在第一批次录取。这保证了重点高校录取新生的质量，但也固化了高校身份，造成了高校间的不公平竞争。2008年，教育部鼓励各省、自治区、直辖市采取平行志愿投档。2009年，在湖南、江苏等16个省份进行平行志愿投档改革试点。2014年，《意见》要求改进录取方式，创造条件逐步取消高校招生录取批次，推进并完善平行志愿投档方式，增加高校和学生的双向选择机会。当前，部分省市已经取消录取批次或合并了本科二批、三批录取

批次，实行平行志愿投档。

清理和规范加分政策，改善公平录取政策环境。1977 年，我国高校录取新生，根据不同专业对考试成绩有所侧重，优先保证重点高校、医学院校、师范院校、农业院校，注意招收女学生、少数民族学生、港澳台和归国华侨青年等。经过近 40 年的发展，高考加分政策受惠群体大为扩展，分为加分录取、减分录取、优先录取、加分投档等多种优惠政策。2014 年，教育部开始大幅度减少、严格控制高考加分项目，规定从 2015 年起取消体育、艺术等特长生加分项目，2015 年 1 月 1 日前取得相关奖励者可以获得适当加分投档，但不超过 5 分；2016 年起取消全部体育、艺术特长加分项目。2018 年，《关于做好 2018 年普通高校招生工作的通知》规定，全面取消体育特长生、中学生学科奥林匹克竞赛、科技类竞赛、省级优秀学生、思想政治品德有突出事迹等全国性高考加分项目，高校公平录取的政策环境进一步改善。

探索多元录取方式，规范和完善自主招生。1993 年，国家教育委员会提出，对在培养人才方面有特殊要求的学校或专业，经过批准可以按系统或地区，联合或单独组织招生考试，并按有关规章录取新生，把选拔新生的职权放到学校。2003 年，我国开始在部分高等学校开展自主选拔录取的试点。2007 年以来，我国通过高中新课程试验的省（自治区、直辖市）、自主选拔录取试点高校、高考综合改革试点省市开展多元选拔机制的试验探索。2014 年，《意见》提出，要探索基于统一高考和高中学业水平考试成绩、参考综合素质评价的多元评价方式。浙江方案提出“三位一体”综合评价招生方式，高校依据统一高考、高中学考和综合素质评价成绩按比例合成综合成绩，择优录取；上海方案提出，将本科院校需要通过面试等方式考核学生能力的部分特色专业招生计划投放到春季考试招生中，依据统一考试成绩、普通高中学业水平考试成绩、面试（或技能测试）情况进行录取。同时，2014 年，《意见》提出，要完善自主招生，试点高校不得采用联考方式或者组织专门培训，控制招生规模，从 2015 年起自主招生安排在统考后进行。各地方案都强调规范录取程序和要求，做到信息公开公示，实现程序公平。

实施“阳光工程”，以技术手段保障公平。1999 年，《教育部关于进一步深化普通高等学校招生考试制度改革的意见》强调，重点实施计算机网上录取。2001 年，全国实行计算机网上录取。网上录取是以技术手段实现录取公平的一项重要措施，是高校招生手段的革命性变革。2005 年，教育部强调实施高校招生“阳光工程”，颁布《关于高等学校招生工作实施阳光工程的通知》。此后历年招生政策文件都将实施“阳光工程”作为重要内容，招生录取的透明度和公平性显著提高。

5. 招生计划从质量优先走向综合考量，实施政策补偿

改革开放 40 年来，秉承以生源质量为主，兼顾地区平衡的原则，我国招生计划分配向生源质量好的省份倾斜，同时面向农村和艰苦地区、行业定向招生，强调对社会处境不利群体的政策补偿。

向生源质量好的省份倾斜，兼顾区域公平和行业需求。恢复高考后，为保证招生质量，招生计划向重点高校、向考生质量好的地区倾斜。1984 年，教育部发布《关于改革教育部部属高等学校招生来源计划的意见》，强调贯彻择优录取的原则，将年度计划招生数的 30%—35% 安排到考生质量与招生工作较好的地区；同时，招生来源计划也兼顾到面向农村和艰苦地区、行业定向招生。1987 年，国家教育委员会颁布的《普通高等学校招生暂行条例》明确规定，中央部门所属学校，对工作与生活条件比较艰苦的地区，可在国家任务招生来源计划中确定适当比例，实行“定向招生、定向分配”。21 世纪以来，随着中国西部大开发战略，西部省份的招生来源计划有所增加。

实施补偿性招生政策，促进入学机会公平。随着规模的扩张，高等教育入学机会的区域与城乡差异逐步扩大，高考改革政策更关注招生计划分配的公平性。教育部《2006 年普通高等学校招生来源计划管理试行办法》提出，部属高校要按照“生源质量为主，兼顾地区平衡”的原则，在保持各地计划总量相对稳定的同时，将计划增量向中西部高等教

育欠发达且生源质量好、数量多的省区倾斜。2014年,《意见》提出改进招生计划分配方式,提高中西部地区和人口大省高考录取率,继续实施“国家支援中西部地区招生协作计划”;增加农村学生上重点高校人数,继续实施“国家农村和贫困地区定向招生专项计划”,由重点高校面向贫困地区定向招生,形成对农村地区、中西部地区的系列补偿政策;完善中小学招生办法破解择校难题,推进义务教育均衡发展、完善义务教育免费就近入学办法、高中阶段教育机会的分配,以及进城务工人员随迁子女就学和升学问题等。北京、山东、海南、天津方案都对此作出回应,尤其是北京推出一系列措施解决择校问题,比如,推广热点小学、初中多校划片,合理确定片区范围等措施等,在全国作出表率。

21世纪以来,招生计划分配依然面向生源质量较好的地区,民族班、民族预科班、国防生、免费师范生等定向招生计划依然存在,但招生政策更加关注区域公平和城乡公平,关注进城务工人员随迁子女入学问题和贫困地区农村考生上重点大学问题。高考改革从效率优先向公平效率兼顾转变,更加强调公平性价值取向。

二、理性认识我国高考改革的价值取向

1.高考改革的价值取向

改革开放40年来,我国高考改革具有渐进性和连续性的特点,呈现出注重科学性、自主性、选择性和公平性的基本价值取向。

高考改革注重考试的效率,科学选拔人才。我国高考科目设置在会考(学业水平考试)基础上逐渐减少,文理从分科逐渐趋向于综合,以顺应经济社会发展需求和科技发展趋势,引导中小学校重视完善学生知识结构和思维方式,为高校培养创新型、复合型人才提供生源。考试内容以知识学习为基础,更加强调能力立意。考试命题方式以统为主、统分结合,保证试卷信度和效度,提高命题质量。评价方式在统考、学

业水平考试、中学生综合素质评价的基础上探索综合评价。这些改革举措旨在提高高考的效率，科学选拔合适的学生进入高校深造，引导中小学教育改革发展的方向。

高考改革注重扩大高校自主权，多元选拔人才。1977 年恢复高考以来，高考政策就强调高校在科学选才中的重要作用，逐步扩大高校办学自主权。1987 年，国家教育委员会《关于扩大普通高等学校录取新生工作权限的规定》提出，逐步扩大高等学校选拔新生的权限。20 世纪 90 年代开始，允许高校按照各自的特色、风格和专业要求培养人才，把选拔新生的职权放到学校。2003 年，部分高校开展自主选拔录取的试点。新一轮高考改革探索"两依据、一参考"的综合评价机制，逐步取消录取批次，尝试采取统一招生、自主招生、注册招生、定向招生、破格录取相结合的多元录取方式，这些改革举措都体现了扩大高校招生录取自主权的基本价值取向。

高考改革注重增加学生的选择性，引导学生全面发展。改革开放 40 年来，高考招生的基本原则从德智体全面发展，调整为德智体美全面发展；加分政策从注重对少数民族等弱势群体的政策补偿，逐步增加科技创新、志愿者服务等加分项目；高考科目从文理分科，设置文综、理综固定科目，改革为学生根据自身发展和高校要求自主选择三科参加等级考试；本科和高职高专院校分类考试，高职高专院校探索注册入学；英语等科目实行一年两考等，这些改革举措都体现了以学生为本，给学生提供更多选择机会的重要价值取向。

高考改革注重公平性，增加弱势群体入学机会。公平公正一直是我国高考改革的基本价值取向，高考公平的内涵和外延则随着时代进步在发生变化。具体表现在：注重个人政治表现，冲破家庭出身论的桎梏；取消年龄和婚否的限制，扩大受教育机会；清理和规范加分政策，出台"异地高考"政策，规范自主招生政策，维护入学机会公平；调整招生计划，缩小省际高考录取率差异，增加农村和贫困地区学生上重点大学的人数，促进教育公平和社会公正。总之，改革开放 40 年来，我国高考改革在推进形式正义和实质正义方面有显著成效，公平竞争、公正选拔、公开透明等成为高考的主要指导原则，报考机会面前人人平等，实现机会的平等；分数面前人人平等，实现选拔标准的客观性与公正性；选择面前人人平等，达到录取条件的学校无权拒绝且其他高校无权强制录取，具有正义的属性。

2. 高考改革的实践困境

改革开放40年来，我国高考改革经历了迂回曲折的发展过程，部分领域的改革进展缓慢甚至阻力重重，高考改革负重前行。

高考改革是辗转迂回的发展过程。高考改革具有渐进性的特征，新一轮高考改革的亮点并不是突然出现的，而是在40年的改革进程中不断摸索和试验逐步形成的。不断“试错”的改革实践，为构建和完善我国现代考试制度提供了难能可贵的本土化经验，对此应有客观的认识和科学的判断。比如，考试文理分科还是不分科的争议，一直伴随着高考科目和内容改革的整个过程；对考试成绩评定的标准分方式的选择、扬弃，以及当下再度被呼吁，一直处于争议之中；高考加分受惠群体的逐步扩展，到目前的大幅度减少，相关改革措施争议不断；以改变一考定终身的弊端而进行的新一轮高考改革，又产生了科学性与公平性的质疑。任何制度变革都是对当下社会发展需求的回应，还受到外部环境和技术条件的限制，在某个阶段实验失败的改革，在条件成熟的情况下也可能成功。但是同时，也需避免受急功近利的政绩观影响或缺乏对历史经验的借鉴而进行的盲目改革的行为。因此，高考改革问题的解决也需要在改革中继续探索，在发展中逐步形成共识。

高考改革在部分关键领域进展缓慢。由于社会、经济、文化等种种因素的制约，在高考招生制度改革的一些关键领域，改革推进还比较缓慢，一些理念先进或设计初衷很好的改革设想在实施中遇到阻力，往往欲速则不达，对此应该有清醒的认识和坚韧的毅力，稳妥地探索前行。例如，高校招生自主权问题，从恢复高考开始就强调将招生权力下放到高校,包括进行单独招生、联合招生、自主招生等各种探索,但直到目前这依然是高考改革中的薄弱环节,需要在深化综合改革中逐步到位。再如,中学生素质评价问题,1983 年我国就提出,应届高中毕业生报考高等学校,必须具备高中阶段的档案,供高校录取新生参考,之后又建立了考生电子档案,但迄今为止,中学生综合素质评价结果在高校录取中尚未发挥重要作用,仍然需要高校和中学协同探索。新一轮高考改革将"两依据、一参考"的综合评价招生录取作为重要改革举措,但在高校有限的招生自主权和总分录取模式的条件下,这一领域的改革依然任重而道远。

高考改革受制于多重社会功能。随着经济社会发展和高等教育规模扩张,高考的社会功能与工具价值逐渐增强。高考不仅是高校选拔人才的主要途径,引导着中小学教育教学的改革方向,还肩负着促进社会阶层流动的重要社会功能。尤其应该指出,在当前社会背景下,维护社会稳定与公平更成为高考的重要社会功能之一,对此应该有充分的认识。高考的首要功能是选拔,即为不同类型的高校选拔合适的人才。但改革开放 40 年来,高考被赋予了过多的社会功能,甚至教育系统之外不能解决的问题也寄希望于通过高考改革实现,这无疑会使高考改革步履维艰。以高校招生自主权为例,高校作为人才选拔的主体,有权根据自身发展定位选择合适的生源,从国际上来看,根据多元标准选拔学生是普遍发展趋势,我国虽然一直在倡导和鼓励高校发挥招生自主权,但因为社会诚信体系不健全等因素,至今尚未真正实现。高考改革受制于多重社会功能,必然步履艰难,有学者甚至提出为高考"减负"。①

3. 高考改革的动力机制

改革开放 40 年来,我国高考改革在理想的价值追求与现实的差距间负重前行,经济社会和教育发展宏观环境的变化,各利益相关者不断

---

① 郑若玲:《高考改革的困境与突破》,《厦门大学学报(哲学社会科学版)》2017 年第 3 期。

增加与分化的利益诉求，对高考招生制度的科学性与公平性提出了变革要求，成为高考改革的动力机制。

外部动因：适应经济社会发展需求。40年前，社会百废待兴，要实现农业、工业、国防和科学技术现代化的宏伟目标，迫切需要从以阶级斗争为纲转到以经济建设为中心。因此，高考改革注重效率和质量，加强文化考查，选拔最好的生源，培养各行各业技术精英，为经济社会发展服务。改革开放以后，我国经济体制发生了巨大变革，从计划经济向社会主义市场经济转变。人们的生活水平显著提高，完成了从解决温饱问题到实现小康水平的历史性跨越，向全面建成小康社会的目标努力。经济发展方式从要素驱动、投资驱动转向创新驱动，科学技术迅猛发展，学科发展趋于综合，移动互联网技术与教育教学融合。这些对高校选拔合适人才、培养不同层次和类型的高级专门人才提出了新要求。

内部动因：适应教育发展现实需求。40年前，中国教育发展的任务是"两基"攻坚：基本普及义务教育、基本扫除青壮年文盲。高等教育处于精英发展阶段，每年高考报名人数超过500万，但实际录取只有30万人左右，录取率只有6%。① 经过40年的发展，中国教育的普及化程度大为提高，改革与发展的目标已经转向追求公平、优质的教育。高等教育规模急剧扩张，从精英教育向大众教育转变。2016年，高等教育毛入学率达到42.7%，录取率超过76%，正加速迈向普及化阶段。高等学校分层、分类发展趋势明显，高校选拔人才的标准和方式趋于多样。在基础教育领域，九年免费义务教育全面普及，高中阶段教育基本普及，进入优质、均衡发展新阶段，中小学课程改革、评价制度和教学方式改革以及教师专业发展得到高度重视，如何改变高考选拔标准单一、唯分数论的现象，为中小学教育教学改革服务，是基础教育发展对高考

① 《教育部关于一九八〇年全国高等学校招生工作会议的报告》，见杨学为编：《高考文献（1977—1999）》（下），高等教育出版社2003年版，第124页。

改革的现实需求。

制度动因:应对公平性的严峻挑战。高考招生制度必须回应教育公平的现实诉求。其一,制度实施过程中背离设计初衷,影响入学机会公平。比如,高考加分政策设计的初衷是为不同天赋的孩子、社会处境不利群体的子女获得更好的发展机会,但政策执行过程中一度局部失控,出现了奖励性加分名目繁多、分值过高、身份作假等现象,影响了社会公信力。其二,社会结构变迁带来新问题,高考面临新挑战。比如,在我国社会城市化进程中,随着时间延续,进城务工人员随迁子女的"异地高考"问题逐渐凸显。其三,高考成为社会阶层向上流动的阶梯,是学生改变个人和家庭境遇尤其是农村考生跨域城乡二元结构实现阶层递进的主要通道,关系着社会稳定和公正。但由于区域经济、社会、文化水平的差异,中西部地区、农村地区、贫困家庭、少数民族等弱势群体的入学机会尤其是进入重点大学的机会难以得到充分保障,高考招生制度的公平性受到质疑,必须通过政策调整促进入学机会公平。

价值动因:平衡不同群体的利益诉求。40 年来,随着中国社会结构变迁、体制改革深化以及教育规模扩张,高等教育利益相关者增多,高考改革牵涉多元利益主体,包括各级政府、发达地区和欠发达地区、不同社会阶层、性别群体等。不同利益群体关于高考改革的利益诉求和冲突会以价值观的形式体现在社会舆论、学术争论和政策制定中,呈现出不同的、矛盾的甚至相悖的价值取向。如现行的分省定额、划线录取政策,有人认为这导致了省级政府与区县政府之间、不同区县政府之间的利益博弈;"异地高考"政策的实施,体现出户籍人口和外来人口间的利益冲突;实行加分政策、自主招生、综合素质评价等,有人认为对弱势阶层子女不利等。高考改革政策的制定往往折射出不同利益群体的利益博弈,必须平衡各方利益诉求,争取最大限度的价值共识。

三、我国高考改革的价值选择

1.遵循教育规律，回归高考基本功能

高考的基本功能是科学、公正选拔人才。回顾40年来高考改革的价值取向变迁，可以看出，高考被赋予了越来越多的社会功能。比如，受制于户籍制度而产生的进城务工人员随迁子女就地高考问题，资源分布不均衡而导致的入学机会城乡差异、区域差异问题，贫富差距拉大产生的入学机会阶层差异问题，大众化进程中优质高等教育资源供给短缺带来的“上好大学难”问题，等等。如果将这些问题都归责或寄望于高考改革，无疑会增加高考改革的艰巨性和复杂性。新一轮高考改革的基本目的是科学与公平地甄选适合于在不同层次和类型高校深造的人才，引导学生实现全面而有个性的发展，力求在增加学生选择机会和扩大高校招生自主权方面有所突破。以高校招生自主权为例，高校作为人才选拔和培养的主体，有权根据自身发展定位和人才培养目标及规格选择合适生源进入高校深造。在40年高考改革变迁中，尽管一直倡导扩大高校招生自主权，却囿于招生规模庞大、体制机制和方法手段不完善、社会诚信体系不健全等原因，至今未能全面实现。新一轮高考改革应坚持落实高校招生自主权，稳妥扩大综合评价招生试点高校范围，不能因高考制度被捆绑过多功能而动摇这个改革方向。

2.坚持与时俱进，平衡多元价值取向

新一轮高考改革的亮点是，强调按照学生的意愿和能力提供相应的教育，为学生提供更多的选择机会，发展每个学生的天赋、才华，把重视补差的教育转变为注重扬长的教育，体现了对教育的理想价值的追求。高考改革政策的价值选择要与时俱进、结合实际。我国社会主要矛盾的转化反映在高等教育领域，就是人民群众接受优质高等教育的迫切需求与优质高等教育资源供给短缺且不均衡之间的矛盾。在这样的背景下，不同利益群体具有不同的价值追求。优势群体更倾向于在享有优质教育资源的基础上追求教育的理想价值；而弱势群体往往更倾向于追求教育的工具价值，获得向上流动的稀缺机会。因此，在当前，高考改革的价值选择应该兼顾理想价值与工具价值，兼顾效率与公平，兼顾科学与正义，在高考综合改革的实践探索中要高度重视和妥善协调这些关系。

3. 加强科学决策，正确引导社会舆论

高考改革事关国计民生，应构建国家主导、多元参与的协同治理体系，拓展利益相关者的参与途径，增加他们的实质参与，减少民众对直觉判断的依赖，正确引导社会舆论。对于政策制定者和管理者而言，应从公共政策主体的角度，悬置个体主观性的价值立场，实现科学决策并有效实施。高考是多元利益主体博弈场，改革涉及不同群体间利益的重新分配，多数改革措施在增进部分人利益的同时，也会影响另一部分人的切身利益。政策制定者要站在多元利益主体的立场，根据社会和教育发展的状况，依靠专业的团队和科学的证据，对政策价值进行分析研判和权衡选择，谨慎地平衡各利益主体的诉求，实现科学民主决策。

4. 注重动态协调发展，实现制度理性创新

高考改革是一项系统工程，需要正视高考政策的系统性、持续性与发展性。坚持国家统一的考试制度不动摇，坚持以人为本、科学选才、促进公平的改革方向不动摇，以部分关键领域的改革为突破口，实现高考改革的协同推进，实现教育系统内外、教考招不同环节、中学与高校的系统推进。加强国家宏观层面的统筹协调，深化教育体制机制改革，建立配套的长效保障机制，为高考改革提供制度保障和资源支撑，保证高考改革政策的持续性和稳定性，最大程度地实现改革预期。以发展性、动态性的眼光看待高考改革，从长远的角度对政策进行前瞻性系统评估，在高考改革进程中分析和解决高考改革的问题，允许试点省份、

高校、领域对高考改革政策进行微调。高考制度变迁具有渐进性特点，需要在改革实施过程中保持政策的稳定性和持续性；高考制度也不是一成不变的，需要根据社会需求变化和教育发展趋势适时修正与完善。只有在动态发展中完善高考制度，才能保证高考招生制度的公平性与科学性，使之更具有生命力。

回望与启示：纪念恢复高考40周年*

一、印象1977

我们国家的统一高考招生制度是1952年建立的。中华人民共和国成立初期，百废待兴，经济建设急需大量的专门人才。但是，当时的中国，不用说高等教育，整个教育发展水平都非常低下，严重滞后于经济社会发展的需求。有限的高校，不足的生源，各专业招生的不平衡……在这样的背景下，国家提出了发展专业化、正规化教育、扩大教育规模的战略。1952年建立统一高考制度，实行统一计划、统一组织、统一考试、统一录取调配。然而，1966年，这一制度中断了。1977年，高考制度恢复，到今天已经40周年了。

1978年年初，通过高考的1977级大学生进入到高校学习深造。我是1977年初南京工学院（东南大学前身）毕业后留校任教，当时担任这一级学生的辅导员和班主任，同时作为助教承担《高等数学》的辅导和习题课工作，和他们接触比较多。从他们进校报到直至安排宿舍，都是我们教师负责，我还记得当时自己蹬着三轮车帮助学生运行李。因为这是恢复高考后迎来的第一批学生，大家都很兴奋。

当时对这批学生的印象，一是年龄差距比较大。1977年的报考学生包括了从66届到77届共12届的高中毕业生，当时也允许一些将于1978年毕业的优秀学生参加高考，这样算的话就涉及13届学生。我

---

* 原载《纵横》2017年第11期。

记得当时班里最小的学生是16岁，大的超过了30岁。

二是学生学习的主动性和对知识的渴望非常强烈。十多届的学生集中在同一年高考，使得1977年全国的高考报名人数超过570万。当时我国高等教育普及化程度很低，尽管学校挖掘潜力搞了一些扩招，但实际录取人数也就27万出头，录取率为4.8%（2017年高考报名人数942万，招生计划接近740万，录取率接近80%）。经过这样激烈的竞争，筛选出来的都是学习基础比较好、学习欲望非常强烈的学生，学校的学风也非常好。

三是大多数学生都有比较丰富的社会经历——插过队的、当过工人的、当过兵的……所以总的来讲自我管理能力很强。班上选好班长、选好团支部书记之后，我基本就不用操心了。学生们开展各种活动，无论是学习交流、文体活动或政治活动，都非常自觉顺畅，而且没有什么功利性。后来的学生在这一点上就有差距了，这也是当时特殊的历史原因造成的。

另外，教师的积极性也空前高涨。高考中断了十几年，其间虽然招收过工农兵学员，但是由于总体上文化基础薄弱且参差不齐，还有政治因素的干扰，以致教学非常困难。而77级学生的基础比较扎实和整齐，精神面貌积极向上，教师们也因此焕发了青春，大家都加班加点，一门心思把精力放在教好学生上。

二、历史性的1977

决定恢复高考是在1977年8月。当时，党的十一届三中全会还没有召开。可以说，恢复高考是“文革”结束后我们国家开始拨乱反正、转向经济建设的第一件大事，它不仅改变了一批学生和家庭的前途和命运，也改变了中国的未来。所以，这不只是中国教育史上的一个标志性事件，更是社会改革进程中的重大事件，其历史意义远超出教育的范畴。

到 20 世纪末实现农业、工业、国防和科学技术现代化,培养和造就大批又红又专的建设人才,这是当时确定的人才培养目标。在这种情况下,当时主持中央教育工作的邓小平同志,在参加了多次激烈的讨论后,果断地认为不能再拖,于是收回这一年已经发出的工农兵学员招生通知,另外发出了新的通知。这样,8 月份作出决定后,经过紧张的准备,各省在 12 月份举行了高考,加上后面的录取工作,直到 1978 年 3 月,恢复高考后的第一批大学生才正式入校,个别地方还要更迟一点。所以,当时出现了 1977 级、1978 级两级学生同一年进校的情形——77 级在 3 月,78 级在 9 月。

在高考中断时期,全国高等院校招生培养了大约 90 万名工农兵学员。应该说,工农兵学员中有相当一批通过个人努力而学有所成,并为国家建设作出了贡献。但是,相比 1977 年高考招生而言,招收工农兵学员虽然也有一些必要的考试,但都很简单。另外,两者在招生对象上也是不同的。以往是从工、农、兵中招生,高中应届毕业生必须经过两年以上实践才可以上大学;而 1977 年高考的招生对象是工人、农民、上山下乡和回乡知识青年(包括按政策留城而尚未分配工作的)、复员军人、干部和应届高中毕业生,年龄 20 岁左右,不超过 25 周岁,未婚;对实践经验比较丰富并钻研有成绩或确有专长的,年龄可放宽到 30 岁,婚否不限;另外还特别提出要注意招收 1966、1967 两届高中毕业生。这就为一大批学生深造创造了机会和条件。

1977 年高考在选拔标准上也较以往发生了变化。第一,过去要看家庭出身,而且把政治审查放在第一位,这一年强调的则是:“政治历史清楚,拥护中国共产党,热爱社会主义,热爱劳动,遵守革命纪律,决心为革命学习。”——政治上有要求,但主要是看个人的政治表现,而不是“唯成分论”,受家庭背景的影响。第二,明确提出要具有高中毕业或者相当于高中毕业的文化水平,不像工农兵学员招生那样没有文化要求。我本人“文革”中从北京四中初中毕业到延安插队,在窑洞煤油灯下自学了高中课程,1973 年作为工农兵学员上的大学,当时也通过了一些考试,但那种考试很简单,最后录取也并不是按照考试成绩。第三,要求身体健康。这体现了对德智体全面发展的要求,较之过去也是一个重大突破。

招生办法上强调自愿报名、统一考试。过去考试要先由领导批准,后来小平同志提出,本人愿意上大学,也具备条件,万一领导由于各种原因不批准怎么办?后来就把这条取消了,采取地市初选、学校录取、最后省(自治区、直辖市)审批这样一种方式。

当时还有一个很重要的情况,那就是考场条件、安全保卫条件跟现在比起来不可同日而语,但是确实极少出现作弊现象。因为这是中断十几年后的第一次高考,大家都看得很神圣,考生非常自觉,就是自己作题、交卷、安安静静出考场,应该说是一种比较纯朴的考试环境。

另外,当时还特别强调反对“走后门”等不正之风,有揭发走后门问题的要及时调查了解,情况属实的不予录取,已经入学的退回原单位,对走后门人员进行批评教育,情节恶劣的要进行必要的纪律处分。邓小平在与长沙工学院负责人谈话时明确指出,“不管招收多少大学生,一定要考试,考试成绩不合格不能要。不管是谁的子女,就是大人物的也不能要。”他还提到了他自己,说:“我算个大人物吧!我的子女考不合格也不能要,不能‘走后门’。”所以,当时在净化录取环境的各个环节、保证风清气正方面作了很多努力。到现在40年过去了,高考依然是我们国家社会公信力最高的考试,这跟当年开的好头是分不开的。

三、继承1977

恢复高考不仅对当年拨乱反正具有重要的进步意义,而且对迄今为止的40年高考改革也有着深刻的影响。可以说,1977年恢复高考奠定了中国特色现代考试制度的基本框架,之后的历次高考改革都是在当年制定的制度框架之下,针对现实问题进行的调整和完善。

首先,对学生全面发展有要求。1977年高考的政治审查主要是看个人政治表现,不再强调唯成分论、血统论,另外也放宽了年龄限制,后来到2001年取消了年龄限制。2014年颁布的《国务院关于深化考试招生制度改革的实施意见》强调,拓宽社会成员终身学习通道,扩大社会成员接受多样化教育机会,更是从终身学习的角度进一步拓展了考生的报名条件。

第二,选拔标准注重对学生的文化考察,择优录取。"文革"期间取消了对考生文化条件的要求,影响到教育质量,造成人才的青黄不接。1977年恢复高考后,重视对考生的文化考察,重视教育质量。直到今天,新一轮高考改革探索"两依据、一参考"的人才选拔模式,力图破除"唯分数论"的应试教育弊端,但依然把文化考试作为非常重要的标准,强调择优录取。我想,这应该也是公认的社会准则,在科学选才的同时避免不公平的产生。

第三,高考录取注重效率优先,确保质量。1977年高考录取学生要优先保证重点院校。全国重点院校按规定的录取分数线在某些地区不能完成招生任务时,允许调整到其他成绩较好的地区录取。因此,当年才会出现高分考生录取的大学比自己填报的第一志愿更理想的情况,但是不管怎么样,高考还是把效率放在第一位。实际上,包括大学的建设,无论是"211工程"、"985工程",还是现在刚刚启动的"双一流"建设,都体现了效率优先的原则。国家投入的教育经费总归是有限的,要讲求效益。

第四,注重效率的同时高度重视公平。1977年取消家庭成分的限制,使大家能够在公平竞争的环境之下,靠个人的努力、个人的政治表现和学习成绩争取上大学机会,这是很重要的一种公平。当年高考录取率只有4.8%,那时就是选拔尖子人才、纯粹是精英教育。无论对于哪个省、无论对于城市还是农村,入学都很困难。现在,高等教育普及化程度越来越高,2016年我国高考录取率超过76%,高等教育毛入学率是42.5%,到2020年将达到50%,就进入高等教育普及阶段了。在这种情况下,新的公平问题也日益显露出来。

四、发展 1977

恢复高考后的几十年里，我国经济社会飞速发展，人民生活水平不断提升。我们国家现在有 2.6 亿的受教育人口，51 万多所各级各类学校，1500 多万各级各类学校专任教师。不可否认，我们的教育取得了举世瞩目的进步。

几十年来，在我国高考制度改革上强调公平、效率，强调正确的培养目标、选拔标准以及全面发展，等等，这一直是不变的。同时也要看到，伴随经济社会与教育事业的发展，高考也要与时俱进，针对新情况、新问题进行调整与改革。

1977 年之后，高考经历了两次比较大的改革，一次是 1999 年，从原来单纯的文理分科改为“3＋X”，再有一次就是 2014 年。1999 年，我正担任教育部高等教育司司长；2014 年开始的、现在正在进行的这一轮高考改革，从政策制定到跟踪调研，我也参与其中。

1999 年，处于世纪之交，我国高等教育管理体制改革进入攻坚阶段，高校开始大规模扩招。面向 21 世纪，高等教育的人才培养工作应摆在一个非常突出的地位，提高人才培养质量应成为新世纪高教改革的重中之重。当时国家在高教管理体制、高考制度、招生就业制度、人事分配制度和后勤社会化等方面实行了一系列改革措施。高考招生制度改革的目的是有助于高等学校选拔人才，有助于高等学校面向社会自主办学，有助于中小学实施素质教育。

1999 年的高考改革包括四个方面内容。一是考试科目改革，例如 3＋X 形式的考试。“3”是指语文、数学、外语三门必考科目，“X”是指由高等学校根据本校层次、特点的要求，从物理、化学、生物、政治、历史、地理六个科目或综合科目中自行确定一门或几门考试科目。综合科目又分为文科综合、理科综合等，这种综合不是不同科目的“拼盘”，而是一种考察学生理解、掌握和运用知识能力的测试，强调对考生的能力和运用的考察。二是考试内容的改革,注重对考生能力和素质的考察,将命题的知识立意转变为能力立意,注重考察学生的跨学科综合能力。这是高考改革的重点和难点,要在几页的考卷中实现对几百万考生综合素质和能力的考察目的是很难的,稳中求进,小步走、不停步是当时特别强调的考试内容改革的原则。三是录取方式的改革,充分利用现代化技术手段,实行网上录取,提高效益的同时也能进一步保证高考的公平性,避免人为干扰。事实证明,以技术手段实现公平,也是近年来促进高考公平行之有效的重要手段。四是考试形式的改革,在保持全国统考形式不变的前提下,探索一年两次考试的方案,在有些地区实行春季高考,探索改变“一考定终身”。目前上海等省份依然将春季高考作为探索高考改革的重要领域。

关于2014年启动的新一轮高考改革。第一是改革的动因,即为什么要改。第一个动因是适应高等教育发展的新形势。经过40年的发展,我国的高等教育已经从过去的精英教育进入大众化阶段,并将很快进入普及化阶段。在这样的背景下,高校分层、分类趋势明显,不同层次、不同类型的高校,人才培养的目标和规格要求是不一样的,如有的以培养学术性人才为主,有的以培养应用型人才为主,还有的以培养复合型人才为主,满足经济社会发展多样化的需求。另外,学生个体也存在差异性,有的搞学术研究比较擅长,有的实践动手能力很强。因此,高考招生已经从过去精英教育阶段的从大量考生中筛选少数尖子学生进入大学深造,转变为通过选拔使每个考生能够进入适合自己的高校深造,接受适合自己的教育。显然,大一统的考试录取方法已经不能适应高等教育发展需求。另外,随着基础教育全面普及,中小学校的发展重点转向深化课程改革、加强教师队伍建设、促进学生核心素养和全面素质提升等方面,包括高考招生制度在内的考试评价制度应该为基础教育改革发展服务。

改革的另一个动因是维护高考的公平性。这涉及两个方面。第一,制度设计的初衷是好的,但是在执行过程中出现了偏差。比如高考加分政策，主要分为两类，一类是政策补偿性加分，如对于少数民族子女、烈士子女、华侨子女等，在录取时给予适当加分，体现社会公正，今后还要坚持，但执行时要更加严谨；另一类是奖励性加分，对具有体育艺术特长、科技竞赛获奖、三好生、优秀学生干部等资格的考生，在录取时给予适当加分，目的是打破一考定终身、唯分数论，引导学生全面发展。这类加分政策的设计初衷无疑是好的，但在执行过程中出现了偏差甚至局部失控，导致加分名目繁多、幅值过高，更严重的是出现了身份作假现象，通过非正常的手段取得加分资格，严重违背了教育公平。这就要进行必要的调整和改革。第二，一些新情况新问题的产生，对公平性带来了新的挑战。如异地高考问题，五年前、十年前，外来务工人员的子女还都很小，这个矛盾不突出，随着时间的推移，这些孩子渐渐到了上大学的年龄，异地高考问题就突出了，必须予以公平、公正、合理的解决。

第二是改革的目标和任务，即怎么改。这次改革的基本目标，一是要科学选拔合适人才，二是要促进教育公平，三是要引导学生全面发展和中小学教育改革。具体到改革任务和内容，归纳起来有三个方面。第一，调整招生计划分配，促进入学机会公平。比如招生计划的增量投放到西部地区和人口大省，缩小省和省之间的高考录取差异；重点大学安排专项计划，面向贫困地区农村学生定向招生，增加农村学生上重点大学的人数等。这些问题比较敏感，去年两个省为公布招生计划的事情闹了一场风波，今年讲清楚了，就比较平稳。第二，改革考试方式和内容，增加学生自主选择权。比如分类入学考试，将高职高专和本科的入学考试分成两种试卷，有些高职高专院校可以注册录取；英语一年两考，取最好成绩计入统考成绩；学生自选三科，文综或理综不再统考，文理不再分科，学生从高中课程中六选三或者七选三，参加等级考试等。第三，改革招生录取机制，增加高校招生自主权。对学生进行综合评价、多元录取。所谓综合评价，就是“两依据、一参考”：依据语数外的统考成绩和自选三科等级考试加权赋分的成绩，并将学生综合素质评价结果作为高校录取的重要参考。所谓多元录取,即除了每年统考录取之外,还探索其他录取方式:比如自主录取,有90所大学进行自主招生的试点;定向录取,招收贫困地区的农村考生;注册录取,上海、浙江的高职高专已经在进行尝试;破格录取,有特殊贡献和才能的该破格还要破格。但所有这些录取方式都要在阳光下实施,清理规范加分政策,加强自主测试等环节的安全性,进行网上公示,主动求得社会、媒体、老百姓的监督和政府问责。

五、结 语

1977年恢复高考,被认为是“一个国家和时代的拐点”。亲历1977,见证我国高等教育40年来的发展变迁,感慨良多。高考,作为一种人才选拔机制,40年来改变了无数人的前途和命运,为我国社会各行各业培养了数以亿计的精英人才。习近平总书记在十九大报告中指出,“建设教育强国是中华民族伟大复兴的基础工程,必须把教育事业放在优先位置。”全面建设小康社会,面向未来,要实现人力资源大国向人力资源强国的转变。实现中华民族的伟大复兴,高等教育和高等学校责无旁贷。2017年,浙江和上海率先启动的高考综合改革平稳落地,第一届经历“新高考”的学生进入大学校园。作为我国重要领域和关键环节的改革,高考改革在过去五年取得了突破性进展。纪念1977这一历史性时刻,我们要清醒地认识到高考改革依然在路上。

首先,不忘初心,坚持高考改革的方向不动摇。育人为本、科学选才、确保公平是新一轮高考改革的基本原则。浙江和上海高考综合试点改革增加了学生和高校的双向选择权,促进了学生的全面发展,高校、中学、学生各方获得感显著增强,但是同时,改革初期的各种不确定性因素也增加了各方的焦虑和质疑。对新一轮高考改革贯彻落实了政策制定的初衷,我们要有充分的肯定,并坚持这一改革方向不动摇。

其次,对高考改革面临的问题有客观和理性的认识。十九大报告指出，“我国社会主要矛盾已经转化为人民日益增长的美好生活需要和不平衡不充分的发展之间的矛盾。”反映在高等教育领域，是人民群众接受优质高等教育的迫切需求与优质高等教育资源供给严重短缺且不均衡之间的矛盾。在当前历史阶段，高考改革必须正视这一矛盾，兼顾效率与公平、科学与正义，妥善处理人民群众日益增长的多元化利益诉求，确保高考改革的公平、公正。

再次，落实分类管理，扩大高校招生自主权。十九大报告强调，要转变政府职能，深化简政放权，创新监管方式；要赋予省级及以下政府更多自主权。就高等教育而言，要推进管办分离，加快一流大学和一流学科建设，实现高等教育内涵式发展。高考改革应回归科学选拔人才的基本功能，坚持落实高校招生自主权，稳妥扩大综合评价招生试点高校范围。可以以“双一流”学校建设为契机，探索“两依据、一参考”综合评价招生，打破总分录取的传统模式。

最后，坚持在党的领导下，完善多元协商、人民参与的科学决策机制。十九大报告提出，“加强协商民主制度建设，形成完整的制度程序和参与实践，保证人民在日常政治生活中有广泛持续深入参与的权利。”“加强人民政协民主监督，重点监督党和国家重大方针政策和重要决策部署的贯彻落实。”高考改革事关国计民生，高考是多元利益主体博弈的场域。这就要求在高考改革过程中，吸纳各方利益群体的广泛参与，依据专业的团队和科学的证据，谨慎地平衡各利益主体的诉求，实现科学民主决策。上海、浙江平稳完成第一轮高考综合改革试点任务，与两地政府坚持党的教育方针，全面贯彻执行党中央、国务院的战略部署，重视政策解读、培训和宣传工作，吸纳多方利益群体的广泛参与密不可分。

科学认识招生计划管理　正确看待区域教育公平*

高等教育招生计划管理是中央和省级教育行政部门的法定职责，也是国家对高等教育发展进行宏观调控的重要手段。它决定了高等教育的发展速度，影响着高等教育公平的推进状况，是一项事关考生及其家庭切身利益的全局性大事。

一、招生计划编制与管理是国家的综合决策

招生计划编制和管理不是单纯的教育决策，而是国家综合决策，直接服务于国家战略。招生计划编制工作对于缩小区域教育差异、促进区域教育公平有非常重要的作用。

当前，我国已经迈入全面建成小康社会的最后攻坚阶段，同时也处在改革的深水区，贫富差距和社会稳定成为突出问题。教育是实现社会流动的主要途径，关乎公平正义。寒门子弟能否通过读书改变命运，一直是社会和舆论关注的焦点。因此，入学机会补偿是教育决策中必须考虑的重要问题。同时，区域高等教育的协调发展也是我国高等教育发展进程中重要而又复杂的问题，其影响和意义远远超越了教育本身。如果西部地区、边远地区和少数民族地区人口的受教育权没有得到充分保障，区域之间发展差距过大，最终会影响到全面建成小康社会目标的实现和国家的安全稳定。《中华人民共和国教育法》第10条规

---

* 原载《中国教育报》2017年5月11日第3版。

定，国家扶持边远贫困地区发展教育事业；第11条规定，国家采取措施促进教育公平，推动教育均衡发展。这意味着对高等教育入学机会的地域差异进行干预，补偿边远贫困地区人群的受教育机会，不仅是现实和道义的需要，更是法定义务。

国家采取一系列措施推进区域教育公平，保障不同群体受教育机会的公平，但这些措施是否真实地促进了教育公平，在多大程度上促进了教育公平，需要有客观指标来度量、具体政策来落实。根据国务院要求，教育部对今年招生计划编制和管理工作提出了两个政策指标：确保实现最低省份高考录取率与全国平均水平差距缩小、确保考上重点高校的农村及贫困地区学生进一步增加，具体通过国家支援中西部地区招生协作计划、国家农村和贫困地区定向招生专项计划进行实施。这就从源头上对落后地区和弱势群体的高等教育入学机会给予了必要保障。

二、招生计划编制与管理充分考虑区域差异

招生计划编制和管理对各省高考升学率有重要影响，但高考升学率的高低还取决于各省高考报名人数、基础教育水平、高校办学能力等因素。招生计划编制和管理也充分考虑了各地高考录取率之间的差距。

从规模和数量上来看，地方院校是我国高等教育的主体。我国高等教育招生实行“分省定额，划线录取”政策，在省内各县区之间，高等教育入学机会是公平的。但从全国来看，由于各地经济、社会和教育发展程度的差异，各省份能够提供的高等教育入学机会有差异。有些省份高等教育比较发达，高等教育容量在满足当地生源需求的同时还有剩余；而有些省份高等教育不够发达，不能完全满足本地生源的高等教育需求。在计划管理体制下，由中央政府协调，利用发达地区过剩的高等教育资源为不发达地区提供高等教育，既能促进入学机会公平，也能提高教育资源使用效率。教育部在高考招生计划编制过程中考虑了各省、自治区、直辖市高等学校的培养能力和培养质量，也考虑了高考报

名人数和基础教育发展水平。今年在计划编制中提出缩小省际高考录取率差距的目标，就是在充分考虑各地办学条件和高考报名人数变化的基础上提出的。

当然，中央政府在高考招生计划编制过程中，通过招生计划在各省份间的分配促进区域教育公平，也充分考虑了措施平稳实施的可行性，即计划安排不是在总量不变的条件下让各省份进行零和博弈，而是在总量增加的条件下进行动态优化。

三、招生计划分配实行增量中动态优化策略

当前中央政府调节招生计划分配采用的是扩大优质教育供给、在增量中动态优化的策略。无论是发达省份还是不发达省份，所享受优质教育的绝对量都在增加。

当前我国高等教育入学机会分配总体上是公平的，但从全国范围来看，大家担忧和关注的主要是优质高等教育入学机会的分配问题，即中央部委高校入学机会的供给和分配问题，这也是优质高等教育资源供给短缺矛盾的集中体现。

今年招生计划编制的重要原则是确保全国和各省份高考录取率不降低；确保中央部委高校招生总规模只增不减、投放到各省级区域的招生计划只增不减。从供给角度看，各中央部委高校的招生总规模有所增加，投放到各省级区域的招生计划可以做到只增不减，即在优质高等教育资源总量适度增加的前提下进行增量调整、动态优化。

政府干预教育机会公平既有现实必要性，也有道义合理性，更有法律依据，但是在具体实施过程中，还应秉承合理性原则。从目前情况看，中央政府在高等教育招生计划编制和管理中并没有突破这一原则。经过几年的努力，落后地区的高等教育入学机会和享受优质高等教育资源的机会有了很大改善，但与发达地区相比还有一定差距。而从根本上解决优质高等教育资源供给短缺的矛盾，满足人民群众日益增长

的对优质高等教育资源的选择性需求，则需要通过高等学校坚持内涵建设和特色发展、不断提高人才培养质量来逐步实现。

当然，从长远来看，应加强研究论证，在条件成熟时探索逐步下放权力，让各省、自治区、直辖市根据经济和社会发展情况自主决定本省高等教育的规模。中央政府可以通过增加财政补贴或省际协作专项等方式，对边远贫困地区和弱势群体的教育机会进行救济和补偿。这样的做法更具弹性，各省、自治区、直辖市实施起来会更有积极性，也能提高各地居民的满意度和获得感。

深化综合改革
应对高考招生制度改革新挑战*

2010 年 7 月，《国家中长期教育改革和发展规划纲要（2010—2020 年）》将考试招生制度改革作为教育体制改革的重要任务进行了部署，教育部随后组织专家就考试招生制度改革问题进行调研论证。2013 年 11 月，十八届三中全会通过了《中共中央关于全面深化改革若干重大问题的决定》，将考试招生制度改革作为深化教育领域综合改革的战略任务，明确了顶层设计思路，加快了考试招生制度改革的推进步伐。2014 年 9 月，国务院印发了《关于深化考试招生制度改革的实施意见》，明确了考试招生制度改革的总体要求、主要任务和措施，标志着高考招生制度改革揭开了序幕。与此同时，上海和浙江高考招生制度综合改革方案正式出台，试点工作率先启动；其余各省份的考试招生制度改革方案也将于 2015 年 6 月底前报教育部备案。2014 年 12 月，教育部等有关部委相继公布了《关于普通高中学业水平考试的实施意见》《关于加强和改进普通高中学生综合素质评价的意见》《关于进一步完善和规范高校自主招生试点工作的意见》《关于进一步减少和规范高考加分项目和分值的意见》等四个配套政策文件，进一步明确了改革的内容、目标、措施和时间表。

高考招生制度改革关系到上亿学生的前途，社会关注度极高，政策性很强，需要政府、学校、社会广泛参与，是一项涉及面广、影响深远的深层次变革，牵一发而动全身。高等学校和中小学校要增强紧迫感和

---

* 原载《教育研究》2015 年第 3 期。

责任感，主动应对高考招生制度改革带来的严峻挑战，抓住难得的改革和发展机遇，促进自身的内涵建设和特色发展。

一、高考招生制度改革的目标与任务

我国普通高校统一考试招生制度建立于1952年，是国家高等教育制度体系的重要组成部分，为众多学子提供了继续深造的机会，拓展了人才资源流动通道，最大限度地维护了教育公平，对中国的教育乃至整个经济社会生活产生了深远影响，成绩有目共睹。但近年来也广遭诟病，改革呼声日趋强烈。[①]

1.高考招生制度改革的动因与目标

现行高考招生制度已不能完全适应经济社会和教育发展的需求，且其公平性亦受到严峻挑战。第一，高考招生制度是在精英化高等教育发展阶段设计的，目的是从众多考生中选拔少数尖子生进入大学深造。随着我国高等教育进入大众化发展阶段，入学机会不再是社会稀缺资源，而且高校分层分类显著，人才培养目标、规格和培养模式呈现出多样化的趋势，将高考成绩作为高校录取学生的唯一依据是否适应不同类型、不同层次高校人才选拔的需求，面临越来越多的质疑。第二，我国基础教育事业快速发展，中小学校的教育教学模式和管理制度正在发生深刻变革，对各类考试评价制度提出了相应的改革要求；现实存在的中小学"应试教育"倾向严重、学生课业负担过重、竞争压力过大、身体素质下滑等问题，迫切呼唤发挥高考招生制度的导向作用，引导基础教育改革不断深化，使孩子们健康快乐成长。第三，高考招生制度在实施过程中出现偏差，高考加分政策尤其是奖励性加分政策近乎失控，高校自主招生和特殊类型招生中舞弊现象时

---

① 钟秉林：《积极稳妥地推进高等学校考试招生制度改革》，《高等教育研究》2012年第9期。

有发生，这违背了制度设计初衷，使高考招生制度的公平性遭到侵蚀，社会公信力受到冲击。第四，新情况和新问题不断产生。比如，经济社会发展使得一线城市非户籍人口急剧膨胀，随着时间的延续，进城务工人员随迁子女“异地高考”问题逐渐凸显；区域经济社会发展水平、省际高等教育毛入学率、高考录取率以及高考录取分数线的差异，导致“高考移民”乃至“国际高考移民”现象陆续出现等。高考招生制度改革势在必行，目标应是有利于高校优化人才标准和评价方式，科学甄别选拔合适人才；有利于引导基础教育深化改革，促进学生全面发展；有利于合理配置高等教育资源，促进入学机会公平和社会公正。

2.高考招生制度改革的主要任务

高考招生制度改革的任务十分艰巨。一方面，高等教育利益相关者增多，利益诉求呈现出不同甚至相悖的价值取向，使得改革政策的制定与实施更为艰难；另一方面，高考招生制度除了为高校提供选拔人才的依据，还被赋予了更多的功能，关乎社会稳定和公正。因此，高考招生制度改革要应对多元化目标诉求，并受政治、经济、文化等诸多因素制约。在这样的社会环境中，我们必须在坚持高考招生制度核心价值取向和基本框架的基础上，围绕改革目标、针对现实问题进行统筹设计；必须遵循规律、试点先行，积极稳妥地逐步推进。

(1)招生计划分配方式的改革

我国高校招生的名额配置采取的是行政主导的招生计划分配方式，目前存在的主要问题是：刚性有余、柔性不足，地方和高校的权力有限；区域高等教育入学机会有差距，省际高等教育毛入学率、高考录取率和高考录取分数线差异较大；优质高等教育资源配置不均衡，弱势群体尤其是农村学生上重点高校人数偏少等。因此，必须通过加强宏观调控和实施专项计划，形成促进入学机会公平的长效机制。一是将招生计划向入学机会偏少的人口大省、贫困地区和农村家庭适当倾斜，提高中西部地区和人口大省的高考录取率。二是逐步降低部属高校属地招生计划比例，促进优质高等教育资源在全国范围内的均衡配置。三是部属高校和省属重点高校安排一定比例的招生名额投向边远、贫困、少数民族地区，定向招收优秀农村学生，增加农村学生上重点高校的人数。

(2)入学考试制度的改革

现行入学考试制度的主要问题是：每年仅提供一次考试，考生选择机会少，往往"一考定终身"；考试内容过度强调统一性，不足以为特定学科和专业人才的选拔提供充足的依据，难以满足高校多样化的人才选拔需求；文理分科考试，不利于对考生综合素质的考查，易导致高中生偏科；非户籍学生在流入地参加考试的政策有待完善，公平性受到影响，等等。因此，必须改革入学考试的方式和内容，增加考生的自主选择权，保证高考的科学性和规范性。一是改革入学考试方式，调整考试科目。探索本科和高职高专分类入学考试；高职院校尝试"文化素质+职业技能"考试，以利于学校选拔技术技能型人才和学生选择适合自己的教育；部分高职院校试行注册入学、宽进严出；探索外语等科目一年两考，增加学生的选择性，分散学生的备考压力；进一步完善非户籍人口"异地高考"政策等。二是改革入学考试内容。根据高校人才选拔全面性和多样性的要求，以国家基础教育课程标准和高校人才选拔标准为依据，突出对学生基础知识、学习能力、分析能力和综合素质的考查；完善高中学业水平考试，提高其科学性、规范性和公信力，促使学生认真学习每门课程；探索文理不分科，发挥高考的甄别选拔功能和对基础教育的导向作用，扭转基础教育过度强调应试的倾向和学生偏科的现象。三是改革高考命题方式。加强命题专家队伍的建设，重视对考试规律和标准的研究，完善考试科目试题库建设，提高试题的信度和效度，保证命题质量。

(3)招生录取机制的改革

现行招生录取机制的主要问题是：将高考统考成绩作为高校录取的唯一依据，标准单一，高校自主权小，加剧了基础教育学校的应试倾向，特殊人才难以脱颖而出；分批次录取，强化了学校的“等级身份”，而且在某种程度上误导了学生和家长对学校和专业的选择；设立了名目繁多的加分项目，加分分值过高，身份时有作假，破坏了高校录取的公平政策环境等。因此，必须改革招生录取机制，扩大高校招生自主权，探索和健全人才选拔的综合评价和多元录取机制。

一是建立和完善考生的综合评价机制。探索将高考统考成绩、高中学业水平考试成绩和综合素质评价档案作为高校录取的基本依据或重要参考，使评价方式更科学，评价内容更丰富，评价结果更准确。比如，试点省份将统考语文、数学两科，外语科目一年两考，把最好的成绩加入高考成绩；同时，考生自选三门高中学业水平考试的科目，按等级加权赋分到高考成绩当中；另外，还要把综合素质评价档案作为高校录取的重要参考。

二是逐步取消本科新生录取批次，改进投档录取模式，增加考生与学校的双向选择；淡化学校的等级身份，引导高校重视质量建设和特色发展，提高办学水平和社会声誉。

三是逐步扩大高校招生录取的自主权。强化高校招生录取的主体地位，探索高校自主录取、注册录取、定向录取、破格录取等多种录取方式，建立和完善有利于人才选拔的多元录取机制。

四是完善和规范自主招生，明确招生对象，优化考核内容，调整考核方式和时间。自2015年起，90所自主招生的试点大学不再举行联考，学校单独组织的自主测试放在高考之后、成绩公布之前进行，既可保证中学教学秩序，又不影响现行高考录取进程。

五是清理和规范各种加分政策，加强招生录取监管工作。大幅度减少奖励性加分，降低加分分值，杜绝身份作假，从今年起取消体育、艺术特长等加分项目；同时，加大对高校招生工作的监管，规范招生录取秩序，加强信息公开公示，坚决打击各种舞弊行为，维护高考招生的安全性和制度公信力。

二、高考招生制度改革的新挑战与新机遇

高考招生制度改革是一项系统改革，这项改革将倒逼高等教育和基础教育深化综合改革，推进高等学校和中小学加强协同创新。[①] 对于高等学校和中小学而言，高考招生制度改革绝不单单是高校招生部门和中小学教务部门的任务，而是涉及教育观念更新、人才培养模式改革、师资队伍建设、内部管理体制创新的综合改革。

1.进一步转变教育思想和教育观念

高考招生制度改革的核心价值取向是引导和促进学生全面发展。高等学校和中小学要确立以学生为本、促进学生德智体美全面发展的教育观，遵循教育规律和学生身心发展规律，围绕“立德树人”开展教学工作和其他各项工作，形成重视人才培养和教学工作，全员、全方位、全过程育人的校园文化；要践行因材施教的教育理念，研究学生的差异性，尊重学生的选择权，不断深化人才培养模式改革和教育教学体制机制改革，探索学生的多样化、个性化培养；要在教学活动中坚持以学生学习为中心的教学观，摈弃以教师、教材和课堂为中心的陈旧教学观，转变教师角色，构建师生学习共同体，积极探索先进的教学方式和学习方式，促进学生的自主学习和合作学习，不断改善学生的学习效果。

2.进一步明确人才培养规格和选拔标准

高考招生制度改革的重要目标之一是科学甄别与选拔合适人才。

第一，高等学校要根据经济社会发展对高级专门人才的不同层次、不同类型的多样化需求，以及高等教育大众化发展的阶段性特点，结合

---

① 钟秉林：《中小学要应对高考招生制度改革的新挑战》，《中国教育学刊》2015年第8期。

学校自身的目标定位和办学优势特色，进一步反思和明确学校的人才培养目标，调整和细化各专业大类、专业群和专业人才培养的具体规格，避免盲目攀比和培养目标规格趋同。

第二，高等学校要依据本校确立的人才培养目标和规格，面对特定的市场需求，优化和明晰各专业大类、专业群或专业的人才选拔标准，体现学校及专业的差异性和特色，吸引合适的人才报考本校。

第三，自主招生的试点高校要结合学校人才培养规格和学科专业特色的实际，认真研究选拔具有学科特长和创新潜质的优秀学生的具体要求，并将其体现在人才选拔标准之中，使考生申请和学校推荐能够有的放矢，避免相互攀比和"掐尖"等现象的产生。

第四，中小学在实施新课程改革的过程中，要明确学生培养规格，优化学生评价标准，注重学生综合素质的养成；要改变目前课程评价过分强调甄别与选拔功能的倾向，重视发挥其在促进学生全面发展、提高教师素质和改进教学效果等方面的功能。

3.进一步探索综合评价和多元录取机制

高考招生制度改革的总体目标要求，是形成分类考试、综合评价、多元录取的考试招生模式，健全促进公平、科学选才、监督有力的体制机制。

第一，高等学校要配合上海、浙江高考综合改革试点，根据本校的人才选拔标准和学科专业结构特点，按学科专业大类（专业群）向试点省份提出考生高中学业水平考试的三个或三个以下科目要求。同时，要依据学校的人才培养目标和人才需求预测情况，研究按专业大类（专业群）或按专业（专业方向）进行招生录取的办法。

第二，高等学校要制定科学规范的考生综合素质评价体系和办法，组织教师等专业人员对高中学校提供的学生综合素质档案进行分析，采取集体评议等方式对考生综合素质做出客观评价，并研究将其作为招生录取重要参考的原则和具体办法。

第三，高等学校要建立科学的标准和规范的程序，进一步探索自主录取、推荐录取、定向录取、破格录取等多元录取机制。对高中阶段全面发展、表现优异的学生，实行推荐录取；对符合条件、自愿到国家需要的行业、地区就业的学生，实行定向录取；对在实践岗位上作出突出贡献或具有特殊才能的人才，实行破格录取；自主招生的试点高校要结合本校学科专业特色及培养要求，优化自主考核内容，重点考查考生的学科特长和创新潜质，发挥学科专家的作用，探索科学有效、简便规范的考核方式，并将自主考核结果与高考总成绩相结合，实行自主录取。

第四，中小学校在推进学校教育转型的过程中，要进一步完善高中学业水平考试，将其作为学生毕业和升学的重要依据；要构建和完善学生综合素质评价体系，改进评价方式，丰富评价内容，从学生思想品德、学业水平、身心健康、兴趣特长、社会实践等方面，客观准确地反映学生德智体美全面发展和个性特长发展的情况，使学生综合素质的评价结果可信赖、可比较，并将综合素质档案提供给高校作为录取学生的重要参考。

4. 进一步深化人才培养模式改革

普通高校入学考试方式与内容的改革和招生录取机制的改革，对深化高校和中小学人才培养模式改革提出了新的要求。

第一，高等学校要认真研究未来新生的知识结构和能力素质的变化，培养学术型人才和高端应用型人才的本科院校要抓住改革机遇，探索按学科门类、专业大类或专业群的宽口径人才培养模式；培养技术型人才的本科院校和高职高专院校要面向行业与就业市场需求，加强产学合作、产教融合，探索多样化的技术技能型人才培养模式。

第二，高等学校要结合专业特色和社会需求，调整优化人才培养方案和教学计划。平衡通识教育与专业教育、理论教学与实践教学、宽口径培养与职业能力养成、对口按需培养与夯实拓宽学科专业基础的关系；要调整课程体系，更新教学内容，优化学生的知识结构和能力素质结构，努力提高人才培养效果与社会需求的契合度，改善学生的创业和就业能力。

第三，高等学校和中小学要研究互联网时代知识传播渠道和方式的新变化，关注以慕课、翻转课堂、微课程等为代表的基于互联网的教学方式对高校和中小学人才培养工作带来的冲击，打破以教师为中心的传统课堂教学模式，结合校情尝试探究式学习、翻转课堂等新的教学模式和学习方式，促进学生自主学习、合作学习，重视学生独立思考能力、问题意识和批判精神的养成。

第四，高等学校要主动应对取消本科招生录取批次带来的生源竞争的新挑战，淡化等级身份观念，增强提高培养质量、办出专业特色的紧迫感，集中精力抓好学校的内涵建设，通过提升办学水平和社会声誉来吸引数量充足、质量较高的生源；并通过精心的培养，使每个学生成为社会有用之才。

5. 进一步探索学校体制机制创新

普通高校入学考试制度和招生录取机制改革的推进，将带来生源结构和培养模式的变化，必然对高等学校内部治理结构优化和管理体制机制改革提出新的要求。高等学校要不断深化学习制度改革和内部管理体制改革，积极探索体制机制创新，根据经济社会发展需求和学校自身实际，适时开展按大类宽口径培养、学分制、短学期制、书院（学堂）制，以及订单式培养、校企合作育人等多样化的改革尝试；要抓住高考招生制度改革带来的难得机遇，优化学科专业结构，调整院系设置和教学组织，创新教学管理机制和学生事务管理机制；要完善学校内部教育教学质量监控和保障体系，建立学生学习效果跟踪和评估机制；要推进和完善现代大学制度建设，制定和实施大学章程，为深化人才培养模式改革提供制度保障。

普通高校入学考试科目、内容的改革以及考生综合评价机制的完善，对优化中小学内部治理结构、改革学校内部管理体制提出了迫切要求。中小学要不断深化人才培养体制和教学管理体制的改革，结合学校实际开展分层教学、分组学习、选课制和“走班”教学等多样化的改革尝试，探索和形成中小学教育教学模式的新常态；要改革教师聘任和考核制度，调整教学组织和学生管理机制，为提高人才培养质量提供制度和组织保障。

6.进一步提高师资队伍整体水平

应对高考招生制度改革带来的新挑战，关键是师资队伍整体水平的改善和教师综合素养的提升。高等学校和中小学要认真研究教育教学改革的新趋势，进一步明确教师队伍建设的思路和重点，认真实施教师队伍建设规划，加强师德建设，优化教师队伍结构。要加强教师的职业发展规划和在职培训工作，重视校本培训工作，切实提高教师的教学能力和水平，尤其要提高他们发现学生特长和潜力、指导学生选课选专业以及指导学生规划学习生涯的能力。要改革教师聘任和考核制度，引导教师教学相长、教研相长，将科研资源转化为优质教学资源，不断提高人才培养质量。要重视教学管理人员和学生工作干部的培养培训工作，不断提高他们的管理水平和思想政治工作水平，为学生的全面发展提供保障。

高考招生制度改革将倒逼高等学校和中小学深化综合改革、探索协同创新。高等学校和中小学要高度重视、积极面对，形成改革共识和改革合力，进行系统研究和顶层设计，稳妥扎实地开展综合改革实践探索，将学校的内涵建设和特色发展提高到一个新水平。

高考招生制度改革与高中学校人才培养*

高考招生制度改革是一项系统改革，将倒逼基础教育和高等教育深化综合改革，推进高等教育和基础教育、高等学校与中小学校协同创新，促进教育系统内部和外部协调改革。高中教育是我国教育体系的重要组成部分。高中学校要增强紧迫感和责任感，不断深化综合改革，主动应对高考招生制度改革带来的严峻挑战，抓住难得的改革和发展机遇，促进自身的内涵发展与质量建设。

转变教育思想，更新教育观念。高考招生制度改革的核心价值取向是引导和促进学生全面发展。高中学校要确立以学生为本、促进学生德智体美全面发展的教育价值观，遵循教育教学规律和学生身心发展规律，围绕立德树人开展教学工作和其他各项工作；要树立科学的人才观和质量观，践行因材施教的教育理念，承认学生的差异，尊重学生的选择权，鼓励学生兴趣特长的发展，探索学生的多样化、个性化培养；要摈弃以教师、教材和课堂为中心的陈旧教学观，在教学活动中坚持以学生学习为中心，促进学生的自主学习和合作学习，不断改善学生的学习效果。

改革人才培养模式，不断深化课程改革。普通高校入学考试方式与内容的改革，对高中学校深化人才培养模式改革提出了新的要求。高中学校在实施新课程改革的过程中，要明确学生培养规格，优化课程体系，更新教学内容，注重学生综合素质的养成；要关注互联网时代知识传播渠道和方式的新变化，研究基于互联网线上教学带来的教师角

---

* 原载《中国教育学刊》2015 年第 10 期。

色转变，探索参与式教学、讨论式教学、探究式学习、翻转课堂等新的教学方式和学习方式，加强师生互动和学生合作，注重培养学生的独立思考能力、学习能力和创新精神。

改革学生评价制度，构建综合评价体系。高考招生制度改革的目标之一是引导基础教育深化改革，改革学生评价制度，促进学生综合素质的养成。高中学校要进一步完善高中学业水平考试，将其作为学生毕业和升学的重要依据；要加强学生综合素质评价的体系建设，优化评价标准，丰富评价内容，改进评价方式，从高中学生的思想品德、学业水平、身心健康、兴趣特长、社会实践等方面入手，记录和呈现基于事实和数据的证据，客观准确地反映学生德智体美全面发展的情况，使综合素质评价结果可信赖、可比较，并将综合素质评价档案提供给高校作为录取学生的重要参考。同时，在推进课程改革的进程中，要改变课程评价过分强调甄别与选拔功能的倾向，重视发挥其促进学生全面发展、提高教师业务素质和改进教学效果的功能。

加强教师队伍建设，提高教师能力水平。应对高考招生制度改革带来的新挑战，关键是师资队伍整体水平和综合素养的提升。高中学校要认真研究经济社会发展和教育教学改革的新趋势，适时调整教师队伍建设的思路和重点，修订和完善教师队伍建设规划；要加强教师的职业发展规划和在职培训工作，适应学生自主选课和分层教学的要求，不断提高教师的业务水平和综合素养。当前，根据普通高校入学考试体制和招生录取机制的改革要求，有针对性地开展校本培训工作，打破应试教育的桎梏，着重提高教师发现学生兴趣、特长的能力、指导学生选课和制订学习生涯规划的能力已经迫在眉睫。

探索体制机制创新，切实加强综合改革。普通高校入学考试科目与内容的改革以及综合评价和多元录取机制的探索与完善，对优化学校内部治理结构、改革学校内部管理体制提出了迫切要求。高中学校要重视人才培养体制和教学管理机制改革的系统研究和顶层设计，加强综合改革探索，结合学校实际积极开展分层教学、分组学习、选课制和“走班”教学等改革尝试，探索和形成高中教育教学模式的新常态；要改革教师聘任和考核制度，调整和优化教学组织，创新教学管理和学生管理机制，为深化教学改革、提高人才培养质量提供制度和组织保障。例如，选课制和“走班”教学的改革，不仅需要教师业务能力的提高和教师聘任与考核制度的改革，需要基础设施（如教室资源）的保障，还需要教学组织（如行政班与教学班）的优化和教务管理（如课表和教室编排）以及学生管理机制（如班主任制）的创新，必须统筹谋划，通过深化综合改革予以实现。

坚持因地制宜，鼓励多样化探索。我国区域经济社会发展的不均衡性，导致高中学校在办学条件、师资队伍、管理水平、校园文化等方面的差异性很大，不仅存在着地域、省际和城乡差别，即便是县域内或同城内的校际差别也很大，高中教育的均衡发展还有很长的路要走。因此，高中学校应对高考招生制度改革带来的新挑战，必须坚持因地制宜、因校制宜，进行多样化的改革探索。例如，有条件的高中学校可以实行“走班”教学，甚至可以做到“一生一课表”；而不具备条件的高中学校则可以在地方教育行政部门的统筹协调和政策支持下，在学区或教育集团（联盟）范围内尝试“教师走校”教学或“学生走校”学习，弥补师资力量的不足或教室资源的短缺。再如，探索翻转课堂、先学后教，有条件的高中学校可以充分利用线上优质教学资源，将学生接收知识的阶段转移到课前，课堂上则通过教师引导、师生互动和学生合作，提高学习效率，实现知识内化的部分功能；不具备条件的高中学校则可以让学生利用视频教学资料或纸质教学资料完成课前自学，同样可以践行以学生学习为中心的先进教学理念。

高等学校要主动应对高考招生制度改革新挑战*

2014 年 9 月，国务院印发《关于深化考试招生制度改革的实施意见》，明确了考试招生制度改革的总体要求、主要任务和措施，揭开了考试招生制度改革的序幕；之后，上海和浙江高考招生制度综合改革方案相继出台，试点工作率先启动；其余各省份的考试招生制度改革方案，也将于 2015 年 6 月底前报教育部备案。2014 年 12 月，教育部等有关部委公布了《关于普通高中学业水平考试的实施意见》等四个政策文件，进一步明确了改革的内容、目标、措施和时间表；与此同时，教育部哲学社会科学重大课题攻关项目“高考改革试点方案跟踪与评估研究”在北京师范大学正式立项开题。

现行高考招生制度已不能完全适应经济社会和教育事业发展的现实需求，且其公平性亦受到严峻挑战，改革势在必行。① 高考招生制度改革的目标是有利于高校优化人才标准和评价方式，科学甄别、选拔合适的人才；有利于引导基础教育深化改革，促进学生全面发展；有利于促进高等教育入学机会公平，保障教育公平和社会公正。

高考招生制度改革的任务十分艰巨。② 一方面，高等教育利益相关者增多，利益诉求呈现不同甚至相悖的价值取向，改革政策的出台和改革举措的实施更为艰难；另一方面，高考招生制度除了为高校提供选

---

* 原载《高等教育研究》2015 年第 3 期。

① 钟秉林：《高考招生制度改革的走向与挑战》，《光明日报》2014 年 9 月 8 日第 6 版。

② 钟秉林：《积极稳妥地推进高等学校考试招生制度改革》，《高等教育研究》2012 年第 9 期。

拔人才的依据外，还被赋予了更多功能，关系着社会的稳定和公正。因此，高考招生制度改革必须应对多元化的目标诉求，受政治、经济、文化等诸多因素制约，必须在坚持高考招生制度核心价值取向和基本框架的基础上，围绕改革目标，针对现实问题，进行统筹设计；必须遵循规律，积极稳妥，试点先行，逐步推进。高考招生制度改革内容设计上十分复杂，主要涉及入学考试、招生录取和招生计划分配等重要环节。

高考招生制度改革牵一发而动全身，是一项涉及面广、影响深远的深层次变革，需要政府、学校和社会的广泛参与，需要高等教育和基础教育、高等学校和中小学校的协同探索。[①] 对于高等学校而言，高考招生制度改革绝不单单是学校招生部门的任务，而且是一项涉及教育观念更新、人才培养模式改革、师资队伍建设强化、内部管理体制创新的系统改革。

一、转变教育思想，更新教育观念

高考招生制度改革的核心价值取向是引导学生德智体美全面发展，这涉及一系列教育思想、观念的变革。首先，高等学校要确立以学生为本、促进学生全面发展的教育观，遵循教育教学规律和人才成长规律，围绕立德树人开展教学工作和其他各项工作，坚持全员、全方位、全过程育人，形成重视人才培养和教学工作的校园文化氛围。其次，要践行因材施教的教育理念，研究学生的差异性，尊重学生的选择权，不断深化人才培养模式改革和教育教学体制机制改革，鼓励学生兴趣、特长的发挥。第三，要在教学活动中坚持以学生学习为中心的教学观，摈弃以教师、教材和课堂为中心的陈旧教学观，转变教师角色，构建师生学习共同体，探索先进的教学方式和学习方式，加强师生互动和生生合作，鼓励学生自主学习和合作学习，不断改善学生的学习效果。

---

① 钟秉林：《中小学要应对高考招生制度改革的新挑战》，《中国教育学刊》2015 年第 8 期。

二、明晰人才培养规格，细化人才选拔标准

高考招生制度改革的重要目标之一是优化人才标准和评价方式，科学选拔合适的人才。普通高校入学考试制度改革的主要内容包括：(1)调整入学考试方式和科目。探索本科和专科分类入学考试，高职院校尝试“文化素质＋职业技能”考试，以利于学校选拔技术技能型人才和学生选择适合自己的教育；探索外语等科目一年两考，增加学生的选择性，分散学生的备考压力。(2)改革入学考试内容。以国家基础教育课程标准和高校人才选拔标准为依据，突出对学生融会贯通能力、分析与解决问题能力和综合素质的考察；文理不分科，发挥高考的甄别、选拔功能和对基础教育的导向作用，扭转基础教育过度强调应试的倾向和高中学生偏科的现象。(3)完善高中学业水平考试，提高其规范性、科学性和公信力，促使学生学好每门课程。高等学校要认真研究和确立人才培养目标，调整和细化人才培养规格，优化和明晰人才选拔标准，主动应对入学考试制度改革带来的新挑战。

1.明晰人才培养目标和规格

高等学校要根据国家和地方经济社会发展对高级专门人才的不同类型、不同层次的多样化需求，以及高等教育大众化发展的阶段性特点，结合学校发展目标定位和办学优势特色，明确学校及各专业的人才培养目标；要根据社会需求和专业特色，调整学生的知识、能力和素质结构，细化不同学科专业大类(或专业群)及专业的人才培养规格，避免学校之间、专业之间的盲目攀比和目标规格趋同。

2.优化人才选拔标准

高等学校要依据本校确立的人才培养目标和规格，进一步优化和明晰人才选拔标准。如大部分本科专业的人才培养目标是培养应用型人才，而不同类型和发展定位的高校，包括中央部委高校和省属重点高

校，都应结合本校的学科专业优势和特色，面对特定市场需求，细化和明确人才培养的具体规格及相应人才选拔标准，体现学校及专业之间的差异和特色，吸引合适的人才报考本校。

3.明晰自主招生的选拔要求

自主招生试点高校要按照教育部有关政策规定，结合本校学科专业特色和人才培养规格，研究选拔具有学科特长和创新潜质的优秀学生的具体要求，将其体现在人才选拔标准之中，并公示于社会和高中学校，使考生申请和学校推荐能有的放矢，避免相互攀比和“掐尖”等现象的产生。

三、探索综合评价和多元录取机制

高考招生制度改革的总体目标要求，是形成分类考试、综合评价、多元录取的考试招生模式，健全促进公平、科学选才、监督有力的体制机制。高等学校要研究和构建考生综合评价和多元录取的新机制，应对招生录取机制改革带来的新挑战：

1.提出学业水平考试科目的要求

高等学校要配合上海、浙江高考综合改革试点，根据本校的人才选拔标准和学科专业结构特点，在深入研究不同专业学生的知识、能力和素质结构的基础上，按学科专业大类（或专业群）向试点省份提出考生高中学业水平考试的三个（或三个以下）科目要求，作为考生选择纳入高考总成绩的三门高中学业水平考试科目的参考。

2.论证和调整招生录取模式

高等学校要抓住招生录取机制改革的难得机遇，依据人才需求预测情况和学校及专业人才培养目标和规格，研究论证符合学校人才培养模式改革思路和目标的招生录取模式和办法，如探索按专业大类（或专业群）宽口径招生录取，或按专业对口招生录取等，为学生进校后的培养及培养方式的改革做好准备。

3.建立考生综合评价机制

高等学校要研究对考生进行综合评价的基本原则，制定相应的实施办法，建立考生综合评价机制，如组织教师等专业人员对高中学校提供的学生综合素质档案进行研究分析，采取集体评议、等级评定等多种方式，对学生思想道德、学业水平、身心健康、艺术素养、社会实践等方面的表现和学科、体艺特长情况做出全面客观高效的评价，探索将综合素质评价结果与高考总成绩相结合作为高校录取学生的重要参考的规则和方法等。

4.完善考生多元录取机制

高等学校要建立科学的标准和规范的程序，稳妥探索和不断完善自主录取、推荐录取、定向录取、破格录取等多元录取机制。对高中阶段全面发展、表现优异的学生，实行推荐录取；对符合条件、自愿到国家需要的行业、地区就业的学生，实行定向录取；对在实践岗位上作出突出贡献或具有特殊才能的人才，实行破格录取。自主招生试点高校要发挥学科专家的作用，优化考核内容，探索科学有效、简便规范的考核方式，将反映考生学科特长和创新潜质的考核结果与高考总成绩相结合，实行自主录取。

四、优化人才培养方案，创新教学方式和学习方式

普通高校入学考试方式与内容改革，以及招生录取机制改革，将使未来的高校生源在知识结构、兴趣特长、能力素质结构等方面发生新的变化，必然对高校人才培养和教学工作带来深刻影响。高等学校要认真研究新问题，从培养方案和专业建设、课程体系和教学内容、教学方法和教学手段等方面不断深化人才培养模式改革和教学改革。

1.探索多样化的人才培养模式

高等学校要研究新生知识结构和能力素质结构的变化情况，根据

自身目标定位和社会需求，探索构建多样化的人才培养模式。培养学术型人才和高端应用型人才的本科院校要抓住招生录取机制改革的机遇，积极探索按学科门类、专业大类（或专业群）招生和培养的宽口径人才培养模式，满足社会和市场对高级专门人才的高端需求；培养技术技能型人才的本科院校和高职高专院校要面向行业和企业需求，加强产学合作、产教融合，积极探索多样化的人才培养模式，满足社会和市场对具有较强实践能力的技术技能型人才的迫切需求。

2.调整优化人才培养方案和教学计划

高等学校要结合专业特色和社会需求，调整和优化人才培养方案和教学计划。要注重平衡好通识教育与专业教育、理论教学与实践教学、宽口径培养与职业能力养成、对口按需培养与夯实拓宽学科专业基础之间的关系；要优化学生的知识结构和能力素质结构，调整课程体系，更新教学内容，努力提高人才培养效果与社会需求的契合度，提高学生的就业和创业能力。

3.抓好专业建设与改革工作

专业是人才培养的平台和载体，生源质量、培养质量和就业质量是衡量专业建设水平的核心指标。高等学校要明确专业设置原则，规范专业设置，构建科学的学科专业体系，完善专业的准入机制和退出机制；要根据生源结构和市场需求的变化情况，适时调整和更新专业内容；要处理好专业与学科、专业建设与学科建设之间相辅相成的辩证关系，发挥学科在专业人才培养中的基础性和支撑性作用；要引导教师通过科学研究和技术研发促进教学水平和质量的提升。

4.改革传统的课堂教学模式

高等学校要认真研究互联网技术和知识数字化技术发展带来的知识传播渠道和方式的新变化，高度关注慕课、翻转课堂、微课程等基于互联网的教学方式对高校人才培养工作带来的冲击，着力改革以教师和教材为中心的传统课堂教学模式，根据不同专业和课程的基本要求和特点，探索线上线下教学结合等新的教学方式和学习方式，促进学生的自主学习和合作学习，重视学生独立思考能力、知识融会贯通能力、问题意识和批判精神的养成。

5. 集中精力抓好内涵建设和质量建设

试点省份将逐步取消本科招生录取批次，这对高校招生和人才培养工作带来了深刻影响，学校之间的生源竞争将更趋激烈。高等学校要主动应对取消录取批次带来的新挑战，淡化身份等级观念，增强抓好质量建设、办出专业特色的紧迫感和危机感，将主要精力放在学校内涵建设和特色发展上，通过提升办学水平和社会声誉来吸引数量充足、质量较高的生源；通过精心的培养，使每个学生都成为社会有用之才。

五、加强教师和管理干部队伍建设，提升教师干部水平

高考招生制度改革对高校教师队伍和管理干部队伍建设提出了新的更高的要求。高等学校要进一步加强队伍建设，努力提高教师队伍和管理干部队伍的综合素养和整体水平。

1. 完善教师队伍建设规划

高等学校要认真研究经济社会和科技文化发展的新特点，跟踪国内外教育教学改革发展新趋势，结合学校实际情况，明确教师队伍建设的思路和重点；要重视和加强师德建设，关注教师的职业生涯发展，优化教师队伍结构，包括年龄、学科专业、学位、职称和学缘结构，以及专兼职和双师型教师结构，不断改善教师队伍的整体水平。

2. 加强制度建设和政策导向

高等学校要改革教师聘任和考核制度，引导教师处理好教学与科研的关系，坚持教学相长、教研相长，不断提高育人水平和学术水平；要

重视将学术研究和技术研发资源和成果转化为优质的教学资源，转化为课程与教材的新内容，为培养创新型人才创造条件，提供支持。

3. 加强教师和管理干部的培训工作

高等学校要加强教师的职业发展规划和在职培训工作，重视提高教师的教学能力和水平，尤其要提高教师发现学生的特长和潜力、指导学生选课选专业和规划学习生涯的能力，以适应高考招生制度改革和学习制度改革的新要求；要重视教学管理人员和学生工作干部的培养培训工作，提高他们的教学管理水平和学生思想政治工作水平，为学生的成长成才提供人力资源支撑和保障。

六、探索内部体制机制创新，提供组织和制度保障

普通高校入学考试制度和招生录取机制改革的推进，将带来高等学校人才培养模式的变革，必然对学校内部治理结构和管理体制机制提出新的改革要求。

首先，高等学校要加强人才培养体制改革和内部管理体制改革的系统研究和顶层设计，积极探索体制机制和学习制度创新。如根据经济社会发展需求和学校的人才培养目标和规格，适时开展按大类宽口径培养、学分制、短学期制、书院（学堂）制的改革探索，抑或进行订单式培养、产学合作育人等多样化的改革尝试。

其次，要抓住高考招生制度改革带来的难得机遇，优化学校的学科专业结构，调整院系设置和教学组织，为深化综合改革搭建组织框架；另一方面，要适应学习制度和人才培养模式改革的要求，探索教学管理机制和学生事务管理机制创新。

第三，要完善学校内部教育教学质量监控和保障体系，明晰质量标准，优化指标体系，改革评估方式，强化评估结果反馈和改进工作的机制，建立学生学习效果跟踪和评估机制，不断改善学生的学习效果。

第四，要推进和完善现代大学制度建设，制定和实施大学章程，为深化人才培养模式改革、提高人才培养质量提供制度保障。

综上所述，高等学校要进一步增强紧迫感和责任感，主动应对高考招生制度改革带来的严峻挑战，抓住难得的改革和发展机遇，在全校形成改革共识和改革合力，稳妥扎实开展综合改革实践探索，促进自身的内涵建设和特色发展。

新高考背景下高校招生与人才培养的成效、困境及应对*

2014年国务院颁布《关于深化考试招生制度改革的实施意见》以来，浙江省和上海市率先开展高考综合改革试点工作；2017年，北京、天津、山东、海南相继开展试点工作；2019年，河北、辽宁、江苏、福建、湖北、湖南、广东、重庆公布高考综合改革方案。新高考实施科目改革，取消录取批次，实行平行志愿录取，对高校招生和人才培养都带来了严峻的挑战与难得的机遇。

2014年以来，笔者对高考综合改革试点省份进行持续跟踪研究，通过访谈和调查问卷等多种方式评估新高考实施的效果。访谈对象包括高校招生部门管理者（64人）、高校教学单位教师（23人）、高校学生（48人）；问卷调查主要面向某试点省份高校教师群体和学生群体开展，回收有效问卷分别为8490份和35635份。从调查分析结果来看，新高考在以人为本、促进科学选才等方面取得了一定成效，对高校的招生与培养带来挑战与机遇；高校在新高考背景下积极应对，进行改革探索。对这些经验进行总结，可以为后续试点省份尤其是高等学校的招生与培养工作提供经验借鉴。

一、改革成效

1.改革平稳落地，各方获得感强

新高考取消录取批次、实施平行志愿录取，增加了学生志愿填报的数量，减少了学生调剂的可能性，学生能够被录取到本人填报的专业。

---

* 原载《中国高教研究》2019年第5期，王新凤为第一作者。

因此，高校教师和学生群体对志愿填报方式、取消录取批次、平行志愿投档等招生录取政策的认可度较高。

投档满足率高。高考综合改革取消录取批次后，打破了人为固化学校身份的桎梏，高校不必受制于原先录取批次的限制，显著提高了原来的一本院校的投档满足率。浙江省2017级和2018级学生录取结果呈现出“四高一低”的特点——志愿填报率高、志愿投档率高、志愿满足率高和专业匹配度高，退档率低，2018年第一档退档率仅为0.034%。综合评价招生使得高校能够招收到具有专业忠诚度的优质生源，高校、院系要求扩大综合评价招生的积极性较高。在学生自由选科的背景下，高校能够招收到符合学科专业特色需求的考生，如上海海事大学设定地理学科为必考科目，提前批次录取情况良好，学生选考科目与专业匹配度高，也改变了往年招不满的状况。

各方获得感强。一是学生获得感强。问卷调查显示，84.1%的高校学生对自己录取的专业满意，80.9%的高校学生对自己录取的学校满意。浙江大学2018年第一志愿的录取率为91.52%；浙江师范大学2018级浙江生源新生对专业的满意度比其他省份高出9.4个百分点。总体而言，学生的专业满意度较高，获得感强，表明以学生为中心的改革初见成效。二是高校获得感强。新高考强调学生与高校的选择性，满足高校不同专业招生的需求，一定程度上扩大了高校的招生自主权，满足了不同专业对文理科基础的双重需求，有利于人才培养质量的提升。部分高校教师表示，招生录取分数线高于往年、录取结果超出预期，尤其是受限于录取批次的应用型本科专业，能够吸引更多考生报考。

2. 多元招生录取，促进科学选才

新高考模式下，除统考招生录取模式外，浙江省探索实施高职提前招生、单独考试招生、“三位一体”招生，上海市探索实施自主招生、春季招生、综合评价招生等多种招生录取方式，实现了从单一评价向多元综合评价的招生录取模式的转变，拓宽了高考招生评价与选拔的路径，促

进了高校由“招分”向“招人”的转变，有利于实现促进学生全面而有个性发展的改革方向。

探索综合评价招生，促进科学选才。新高考探索基于统一高考和高中学业水平考试成绩、参考综合素质评价的多元评价方式，即综合评价招生。国内学者对综合评价招生的实施效果比较认可，认为这是改变“一考定终身”的有效途径，扩展了高校和考生的双向自主选择权①；评价要素比较全面，兼顾中学阶段评价、招生学校评价和统一高考三个维度②，有利于人才结构多样性选拔和引导学生个性化发展等③。笔者的追踪调研验证了这一推论，一是有利于有效选才，部分高校数据追踪分析结果证明，综合评价招生的学生的成绩与其 GPA 直接相关；二是有利于科学选才，综合评价招生改变了传统高考“见分不见人”的弊端，有利于高校更加全面而有效地评价考生，招收到优质生源；三是有利于学生发展，受访学生认为，综合评价招生使得成绩中等偏上的学生获得了与顶尖学生比肩的机会，激发了学生的学习积极性和后发力，因此受到学生的追捧，报名人数逐年增加。浙江大学“三位一体”招生计划从 2014 年的 100 人扩展到 2018 年的 700 人，占在浙招生计划的 20%，高校要求继续扩大综合评价招生比例的意愿强烈。

探索分类考试，体现多元评价。试点省份除了实施统一高考招生、自主招生、“三位一体”招生之外，高职院校探索提前招生和单独考试招生，应用型本科院校面向中职学校探索“三位一体”招生等多种考试与招生模式，实现多元选拔、多渠道录取，拓展学生录取渠道。调查问卷显示，高职教师和学生对以下三项改革措施的认同率都在 83% 以上——以全省统一组织的职业技能考试成绩为基本依据；对考生文化

---

① 冯成火：《浙江省“三位一体”招生模式改革的思考和探索》，《教育研究》2014 年第 10 期。

② 边新灿：《甄选入学、自主招生和“三位一体”多元选拔模式比较研究》，《浙江师范大学学报（社会科学版）》2015 年第 2 期。

③ 王国华、裴学进：《地方高校“三位一体”招生制度及其完善策略——基于浙江省探索的分析》，《黑龙江高教研究》2013 年第 3 期。

素质和职业适应性进行综合评价，择优录取；职业技能考试采用理论考试和操作考试相结合的方式。高职院校的提前招生使选拔人才更加科学化，如酒店管理专业、导游专业等对学生素质有特殊要求的专业，通过面试再结合学生的高考成绩进行录取；通过提前招生，选拔综合素质高、有特长的学生，如体育、篮球、美术等特长的学生，提升了校园文化建设水平；通过单独考试招生录取退役士兵；通过免试入学，招收优秀的中职生等。

3.优化专业结构，改革培养模式

新高考倒逼高校深化教育教学改革，重视特色专业宣传，加强学科专业建设和专业结构调整，优化人才培养方案，高校对高考改革的关注与参与都有了明显提升。

倒逼高校优化专业布局结构。新高考实施平行志愿到专业、取消录取批次等改革举措，使得招生竞争的焦点由学校与学校之间的竞争转变为专业与专业之间的竞争，专业不再有“录取批次控制线”和所在学校“最低录取分数线”的保护，在招生录取方面实现了学校间的同台竞技，在一定程度上为高校专业建设提供了重新定位和发展求变的机遇。尤其是平行到专业的投档模式，倒逼高校调整专业结构和学科布局，面向社会需求加强专业建设和改革，努力实现专业特色化发展和学校内涵式发展。包括“双一流”建设大学在内的许多高校进一步完善专业调整机制，建立和实施专业退出机制，不少高校本科专业的整合和退出幅度占到了学校专业总数的20%—30%。

促进高校改革人才培养模式。新高考背景下，生源的结构、知识基础更趋多元，试点省份高校围绕高考改革的新要求，针对同一专业学生不同的知识背景，提前规划教学模式的改革和人才培养方案的修订，积极探索分层分类教学，利用互联网教学探索个性化培养；加强基础课程建设和低年级阶段的通识教育与宽口径培养。同时，放开转专业限制，扩大学生选择权，问卷调查中，90%以上的高校教师认同“学校进一步完善了转专业制度，满足了新高考学生学习需求”这一说法。不少本科院校探索分层教学、校办教学等新的教学模式，不断提高本科人才培养质量；不少高职院校积极尝试“学徒制”在职业教育中的应用与回归，增强职业教育的实践性和职业性，凸显了实践技能在职业人才培养中的重要性，也促进了中职学校的教学改革。

4. 推进中高衔接，招生培养一体

新高考模式加强了高校与中学的衔接，高考从此不再是高中学校或者高等学校招生部门的“独角戏”，而且就高校内部而言，新高考模式也促进了招生与培养工作的联动，从而实现了招生与培养的一体化衔接。

高校与高中的衔接加强。新高考模式下，高校为了招收到充足而优质的生源，加强了对中学的宣传与衔接，改变了过去高校与高中“老死不相往来”的局面。问卷调查中，分别有 96％和 91％以上的高校教师认为本校新高考以来“加强了招生宣传”和“加强了与中学的衔接”。很多高校深入高中学校对生源特征进行调研，推出“校园开放日”活动，邀请资深教授面向高中生讲解专业，有针对性地做好招生宣传工作。如衢州学院每年组织生源片区的中学校长来校进行信息交流，与 15 所高中建立了优质生源基地，派教授专家赴优质高中进行专题讲座，指导学生创新社团、讲解“三位一体”招生政策、开展志愿指导等。同时，新高考促进了高校与中学人才培养的联动，不少高校积极参与高中学校的先修课程研发工作，推动课程建设的中高衔接，帮助高中开设职业生涯规划类课程，指导学生进行科目选择，使学生的专业和学校选择更有针对性。

招生与培养的联动加强。新高考模式下，很多本科院校，尤其是“双一流”建设大学主动探索按专业大类或专业群招生，同类（群）所含专业指定的选考科目是相同的，这必将会撬动高校人才培养模式的调整与改革，为宽口径人才培养和加强通识教育创造条件。新的招生录取方式赋予了高校二级学院更多的招生自主权，促进了高校各职能部门和院系教师广泛参与到招生工作中来，这必然会加强高校招生工作与专业建设、教师教学、学院发展之间的联系。

二、现实困境

高考招生制度改革“牵一发而动全身”，是一项涉及面广、影响深远的深层次变革，需要政府、学校和社会广泛参与，高等教育和基础教育、高等学校和中小学校协同探索。对于高等学校而言，高考招生制度改革绝不单单是学校招生部门的任务，而是一项涉及教育观念更新、人才培养模式改革、师资队伍建设强化、内部管理体制创新的系统改革。新高考背景下，高校招生与人才培养的挑战与机遇并存。

1.优质生源与专业发展：设置选考科目的两难选择

从高校的角度来看，高考的首要功能是选拔合适的人才，招收到高质量的学生。在我国高等教育即将进入普及化发展阶段的大背景下，高校将生源作为重要的人力资源，将生源质量作为首要的关注目标，在招生模式、招生专业和计划、确定选考科目等方面都要求享有更多的自主权。由于取消高考录取批次、综合评价招生等政策的实施，不同高校处于平等竞争的同一起跑线上，都有可能够招收到理想的新生，因此，高校对这些新政策的认可度普遍比较高。

在新高考模式下，首当其冲的是学生“功利化”选科带来的影响。目前，新高考试点省份实施“3＋3”科目设置，除语数外三科之外，学生需要自选三科作为选拔性考试科目，选考成绩加权赋分后计入总成绩。这一举措在增加了学生选择机会的同时，学生选科也出现了趋易避难的功利化倾向，呈现出“驱赶效应”和“磁吸效应”，即大量学生逃离物理等相对较难的学科，而去选择相对容易获得高分的学科，浙江和上海两地选考物理人数下降，引起了各方普遍关注。为解决选科人数“畸多畸少”的问题，各方都建议高校在设置选考科目时，应该加以限制，限选三门科目之间的关系应该是“和”而不是“或”的关系。

但从高校角度来讲，选考科目限制太紧可能会使潜在生源减少，继而影响录取分数和生源质量。高校确定学生选考科目的主要依据，一是人才培养的专业素养要求和学科相关性，限定的选考科目应该与本专业或专业类（群）学习密切相关，如理工科类生源限选物理科目等；二是未来生源的覆盖面，即限定选考科目之后有充足的生源报考，选考科目限制条件越低生源越充足，条件越高则意味着生源越少。因此，高校为吸引优质生源，会放宽专业选考科目限制，也出现了"功利化"指定选考科目的倾向。"双一流"建设大学等高水平高校在优质生源充足的基础上更强调专业（类、群）与选考科目的相关性，而包括省属高校、民办本科院校和高职院校在内的一般高校则会更多考虑专业对考生的吸引力，往往会选择放宽选考科目限制，以求在新高考重新"洗牌"的差序格局中谋求更好的位置。

为此，2018 年教育部出台了《普通高校本科选考科目要求设置指引》，对各专业必需的基础科目加以限定。高校教师认为，选科指引非常及时，增加物理、化学等基础学科要求，可以弥补学生学科基础的不足；问卷调查中 75.2％的高校教师认为，选科指引符合新高考的要求。此外，浙江省和上海市相继出台政策，建立选考科目保障机制。但是，选科指引和选考科目保障机制的实施效果显现尚需时日，因此，今年拟启动高考综合改革的省份普遍拟采取"3＋1＋2"的科目设置方式，即统考语数外三门科目，物理或历史限选一门科目，另外再自选两门科目，这在一定程度上可以解决物理选考人数下降的问题，但又会引发尊重学生选择权的新问题，其他科目选择也依然存在趋易避难倾向等问题，学生与高校"功利化"选科的问题将依然存在。

2. 因材施教与墨守成规：应对生源结构多元化的挑战

人才培养是高校的基本功能和根本任务，也是高校内涵建设的核心内容。新高考模式下，生源知识结构多元化与生源质量的差异性给高校人才培养带来新的挑战，传统的人才培养模式可能会带来教育质量的下滑，而因材施教则需要高校人才培养模式做出较大的调整与变革。

在新高考模式下，生源结构从原来相对单一、相对扁平的分布特征向多元化、多样化转变，学生的知识结构发生了很大的变化。传统高考模式下只招收文科生或理科生的专业，现在的生源文理交叉；同一个专业（类、群）的生源因为学生的选考科目各不相同，导致学生的知识结构、学科特长、专业基础也不尽相同。生源结构的多样性、学生兴趣的差异性等都会给高校招生、专业设置和人才培养等各方面带来深刻的影响。传统高考模式下统一的教学计划、教学内容等无法满足学生的现实需求，这就需要教学管理部门协调多方力量来改进管理，以适应新的挑战。[①] 如何针对多样化的生源落实因材施教，实现人才培养目标，成为人才培养方案重新修订时需要考虑的重要因素。

因物理选课人数下降、考试难度降低等因素，导致部分学生的基础学科知识不够扎实，生源质量差异大，对高校人才培养带来新的挑战。一方面，专业间最低录取分数差异大。部分专业进行多段录取后才完成招生计划，同专业学生的高考成绩和学业水平有比较大的差异。高校的劣势专业与优势专业间的生源质量差距拉大，校内学生质量间的两极分化更加明显，部分高校教师表示，高校内部不同类型专业间录取最低分差出现明显的增大趋势，专业间的分数相差比较大。另一方面，学生理科基础薄弱。部分高校教师反映，学生的挂科率尤其是公共基础课的挂科率增加，如某高校 2018 年学生挂科率比以前增加了 30％左右，这给人才培养和教学管理带来很大压力。问卷调查显示，高校本科教学岗的教师对新高考的满意率只有 48.4％，远低于高校教师满意率的平均水平，84.7％以上的高校教师认同“趋易避难的选课倾向弱化了学生知识基础”的观点。

3.公平竞争与特色发展：冷门专业与弱势专业遭遇生源危机

新高考改革举措的实施促进了高校之间的公平竞争，也加剧了不同高校同类专业间的角逐，倒逼高校重构学科专业结构，以避免出现冷

---

① 贾彦彬、孟鹏涛：《国家招生考试制度改革视域下地方本科高校的应对策略》，《长春理工大学学报（社会科学版）》2018 年第 5 期。

门专业和弱势专业将产生新的生源危机现象。

高校受访者认为，新高考挑战高校招生、人才培养和就业工作的一体化机制。传统高考模式下，不同专业都可以在学校内部通过专业调剂满足生源数量和相应的质量，而平行志愿录取方式将直接影响到高校某些专业的生存与发展。长线、冷门、缺乏特色、培养质量不佳的专业，都可能在新高考中面临减招或停招、退出的风险。高职院校新高考背景下的冲击感受更为明显，问卷调查分析结果显示，89.3%的高职教师对“冷门专业遭遇生源危机”的说法表示认同。

同时，在新高考模式下，如何突出特色专业，让学校的特色专业和优势专业脱颖而出，成为高校招生与培养环节的难题。比如，部分高校特色优势专业录取分数并没有明显的提升，高校为了吸引考生也可能会出现违背规律、重专业名称而轻内涵建设的倾向，设置的部分专业名不副实、名过其实；或者将冷门专业、弱势专业放在综合评价招生计划或自主招生计划之中，对考生志愿填报会有一定的误导，也会影响人才培养质量。

4. 招生自主与公平质疑：综合评价招生步履维艰

综合评价招生是新高考的重要举措之一，其改革目标和价值取向无疑是正确的，但由于目前中学生综合素质评价与综合评价招生本身的科学性和公平性依然有待提高，综合评价招生的实施范围受到了限制。

高中学生综合素质评价的内容和标准不统一，降低了综合素质评价的信度和效度，中学感觉难以操作，高校很难在招生录取环节有效地使用，不同地区和学校的学生也难以进行比较。部分试点省份为便于在高校招生录取中直接使用，将中学生综合素质评价信息进行等级评比，在统一标准和增加效度的同时，也因等级划方法而引发争论，比如不同办学水平的学校，用同样比例划分 A 等，存在不公平质疑。高校对中学生综合素质评价的使用范围和程度有限，中学层面对其在高校招生录取环节中到底发挥多大作用存在疑虑。综合素质评价在实际操作过程中存在“走过场”和“集中突击”等现象，综合素质评价档案往往由高中教师"突击"完成。

高校综合评价招生的科学性与公平性亟待进一步完善。受访者认为，综合评价招生对弱势群体不利，拉大了城乡入学机会差距；同时，"双一流"建设大学等重点高校增加了综合评价招生的规模，相对减少了统招计划，在一定程度上降低了未取得综合评价招生报名资格的高中学生的入学机会。很多高校的综合评价招生以学科竞赛为报考资格，社会培训机构的介入使学科竞赛越来越专业化和职业化，在一定程度上增加了学生的课外学习负担和家庭经费支出。另外，综合评价招生的程序规范和信息公开还需要加强，部分高校将综合评价招生作为保护弱势专业的途径，存在功利化倾向。

三、应对策略

应该指出，上述问题是伴随着高考综合改革的逐渐深化和逐步推广而出现的新问题，成因十分复杂，与教育观念和顶层设计、教学改革和评价制度、体制改革和机制协调、政策导向和舆论环境等因素密切相关。笔者认为，必须回归改革初心、坚定改革目标、遵循教育规律，通过转变教育观念、深化综合改革、进行政策微调等举措，进一步提高高考改革的科学性与公平性。高等学校要主动应对高考改革带来的新挑战，抓住发展机遇，实现内涵式发展方式的转变。

1. 遵循教育规律，引导学生合理选科

高中学生自主选择考试科目，体现了以学生为本、尊重学生选择权和兴趣特长发展的重要价值取向。学生理性、合理选择选考科目，是实现高考改革目标、提高人才培养质量、促进学生全面而有个性发展的重要基础。高校要把握改革全局，更新教育观念，主动推进高考综合改革的顺利实施。

首先，深入研究选考科目赋分方法。在数据测算基础上，充分论证等级赋分的合理性及可能存在的问题，提出相应的解决方案，解决选考

科目分数之间不等值的问题，铲除学生功利化选科的根源。其次，引导高校理性限制选科。高校要落实教育部提出的《普通高校本科招生专业选考科目要求指引》，自觉根据人才培养目标和专业规律与特点合理设置选考科目，保证人才选拔效率和培养质量。第三，优化高校招生分类依据。高校应明晰人才培养规格和选拔标准，及时追踪评价学科专业录取要求与考生知识结构匹配的效果，以专业（类、群）需求为基础，探索大类招生模式；以培养应用型和技能型人才为主的本科院校和高职院校，亦应根据新情况研究探索按专业对口招生的新方式。第四，中高衔接引导学生合理选择。教育行政部门应搭建平台，促进中学和高校的交流与合作，加强高校与中学在招生与培养环节上的有效衔接，引导学生根据自身特点、兴趣爱好和未来规划，作出理性和合理的选考科目选择，减少功利性和盲目性。

2. 优化专业结构，加强专业内涵建设

高校要科学研判高考综合改革对学校学科专业结构调整带来的新挑战与新机遇，重新审视学科专业优势和社会需求匹配现状，扎实做好专业结构调整和优化工作，逐步提升在招生录取中的竞争力，为提高人才培养质量奠定基础。

首先，建立科学的专业体系。高校要遵循教育规律和人才培养规律，研究学科发展趋势和经济社会发展需求，依据学校发展定位和人才培养目标以及办学特色，构建科学的专业体系，研制相应的培养方案，促进招生与专业发展的良性循环。其次，健全专业整合和调整机制，压缩专业数量，探索开设新兴的、跨学科多领域交融的、富有地域特色和院系特色的专业方向。建立专业退出机制，集中力量办好优势专业。对没有优势特色或办学水平低下的专业，实行限制招生或者停止招生，乃至停办专业；对于所谓“冷门专业”要具体研究，属于国家需求的基础学科和特殊学科专业要予以保护，属于与经济社会发展需求匹配度不高的专业则应予以退出。第三，建立健全专业动态跟踪评价和质量保障机制。要明确专业建设标准，优化专业认证和评价指标体系及评价方式，强化反馈和改进工作机制，提高专业质量保障体系的有效性，为专业建设改革和动态调整提供科学依据。第四，加强专业内涵建设。要面向国家和区域发展战略需求，尊重学校办学基础和专业规律，加强学科专业一体化建设，办出专业特色和优势，改善学校社会声誉，从而提高专业的辨识度和吸引力，避免专业发展同质化现象。

3. 探索因材施教，创新人才培养模式

新高考模式下生源结构多元化及生源质量差异性对人才培养带来了新的挑战，高校要加强系统研究和顶层设计，努力践行以学生为本、因材施教的教育理念，不断深化人才培养模式改革，培养高素质高级专门人才。

首先，完善专业分流、转专业等制度建设，尊重学生选择权。高校要探索实施大类招生、宽口径培养，进一步完善专业分流和转专业等相关制度和政策，给学生提供更多的选择机会，真正建立起以学生发展为中心、以学习结果为导向的学生评价机制和教学质量保障机制。

其次，优化课程体系和培养方案，保证人才培养质量。要系统研究专业人才培养规格，明确学生的知识、能力、素质结构和就业市场需求；加强基础课和专业基础课教学，适度增加通识课程的比例，适当扩大选修课范围，增设相关选修课、衔接课和先修课等，夯实学生的学科专业基础，满足学生多样化的学习需求；注重学生创新创业能力、实践动手能力培养和综合素质养成。“双一流”建设大学等重点高校要积极探索宽口径人才培养和跨学科（类）人才培养；以培养应用型和技能型人才为主的本科院校和高职院校，要加强校企合作和产学融合，探索理论与实践相结合的符合市场需求的多样化人才培养模式。

第三，创新学习方式和教学组织形式，实现因材施教。要高度关注和密切跟踪以互联网、大数据、人工智能和虚拟现实技术为代表的信息科技与教育教学融合的发展趋势，充分利用慕课等网络资源和教学平台，创新教学方式和学习方式，改革传统的课堂教学模式，探索分层教学、小班教学等教学策略，引导和鼓励学生自主学习、合作学习和探究式学习，提高教学效率，改善学习质量，实现多样化和个性化培养。

第四，改革教学管理机制，探索学习制度创新。要抓住高考改革带来的难得机遇，结合学校人才培养实际，积极开展学分制、弹性学制、短学期制、书院制，以及“订单式”“学徒制”等改革探索，为高素质人才培养提供机制保障；完善现代大学制度建设，创新学生事务管理机制，营造重视教学的校园文化，为学生成长成才提供优良育人环境和氛围。

4. 坚持多样探索，逐步拓展综评招生

对考生进行综合评价和多元录取，克服“一考定终生”和“唯分数论”的弊端，引导学生全面而有个性发展，是高考综合改革的基本价值取向和重要目标，也是高考改革的难点问题之一，高校要主动顺应改革趋势，进行多样化改革探索。

首先，构建国家和地方层面综合素质评价标准和平台。要规范综合素质评价的内容、形式、评价标准和操作流程，使综合素质评价结果可信赖、可比较、可使用。在地方政府主导下统筹社会资源建立社会实践基地，尤其要重视为欠发达地区和薄弱学校的学生提供社会实践教育资源。第二，多种方式探索综合素质评价档案的有效使用。在提前招生、自主招生、注册招生、定向招生、综合评价招生等多种招生类型中，在初审、面试、录取等多个环节中，高校要进行多样化探索，切实将综合素质评价作为招生录取重要的参考依据。第三，开展综合评价招生的校本研究。高校要对通过综合评价招生方式录取的学生的学习成绩、全面表现和就业意向等进行动态跟踪与评价，为高考招生录取中科学使用综合素质评价档案提供实证依据和实施对策。第四，进一步落实高校招生自主权。总结“双一流”建设大学等重点高校探索综合评价招生的实践经验，打破依总分录取的传统模式，为全国高校提供参考借鉴；根据各省实际情况适当扩大综合评价招生试点范围。第五，维护综合评价招生的公平公正性。高校要加强对综合素质评价档案使用过程中的监督和监管，保证招生录取信息公开和透明，杜绝暗箱操作等权力寻租现象，使高考招生回归科学选才的基本价值取向。

高校要抓住高考综合改革的契机，加强系统研究和顶层设计，集中精力抓好学校的内涵建设。我国受教育人口众多，办学条件和水平差异较大，社会对于高级专门人才的需求多样，人民群众对优质高等教育的选择性需求旺盛，不同利益相关群体的利益诉求相互冲突，这些特征决定了高考招生制度改革是一项复杂的系统工程，改革任务十分艰巨。作为高考改革主要利益相关者的高等学校，要坚持办学方向和质量标准，在转变教育教学观念、调整学科专业结构、深化培养模式改革、加强教师队伍建设、优化内部治理结构、营造优良校园文化等方面不断深化综合改革，在稳妥推进高考招生制度改革的进程中，实现高校的内涵式发展。

新高考综合评价招生的成效与现实困境探析*

2014年国务院颁布《关于深化考试招生制度改革的实施意见》，提出改革考试形式与内容，规范高中学生综合素质评价，探索依据统一高考和高中学业水平考试成绩、参考综合素质评价的多元录取机制，即"两依据、一参考"的综合评价招生。随后，浙江、上海和北京、天津、山东、海南等省市分两批相继启动高考综合改革试点工作，各省市的高考综合改革方案中都提出要建立、规范和完善高中学生综合素质评价制度，探索综合评价招生，将高中学生综合素质评价结果作为高校招生录取的重要参考。

将综合素质评价纳入招生录取的探索由来已久，从重点大学招收保送生、特长生到自主招生，再到高考综合改革试点省市实施综合评价招生，我国高校一直在探索综合运用多类评价要素的招生模式，弥补统一高考模式"唯分数论"的缺陷。2007年，中南大学率先进行综合评价录取试点，依据考生的高考成绩和学校考核成绩录取。[①] 浙江省2011年在全国率先实行"三位一体"综合评价招生，新高考后进一步扩大了试点范围。上海市从2017年起在自主招生等环节中使用高中学生综合素质评价信息，同时在春季考试招生中探索综合评价招生；山东省在部分中央部属和省属本科高校开展综合评价招生，要求高校组织教师

---

* 原载《高等教育研究》2019年第5期。

① 边新灿：《高校综合评价招生改革：演进逻辑、模式选择和对策分析》，《教育研究》2017年第7期。

采取集体评议等方式对综合素质档案进行分析评价，作为招生录取参考；北京市提出在部分高校开展综合评价招生试点工作，依据统一高考成绩、学业水平考试成绩、面试成绩和普通高中综合素质评价结果进行录取，并逐步扩大试点范围。总之，新一轮高考综合改革试点省市逐步探索将高中学生综合素质评价纳入高校招生录取，将综合素质评价结果作为录取学生的重要参考。

笔者2014年以来对高考综合改革试点省市进行跟踪调研。2017年通过座谈、访谈和问卷调查等方式评估第一批试点省市新高考的实施效果，访谈对象包括上海市、浙江省教育行政部门和各级教育考试院管理者(42人)、高校招生部门管理者(64人)、高中校长(76人)、高中各科任课教师(95人)、高中学生(42人)和高中学生家长(41人)、高校学生(36人)等；2019年对某试点省份高考综合改革实施效果进行第三方评估，向高中教师、高中家长、高中学生、高校教师和高校学生进行问卷调查，分别回收有效问卷2357、12336、13025、8490和35635份。跟踪研究发现，高校教师和高校学生对综合评价招生认可度较高，高校在将高中学生综合素质评价纳入招生录取方面也积累了一些经验，但综合评价招生的科学性、公平性和有效性依然有待提高，进一步扩大试点应审慎稳妥进行。

一、综合评价招生的成效与经验

国内学者对综合评价招生的成效持较为肯定的态度，如有学者认为，将高中学生综合素质评价纳入高校招生录取，是探索改变“一考定终身”的有效途径，扩展了高校和考生的双向自主选择权[①]；综合评价招生的评价要素比较全面，兼顾中学阶段评价、招生学校评价和统一高

① 冯成火：《浙江省“三位一体”招生模式改革的思考和探索》，《教育研究》2014年第10期。

考三个维度[①]，有利于人才结构多样性选拔和引导学生个性化发展[②]；综合评价招生较好地落实了“两依据、一参考”，是未来高校招生的大势所趋[③]。笔者的跟踪调研也证实，通过试点学校的积极探索，综合评价招生取得了初步成效，形成了可以借鉴的经验。

1. 改革成效

将高中学生综合素质评价纳入高校招生录取，探索综合评价招生模式，实现了从单一评价向多元评价招生模式转变，促进了高校由“招分”向“招人”转变，拓宽了高考招生评价与选拔的路径，高校教师与学生的获得感比较强。

一是有利于高校科学选才。综合评价招生改变了传统高考“见分不见人”、“唯分数论”的现象，有利于高校更加有效地招收到优质生源。问卷调查显示，高中教师（81.9％）、学生（83.0％）、学生家长（77.8％）和高校学生（90.2％）对“综合评价招生有利于缓解‘唯分数论’”的观点深表认可，其中高校学生认可度最高。“考生三年的综合素质信息记录，是其高中阶段成长的珍贵缩影，呈现到高校面前，是一个个生动鲜活的成长博物馆，考生的综合素质评价信息也是高校招生的重要参考。”（U1 高校招生办负责人）高校对综合评价招生录取的大学生的 GPA 与面试等级分及高考投档成绩进行相关分析，发现二者之间有线性关系，考生面试成绩及高考成绩越高，在校 GPA 就越高（U1 高校招生办负责人）。

二是有利于高校人才培养。一方面，综合评价招生的学生专业忠诚度更高，有利于高校人才培养。问卷调查中，80.4％的高校教师认为

---

① 边新灿：《甄选入学、自主招生和“三位一体”多元选拔模式比较研究》，《浙江师范大学学报（社会科学版）》2015 年第 2 期。

② 王国华、裴学进：《地方高校“三位一体”招生制度及其完善策略——基于浙江省探索的分析》，《黑龙江高教研究》2013 年第 3 期。

③ 翁灵丽、朱成康：《浙江省“三位一体”综合评价招生模式改革成效分析——基于公平性与效率性的视角》，《上海教育科研》2017 年第 6 期。

综合评价招生有利于提高学生的专业忠诚度;受访者表示,通过综合评价招生进入高校的学生比普招有更稳定的职业性向(A2 机构 Z 处长)。衢州学院师范类专业通过综合评价招生入学的学生报到率达到100%,学生的"乐教"意识明显较强,整体形象、气质、仪表也更加符合教师要求。另一方面,综合素质评价实现了学生的过程评价,有利于高校建立以学生为中心的教学质量监测体系,提高人才培养质量。试点高校除了在面试等环节参考考生的综合素质评价结果之外,还在培养阶段参考高中学生综合素质评价信息,有利于因材施教(U1 高校招生办负责人),在一定程度上促进了招生与人才培养的有效衔接。

三是有利于拓展学生入学机会。受访者认为,综合评价招生给了成绩中上的学生与顶尖学生"比肩竞争"的机会,靠裸分不能进入目标高校的学生,通过其他方面的素质表现可以征服面试官,继而获得进入重点高校的机会(浙江 M1 中学学生)。问卷调查中,88.0%以上的高校教师认为综合评价招生有利于增加学生选择机会。访谈中,通过综合评价招生录取的学生对所录取专业的满意度比较高,也较有学习的积极性和后发力。因此,综合评价招生受到学生的追捧,学生报名人数逐年增加,"我校对学业水平测试成绩和综合素质评价都设置了门槛,要求比较高,但是报名依旧火热,吸引了 2700 余名考生报考。"(U2 高校招生办负责人)2018 年,浙江大学"三位一体"招生计划从 2014 年的 100 人扩展到 700 人,高校扩大综合评价招生的意愿强烈。

2. 改革经验

试点高校在探索综合评价招生过程中,确定了高中学生综合素质评价档案的使用规则,并根据学科专业发展定位提出特色要求,拓展多种渠道使用综合素质评价信息,采取有效措施保证面试环节的公平公正,这些做法与经验可以为其他高校提供借鉴与参考。

一是明确综合评价招生各个环节的制度规则。首先,试点高校研究确定高中学生综合素质评价档案使用办法,并向社会公布,保证使用高中学生综合素质评价信息的客观性、统一性和规范性。其次,试点高校在报名环节设置前置条件，对考生的综合素质评价信息、学业水平测试成绩、特长生的竞赛等提出具体的要求，提前框选生源。如有的高校较为看重学科竞赛成绩，希望招收具有学科特长的学生；有的高校调整对学业水平考试的要求，适当降低门槛，希望招收具有较高专业忠诚度的学生。第三，确定综合评价成绩构成的维度和规则，一般包括学生的高考统考成绩、学业水平考试成绩、高中阶段综合表现、参与社会实践活动及学科竞赛成绩等，各高校评价指标的维度和权重各不相同，体现了学校人才培养目标定位的差异性和招生自主权；同时为保证招生录取的科学性和公正性，各试点省市招办普遍对高考统考成绩在综合评价招生中所占的权重作出下限规定，如不低于60%等。最后，试点高校根据考生的综合评价总分择优录取。

二是根据学科专业特点提出特色化的要求。有的试点高校重视学生品德要求，注重考察学生的职业素养。如浙江大学在2017年"三位一体"综合评价招生中，突出学生高中期间的综合素质表现，尤其是品德表现，在材料初审环节中，同等条件下品德优秀的学生优先入围；要求院系面试中考察学生的职业素养，如考察医学专业考生对病人的人文关怀、医德医风等。有的试点高校重视运动健康与创新实践等评价结果，如杭州职业技术学院在提前招生考试的综合评价指标中，将学生的品德修养、运动健康与创新实践等评价结果作为选拔依据，满足高职院校培养高素质技术技能型人才的需要。有受访者认为，高职院校招生中参考综合素质评价档案的方式更多、权重更高一些。

三是保证面试环节的公平公正。试点高校综合评价招生的面试环节一般采用随机产生面试专家组、封闭式打分、全程录音录像、结果公示等方式确保面试环节公平公正。如宁波大学在面试环节中采取考生和专家封闭式双随机策略，每个面试小组由来自不同学科的专家随机抽签组成，考生随机抽签确定面试组别；浙江工业大学在面试环节不分文理、不分专业，考生和专家均实行封闭式随机抽签；上海大学选择理学、工学、文学、历史、哲学、法学、经济学和管理学等学科门类的专家教授作为面试专家，建立专家库，实行严格的回避制度，考生分组与面试顺序均随机产生，面试在标准化考场进行，专家独立打分，全程录音录像，招生录取结果公示，接受社会监督。

四是拓展综合素质评价结果的使用渠道。试点高校在综合评价招生的书面材料评审环节和面试环节，以及校园开放日、春季招生和提前招生等环节，多样化探索将高中学生综合素质评价结果作为招生录取的重要参考。如浙江理工大学在书面材料评审中引入高中学生综合素质评价档案；上海交通大学将综合素质评价档案提交给参加综合评价和自主招生的面试专家，供专家在面试中参考使用；上海科技大学自2014年开始，将综合素质评价档案作为考生"校园开放日"综合成绩的重要依据；浙江师范大学在普通高考录取环节中，遇到投档成绩同分现象时，参考综合素质评价档案进行专业录取。

二、综合评价招生的问题与归因

高考综合改革试点省市的跟踪调研情况表明，将高中学生综合素质评价档案作为高校招生录取的重要参考，试行综合评价招生，依然存在诸多质疑，突出表现为综合素质评价标准不一、划分等级依据不足、高校使用程度有限，以及综合评价招生对弱势群体的不利影响等。

1. 评价标准不一，存在信效度质疑

从试点省市实践情况来看，高中学生综合素质评价的内容、标准、操作规范等并不统一，给高中和高校带来较大困惑和操作上的困难，降低了综合评价招生的信度。有学者认为，在全面考察学生的才能与品行方面，综合评价比书面考试更具效度，但信度方面却不稳定。[①] 一是中学作为综合素质评价的责任方，因缺乏统一标准、缺乏量化指标而

---

① 陈为峰：《大考、利害、评价指标的关联与辩证——兼论高校考试招生制度综合评价改革之困境》，《当代教育科学》2017年第4期。

感到难以操作。受访者表示，“综合素质评价方案由各校自己拟定、实施，上级虽然有一些评价标准，但不够具体，各校情况差别比较大。”（浙江M8中学校长）因缺乏系统性的定性与量化相结合的指标体系，容易造成人为因素的干扰。二是高校作为综合素质评价档案的使用方，很难将综合素质评价档案在高校招生录取过程中快速、有效地使用，实现其作为招生录取重要参考的政策设计初衷。“高中综合素质评价表记录事项多，但学生各项目参与的程度、取得的成绩和获得的收获表述不尽一致，评价尺度较难把握。”（U4高校招生负责人）三是不同地区、学校的学生之间的横向比较缺乏效度，甚至存在造假等极端情况，影响公平与公正，动摇综合素质评价的权威性与客观性。“为了学生的利益，有些学校学生成绩会尽量填写得比较好，这样可能造成差学校的差生成绩可能比好学校的学生成绩还要高。”（浙江M11中学校长）

上述现象的产生有深刻的原因。将高中学生综合素质评价纳入高校招生录取，从单一评价标准向多元评价标准转变，带来了学生评价制度和体系的变革，但目前我国尚未建立相应的多元评价指标体系。传统高考模式下单一评价标准是用一把尺子衡量，刻度是精确的；新高考模式下，综合评价招生用多把尺子可以更全面地衡量学习者的综合素质，但是不同尺子的刻度是否准确，按照多把尺子的度量总数相加后排序给与学生入学机会是否合理，如何让多元的评价指标更具客观性和可比较性等，目前均存在不同程度的质疑，并由此带来操作上的困惑与难度。这就要求国家或者地方层面制定统一的中学生综合素质评价指标体系和操作规范，以保障考生利益和维护入学机会公平。

2.划分评价等级，带来公平性质疑

与上海方案以描述性结果呈现方式不同，有的试点省份为便于高校使用，规定高中学生综合素质评价按学生数量比例划分等级，旨在统一标准提高使用效度，但同时这种作法也带来公平性质疑。一是不同办学水平的学校，用同等比例划分等级，对优质学校的学生不公平。“不同办学水平的学校，毕业生的质量明显不同，用同样的比例划定A等，也是一种不公平。”（浙江M2中学校长）有受访者建议根据不同学校的办学水平对A等比例有所区别，但是这种建议也会因为学校的差异造成新的不公平。二是划分等级的做法对学校造成困扰，在一定程度上会影响师生或者同学之间的关系，受访者表示，等级评比的信息公示与否都成为比较纠结的事情。“学生综合素质评分结果和内容按照要求需要进行公示，部分学生的材料还需要全校范围内公示。这涉及学生隐私，部分互评和教师评价容易造成矛盾，因此综合素质评价的关键是如何如实记录和公开。”（浙江M4中学校长）

上述现象的产生有其必然性，与前述问题属于同一个问题的两个方面。不确定评价标准，高中和高校都感觉难以具体操作和有效使用；而以划分等级的方式确定标准，又会带来新的不公平。这是由综合素质的属性所决定的，从综合素质的内涵和外部表现形式而言，往往难以精确测定，高中学生的知识、能力、性格特征、道德水平等都很难用同一种标准来衡量。正如社群主义的代表人物戴维·米勒（David Miller）所说，“判断人们得到的利益是否与其品质相称，我们并没有可以援引的客观的品质标准。”①“除非品质能够用诸如教育程度或打字测验这样机械的手段加以评估，否则我们就仍然是在主观的规范范围之内打转。”②总之，将综合素质评价划分等级的公平性质疑，一方面是因为综合素质本身难以进行客观或者量化评价，另一方面因为高中学生处于成长的过程中，可塑性强，过早给学生进行定性评价，不利于学生未来长远发展。因此，不少受访者建议简化综合素质评价的过程，并将综合素质评价的等级评比调整为描述性评价，关键要改革招生录取机制，在综合素质评价档案的使用上下功夫。

---

① 戴维·米勒著、应奇译：《社会正义原则》，江苏人民出版社2001年版。

② 同上。

3.使用程度有限，影响学校积极性

跟踪调研结果表明，高校在招生录取过程中还未能将高中学生综合素质评价结果予以充分使用。一是高校层面对高中学生综合素质评价档案的应用程度不高。相关政策文件只规定了综合素质评价的维度，但没有明确规定高校如何使用。高中受访者对综合素质评价在高校招生录取中发挥多大作用存在质疑。“目前的综合素质评价大家都在实施过程中，但从招生文件和相关政策中，只能看到需要综合素质评价等级，至于这一等级的结果在高校招生录取中是如何产生影响的相关信息均无明确的资料。”（浙江 M4 中学校长）高校受访者表示，综合素质评价结果的使用耗时耗力，在紧张的招生环节中时间有限，综合素质评价结果对高校招生录取的参考价值也就受到限制。二是面试专家对综合素质评价结果的使用具有一定的主观性，存在对内容理解及把握不足的情况。试点高校组织不同学科的专家对考生进行面试打分，在增加公平性的同时，也会存在较为随意或者主观的现象。“综合评价专家的抽取是随机的，但是有可能社会科学的教授抽到的是自然科学的学生，这个还是蛮难甄别的。”（A1 机构主任）

造成上述现象的原因是多方面的。首先，如前所述，高中学生综合素质评价标准不一，高中学校在采集和整理综合素质评价信息的过程中可能存在形式主义、“走过场”的现象，造成综合素质评价本身的信度不高，高校对综合素质评价档案的可信度和可比性存疑，导致在招生录取过程中使用程度有限。其次，高校招生录取过程时间较短、招生录取规模较大，这些客观因素导致高校难以充分利用高中学生综合素质评价结果。最后，综合评价招生过程中的主观性与随意性问题，与评价标准的不确定性密切相关。程序执行者判断的不确定性可能会违背程序正义的本质，高校招生测试中测试者对申请者材料判断的主观性可能会导致通过这一程序进入大学的人并不是最优秀的申请者，“在一群申请人中间分配数量有限的大学入学机会时，我们能够对申请者进行排序，但是很难准确说出第一名比第二名高出多少，作出判断的标准并不是充分确定的。”[①]因此，由于综合素质评价标准的不统一、招生录取程序的复杂性、招生录取标准的不确定性等因素，将高中学生综合素质评价结果纳入招生录取的改革尝试，依然任重而道远。

4. 扩大招生规模，对弱势群体不利

将高中学生综合素质评价档案作为高校招生录取的重要参考，在优化招生录取标准的同时，也会对弱势群体学生的入学机会带来负面影响。问卷调查中，79.8％的高中教师、74.8％的高中学生都认可“综合评价招生对弱势群体不利”的观点。首先，综合评价招生以学科竞赛作为报考资格要求，弱势群体子女难以获得优势。在综合素质评价缺乏统一标准的情况下，试点高校多将数学、物理等某个学科领域的竞赛成绩作为综合评价的重要参考，但受师资和财力限制，薄弱学校的学生没有能力或者机会参加学科竞赛并在学科竞赛中胜出。而且伴随着学科竞赛的专业化和市场化，许多社会培训机构为学生量身定做、包装简历，收费很高，弱势群体子女很难受益（M2 中学学生家长）。其次，综合评价招生面试环节中，能言善辩、逻辑清晰、举止得体的学生将更容易获得加分，偏远农村地区或者城市低收入群体的学生因缺乏丰富的社会教育资源，在综合评价招生面试过程中，其语言表达能力和学科知识面等方面也相对处于劣势，很难胜出。最后，重点高校综合评价招生规模的扩大，通过裸分录取学生比例下降，在一定程度上也意味着对薄弱学校和弱势群体学生入学机会尤其是进入重点大学机会的剥夺。“在我们偏远地区，985、211 等名校的裸考分数太高了，名额又少，我们的孩子和大城市的比肯定拼不过，这对我们的孩子来说很不公平。”（M8 中学家长）总之，综合评价招生对弱势群体子女不利，这已经成为一个普遍性的共识，“‘寒门出贵子’这句话越来越难说了”（A2 机构主任），应该引起足够的重视。

---

① 戴维·米勒著、应奇译：《社会正义原则》，江苏人民出版社 2001 年版。

上述现象产生的原因十分复杂，集中体现为公平与效率的矛盾。公平和效率是当今任何国家政府制定公共政策的双重价值基础，在资源有限的情况下如何实现有效率的公平是世界性难题。[①] 将高中学生综合素质评价纳入高校招生录取，探索综合评价招生受到高校欢迎，但是不能忽略弱势群体学生综合素质和能力的先天条件不足和后期培养环境不利。有学者认为，大众传媒和“同城待遇”对学生语言习得的影响在一定程度上消弭和跨越了伯恩斯坦所说的精致编码和局限编码的局限，但良好清晰的语言表达能力依然作为一种文化资本在代际之间传递，能言善辩的学生无疑将会在综合评价招生面试中更容易胜出。[②] 美国学者卡内瓦莱（A. P. Carnevale）和罗斯（S. J. Rose）关注学生素质的多元性，从某种程度上为破解综合评价招生效率与公平的价值两难选择提供了一种解决思路：素质是一个动态的概念，不仅包括大学申请者的学业成绩，也包括他们需要克服多大的障碍获得这样的成绩，社会处境不利的学生能够取得不错的成绩，也具备将来克服其他困难的决心和毅力，这一点应该在高校招生中予以考虑。[③] 因此，将高中学生综合素质评价档案作为高校招生录取的重要参考，既要考虑社会资源配置的合理性，又要考虑学生素质能力考察的全面性，应制定和实现多元的标准，让不同社会背景学生的多元品质都有机会充分呈现。

三、完善综合评价招生的对策建议

将高中学生综合素质评价结果作为高校招生录取的重要参考，探

---

① 张斌贤：《追寻教育公平与教育效率的原初形态及其发展轨迹——评〈教育公平和教育效率——英美基础教育政策演进研究〉》，《教育学报》2017 年第 2 期。

② 程龙衣、魏永莉：《语言编码理论能够解释当代中国教育问题吗》，《上海教育科研》2011 年第 1 期。

③ A. P. Carnevale，& S. J. Rose（2003），*Socio-economic status，race/ethnicity and selective college admissions*. New York：The Century Foundation，pp. 21—22.

索综合评价、多元录取的人才选拔方式，促进高校科学选拔合适人才，是高考综合改革的基本走向和重要举措。但从实践层面而言，在取得初步成效的同时，其科学性与公平性问题也备受争议。高等学校要增强责任感和紧迫感，抓住评价标准、指标体系、评价方式等人才选拔的核心要素，积极探索将综合素质评价结果与高考成绩相结合录取学生的模式、规则和方法。

1. 明确基本内涵，完善综合素质评价指标体系

高中学生综合素质评价指标体系是实现综合评价招生的重要基础。一是要明确综合素质评价的基本内涵和功能定位。高中学生综合素质评价的基本内涵是对学生全面发展状况的观察、记录和分析，强调对学生发展过程性的真实记录与描述，是发现和培育学生良好个性的重要手段，也是深入推进素质教育的一项重要制度。探索“两依据、一参考”综合评价招生，目的是转变“唯分数论”倾向，引导学生全面发展。二是要调整和完善综合素质评价指标体系。高考应该是一种有充分价值的评价，应该聚焦于学生的素质发展。实现素质发展的文化自觉是实现高考正义的主要途径之一。[①] 科学、合理的综合素质评价指标体系的设计和完善要统筹考虑学生全面发展要求、兴趣特长发展和个性成长环境差异等因素，全面准确地呈现出学生个体综合素质发展的特征，特别是要注重呈现不同社会背景学生的多元品质。

2. 加强统筹协调，构建地方综合素质评价平台

各级政府及教育行政部门要加强宏观指导，统筹推进综合评价招生改革的深化和取得实效。首先，发挥地方教育行政部门统筹作用，在实践探索中逐步规范高中学生综合素质评价的内容、形式、标准和操作流程及规范。有关综合素质评价的相关信息由地方教育行政部门认定并提供，学生参与社会实践、公益活动及获奖情况也要视情况由地方教

---

① 丁念金：《论高考正义——我国高考改革的核心》，《全球教育展望》2014 年第 7 期。

育行政部门进行认定。其次，构建地方层面的综合素质评价管理平台，制定相关规划，运用现代信息技术，逐步建立全省(市)统一的信息化管理平台，实现综合素质评价程序的公平公正，保证高中学生综合素质评价结果的客观性、统一性和规范性。最后，在地方政府主导下统筹社会资源，建立多种形式的高中学生社会实践基地，尤其要重视为欠发达地区和薄弱学校的学生提供社会实践教育资源。

3. 鼓励多样探索，拓展综合素质评价运用渠道

对考生进行综合评价和多元录取，克服“一考定终生”和“唯分数论”的弊端，引导学生全面而有个性地发展，是高考综合改革的基本价值取向和重要目标，也是高考改革的难点问题之一，高等学校要顺应改革趋势，主动进行改革探索。首先，多种渠道进行探索。在提前招生、自主招生、定向招生、综合评价招生等各种招生录取类型中使用综合素质评价档案。其次，加强高校招生能力建设。组织学校的招生面试专家进行培训和专题研讨，掌握高考改革“两依据、一参考”的政策要点、高中学生综合素质评价的基本架构和内容，根据招生和培养类型、专业规律和特点提出综合素质评价档案的具体使用办法和关注重点。第三，开展综合评价招生专题研究，包括测试和面试成绩的效果分析、综合评价招生学生在校学习效果和毕业去向的跟踪评价等，为高校招生录取中有效使用综合素质评价档案提供对策建议。第四，推进与高中学校协同探索。在制定综合评价招生实施方案的过程中，充分听取中学校长和教师的意见，反映大学人才培养所关注的素质能力，帮助高中完善综合素质评价档案。

4. 实现招生自主，稳妥推进高校综合评价招生

高考的基本功能是科学选拔人才，综合素质评价档案在高校招生录取中如何使用，具体使用到什么程度，应该由高校在高考综合改革宏观框架的基础上自主确定。受高等教育招生规模及成本等因素的影响，以及现存的科学性和公平性等问题，当前在我国高校全面实施“两

依据、一参考”综合评价招生尚不具备条件，高校应该尊重现实、理性对待、循序渐进，不宜全面铺开。在启动高考综合改革的省市，可以适当扩大综合评价招生的范围和数量，尤其是扩大“双一流”建设高校的招生自主权，打破总分录取的传统模式，探索综合评价和多元录取的实现路径，为其他省市和高校提供经验借鉴和参考。最后，高校要加强对综合素质评价档案使用过程中的监督和管理，优化招生录取环境，保证招生录取信息公开透明，杜绝暗箱操作等权力寻租现象，使高考招生回归科学选才的基本价值取向。随着社会法治化程度的提高和社会诚信体制的完善，高校综合评价招生制度才会有更加成熟探索的土壤。

积极稳妥推进高考综合改革*

2014年，国务院印发《关于深化考试招生制度改革的实施意见》，上海、浙江启动首轮高考综合改革试点；2017年，上海、浙江改革试点平稳落地后，北京、天津、山东、海南启动了第二批改革试点；近日，河北、辽宁、湖北、湖南、江苏、福建、广东、重庆8省市公布了高考综合改革方案，我国新一轮高考综合改革从试点阶段迈入了逐步推广阶段。

不忘初心，坚持改革方向不动摇。高考综合改革方案的设计初衷是"有利于推进素质教育、有利于促进教育公平、有利于科学选拔人才"，从上海市与浙江省第一批改革试点的实践来看，改革平稳落地，成效明显。一是促进学生全面发展。"3+3"考试科目设置增加了学生选择机会，初步实现了文理融合；完善中学生综合素质评价，考试内容改革强化了对学生能力的考察，引导学生的全面发展。二是促进高中学校特色发展。高中学校深化课程改革，开设特色课程，重视综合素质评价，推动了高中学校办出特色，多样化发展；利用现代信息技术手段探索选课走班、进行教学评价，促进了高中教育现代化进程。三是促进高校科学选才。逐步取消录取批次，实施平行志愿投档，探索多元评价，促进高校科学选才和探索多元录取方式；倒逼高校增强质量意识，调整专业结构，促进中高衔接。八省市的高考综合改革方案依然凸显了引导学生全面发展、促进高校科学选才的改革初衷与价值取向，为确保国家总体改革设计平稳落地奠定了基础。

因地制宜，促进高考科学性与公平性。与六个试点省市相比，新加

---

* 原载《人民日报》2019年4月24日第14版。

入的八省市的高考综合改革方案主要在四个方面进行了政策微调。一是“3＋1＋2”考试科目设置。除语文、数学和外语三科统考外，设定物理或历史为首选科目，化学、生物、思想政治、地理四个科目选择两科作为选考科目，在增加学生选择性的基础上，强调物理和历史学科的基础性地位；与试点省份相比，这种选科设置方案将选考科目组合调减为十二种，有利于降低中西部省份高中学校选课走班教学的难度。二是改进选考科目赋分办法。物理、历史科目采用原始分计分，分列招生计划、分开划线；另外四门选考科目实施等级赋分，并确定为“一分一档”，增加考试区分度，以适应生源大省的投档录取。三是调整选考科目考试安排。八省市均将高中选考科目的考试安排在6月份，与夏季高考同期举行，并且将考试次数确定为一次，有利于保证高中教学秩序、减轻基层中学教学工作负担。四是调整外语科目考试安排。河北等六省市拟只在6月份组织一次外语听力和笔试考试；江苏省和广东省拟在6月份组织一次外语笔试，而将外语听说考试放在平时并实行机考。这种安排既有助于缓解外语考试在命题、组织管理方面的压力，也符合各地基础教育发展的实际。总之，八省市高考综合改革方案坚持因地制宜的原则，充分考虑了区域差异，有利于改善高考改革的科学性与公平性，推动改革平稳进行。

多元探索，高度关注改革的风险点。高考改革牵一发而动全身，是一项高关注度、高利害性的综合改革，其科学性和公平性等问题会给利益相关者带来巨大的影响，在某些关键环节上容错率较低，甚至不允许“试错”。因此，在改革过程中要尊重教育规律，坚持循序渐进，对改革的复杂性及其可能带来的风险要有充分的认知。随着启动高考综合改革省份的增加，高考改革的复杂性也在增加，全国范围内文综和理综传统考试科目、浙沪等地“3＋3”考试科目、八省市“3＋1＋2”考试科目等不同的设置，无疑会增加考试机构和高校招生工作的难度。总之，对高考综合改革的重点、难点问题要加强跟踪研究，广泛听取各利益相关群体的意见，尤其要重视高中校长和教师群体对方案制定和执行过程的参与，加强科学决策，保证改革顺利进行。

协同推进，完善高考综合改革保障机制。我国教育资源分布不均衡，实施新方案的八省市与浙沪教育发达地区、中西部地区省份与东部地区省份的教育基础条件均存在差距，因此，要重视研究出台相关配套措施，协同推进高考综合改革。一是加强省级统筹力度。政府各部门要健全协调推进机制，增加对高中教育的投入，重点解决高中大班额问题和师资结构性短缺问题，保障与高考改革相适应的教育资源配置，多方探索增加高中教师编制。二是促进教考联动。结合各省份的实际情况，逐步实现新高考、新课标、新教材的统一，为深化高中教育教学改革和课程改革提供良好的环境。三是推进中高衔接。高等学校与高中学校之间要加强招生与培养的联动，共同探索综合素质评价结果的有效应用，协同开展高中学生的生涯规划教育。总之，要形成政府与学校、考试招生与人才培养、高中教育与高等教育之间协同联动、整体推进的良好局面，推进高考综合改革的稳妥实施。

高校人才培养模式变革

试析本科院校学科建设与专业建设*

学科建设与专业建设是高校内涵式发展的永恒主题。高校通过专业建设与学科建设的协调发展，实现人才培养、科学研究以及社会服务的功能。值得注意的是，近年来部分本科院校在处理学科建设与专业建设的关系上出现了某些迷惘或偏颇现象，一些似是而非的观点时有提出，如强化专业、淡化学科，加强专业、取消学科，加强学科、淡化专业，这在一定程度上影响了学校的目标定位、特色发展和应用型、技术型人才的培养。因此，厘清学科与专业的内涵，明晰学科建设与专业建设的内在逻辑关系，对于深化高等教育领域综合改革、促进本科院校内涵发展具有重要的现实意义。

一、学科与专业的内涵

1. 学科是现代大学的立学之本

学科是科学研究发展成熟的产物。在西方，学科(discipline)的拉丁文与英文解释兼有知识体系、规训及其组织的涵义。学科以知识系统为基础，由知识构成，其基本内涵是一组相同或类似知识的集合体。

从某种意义上来说，大学存在的逻辑起点是学科与知识。学科是现代大学的立学之本，是现代高等教育的重要基础。大学是围绕学科建构起来的，知识的保护、传承和创新是现代大学的重要使命。学科是大学的基层组织基础，学科组织主要指大学中教学或研究的实体机构，

---

* 原载《中国高等教育》2015 年第 22 期。

如学部、学院、系所、研究中心等，当前我国本科院校的二级单位设置大部分都是基于学科的组织建制。

2. 专业是课程的一种组织形式

《教育大辞典》将专业解释为：中国、苏联等国高等学校培养学生的各个专门领域，大体相当于《国际教育标准分类》的课程计划（program）或美国大学的主修（major），其划分依据是社会职业分工、学科分类、科学技术和文化发展状况及经济建设与社会发展需要。潘懋元先生在《高等教育学》中将专业定义为课程的一种组织形式。

一般来说，专业可分为广义和狭义两种。广义的专业主要是指某种社会职业，如学校教师、财会人员、土木工程技术人员等，体现了该职业及大学设置的特定专业与其他专业不同的职业特殊性，从业者相应的职称一般称为专业技术职务，如教授、高级会计师、土木工程师等；狭义的专业主要是指大学培养人才的平台或载体，大学的专业既与社会职业紧密联系，又与学科分类密切相关，是一种涵盖实践教学在内的广义的课程组合与教学组织形式。一般而言，一个合格专业的基本标志是具有符合社会需求的明晰的人才培养目标和规格、科学的培养方案和课程体系、稳定的师资队伍、完备的实验实践基地、有效的质量监控和保障体系，学生修完全部课程，达到质量标准，获得相应的毕业证书和授予相应的学位，成为合格的专业人才，并能获得较好的社会就业机会。本文主要关注和研究狭义的专业。

二、学科与专业之间的关系

1. 学科与专业的内在联系是什么？

大学里的学科与专业之间存在着不可分割的内在联系。1997 年联合国教科文组织颁布的《国际教育标准分类法》的原始文本就是按照教育级别和学科两个维度对专业（亦称为课程计划或主修）进行分类的。新专业的衍生需要若干个学科来支撑，一个学科也会发展出多个专业。

在我国的本科院校中，学科与专业在人才培养方面往往被理解为同一个概念，一般称为“学科专业”，这也显现了学科与专业密不可分的关系。专业是学科建设承载的实现人才培养功能的平台和表现形式，学科是专业发展的知识体系基础和支撑；人才培养质量的高低取决于学科发展的水平，高质量的人才培养又促进了学科发展水平的提升。所谓学科专业的交叉，不仅体现为不同学科专业教学功能和知识体系的交叉，而且也体现为不同学科的研究领域的交叉。近年来我国高校积极探索的复合型人才培养和跨学科专业人才培养等模式，就是学科与专业内在联系的生动体现。

2.学科与专业的差异性何在？

首先，学科与专业的发展目标不同。学科发展的核心目标是发现知识、创新知识和产出成果，学科发展成果是学科发展的一种社会产出形式，包括科研论文、学术著作、技术革新、专利发明、咨政报告以及成果转化等，也包括通过硕士、博士授权学科建设，培养高层次创新型人才。专业发展的目标则主要是依据社会与市场的需求进行合格专业人才的培养，专业发展成果则体现为培养出高素质的高级专门人才，如金融学专业人才、计算机专业人才等。

其次，学科与专业的发展动力不同。学科发展的动力表现为多元性，有解决政治、经济和科学技术发展中现实问题的需要，也有进行基础性知识创新和科学研究的需要，还有学者出于对学科或知识的兴趣和敏感性而进行自由研究的需要。专业发展的动力则主要表现为社会对高级专门人才的需求，专业设置与专业结构、培养类型与培养层次、课程体系与教学内容，以及招生规模与毕业生就业等都要依据经济社会和科学文化发展的人力资源需求而确定，并适时进行动态调整。

第三，学科与专业的构成要素不同。科学研究发展成熟并成为一个独立学科的标志是:有特定的研究对象、完备的学科体系结构以及成熟的方法论体系,其中学科体系构成学科的主体部分。专业则以人才培养目标、规格、课程体系、教师和学生等为基本要素,其中人才培养规格是人才培养目标的具体化,包括受教育者应达到的专业素质、能力素质和人格素质等,是大学依据社会需求而设定的某类专业人才的质量标准,也是制定专业培养方案、设计课程体系和教学内容的基本依据。人才培养规格由于受到社会需求、区域发展、办学条件水平的影响而具有多样性的特点,这也形成了不同高校人才培养的差异性以及特色、优势。

三、学科建设与专业建设之间的关系

学科建设体现了大学科学研究、人才与师资队伍建设的一种价值取向,其发展反映了一个学科或一所学校的学术实力和水平;专业建设体现了大学人才培养的一种价值取向,其发展反映了一个专业或一所学校的人才培养类型和水平。因此,加强学科与专业建设是当前我国高校内涵建设的核心任务,也是优化教育资源配置机制的重要内容。学科建设与专业建设之间的关系,可以从如下不同的视角来加以理解。

1. 内在逻辑上的依附性

从学科与专业内在联系的逻辑性来看,两者之间相互依附、相互影响、协同发展。学科建设是知识传承、创新与学科优势积累的过程,对专业建设与发展具有基础性的支撑作用,主要包括凝练学科方向、汇聚学科队伍、建设学科基地、开展科学研究和学术交流、完善学科治理结构与学科管理制度、建设学位点与学位制度、产出科研成果、培养高层次创新型人才等内容。专业建设是社会需求与学科建设的体现和延伸,是培养高级专门人才和形成专业特色与优势的过程,主要包括确定人才培养目标和规格、调整专业结构和专业内涵、设计培养方案和课程体系、建设教师队伍和教学管理队伍、抓好课程建设和教材建设、改进教学方法和教学手段、建设实验平台和实践基地、完善专业制度和教学管理制度，以及培养合格专业人才等内容。

一方面，学科建设为专业建设与发展提供知识体系支撑，是专业发展的重要基础。通过学科建设和科学研究，可以提高师资队伍的整体素质、教学和科研水平，有效地将学科资源转化为专业教学资源，如将相关研究项目和成果转化为课程与教材的新内容、开出新的教学实验、为学生提供毕业论文（设计）选题，以及支撑特色专业建设等，为提高专业人才培养质量提供条件。另一方面，专业建设为学科建设与发展提供优质的人力资源支撑和学科专业分化与融合的可能性，是学科建设的重要方面。专业建设和人才培养的过程，尤其是本科生早期参与科研，以及硕士、博士研究生从事学位论文研究的过程，既是培养创新型人才的重要途径，也为促进学科发展和提升科学研究水平提供了生力军。

2.人才培养上的统一性

从学科建设与专业建设的内涵来看，两者在人才培养方面体现出了比较高的统一性。《高等教育法》第十六条对本科生、研究生应掌握的本学科基础理论和专业知识分别作出了明确规定。国务院学位委员会和教育部在《学位授予和人才培养学科目录（2011 年）》里，设立了 13 个学科门类和 110 个一级学科，用于硕士、博士的招生、培养和学位授予，以及学科建设和教育统计分类等工作，并规定学士学位按新目录的学科门类授予。教育部颁布的《普通高等学校本科专业目录（2012 年）》，规定了专业划分、名称及所属门类，分设 12 个学科门类、92 个专业类和 506 种专业，是本科院校设置和调整专业、实施人才培养、安排招生、授予学位、指导就业，进行教育统计和人才需求预测等工作的重要依据。比较这两份《目录》，不难看出，相当一部分学科和专业在名称上相同或相似，在设置上体现了学科建设与专业建设在人才培养方面的一致性。

专业建设与发展主要通过优质的师资力量、科学的课程体系培养符合规格标准的社会所需专业人才；学科建设中的研究生层次教育主要通过高水平的科研项目、一流的师资和良好的科研条件培养具有学科专长的高层次专业人才。与此同时，高水平的学科建设促进了专业建设和人才培养水平的提升；高水平学科的强势的学科方向、一流的科研队伍、高水平的科研项目和良好的科研环境等，都会对相关专业的课程体系、教学内容产生影响。高水平的科研成果可以转化为课程专业知识，也会激发学生对科学的兴趣。

3.资源配置上的冲突性

资源配置机制是指调节资源使用的数量、规模、结构和布局等方面的经济机制，是经济体制的重要组成部分。高校资源配置机制的核心是将学校有限的人力、财力、物力等教育资源进行合理调节与投入，促进高校内涵发展和教育质量提升。学科建设投入主要用于人才引进、科学研究、科研设施更新、重点学科建设、学科平台建设、科研成果奖励以及学术交流等方面；专业建设投入则主要用于本科质量工程建设、课程建设、教材建设、教师教学发展、教学改革研究以及实验室与实习实训基地建设等方面。由于当前我国高校的资源配置还程度不同地存在着行政主导、主要依靠计划、偏重外延发展、绩效评价薄弱，以及公平与效率矛盾突出等问题，在学校总经费相对一定的情况下，无论是学科建设投入的增加还是专业建设投入的增加，都会导致另一方建设投入的减少。

4.资源和知识整合上的协同性

学科建设与专业建设虽然在建设目标和过程等方面各有侧重、相互分离，但是从资源和知识整合的角度来看，两者之间是协同共生的关系。教育理论研究和实践探索经验表明：学科带头人和学术队伍建设促进了一批教学名师和教学骨干的成长，有利优化教师队伍结构，提高教师的教学和科研水平；科学研究是教学改革和创新的基础，科研成果可以促进课程建设、教材建设以及教学方法和手段的改进，从而促进专业人才培养质量的提升；学科平台和科研平台建设，可以改善学生的实验和实践环境与水准，以及为学生早期参与科学研究、技术研发和学术训练提供条件，有利于培养学生的创新能力，促进学生的专业成长；学位授权点是培养高层次人才的平台，也是学科建设和科学研究水平的体现；学科制度建设与专业制度建设相互促进，是学科建设与专业建设的制度保障；学术自由的文化和严谨学风的形成，有利于营造优良的学术氛围、育人环境以及规范的教学规程和学术操守。总之，高校的学科建设与专业发展相辅相成、相互促进、协同共生。

四、正确处理学科建设与专业建设的关系

学科建设与专业建设之间既存在事实上的资源与发展冲突，又存在内在的依附性、统一性与协同性。本科院校在内涵建设过程中，应该从顶层设计、资源配置和协同创新等方面处理好学科建设与专业建设之间的关系。

1. 加强系统研究和顶层设计，推进学科与专业一体化建设

高等学校要转变教育思想观念，树立先进的教育观和科学的发展观，在明晰办学理念、发展目标和发展战略与策略的基础上，对学科建设与专业建设进行整体规划。根据经济社会发展需求变化和科技文化发展的新趋势，适时调整和优化学科结构与专业结构，不断强化学科与专业的优势与特色；将学科与专业的组织领导、规划建设、管理体制机制以及评估与激励机制相结合，将人才培养、科学研究、社会服务与文化传承创新相结合，着力推进学科与专业的一体化建设。

对于以培养应用型、技术型人才为主的本科院校而言，当前尤其需

要进一步明晰学科与专业的内涵，厘清学科建设与专业发展之间的辩证关系，科学制定学校的学科建设和专业建设规划，促进应用型学科与专业的发展。要在学生的知识、能力、素质结构设计和社会与市场特定需求定位等方面加强系统研究，细化专业人才培养规格和质量标准，以应用型知识体系为支撑，不断提高专业建设与发展水平，努力提高应用型、技术型人才培养质量。在设计人才培养方案时，处理好通识教育与专业教育、理论教学与实践教学、夯实拓宽学科专业基础与加强职业能力技能训练之间的关系，优化课程体系，更新教学内容，创新学习方式，努力改善教学效率和学习效果。加强产学研合作办学和产教融合育人，在培养学生实践能力、提高学生就业和创业能力、养成学生职业发展潜力等方面进行多样化的探索，努力培养满足社会和用人单位需求的合格的专业人才。

2.合理配置教育资源，促进学科建设和专业建设水平提升

无论是学科建设还是专业建设，都要涉及资源配置机制的完善。一方面，本科院校要坚持质量为本，运用资源配置的均衡原则，协调好学科建设与专业建设之间的关系，促进学科建设和专业建设的良性互动发展。在学科建设中，既注重知识体系的系统性、前沿性和实用性，更注重学校内部不同学科之间的相互支撑、交叉与渗透，发挥学科群的系统功能，不断提高学科建设水平。在专业建设中，既注重人才培养目标和规格的设计，更注重课程体系优化、师资队伍建设和学科专业交叉融合，在专业之间形成良好的协调和知识贯通机制，为人才培养搭建高水平平台。另一方面，坚持优化结构，运用资源配置的非均衡原则，重点扶持、优先发展一批符合社会需求并体现学校优势的特色学科专业和重点学科专业，并注意培育新的学科专业。

对于以培养应用型、技术型人才为主的本科院校而言，当前尤其需要面向社会和市场需求，根据学校确定的人才培养目标和规格，将理论研究、技术创新、工程研发和人才培养有机结合，以社会及产业的需求和应用型、技术型人才培养所需的学科基础为导向，促进应用型学科的建设与发展。高度重视学科建设对专业发展的支撑作用，加大专业建设和师资队伍建设的投入，促进应用型专业发展和水平提升，培养高素质的具有职业发展潜力的专业人才。完善资源配置监督考评机制，实行绩效目标管理，建立学科专业负责人制度，形成合理调配、优先进行使用、共享共用的教育资源配置机制，不断提高资源利用效率，逐渐形成学科专业的特色与优势。

3.深化综合改革，完善学科专业协同发展机制

学科与专业的内涵决定了本科院校的学科建设与专业建设是一项系统工程，本科院校要以体制机制创新为切入点，不断深化综合改革，切实抓好内涵建设。打破学校内部人、财、物、信息、组织之间的各种壁垒，建立和完善专业预警机制、学术参与机制和管理监控机制，促进学校内部学科专业资源和人才资源的有效整合与合理配置。改革教师聘任、考核机制，引导教师将科学研究与技术研发资源转化为优质教学资源，不断提高教学科研能力和水平，积极参与人才培养模式和教学改革。加强与其他高校、企业以及政府等部门和社会组织的联系与合作，建立利益共享和风险共担机制，探索政产学研合作和产教融合育人，通过体制机制和组织模式创新实现优势互补，提高学科专业建设水平和专业人才培养质量。

对于以培养应用型、技术型人才为主的本科院校而言，当前尤其需要依据教育法律法规和学校章程，深化学校内部管理体制机制改革。建立资源配置、利益协调机制，加强教育教学质量监控和保障体系建设，发挥有限的教育教学资源的使用效益。加强教师队伍建设，采取有效的政策措施，完善激励约束机制，优化教师队伍结构，提高教师的综合素质、专业水平、教学科研能力和实践能力；重视管理干部队伍建设，加强干部和管理人员的培养培训，提高他们的服务意识和业务素质。根据经济社会发展需求和文化科技发展趋势，优化学

校内部治理结构，以学科或社会及产业需求为原则，调整院系、科研院所的设置和学科专业结构；以提高管理效能为原则，调整学校内部职能部门设置，为应用型学科专业发展和应用型、技术型人才培养提供组织架构和制度保证。

通识教育的内涵及其本土化实践路径探析*

《国民经济和社会发展第十三个五年规划纲要》明确提出，大学要实行“通识教育和专业教育相结合的培养制度”。但在实践层面，对通识教育的内涵和实践路径还有很多认识上的误区，比如将通识教育与专业教育相对立，或者将其等同于人文课程或通选课程，作为专业教育的补充等。一流本科教育是建设世界一流大学和一流学科的重要基础和基本特征，[①]通识教育是本科人才培养的重要途径。在我国正式启动“双一流”建设的背景下，厘清通识教育的内涵，探索符合国情的通识教育，实践路径就显得尤为重要。

一、通识教育的内涵及概念辨析

1. 通识教育的内涵与价值

通识教育（general education，又译作博雅教育）是一个相对模糊的概念，没有普遍认可的确切定义，但国内外高校通识教育都强调综合性知识的掌握，重视跨学科学习，致力于促进人的全面发展。如加州大学通识教育委员会发布的《21世纪的通识教育》强调，通识教育是由一系列相互交叉的概念组成的，是指在日益分化、多样化、个性化的教育系统中提供的共同的教育内容和经验，包括学生在接受学科训练前应该

---

* 原载《国家教育行政学院学报》2017年第5期。

① 钟秉林、方芳：《一流本科教育是“双一流”建设的重要内涵》，《中国大学教学》2016年第4期。

获得的基础性知识,包括写作技能、批判性思维、数学推理等,也包括承担公民和社会责任所需要的知识和思维。①

就本质而言,通识教育是要回答“什么知识更有价值”的问题。教育是以岗位需求为目标,还是以人的全面发展为目标?在不同历史时期,不同类型高校因其发展定位不同,对这个问题有着不同的理解和阐释,这与人类社会和自然科学的进步密切相关。从个人发展的角度看,通识教育能够提供广阔的知识领域,使学生按照自己的兴趣爱好、天然禀赋和发展规划成为自己能成为和想成为的人。从人类社会发展来看,通识教育就是要在学科融合的基础上培养学生的参与意识、批判精神和综合素养,解决人们面对复杂社会现实问题的时候表现出来的无能、无力、无助等难题。从知识发展的角度看,通识教育注重个体的选择性和知识的广泛性,在突破学科和专业壁垒的基础上实现知识领域的交叉、融合、杂交,是创新和创造知识的重要途径。

2.通识教育的概念演变

从概念的演变来看,通识教育的实施在各国都有其独特的社会和教育背景,都致力于纠正本国教育系统在人才培养方面存在的偏颇之处,致力于知识的综合性和完整性。

美国大学实施通识教育的历史悠久,经历了从“自由教育”(liberal education)向“通识教育”概念的转变。前者以1828年公布的《耶鲁报告》为标志,强调理性的养成,包括心智的训练和装备;②后者以哈佛大学1945年公布的《自由社会中的通识教育》(俗称“红宝书”)为标志,其核心理念是培养好人和好公民。通识教育和自由教育的概念相伴而生,自由教育以古典语言训练为载体,以培养绅士为目标,是一个历史

① “General Education in the 21st Century: A Report of the University of California Commission on General Education”, http://escholarship.org/uc/item/1245x2bn.

② 朱镜人:《大学通识教育应当关注学生的理性养成——美国〈耶鲁报告〉核心理念的分析》,《合肥师范学院学报》2014年第5期。

性的概念;通识教育则是20世纪以来美国高校为了平衡专业教育的偏颇,继承自由教育内涵而进行的具体制度设计。发展至今,通识教育已经成为东西方文化演化的产物,反映了人类文明传承的普遍要求。

中国实施专才教育的历史并不长,所以本身并没有欧美国家为弥补专才教育缺陷而提出的"通识教育"概念。儒家等诸子百家的教育观中蕴含着丰富的通识教育理念。从教育目标上看,儒家教育的目的是让学生成长为君子,孔子主张"君子不器",强调君子不可一专。这是一个人自我完善、全面发展的最高标准。《大学》开篇即云:"大学之道,在明明德,在亲民,在止于至善",对人的智力、德行、社会责任都提出了明确的要求。从教育内容上看,儒家强调对古代经典原文的研读与传承。从教育组织形式上看,书院制度集讲学、学习、学术交流为一体,以养成人的学问和德行为目的。当前我国大学有许多以"书院"命名的组织机构,在借鉴欧美教育理念的同时,更是师承中国古代书院传统的精髓,将其作为秉承中华传统文化和精神气质的标签。总之,我国古代教育致力于培养德才兼备、完整的人,也可以说是一种"通识教育"。

民国时期,西方"通识教育"的概念被蔡元培、梅贻琦、潘光旦、朱光潜等教育家首次引入中国的大学教育并进行实践。1941年,梅贻琦先生在《大学一解》中提出了"通识为本,专识为末"的著名论断:"通识,一般生活之准备也;专识,特种事业之准备也。通识之用,不止润身而已,亦所以自通于人也。信如此论,则通识为本,而专识为末。社会所需要者,通才为大,而专家次之。以无通才为基础之专家临民,其结果不为新民,而为扰民。"20世纪50年代初,中国教育全盘学习苏联,建立了专才教育培养模式,通识教育几乎销声匿迹。

改革开放以来,通识教育逐渐进入教育理论研究者和实践探索者的视野中。尤其是20世纪90年代以来,中国高校加强大学生文化素质教育,强调培养人格健全、全面和谐发展的人,可以说是对中国优秀传统文化的回归,也与国际上的通识教育有异曲同工之处。总之,中国倡导通识教育，是要解决照搬苏联专才教育模式导致的高校专业划分过细、知识结构单一等问题，致力于满足学生全面发展的需要，为经济社会发展培养创新型、复合型人才。

3.通识教育的概念辨析

在理论层面上，我国学术界对通识教育的内涵界定尚不清晰。通识教育是一种理念、一套课程还是一种人才培养模式，如何看待通识教育与专业教育的关系等还没有形成统一的认识。不少高校仅仅将通识教育当作一种课程，作为专业教育的补充，窄化了通识教育的内涵。也有学者对通识教育的概念进行辨析，更倾向于将通识教育作为一种人才培养模式，而通识课程是其主要的实施手段。通识教育与专业教育并不对立，是包含关系，专业教育是通识教育的组成部分。通识教育是对自由教育的传承与扬弃，人文教育、素质教育都是通识教育的组成部分而不是全部；通识教育选修课、公共选修课等可以作为通识教育实施的途径，但专业课程、隐性课程等也是通识教育达成的途径。①

在实践层面，通识教育的概念可以概括为三个层面：第一，通识教育是一种理念，引导高校的教育教学实践，如香港高校的通识教育强调中西文化的沟通与整合，注重中国传统文化的集成，而台湾高校更侧重于全人教育，即全方位的人格养成教育；第二，通识教育是一种教育内容，体现为特定的课程体系或者教学模块，即通识教育课程，包括通识教育核心课、通识教育选修课等，通常涵盖人文学科、社会科学、自然科学等领域；第三，通识教育是一种教育模式，包括人才培养规格、专业设置和建设、课程体系和教学内容、教学方法和手段、教学评价和质量监控等内容，涵盖了培养目标、培养内容、培养方式和培养条件等要素。②

---

① 陈向明：《对通识教育有关概念的辨析》，《高等教育研究》2006年第3期。

② 钟秉林：《人才培养模式改革是高等学校内涵建设的核心》，《高等教育研究》2013年第11期。

笔者更倾向于将通识教育作为一种人才培养模式。也就是说，通识教育不仅仅是一种课程体系，更是一整套包含了教育理念、培养规格、课程设置以及教育教学管理体制等在内的人才培养模式。课程设置是实施通识教育的重要途径，但不是全部和唯一的途径，其背后是系统化的制度设计与安排。

二、通识教育的实践路径

各国通识教育实践路径具有比较明显的本土化特点。英国虽然没有明确的通识教育课程，但大学将通识教育作为广义的自由教育，秉承着通识教育与专业教育相融的理念，在整个教育教学中渗透通识教育的思想。① 美国高校通识教育的传统由来已久，多数高校在建校之初就确定了自由教育或者通识教育的理念，进行智力训练与思维训练，为学生就业奠定宽泛的知识基础。这一理念和传统对世界上其他国家和地区的通识教育都产生了深刻的影响，如日本战后以通识教育为核心开展新制大学改革，就是移植了美国通识教育的模式，②韩国高校通识教育课程设置也深受美国的影响。③ 近年来我国高校在学习借鉴国外尤其是美国通识教育理念和经验的同时，探索形成了多种本土化的通识教育实践路径。每所高校的历史传统、办学定位、发展特色以及办学实力不同，通识教育的实施路径体现出强烈的校本特色。

1. 大跨度选修课培养拔尖创新型人才

大跨度选修课是美国文理学院通识教育实施的主要路径。根据卡内基教学促进基金会 2015 版美国高等学校分类，美国文理学院（Lib-

---

① 易红郡：《英国大学通识教育的理念及路径》，《华东师范大学学报（教育科学版）》2012 年第 4 期。

② 刘爽：《日本九州大学通识教育的改革实践和现状》，《亚太教育》2016 年第 29 期。

③ 曾晓虹：《中韩大学通识教育比较——以南京审计学院、首尔大学为例》，《南京审计学院学报》2010 年第 3 期。

eral Arts College)是指年度文理学士学位授予量不低于50%、硕士学位授予量不高于50%的四年制学院。[①] 文理学院是美国高校的原型，因其小规模、大教育的鲜明精英主义特色在美国高等教育体系中具有基础性地位。[②] 他们致力于学生个人视野的拓展、学科知识的创新以及人类重大现实问题的解决。其通识教育课程通常包括分布必修、主修和辅修三类，其中分布必修课程一般涵盖人文学科、社会科学和自然科学三大领域，为学生提供宽泛的知识基础。如创立于1793年的威廉姆斯学院，所有学生至少在艺术与人文、社会科学、自然科学和数学三大领域各自选择三门课程。[③] 学生入学时通常不选专业，鼓励广泛学习和自由探究，鼓励选择远缘学科进行大跨越。前两学年突出知识广度，学生主要学习分布必修课程，在广泛尝试中寻找兴趣，第二学年的后一个学期选定专业；后两学年突出知识的深度，学习主修课程和辅修课程。这种大跨度选修课和专业学习方式尤其适用于为研究型高校提供高水平生源。

我国研究型大学的通识教育也是以跨学科、跨专业的大跨度选修课为特点。教育部2012年公布的39所"985高校"的2010年《本科教学质量报告》显示，我国约有三分之一左右的"985高校"形成了拔尖人才培养的学院建制，比如北京大学元培学院、清华大学清华学堂、北京师范大学励耘学院、中山大学博雅学院、四川大学吴玉章学院等，都在优势学科领域探索人才培养模式创新。这些学院基本上都实施通识教育基础上的专业教育培养模式：一、二年级加强通识教育，之后进行专业分类，自由选择专业，对本科四年进行全程管理。以北大元培学院为例，低年级不分专业，按文理两大类招生，学生在导师指导下在全校学科范围内选择和安排课程，自主选择专业，还设立了"古生物学"、"政治

---

① "The Carnegie Classification of Institutions of Higher Education. Basic Classification Methodology."http://carnegieclassifications.iu.edu/downloads/CCIHE2015-FlowCharts-01Feb16.pdf.

② 雷洪德：《美国文理学院：变革中的精英高校》，《高等教育研究》2013年第10期。

③ http://www.williams.edu/academics/areas-of-study/.

学、经济学与哲学”和“外国语言与外国历史”等新的交叉学科专业，学生每学期修一门“元培平台通识课”。这些学院强调跨学科基础上课程与专业的自由组合，实现了专业作为一种柔性课程组织的理论目标，[①]是一种人才培养模式的创新，也是我国研究型大学实施通识教育的重要尝试。

2.分布式必修制的通识教育课程设置

美国高校通识教育课程虽然有很大差异，而且课程内容在不断发展与演化，但多数高校都越来越重视对当前现实社会问题的关注，体现出全球化环境里强烈的问题意识和关注解决人类重大现实问题的探索精神，以哈佛大学通识教育课程改革最为典型。

哈佛大学的通识教育经历了不同历史时期的转变，从自由选课到集中与分布制，从“红宝书”到核心课程改革以及当前的分布式必修制，对美国以及其他国家和地区的大学尤其是研究型大学通识教育的影响极大。1869 年，哈佛大学提出在本科层次废除所有必修课，实施自由选修课制度，以延续自由探索的文化，发挥学生的自然倾向与天资，扩大研究领域，让有共同兴趣的教师和学生在一个真正的社团中关系更加紧密。1910 年，哈佛大学开始实施集中与分散制相结合的课程体系，要求每个学生除了选修本系四门课程以外，其余四门需要在文学、科学、历史、哲学或数学系选修，并通过为毕业班的学生安排综合考试、引入导师制、设立新宿舍等一系列制度保证学生学习计划的一致性和教育质量。1945 年，哈佛大学发布《自由社会中的通识教育》，提出人文学科、社会科学、自然科学三大类通识教育课程体系，所有哈佛学生需要在每一类中修习一门课程作为基础性课程，希望教育系统能够提供一种共同的文化，在分化严重的社会中起到整合与凝聚作用。1978 年，哈佛大学发布《核心课程报告书》，把哈佛通识课程领域分为文学与

① 谈小媊、漆丽萍、卢晓东：《专业自主选择与跨学科专业建构的实践——以北京大学元培学院为例》，《中国高教研究》2011 年第 1 期。

艺术、科学与数学、历史研究、社会与哲学分析、外国语言与文化等五大类，旨在培养学生对主要学术方法的敏锐判断。[①] 为改良传统的核心课程，2006 年发布的《哈佛大学课程革新》提出分布式必修制课程制度，课程涵盖艺术人文、社会研究和科学技术三大领域，要求学生在三大领域各选三门课程；鼓励各系之间合作开发课程，以矫正越来越严重的学科专业化倾向。[②] 截至 2016 年，哈佛大学的分布式必修制课程涵盖了审美和理解、文化和信仰、经验与数理、伦理、生命系统科学、物理宇宙科学、世界社会、世界中的美国等八个领域，[③]强调在学科交叉基础上培养国家和社会所需要的公民和公民领袖，担当人类社会发展中的重要责任。

20 世纪 90 年代之前，我国高校的本科教育课程体系主要包括公共基础课、专业基础课、专业课三大部分，经过几十年的发展，目前我国高校在专业教育基础上普遍形成了包括通识必修课、通识选修课、通识核心课等在内的通识教育课程体系。比如，复旦大学、浙江大学等都成立了通识教育核心课程建设委员会，加强对核心课程的顶层设计；武汉大学构建了包括通识教育必修课程、指导选修课程及任意选修课程在内的通识教育课程平台；北京师范大学打通学校平台课程和相关学科基础课，构建了家国情怀与价值理想、国际视野与文明对话、经典研读与文化传承、数理基础与科学素养、艺术鉴赏与审美体验、社会发展与公民责任六大通识教育课程模块。我国高校通识教育课程由无到有，由少到多，由分散到系统，由注重数量发展逐步走向注重质量提升，并逐步形成各自的特色。

---

① 理查德·诺顿·史密斯著、程方平等译：《哈佛世纪——锻造一所国家大学》，贵州教育出版社 2006 年版。

② 汤俊雅、别敦荣、易梦春：《哈佛大学课程革新：来自通识教育委员会的报告》，《山东高等教育》2014 年第 12 期。

③ "Harvard College Handbook for Students 2016-2017." http://handbook. fas. harvard. edu/book/export/html/402701.

3. 通识教育学院或书院式住宿学院的组织依托

美国大学通常设置专门的机构(如哈佛学院、耶鲁学院等)负责组织实施本科生的通识教育,设计融合通识教育课程、核心课程、专业课程于一体的完整的课程体系,设置住宿学院等机构为学生提供融学习、生活、学术研讨于一体的制度和环境。耶鲁大学从建校之初就实施通识教育,1897 年开始实施住宿制,目前共设 12 个住宿学院,大一新生会被分配到住宿学院,所有大一和大二学生都要求住校,大三和大四学生可以选择,但毕业前都属于同一个住宿学院。[①] 每个住宿学院都设有院长和教导主任,负责学生的学术和非学术事务。住宿学院融学习、生活、学术研讨为一体,开设住宿学院研讨课程,由耶鲁学院和各专业学院的老师任教,学生既可以选修本住宿学院,也可以选修其他住宿学院的课程。1968 年,耶鲁大学将住宿学院研讨课作为提高本科教育质量的重要计划,在艺术、人文和自然科学领域开设创新性和实验性课程。

近年来我国高校在通识教育学院或者书院式住宿学院方面已有许多探索。2008 年,汕头大学在我国内地率先成立第一个本科四年全程住宿学院——至诚书院,采用不同专业、不同年级的学生“混住”的生活和管理模式,专业教育和人文教育融合并行。之后,浙江大学、西安交通大学、复旦大学等都开始探索书院式住宿学院,改革住宿管理方式,发挥宿舍的育人功能。新生入学后按学科大类进行培养和管理,住宿学院一般负责全校一年级或一、二年级本科生的教育教学管理,之后学生进入各专业学院学习。浙江大学求是学院专门负责全校一年级新生及选择专业前学生的通识教育培养,本科生在二年级主修专业确认之后,回到各专业学院学习。西安交通大学将全校所有本科生从专业学院剥离出来,划分为八个书院进行统一管理,不同专业的学生组合住

---

① http://catalog.yale.edu/ycps/yale-college/.

宿，加强跨专业的交流。复旦大学的复旦学院下设五个住宿学院，还承担着全校本科教学发展和管理的职能，推进本科教育教学管理体制的改革。

此外，一批中外合作办学机构和新组建的公办大学，如宁波诺丁汉大学、西交利物浦大学、北京师范大学—香港浸会大学联合国际学院、香港中文大学（深圳）、南方科技大学、上海科技大学等，在通识教育和书院制管理方面积极探索，为国内大学的通识教育提供了经验。当前，我国重点大学的通识教育学院或者书院式住宿学院制改革探索在逐步扩大和深化，一方面学习借鉴欧美住宿学院的经验，另一方面也在进行中国特色的人才培养模式探索。

三、关于开展通识教育的对策建议

随着科学技术进步和知识本身的分化与融合，关于通识教育的理念一直处于变化之中。如哈佛大学课程改革过程经历多年、数次的研讨和修改，至今对能否实现通识教育的理想依然存在质疑：哈佛乃至其他许多大学标榜的广泛性与选择性很难一以贯之，学生被迫修习内容庞杂的课程；课程改革更大的困难是如何确定不同知识领域之间的轻重缓急，最后往往演变成“煞有介事的各种学术动机盘根错节的网络”[①]。对此，我们应理性看待，并进行多样化的探索。

同时必须看到，当前我国高校通识教育实施过程中也还存在一些问题。第一，对通识教育的内涵界定不清晰，认识不统一。不少高校仅仅将通识教育当作一种课程，作为专业教育的补充，窄化了通识教育的内涵。第二，通识课程质量良莠不齐。许多高校公选课模块中的不少课程只是作为科普性的，教师为了教学工作量而开课，学生因为学分好

① 哈瑞·刘易斯著、侯定凯译：《失去灵魂的卓越：哈佛是如何忘记教育宗旨的》，华东师范大学出版社2012年版。

拿而选课，缺乏系统设计和质量保障，难以实现通识教育对拓宽学生视野和知识广度的目标。第三，通识教育的评价体系尚不完善。当前对我国高校通识教育的评价不系统，目标不清晰，内容不全面，无论是评价的质量标准与指标体系，还是评价的手段与方法，以及评价的过程与效果，都尚待进一步研究和完善。

笔者认为我国高校的通识教育应借鉴国际经验，结合中国国情，注重在以下几个方面进行探索。

1. 走出观念误区，明确通识教育的重要性

把握通识教育的内涵实质，明晰通识教育的重要性与必要性，是我国高校实施通识教育的重要先导。首先，与通识教育相对立的是专才教育模式而不是专业教育，通识教育要与专业教育相互结合，为学生进入专业领域进行深入学习夯实知识、思维和方法的基础；其次，文化素质教育是通识教育的重要内容，但不是全部，通识教育不仅包括人文学科，还包括自然科学、社会科学领域的内容；再次，通识教育不仅仅是一种教育理念和一套课程体系，更是一种人才培养模式，它以通识课程为主要载体，通过文理学院、住宿学院、第二课堂等多种途径予以实施，旨在赋予学生广博的知识技术和思维训练；最后，通识教育不等同于自由教育，而是对自由教育的传承与发展。总之，实施通识教育有助于学生个体的充分、全面发展，有助于知识的创新和创造，有助于解决复杂的社会现实问题。我国高水平研究型大学要从培养高素质创新人才的高度出发，开展通识教育的多样化探索。

2. 注重顶层设计，深化大学内部综合改革

通识教育的实施需要加强顶层设计，深化综合改革。一方面，对高校人才培养模式和培养方案进行一体化的制度设计。无论是作为一种人才培养理念、一套课程体系还是一种人才培养模式，通识教育都不是单独存在的，需要在人才培养方案中系统地呈现，对人才培养目标、课程、管理、组织保障等进行系统研究和一体化的构建。在人才培养方案

和课程体系设计中，要处理好通识教育与专业教育的关系，平衡好通识教育课程与专业基础课及专业选修课的关系。另一方面，举全校之力深化综合改革。通识教育不仅是课程安排的问题，而是包含了人才培养方案、学习制度、组织机构、实施过程、效果评估等一系列的体制机制安排；通识教育的实施不仅是学校教学部门的责任，而是涉及包括教学教务与学生管理、人事聘任与考核、管理体制与运行机制等方方面面的统筹协调与改革，必须加强体制机制的创新和保障。

3. 加强内涵建设，重视通识教育的效果评估

注重内涵建设是实施通识教育的基本要求。第一，引导教师加强课程建设。优质师资队伍是提供丰富、优质、有效的通识教育课程，保证高校通识教育实施效果的关键。要鼓励各院系教师开设通识教育课程，面向全校学生开放，缓解通识教育课程不足的问题。第二，重视培养学生的选择能力。通识教育理念下的大学更像一个课程超市，学生根据自己的个人禀赋、兴趣爱好和学术规划选择所需课程。高校的责任在于为学生提供丰富的、高质量的课程，为学生的选择提供指导，而学生选择的结果会体现为其个性化的知识和能力储备，及其思维习惯的改变。第三，将通识教育实施效果评价作为高校内部质量保障体系的重要组成部分，加强教师和学生对通识教育实施效果的自我评价，提高内部质量保障体系的有效性和通识教育的质量。

4. 加强文化认同，构建本土化通识教育模式

要结合国情校情积极探索国际经验的本土化实践。首先，加强本土化的文化认同。国内多数高校通识教育实施都参照欧美高校的模式或经验进行，但纵观历史，各国通识教育都高度重视本国、本民族的文化认同，如美国高校强调培养具有国际视野的公民和公民领袖，在不同历史时期通识教育的内涵有所不同。中国高校实施通识教育需要从中国语境出发，构建中国本土化的通识教育模式，全球化、国际化越是深入，本土化、民族性越要突显。中华优秀传统文化强调有教无类、因材

施教、人尽其才，重视培养学生良好的行为规范、质朴的道德操守、深邃的哲学思想和高雅的审美情趣，要重视通识课程中中国传统文化内容的建构。其次，重视总结与传播。高校是通识教育实施的主体，各高校通识教育个性化的实践路径是中国本土化通识教育模式的体现，要适时总结、提炼和升华，为通识教育质量提升和优质高等教育资源国际拓展做出贡献。

人才培养模式改革是高等学校内涵建设的核心*

党的十八大报告明确提出，要办好人民满意的教育，推动高等教育内涵式发展；《国家中长期教育改革和发展规划纲要（2010—2020 年）》对高等教育和高等学校的改革和发展作出了具体部署。高等学校要认真研究经济社会发展、科学技术进步和高等教育改革对人才培养带来的新问题和新挑战，增强改革的使命感和责任感，不断深化人才培养模式改革，稳步提高人才培养质量。

一、高等教育主要矛盾转化，质量问题愈加凸显

自 1999 年实施大众化高等教育发展战略以来，我国高等教育事业取得了令世人瞩目的成就。截至 2012 年，普通高校招生数和在校学生数增长近 5 倍，普通高校数增长 1 倍多，专任教师数增长 2 倍多，高等教育毛入学率达到 30%，高考录取率超过 75%，中国已经在规模上成为名副其实的世界高等教育大国，"上大学难"的矛盾得到根本缓解。在高等教育规模急剧扩大的同时，办学效益亦得到显著提高，校均学生规模增长近 2 倍，生师比增长近 1 倍；高等教育的区域布局结构、高等学校的层次类型结构和学科专业结构不断调整和优化；高等教育管理体制、办学体制、投资体制和招生就业体制改革取得了不同程度的突破；高等学校的人才培养、科学研究、文化传承创新与社会服务功能得

---

* 原载《高等教育研究》2013 年第 11 期。

到了充分发挥。

与此同时，社会公众接受高等教育的心理预期迅速变化，高等教育发展的主要矛盾发生转化：一方面，经济社会发展和人民群众对高质量高等教育的需求迫切；另一方面，优质高等教育资源严重短缺，“上好大学难”的矛盾日益凸显，并由此引发了人才培养质量、教育公平、大学生就业、现代大学制度建设等一系列社会高度关注的热点和难点问题。学生、家长、社会公众和高校举办者对质量和公平问题高度关注，新闻媒体和公共问责的重点也指向了高校的人才培养质量和办学水平。教育质量，尤其是人才培养质量，愈来愈成为高等学校办学声誉的载体和生存发展的生命线。高等学校必须进一步强化质量意识，明晰办学理念，切实把人才培养作为学校的根本任务，把提高人才培养质量作为学校内涵建设的重点。

二、高等教育发展方式转变，高校内涵建设任务繁重

毋庸置疑，缓解高等教育主要矛盾的根本途径是坚持内涵发展，不断拓展优质高等教育资源。但高等教育发展和高等学校建设有其自身的规律，其中一条不可逾越的规律就是更需要长期积累、厚积薄发。尽管经费充足、规划得当，硬件条件可以很快得到改善；学校重视、务实工作，软件管理水平亦可在不太长的时期内得到提升，但仅有硬、软件条件的改善还远不足以办好一所高水平大学，教师队伍整体水平的提升，优良办学传统、校风学风、大学文化以及鲜明办学特色的形成，都需要长期的积淀和社会的认可，不可能一蹴而就，也不可能用钱堆砌，这一主要矛盾将在相当长的时期内存在。

为了缓解高等教育的主要矛盾，满足人民群众的愿望和经济社会发展的需求，我国高等教育必须解决三个重大现实问题：一是在规模适度扩大的同时努力拓展优质高等教育资源，重在提高高等教育质量，尤其是提高人才培养质量；二是在提高高等教育质量的长期过程中合理

配置有限的优质高等教育资源，大力促进高等教育公平，尤其是促进入学机会均等；三是积极推进高等教育国际化，不断提高中国高等教育的国际影响力，尤其是增强在国际学术界的话语权。与此相适应，我国高等教育发展方式正在发生深刻的变革，即从以规模扩张和空间拓展为特征的外延式发展，转变到以提高质量和优化结构为核心的内涵式发展。[①]

必须指出，随着高等教育体制改革的深化，学校办学自主权进一步扩大，高等学校质量建设和质量监控的主体地位不断强化。一方面，高等学校内涵发展任务艰巨，要遵循教育教学规律和人才成长规律，逐步探索、稳步推进，而改革发展的成效则要在若干年后才能得以显现。这显然与当前社会公众对于高质量高等教育的急切期待，以及部分学校和地方政府急功近利的教育绩效观形成了强烈反差。另一方面，随着高等教育规模的不断扩张，高等教育利益相关者增多，不同群体的利益诉求呈现出多元化的价值取向；高等教育与其他教育领域改革的关联度增加，与经济社会的联系更加紧密，政策制定和改革举措实施难度加大，高等教育改革已经步入“深水区”。高等学校面临着巨大的发展压力，必须进一步增强紧迫感和责任感，加强系统研究和综合改革，集中精力抓好内涵建设和特色发展。

三、经济发展方式深刻变革，人才需求结构发生变化

为了促进国民经济的健康和可持续发展，我国经济发展方式正在发生根本性转变，其战略任务可以概括为：全面深化经济体制改革，完善竞争性市场体系，为经济发展方式转变提供制度和机制保障；实施创新驱动发展战略，推进技术创新和产品创新，由主要依靠增加物质资源

① 赵应生、钟秉林、洪煜：《转变教育发展方式：教育事业科学发展的必然选择》，《教育研究》2012 年第 1 期。

消耗的粗放型经济增长方式，转变为主要依靠科技进步、劳动者素质提高和管理创新的集约型经济增长方式；推进经济结构战略性调整，改善需求结构，优化产业结构，发展高新技术产业、战略性新兴产业和第三产业，促进就业，扩大内需，提高发展质量和效益；促进区域协调发展，推动城乡发展一体化，加快城镇化发展进程；全面提高开放型经济水平，适应全球经济一体化的大趋势，在国际竞争中赢得新优势。不言而喻，提高劳动者素质、培养创新型人才是实现经济发展方式转变的重要基础和决定性因素，这对高等学校的人才培养工作带来了新的挑战。

1.经济发展方式转变导致人力资源需求的变化

随着创新驱动发展战略的实施、城镇化进程的推进和开放型经济水平的提升，劳动力市场对人力资源的结构、素质和类型、层次提出了新的多样化的需求，经济社会发展需要不同层次和不同类型的多样化专门人才，如具有创新精神的学术型人才、具备较高职业素养的应用型人才、具有较好发展潜能的复合型人才、具有国际视野的外向型人才等。高等学校要适应经济社会发展，认真研究人才需求的变化趋势，优化人才培养目标和培养方案，调整课程体系和教学内容，加强大学生实践能力、创新精神和综合素质的培养，不断提高人才培养的适应性。

2.经济结构调整导致社会职业和就业市场的变化

随着需求结构和产业结构的调整，以及高新技术产业、战略性新兴产业和第三产业的发展，新职业不断涌现，一些传统职业的内涵也在不断更新，这必然带来就业市场的变化。高等学校要认真研究产业结构、社会职业和就业市场变化对人才培养带来的挑战，进一步优化人才培养规格，适时调整专业结构和专业内涵，及时调整专业方向，逐步提高人才培养效果与经济社会发展需求之间的契合度。

3.大学毕业生就业形势严峻

在经济增长方式发生转变和高等教育规模急剧扩张的背景下，大学生就业压力逐年增大。1998 年，我国普通高校毕业生总数为 87 万人，2012 年达到 680 万人，增加了近 7 倍，今年已达到创纪录的 699 万人。近年来大学毕业生离校时的初次就业率保持在 70%以上，离校半年后的就业率在 90%左右，大学生就业问题已经引起政府、社会和公众的高度关注。大学生就业是一项系统工程，既需要政府和企业积极推进经济发展，提供更加充足的就业岗位，还需要用人单位转变观念，更多地吸纳大学生就业；对于高校而言，则需要不断深化人才培养模式改革，提高人才培养的适应性或针对性，同时加强对毕业生的就业教育、创业教育和就业指导与服务。

四、高等教育投资体制改革，人才培养面临新的挑战

随着市场经济的发展和高等教育大众化进程的推进，高等教育投资体制改革不断深化。大学生缴费上学、高校多种渠道筹集办学资金、构建大学生资助政策体系等举措平稳实施，符合国际趋势和中国国情的高等教育成本分担新机制正在建立和完善之中。投资体制的改革对高等学校的内部治理、人才培养和学生管理带来了新的挑战。无独有偶，近年来北美和欧洲等地的大学由于学费上涨而引发了学生维权热潮，其经验教训也值得我们分析和借鉴。

首先，大学生缴费上学后，其身份从过去单纯的受教育者转变为教育消费者，学生和家长更加重视教育收益率，维权意识明显增强，对知晓学校信息、参与学校管理等方面的民主诉求意识更加强烈。高校要坚持以学生为本的办学理念，高度重视学生的权益诉求，不断完善民主管理制度，健全学生会、研究生会制度，畅通学生意见表达渠道，保障学生的知情权和权益申诉权，调动学生参与学校管理的积极性。

其次，近年来大学生在改善教学质量及生活条件等关系到他们的切身利益方面的诉求明显增多。高校要直面学生的利益诉求，认真研究、切实抓好教学工作和后勤保障工作。要保证教学经费投入，改善教

学和生活环境，为学生成才创造良好条件；要加强科学管理和规范办学，及时消除由于教学和后勤问题引发的失稳苗头，保证正常教学秩序，避免群体性公共事件的发生。

第三，近年来大学生状告学校法人的案例明显增多，而且学校败诉率较高。究其原因，一是学校在办学质量及教学、生活条件等方面存在问题，而且对学生诉求反应不敏锐，改进不及时，工作不到位；二是学校有关学生管理的规章制度一般比较详尽，尽管制定初衷是加强学生管理，促进学生健康成长，但其中的某些条款往往与上位法律法规相冲突，一旦形成官司，败诉也就很自然了。因此，高校在提高管理水平、改善教学质量的同时，要对学生管理机制进行认真反思，系统梳理和修订学生管理的有关政策文件，尤其是涉及学籍管理、学历学位授予等方面的规章制度，使其保持与有关法律法规的“自恰性”，不断提高依法治校、依法治教的水平。

五、科学技术飞速发展，人才培养面临严峻挑战

当今世界科学技术迅猛发展，科技进步对经济社会发展的贡献率不断增加，同时也对高等学校的人才培养工作提出了严峻挑战。高校要跟踪和顺应科学技术发展的大趋势，不断深化人才培养体制和模式改革。

首先，现代科学技术的进步使学科发展既高度分离又高度融合，学科发展综合化成为主要趋势。高等学校必须重视学术资源整合，探索学科融合创新、跨学科研究和跨专业人才培养，这就必然涉及高校内部学术治理结构的优化，以及学科布局、专业结构、院系和科研机构的调整，也涉及高校人才培养体制和内部管理体制的改革。

其次，随着科学技术的进步，信息量呈几何级数增长，知识更新和成果转化的周期不断缩短，高校的人才培养已经不再是一次性的终结式培养。如何树立终身教育的理念，科学确定人才培养规格，构建多样化的人才培养体系和模式，深化课程体系和教学内容改革，重视大学生

学习能力、适应能力和竞争能力的培养，是高等学校必须认真反思的重大问题。

再次，一些学科和技术领域在本世纪孕育着重大突破，在网络技术、信息技术、生物技术、新能源、新材料、航天工程、海洋工程等领域已初见端倪。科技和社会发展史表明，这些突破一旦发生，必然给人类的生产、生活和学习方式带来重大变革，欧洲工业革命以及当代信息技术的发展就是最好的例证。然而，科学技术发展有其自身的规律性，人们可以预见到某些突破，但又不可能预测到什么时候哪个学科分支具体发生什么样的突破。高校必须在课程体系和学生知识结构设计方面体现前瞻性和系统性，为学生应对科技变革作好知识和能力储备。

最后，知识数字化和互联网技术飞速发展，正在改变人们获取知识的渠道和方式。随着信息技术的发展和教育信息化进程的推进，知识传递的方式已经由单向转向互动，以知识转移为特征的社会参与正在与自主学习、合作学习方式进行整合，教师的角色正在由知识传授者、学习组织者转变为学生的学习伙伴。在这样的背景下，大学的知识权威遭到前所未有的挑战，高等教育的实际效能受到广泛质疑。这无疑对高校的学科专业设置、学生管理机制、教学组织形式、教学方式和学习方式乃至教室布局等形成了强烈冲击。高校不能仅仅关注教师如何教，课件如何研发，而是要转变教育观念，摒弃传统的课堂教学模式，创造性地运用现代信息技术，加强第一课堂的改革，促进学生的自主学习与合作学习，实现多样化和个性化培养。这将成为今后一个时期高校教学改革的重要趋势。

六、高等教育国际化大势所趋，高校办学视野亟待拓展

进入新世纪以来，随着经济全球化进程的加速，人力资源和物质资源的跨国流动成为一种常态，并很快渗透到教育领域，高等教育国际化

已经成为大势所趋。这对我国高校在办学过程中拓展国际视野、推进国际化进程提出了新的要求,同时也为我国高校学习借鉴发达国家的先进办学理念和经验、拓展优质教学资源提供了难得的机遇。

1.教师国际流动明显加速,留学生数量大幅增加

学生、教师的国际流动是高等教育国际化的基本特征和重要内涵。据美国国际教育研究所发布的美国《门户开放报告》(Open Doors Report)提供的数据,2011—2012学年,美国国际学生总数达76.4万多人,较上学年增加5.7%,其中中国大陆学生增长最快,达到19.4万人,比上学年增加23.1%,占美国国际学生总数的25.4%;就读本科学生人数更是暴增31%。[①] 2012年,从世界各地涌来的国际学生不仅为美国经济增长贡献了227亿美元,也促进了大学多元文化的发展。另据统计,2012年我国出国留学人员总数近40万人,比上年增长17.63%;来自200个国家和地区的近33万名外国学生来华留学,比上年增长了12.21%,其中接受学历教育的留学生占40.66%。[②] 我国高校要进一步拓展办学视野,制定国际化发展战略,加快推进国际化进程。一是要调整人才培养目标和规格,重视培养国际化人才或具有国际视野的创新型人才;二是要吸引更多的外国学生到中国留学,开设全英文课程或专业,并在留学生管理方面借鉴国外经验,减少“特殊照顾”,为他们尽快融入中国文化和校园“大家庭”提供条件;三是要鼓励高校学生和教师通过联合培养、合作研究、讲学游学、参加国际会议等多种方式积极参与国际交流与合作。

2.教学资源跨国流动和传播速度加快、范围拓展

近年来,我国境内的国际合作办学项目与机构持续增加。据不完

---

① 麦可思研究[DB/OL].(2013-02-01)[2013-02-06].http://www.mycos.com.cn/Files/2013/02/01/13/31/201302011331145932.pdf。

② 教育部国际司司长张秀琴在中国留学论坛致词[EB/OL].(2013-02-28)[2013-05-27].http://www.wei.moe.edu.cn/cn/?p=309&page=3248654.htm。

全统计，到2012年底，依法批准设立和举办的实施本科以上高等学历教育的中外合作办学项目共计732个、办学机构共计43个。① 这些项目的开展和机构的举办促成了国际化课程、教材和课件以及教学方式等教学资源的跨国流动和共享，同时也推动着高等教育理念、管理模式的跨国传播和融合。我国高校要抓住机遇，科学借鉴国外先进的人才培养理念和教学模式，积极引入国外优质教学资源和现代教学方法，促进人才培养模式改革；与此同时，要勇于开拓，充分发挥自身资源优势，在境外举办国际合作办学项目或机构，促进中国教学资源的国际流动。

七、励精图治，不断深化高校人才培养模式改革

人才培养是大学的基本功能和根本任务。广义而言，人才培养模式包括人才培养目标和规格、专业设置和建设、课程体系和教学内容、教学方法和教学手段、教学评价和质量监控等内容，涵盖了包括培养目标、培养内容、培养方式和培养条件在内的人才培养诸要素。高校要认真研究经济社会发展、科学技术进步、教育发展方式转变和教育体制改革对人才培养带来的严峻挑战，树立先进的教育观和教育价值观、富有时代特色的人才观和多样化的质量观、现代的教学观和科学的发展观，坚持内涵发展，不断深化人才培养模式改革。笔者认为，当前要重点在如下几个方面进行改革探索：

1. 科学定位，明确人才培养目标和规格

要结合国家和地方经济社会发展需求和学校人才培养的优势与特色，确立培养学术型或应用型人才的目标定位，并从知识、能力和素质全面养成的角度明确各类人才的培养规格和要求。

---

① 教育部国际司司长张秀琴在中国留学论坛致词[EB/OL].（2013-02-28）[2013-05-27]. http://www.wei.moe.edu.cn/cn/? p=309&page=3248654.htm。

2. 加强专业建设和改革，建立科学的专业体系

专业是人才培养的重要载体，专业设置要科学规范、宽窄相宜；要完善专业准入、调整和退出机制，重视专业内涵的调整和优化；要建立有效机制，打破学科专业壁垒，为跨专业教育、培养复合型人才搭建平台。

3. 优化课程体系和教学内容

要从学生知识结构和课程体系整体优化的角度出发，平衡通识教育与专业教育、理论教学与实践教学、专业基础教学与职业技能训练之间的关系；要兼顾系统性、前瞻性和实用性，不断更新教学内容。

4. 重视能力培养

要培养学生的问题意识和批判精神，注重学生学习能力、独立思考能力、分析问题和解决问题能力的养成；要处理好首岗胜任能力与职业发展潜力之间的关系，合理安排教学实践和职业技能训练，加强产学研合作育人，切实提高学生的实践能力。

5. 改革教学方法和教学手段

要坚持学生在教学活动中的主体地位，尊重学生的选择权和个性特长的发展，充分利用现代信息技术，探索个性化教学；要借鉴国外经验，结合学校实际，积极尝试探究式教学，如基于问题的学习、研讨式学习、高峰体验课程、案例教学等，鼓励学生自主学习和合作学习，培养学生的探究能力和创新精神。

6. 倡导教学科研融合

高校的科学研究活动与创新型人才培养呈“正效循环”效应，要重视将科研资源转化为优质教学资源，[①]充实教材和课程新内容，开发新的教学实验，提供毕业设计选题，吸收本科生早期参加科研，支撑特色专业建设。实践表明，这种转化就像将科研成果转化为生产力一样艰

---

① 钟秉林：《推进大学科教融合 努力培养创新型人才》，《中国大学教学》2012年第5期。

巨,需要观念的转变、政策的导向和教师的付出。

7.完善内部质量保障体系

要强化高校质量建设和质量监控的主体地位,提高内部教育教学质量保证体系的有效性;要进一步明晰质量标准,完善相关政策、规章和教学评价制度;要优化教学评价指标体系和评价方法,注重对学生学习效果和教学资源使用效率的考评,不断完善评价结果反馈和教学改进机制。

应该指出,推进高校内涵发展,深化人才培养模式改革,还需要以转变教育观念作为重要先导,以加强师资队伍建设作为关键举措①,以创建现代大学制度作为根本保障②。

① 钟秉林:《高度重视高等学校教师发展问题》,《中国高等教育》2011年第18期。

② 钟秉林、赵应生:《中国特色现代大学制度建设——目标、特征、内容及推进策略》,《北京师范大学学报(社会科学版)》2011年第4期。

大学生批判性思维养成的影响因素及培养策略研究*

一、批判性思维的本质涵义

批判性思维是全球高等教育公认的目标，是一种合理的、反省的思维，[①]强调对观点、假说、论证等持审慎的态度。不同学科基于不同的关注点，用不同的方法界定批判性思维。哲学方法以苏格拉底、柏拉图、亚里士多德为代表，主要关注理想情境下的批判性思维，假定人有好奇心、思维开放灵活、公正、渴望知情、理解各种观点、不轻易下结论，愿意考虑他人的观点。[②] 这一方法强调理想的思考者能做什么，但很少关注人是如何真正思考的。相比之下，心理学方法与哲学方法存在两方面的不同：首先，心理学方法关注人是如何真正思考的，而不是他们在理想的条件下可以思考或应该思考；其次，心理学方法不通过指出理想的批判性思考者的特征或列举“好的”思维的标准来定义批判性思维，倾向于通过批判性思考者的行为来定义批判性思维，包括一系列批

---

* 原载《教育研究》2017 年第 5 期，夏欢欢为第一作者。

① R. Ennis, “Critical Thinking: A Streamlined Conception.” *Teaching Philosophy*, 1991(14).

② P. A. Facione, *Critical thinking: A Statement of Expert Consensus for Purposes of Educational Assessment and Instruction*. Millbrae, CA: The California Academic Press, 1990, p. 67.

判性思考者的能力和行为的过程。[①]

批判性思维主要源自哲学和心理学，近些年来，则越来越多地与教育学融合，教育学领域的研究以布卢姆为代表。布卢姆的教育目标分类是教育从业人员在教学和评估高阶思维能力时最广泛引用的来源之一。布卢姆的分类法将认知过程分成六个维度：记忆、理解、应用、分析、评价和创造，后三个维度通常被认为代表着批判性思维。教育学方法不同于哲学和心理学方法，其优势在于，它是基于多年的课堂经验和观察学生的学习而形成。[②]

哲学对批判性思维的界定可概述为“理想的批判性思考者应具有哪些特征（应然）”，教育学更多地界定“批判性思考者在教育情境中是怎样的状态（实然）”，心理学则是在“应然”与“实然”的链接过程中揭示批判性思考者如何思考。作为事物的现实表现样态之实然，与应然之间存在着某种程度的脱节或背离；而作为事物客观存在本性及理性要求的应然，也定是超越外在表现的实然。因此，探寻应然与实然的差距，找出改善实然状态的核心影响因素，成为当前批判性思维研究的重中之重。

二、批判性思维影响因素的理论框架

本研究从认识论信念视角探寻大学生批判性思维养成的影响因素。认识论信念是指学生对知识和求知过程本质的认知。[③] 在大学生的学习过程中，这相当于信息过滤器，接收的信息通过认识论信念这一

---

① A. Lewis & D. Smith, “Defining Higher Order Thinking,” *Theory into Practice*, 1993(3).

② M. Kennedy, et al., “Critical Thinking: Literature Review and Needed Research”, in L. Idol & B. F. Jones eds., *Educational Values and Cognitive Instruction: Implications for Reform*. Hillsdale, New Jersey: Lawrence Erlbaum & Associates, 1991. 11—40.

③ B. K. Hofer, & P. R. Pintrich, *Personal Epistemology: The Psychology of Beliefs About Knowledge and Knowing*. New Jersey: Lawrence Erlbaum Associates, 2002, p. 24.

过滤器被分类，用于更改现有的信念，强化现有的信念，或因为与现有的信念相悖而被放弃。[①] 认识论信念是学生潜在的认知机制，大学生批判性思维的发展嵌入在其认识论信念发展的过程中。[②] 已有研究表明，处于高阶认识论信念发展水平的学生，具备基于情境判断和思考的能力，[③]其批判性思维好于处于低阶认识论信念发展水平的学生，[④]处于低阶认识论信念发展水平的学生很难成为真正的批判性思考者。研究还发现，学生的批判性思维会随着认识论信念的成熟而提升，[⑤]学生的认识论信念在学生评估不同观点的可信度时扮演着重要的角色。[⑥]因此，认识论信念影响大学生对接收信息的判断、加工及自我在学习中角色的定位。从认识论信念视角研究大学生的批判性思维，可从根本上帮助大学生形成决定"信什么"或"做什么"的合理的、反省的思维，让学生认识到合理的思维要求有证据、有充分理由，反省的思维要求怀疑、悬置判断、不盲从、不武断。

在理论研究层面，佩里（Perry）、贝伦基（Belenky）和马格达（Magolda）探讨了学生对知识和求知过程认知的发展历程，包括知识是否具有确定性和唯一性，知识与知识之间如何关联，知识是如何发生的，知识存在于哪里，知识是如何建构和被评价等更为具体的内容和

---

① J. B. Schreiber, & D. Shinn, "Epistemological Beliefs of Community College Students and Their Learning Processes", *Community College Journal of Research and Practice*, 2003 (27).

② D. Kuhn, "A Developmental Model of Critical Thinking", *Educational Researcher*, 1999(28).

③ P. M. King, & K. S. Kitchener, "Reflective Judgment: Theory and Research on the Development of Epistemic Assumptions Trough Adulthood", *Educational Psychologist*, 2004 (39).

④ D. Kuhn, *Education for Thinking*. Cambridge, MA: Harvard University Press, 2005, p. 53.

⑤ D. Bok, *Our Underachieving Colleges. A Candid Look at How Much Students Learn and Why They Should Be Learning More*. Princeton, NJ: Princeton University Press, 2006, p. 76.

⑥ S. Barzilai, & A. Zohar, "Epistemic Thinking in Action: Evaluating and Integrating Online Sources", *Cognition and Instruction*, 2012(30).

看法，这一系列研究成为批判性思维研究的理论基石。佩里基于男性学生样本，观察大学生知识和思维的发展阶段。研究发现，大学生对知识的认知和思维的发展会经历三种水平九个阶段，学生从低水平的二元思维向高水平的相对性思维发展，这一发展过程最终体现为四年级的学生开始认为知识是复杂的、基于情境的，且可通过个人推理或实证数据获得。由于佩里的大学生智力与道德发展理论缺乏女性样本而遭到众多学者的抨击。① 贝伦基在佩里的理论基础上，研究女性的求知过程，提出思维之式理论。研究发现，女性对知识的认知和思维发展会经历五个阶段：沉默阶段、接收获知阶段、主观获知阶段、程序获知阶段和建构获知阶段。② 马格达在佩里和贝伦基研究的基础上开展追踪研究，探索男女学生的知识认知和思维发展过程，提出大学生发展的自我主导理论，并归纳出大学生在自我主导转变过程中所经历的四个阶段：遵循外在权威模式、处于十字路口、成为自我生活的主导者及建构内在的信念体系。③ 佩里的大学生智力与道德发展理论、贝伦基的思维之式理论及马格达的自我主导理论，都证实大学生对知识和求知过程的认知呈阶段性，是不断进化、从简单到复杂的过程。三个理论模型一脉相承，又有区别。佩里理论的不同阶段是对知识和真理本质的描述，贝伦基理论的不同阶段更多的是关注知识和真理的来源，马格达理论则更加关注个体在获取知识的过程中对权威的认知。贯穿三个理论的核心是学生对知识和求知过程本质的认知，即认识论信念。

在实证研究层面，国外有关研究认为认识论信念包括五个维度。

---

① W. G. Perry, *Forms of Intellectual and Ethical Development in the College years: A Scheme*. New York: Holt, Rinehart & Winston, 1970, p. 53.

② M. F. Belenky, et al., *Women's Ways of Knowing: The Development of Self, Voice and Mind*. New York: Basic Books, 1986, p. 15.

③ Baxter Magolda, *Knowing and Reasoning in College: Gender Related Patterns in Students' Intellectual Development*. San Francisco: Jossey-Bass, 1992, p. 56.

这五个维度构成《认识论信念调查问卷》的基本维度，是大学生批判性思维影响因素理论框架的构成要素，也大学生批判性思维与认识论信念二者关系实证分析的变量。它们分别是：

简单的知识(Simple Knowledge，SK)：知识是以单一正确答案的方式存在，还是相关的和情境化的；

确定的知识(Certain Knowledge，CK)：知识一旦获取，是否固定不变；

天生的能力(Fixed Ability，FA)：获取知识的能力是由天赋决定，还是会随着学习经历发生转变；

快速的学习(Quick Learning，QL)：知识的获取是快速的过程，还是缓慢的、逐步推进的过程；

知识的权威(Omniscient Authority，OA)：知识是通过权威传授还是通过个人的推理或从实证性证据中获得。①

三、研究设计与方法

鉴于当前对认识论信念和批判性思维二者关系的研究大多基于国外的教育情境，本研究将基于实证数据研究我国大学生认识论信念与批判性思维的关系。

1. 研究假设

研究假设认识论信念的五个维度：简单的知识、确定的知识、天生的能力、快速的学习和知识的权威，对大学生批判性思维发展有影响。为验证理论假设，本研究由两部分实证研究构成，一是对大学生的认识论信念进行问卷调查，二是对大学生批判性思维进行标准化测试。在搜集两方面数据的基础上，基于实证数据进行二者关系的计量模型建构。

---

① M. A. Schommer，"Comparisons of Beliefs about the Nature of Knowledge and Learning Among Postsecondary Students"，*Research in Higher Education*，1993(3).

2. 调查对象

基于整群随机抽样和方便抽样的原则，本研究选取 1049 名学生作为样本。样本学校的选取综合考虑了学校类型、地域分布和研究的可行性，从教育部直属的六所师范大学中选取四所（表 1）。

表 1　样本学生统计概况

		人数	比例
性别	男	459	43.7%
	女	590	56.3%
年级	大一	494	47.1%
	大二	213	20.3%
	大三	197	18.8%
	大四	145	13.8%
年龄	17—18	325	30.9%
	19—20	491	46.8%
	21—22	209	19.9%
	23—24	24	2.4%
平均成绩	前 10%	90	8.6%
	前 10%～30%	300	28.6%
	前 30%～50%	366	34.9%
	前 50%～70%	205	19.6%
	排名较靠后	88	8.3%
所在学校	A	351	33.5%
	B	134	12.8%
	C	181	17.3%
	D	383	36.4%
出生地	省会城市/直辖市	232	22.2%
	中小城市	461	43.9%
	农村	356	33.9%
第一代大学生	是	628	59.9%
	否	421	40.1%
高中类型	省重点	419	39.9%
	市重点	362	34.6%
	普通中学	268	25.5%

续表

		人数	比例
母亲学历	小学及以下	227	21.6%
	初中	313	29.8%
	高中/中专	264	25.2%
	本科/大专	216	20.6%
	研究生	29	2.8%
父亲学历	小学及以下	110	10.5%
	初中	323	30.8%
	高中/中专	293	27.9%
	本科/大专	279	26.6%
	研究生	44	4.2%

3.研究工具

本研究采用汉化修订版的“认识论信念调查问卷”(Epistemic Beliefs Inventory,EBI)测量大学生的认识论信念,采用美国教育考试服务中心(Educational Testing Service)授权的 ETS Proficiency Profile(EPP)测量大学生的批判性思维。

为检验 EBI 工具对中国学生的测量信度和效度,本研究首先对调查问卷进行试测,并在试测的基础上对 EBI 工具进行修订。研究结果显示,问卷信度为 0.75,探索性和验证性因子分析表明变量的因子结构模式与原来所定义的五个因子不完全一致,基于探索性因子分析结果,将“天生的能力”和“快速的学习”因子中的相关题项进行合并,并将合并后的因子重新命名为“学习的能力”。研究得出四个公因子:简单的知识、确定的知识、学习的能力和知识的权威,四个公因子的题项载荷介于 0.56~0.87。进一步的验证性因子分析发现,所有因子的标准系数均高于 0.5,表示观测变量均能反映潜变量。

EPP 测试主要考查大学生的通识能力,包括学生阅读、批判性思维、数学、写作四种能力的测试。本研究采用汉化的批判性思维能力测试,共有 27 道试题。EPP 测试工具的信度为 0.85,信度较高。以未加权平方作为试题适配度指标,在 0.8~1.2 时试题具有较好的适配度。

对试题层次的效度验证发现，本研究中除第 5、19、25 试题的未加权均方超出 0.8～1.2 的范围，需进一步改进外，其他题目的效度均较好。试题难度系数范围在-1.17～1.49，难度偏易，这一结论与国内外已有研究结果基本一致。①

四、研究结果分析

1. 大学生认识论信念与批判性思维的现状分析

EBI 调查和统计分析结果显示了大学生认识论信念四个维度的得分。在简单的知识这一维度，平均值为 3.18，标准差为 0.65。得分越高，学生越认为知识是以单一正确答案的方式简单存在，而非以多个正确答案的方式复杂存在。研究结果显示，样本大学生整体倾向认为知识是以单一正确答案的方式简单存在，热衷寻找标准答案，而少有怀疑精神和创新精神。

在确定的知识这一维度，平均值为 2.48，标准差为 0.44。得分越高，学生越倾向认为知识是确定的。研究结果显示，样本大学生整体倾向认为知识获取后仍可更改，能够基于发展的视角看待知识，不断补充和更新自我的知识体系。

在学习的能力这一维度，平均值为 2.89，标准差为 0.78。得分越高，学生越倾向认为知识的获取是快速的过程，且获取知识的能力由天赋决定。研究结果显示，样本大学生整体倾向认为知识获取是快速的过程，获取知识的能力源自天赋，大多停留在浅层学习和机械学习阶段，学习的自主性和积极性未充分调动和激发。

---

① 赵婷婷等：《大学生学习结果评价的新途径——EPP（中国）批判性思维能力试测报告》，《教育研究》2015 年第 9 期。O. L. Liu et al.，"Validating the Chinese Version of the ETS ® Proficiency Profile Critical Thinking Assessment"，ETS Research Report Series，Princeton，NJ：Educational Testing Service，2016，pp. 16—37.

在知识的权威这一维度，平均值为2.65，标准差为0.63。得分越高，学生越崇尚权威。研究结果显示，样本大学生整体倾向崇尚权威，认为权威无所不知，知识通过权威获取，唯书、唯上、从众的思维定势较强，而质疑反思和批判精神则较弱。

EPP测试和统计分析结果显示，样本大学生批判性思维标准分的最大值为25.33，最小值为-26.37，平均值为0.18，标准差为13.18。研究结果显示，样本大学生批判性思维整体水平一般，深度推理能力不强，问题意识、质疑态度和批判精神普遍发展不足，大学生批判性思维的培养具有现实性和紧迫性。

2. 大学生背景因素对认识论信念和批判性思维的影响

大学生背景因素对认识论信念和批判性思维的影响分析表明，认识论信念和批判性思维都受到个体特征和不同背景因素的影响（表2）。

表2　背景变量与认识论信念和批判性思维的回归结果：P值、标准误、R^2和F值

	自变量	因变量				
		SK	CK	FA	OA	CT
大学（大学D）	大学A	−0.097* (0.05)	0.140*** (0.04)	0.083* (0.06)	0.157*** (0.05)	−0.052 (1.06)
	大学B	0.002 (0.07)	−0.101*** (0.05)	0.085* (0.07)	−0.029 (0.07)	0.158*** (1.36)
	大学C	0.024 (0.07)	−0.032 (0.05)	−0.039 (0.07)	0.081* (0.07)	0.056 (1.34)
出生地（中小城市）	省会城市/直辖市	0.067* (0.05)	−0.070* (0.04)	0.021 (0.06)	−0.062 (0.05)	−0.025 (1.06)
	农村	0.039 (0.05)	−0.034 (0.03)	−0.035 (0.06)	0.017 (0.05)	0.004 (1.03)
高中类型（省重点）	市重点	0.065* (0.04)	−0.050 (0.03)	0.003 (0.05)	−0.002 (0.04)	−0.014 (0.85)
	普通中学	0.075* (0.38)	−0.041 (0.26)	−0.031 (0.41)	0.040 (0.37)	−0.050 (7.68)

续表

	自变量	因变量				
		SK	CK	FA	OA	CT
母亲教育水平（初中）	小学及以下	−0.072* (0.05)	0.033 (0.04)	−0.093** (0.06)	0.057 (0.05)	0.032 (1.11)
	高中/中专	0.015 (0.05)	0.035 (0.04)	−0.068 (0.06)	−0.030 (0.05)	0.070 (1.10)
	本科/大专	−0.003 (0.06)	0.003 (0.04)	0.063 (0.07)	0.040 (0.06)	−0.003 (1.28)
	研究生	0.078 (0.15)	−0.008 (0.10)	−0.030 (0.16)	0.003 (0.14)	0.042 (2.99)
发展阶段（处于十字路口）	遵循外在权威	0.003 (0.05)	0.028 (0.04)	−0.040 (0.06)	0.023 (0.05)	−0.080* (1.08)
	成为自我主导者	−0.120*** (0.05)	0.035 (0.03)	−0.033 (0.05)	0.069* (0.05)	−0.003 (0.97)
	建构内在信念	−0.055 (0.08)	0.067* (0.05)	−0.072* (0.09)	−0.010 (0.08)	0.000 (1.62)
年级（一年级）	二年级	0.002 (0.06)	0.009 (0.04)	0.079* (0.07)	0.001 (0.06)	−0.084* (1.23)
	三年级	−0.107* (0.07)	0.047 (0.05)	0.078 (0.08)	0.017 (0.07)	−0.059 (1.46)
	四年级	−0.091 (0.09)	0.050 (0.06)	0.137** (0.10)	−0.022 (0.09)	0.017 (1.79)
R^2		0.043	0.045	0.054	0.042	0.048
F		3.251***	3.345***	3.844***	3.195***	3.505***

注：SK＝简单的知识，CK＝确定的知识，FA＝学习的能力，OA＝知识的权威，CT＝批判性思维；* $p<0.05$，** $p<0.01$，*** $p<0.001$。

（1）认识论信念发展水平

首先，不同出生地、不同高中类型的学生认识论信念发展水平呈现同质性。省会城市/直辖市的学生在简单的知识这一维度倾向认为，知识是以单一正确答案的方式简单存在；市重点高中和普通高中就读的学生在简单的知识这一维度也持有相同的观点。原因是，多年来学校围绕高考进行教学，形成了"标准答案"的思维定势，而独立思考能力、问题意识和批判精神比较欠缺。其次，母亲受教育水平为小学及以下的大学生在简单的知识这一维度不太倾向认为知识是以单一正确答案的方式简单存在,在学习的能力这一维度也不太倾向认为学习能力由天赋决定。进一步分析发现,这类学生家庭年收入大多较低,且大部分来自农村。这在一定程度上表明,家境一般和弱势群体学生,在获得与他人同等的学习机会时,需在生活和学习上付出更多的努力,社会独立性相对较强,对简单的知识和学习的能力的认知比其他学生更加成熟。再次,基于马格达的自我主导理论,处于成为自我生活主导者和建构内在信念阶段的学生对自我的认知有相对成熟的信念。本研究却发现,处于这一阶段的学生仍倾向认为知识是通过权威获取,且知识一旦获取便固定不变。可能的原因是,由于社会和历史文化因素的影响,传统文化中的"群体归属"意识让学生为了安全感而选择"主动从众",因而即便处于自我发展高级阶段的学生,仍选择以一种隐藏的方式展现自我的认知水平。另外,二年级和四年级的学生在学习的能力这一维度都更倾向认为学习能力由天赋决定,且知识的获取是快速的过程。可能的原因是,二年级的学生学业负担较重,四年级的学生面临撰写毕业论文和找工作的压力,因而影响了他们对学习能力的认知判断,但这一结论需要更多的实证研究加以验证。

(2)批判性思维发展水平

首先,根据测试结果,B大学学生的批判性思维发展水平比D大学的学生高0.158,这主要是因为B大学的人才培养质量和办学水平较高,且生源优秀,学生自身素质较高。其次,不同出生地、高中类型和母亲受教育水平的学生之间没有显著差异。再次,处于遵循外在权威模式阶段的学生,批判性思维发展水平比处于十字路口阶段的学生低0.08,这与马格达的自我主导理论中学生发展的阶段特征基本吻合。另外,二年级学生的批判性思维发展水平比一年级的学生低0.084,进一步分析发现,二年级学生普遍认为学习过程中的挑战大于获得的学习支持,学业压力大,批判性思维发展受到学习环境和学生身心状态的双重影响。

3. 大学生批判性思维发展的影响因素

以简单的知识、确定的知识、知识的权威、学习的能力为预测变量，对因变量批判性思维得分进行回归分析发现，前三个变量会显著影响大学生的批判性思维，而学习的能力对大学生的批判性思维没有显著影响。对达到显著水平的三个因子回归系数做进一步分析发现，三个因子的回归系数均为负值，即大学生越倾向认为知识是以单一正确答案的方式简单存在、知识一旦获取便固定不变，且知识是通过权威获取，其批判性思维表现就越差；反之，大学生越倾向认为知识是基于情境的、复杂的，知识获取后仍可更改，知识可通过个人推理或从实证性证据中获得，其批判性思维表现就越好。研究显示，大学生对简单的知识的认知降低一个单位，批判性思维将增加 0.142；对确定的知识的认知降低一个单位，批判性思维将增加 0.104；对知识的权威的认知降低 1 个单位，批判性思维将增加 0.076。可见，简单的知识的认知水平对大学生批判性思维影响的贡献率最大，其次分别是确定的知识和知识的权威（表 3）。

表 3 批判性思维影响因素的回归分析结果

因素	系数	标准误	t 值	显著性
简单的知识	−0.142	0.632	−4.540	0.000
确定的知识	−0.104	0.964	−3.234	0.001
知识的权威	−0.076	0.666	−2.384	0.017
学习的能力	−0.026	0.573	−0.836	0.404

五、讨论与建议

在建设创新型国家和人力资源强国的进程中，创新人才培养是大学的战略任务。创新人才的核心要素——批判性思维的培养是教育界乃至全社会关注的焦点。探索大学生批判性思维发展的影响因素，是创新人才培养的关键和突破口。

1. 引入多元观点，挑战大学生“标准答案”思维定势

认识论信念和批判性思维的回归分析结果显示，对简单的知识的认知是影响大学生批判性思维养成的最重要的因素。当前，大学生习惯囿于“标准答案”，缺乏好奇心、独创性和想象力。他们把知识看成定论，认为任何事件、过程或情境都有一个存在于他们自我认识之外的正确答案，对教师讲授的知识照单全收，信息的接收、加工和解释过程被死记硬背所取代，大脑沦为被动接受知识的容器。改善大学生对简单的知识的认知，提升大学生的批判性思维，首先，要帮助学生审视自我的认识论信念的发展现状，准确定位自我发展水平，鼓励学生向成熟的认识论信念发展，这是改善批判性思维的关键。① 其次，在课堂中引入多元观点，挑战学生标准答案思维。教师应认识到克服和转变标准答案思维最好的方式是，在课堂中提供不同视角甚至观点相互冲突的教材和学习资料。② 创造兼容并蓄的学习氛围，引导学生充分讨论众多学者对某一问题的不同观点，并由学生自主选择他们认可的观点。另外，鼓励学生接触学习和生活中矛盾、不统一甚至相互冲突的观点，只有尽可能多地接触这些矛盾的观点，学生才能被吸引着用现有的认识论信念去解释和整合新的信息，③并用多元观点、在不同的推理框架中进行深度思考，进而认识到自我思维的局限性，拓展思维的广度和深度，激发批判性思维。

改善大学生的批判性思维发展水平，大学生要不断自我审视和反

---

① L. D. Bendixen, et al., “Epistemic Beliefs and Moral Reasoning”, *The Journal of Psychology*, 1998(132).

② S. Brookfield, “Overcoming Impostorship, Cultural Suicide, and Lost Innocence: Implications for Teaching Critical Thinking in the Community College”, in C. Mc Mahon ed., *Critical Thinking: Unfinished Business: New Directions for Community College*, San Francisco: Jossey-Bass, 2005, pp. 53—56.

③ N. Browne, & K. Freeman, “Distinguishing Features of Critical Thinking Classrooms”, *Teaching in Higher Education*, 2000(5).

思。高校教育工作者须清醒地认识到，学生对简单的知识的认知会禁锢学生的批判性思维发展。因此，要尝试运用多元视角挑战学生的标准答案思维定势，这既是对我国高校教师的教学观念和教学方式方法提出的新挑战，也是对拓展高校学生工作领域，提高班主任、辅导员的能力和水平提出的新要求。

2. 应对知识更新的挑战，培养大学生体系化的认知能力

对确定的知识的认知是影响大学生批判性思维养成的第二个重要因素。研究结果显示，大学生整体倾向认为知识获取后仍可更改，但对于在这一维度处于低阶发展水平的学生来说，确定的知识将使其忽视知识更新，陷入墨守成规、故步自封、懈怠思考的困境。对高中和大学时期的课堂教学行为的已有研究发现，大多数教师向学生提供事实性知识，却少将知识转化过程传递给学生。这种教学方式强化了知识的确定性，对事实性知识的过多关注以牺牲高阶认知能力为代价，如应用、分析、综合及评价等，学生懒惰思考，认为知识可以刻苦地、一劳永逸地获取，造成知识老化和惰性知识堆积的现状。[①]

针对当前我国大学生发展的现状，要重视从确定的知识维度改善大学生的批判性思维。首先，帮助学生正确看待不断缩短的知识更新周期，认识到学习是从最初的观察、分析、预判、行动，再到最后的结果被获知的过程，[②]鼓励学生学会批判地吸收新的知识以建构不断演进的知识体系。其次，培养学生的学科逻辑和专业思维方式，教会学生一门学科独特的思维方式和思维能力，避免学生被动地接受某一学科的事实性知识，鼓励学生运用专业思维方式积极思考，不断形成系统化的

---

① J. Chaffee, "Teaching Critical Thinking across the Curriculum", in A. C. Barnes ed., *Critical Thinking: Educational Imperative: New Directions for Community College*. San Francisco, CA: Josey-Bass, 1992, pp. 26—27.

② William Hughes, & Jonathan Lavery, *Critical Thinking: An Introduction to the Basic Skills* (4th Ed.), Ontario: Broadview Press, 2004, p. 198.

专业知识体系。[①] 另外，模拟实践案例，鼓励学生容忍确定的知识的缺失。在大学课堂实践中，教师可模拟对某一问题的批判性思考方式，引导学生得出结论。[②] 当学生学会应对未知，在教育情境中转变思维方式，更新知识体系，他们将更能容忍知识确定性的缺失所带来的不自在感。[③] 我国高校的教师和学生工作者在教育教学活动中，要重视更新习以为常的传统教育观念，探索新的教学方式与学习方式，尊重学生的主体性，激发学生的创造性，注重开发学生的学习潜力，引导大学生将所学的知识融会贯通，构建科学的学科知识体系，培养大学生宽广的视野和开放的思维。

3. 打破权威思维定势，培养大学生的自信心和独立思考能力

对知识的权威的认知是影响大学生批判性思维养成的第三个重要因素。知识的权威不仅包括教师、专家，还包括著作、媒体或文件等，对知识的权威的认知会影响大学生对知识来源的判断。人类常见的知识来源渠道有五种：个人经验和本能[④]、社会文化和传统、专家的权威[⑤]、逻辑和基于研究的知识。由于个体的理解能力、评价系统和反应机制是基于已有知识建构的结果，知识建构的过程会产生大量的感知错误，包括对客观的扭曲、误解读随机因素、错误的事件记忆和自我的偏见等，因而从这些知识来源渠道获取的知识都有可能存在偏差，扭曲知识

---

① J. Chaffee, "Teaching Critical Thinking across the Curriculum", in A. C. Barnes ed., *Critical Thinking: Educational Imperative: New Directions for Community College*. San Francisco, CA: Josey-Bass, 1992, pp. 26—27.

② S. Brookfield, "Overcoming Impostorship, Cultural Suicide, and Lost Innocence: Implications for Teaching Critical Thinking in the Community College", in C. Mc Mahon ed., *Critical Thinking: Unfinished Business: New Directions for Community College*, San Francisco: Jossey-Bass, 2005, pp. 53—56.

③ N. Browne, & K. Freeman, "Distinguishing Features of Critical Thinking Classrooms", *Teaching in Higher Education*, 2000(5).

④ American Psychological Association, *Publication Manual of the American Psychological Association* (6th ed.), Washington, DC: American psychological association, 2009, p. 57.

⑤ R. Audi, "The Sources of Knowledge", in Paul K. Moser ed., *The Oxford Handbook of Epistemology*, UK: Oxford Scholarship, 2003, p. 35.

本来真正的形貌。当前,大学生整体崇尚知识权威,唯书、唯上、人云亦云现象比较普遍,思维创新受阻。

在我国高等教育情境中,与学生接触最多的权威是教师。学生容易将教师视为真理、智慧和知识的持有者[①]及唯一正确知识的获取渠道,陷入机械式的被动学习。受尊师重道传统文化的影响[②],中国大学生对知识权威的崇尚要高于其他国家的学生[③],要重视从知识的权威维度改善大学生的批判性思维。首先,鼓励学生批判地思考和审视知识和信息的来源,包括知识和信息的出处和立场、逻辑论证是否合理、结论是否可靠等。学生须对接受的知识和接收的信息保持警惕,对自身经验的解读保持谨慎和批判的态度。其次,鼓励大学生区分知识来源中的事实与观点,学会用事实去支撑观点,从而帮助学生有效地验证来自权威的知识,避免对个人体验和个人价值观偏好进行无谓的质疑和争论。另外,帮助学生提高自我认知。中国文化中的自我,大多是他生活或工作周围人眼中的自我[④],学生往往活在他人的目光里,缺乏自我认同。这种内心强烈的、害怕被别人反对或质疑的恐惧,阻碍了大学生进行公正的思考,对批判性思维发展具有破坏性的作用。大学生要学会用独立思考和争鸣代替“一言堂”,用科学真理质疑权威,树立自信心,培养独立思考能力和批判精神。改善大学生的批判性思维发展水平,我国高校要重视大学文化建设,努力营造独立思考、求同存异、兼容并包的校园文化氛围,引导大学生增强问题

---

① G. L. Nelson,“How Cultural Differences Affect Written and Oral Communication: The Case of Peer Response Groups”, *New Directions for Teaching and Learning*, 1997(70).

② K-W. Chan, & R. G. Elliott,“Epistemological Beliefs Across Cultures: Critique and Analysis of Beliefs Structure Studies”, *Educational Psychology*, 2004(24).

③ K-W. Chan, & R. G. Elliott,“Exploratory Study of Hong Kong Teacher Education Students' Epistemological Beliefs: Cultural Perspectives and Implication on Beliefs Research”, *ContemporaryEducational Psychology*, 2002,(27).

④ E. S. Erika, *Obedient Autonomy: Chinese Intellectuals and the Achievement of Orderly Life*. Vancouver: University of British Columbia Press, 2005, p. 225.

意识，批判性地反思知识的来源，在学习和社会实践中不断完善思维方式，培养独立思考能力，增强自信心和自我认同感，为创新人才的成长奠定基础。

4. 创设支撑性环境，助力大学生迈向更高的认知发展阶段

将简单的知识、确定的知识、知识的权威这三个重要影响因素置于大学教育教学情境之中，改善大学生的批判性思维，还需教师和学生共同努力，探索构建这样一种大学教育环境：学生现有的认识论信念和思维方式不断受到挑战，形成当前所坚信的信念和新的信念之间的内在冲突；同时这种冲突被教师所正视，并获得来自教师相应的支持。

在教育教学过程中，挑战大于支持时，学生将在学习过程中挣扎；挑战小于支持时，学生的发展空间过小。教学应根据不同学生的不同认知发展阶段，提供相应的支持和挑战。[①] 当前，我国大多数学生在进入大学学习时趋近二元性向多元性转变阶段，且认为学习过程中挑战大于支持；但实际教学通常立足于自我信奉阶段的视角来开展，比如，教师都期望学生是自我反思、积极参与、独立的和自我主导的批判性思考者，具备较高的认知发展阶段应体现的能力，这形成一种发展的不匹配，[②]易造成大学生学习过程中挑战与支持的失衡。

改善大学生的批判性思维发展水平，须重视支撑性环境的创设，促进大学生的认知发展。首先，准确定位学生认知发展的阶段，建立学生进入大学课堂时的认知发展阶段及其在课堂上所被期望的认知发展阶段间的“思维桥梁”。其次，明确学生在当前学习过程中面临的现实挑战和获得的实际支持，平衡二者关系，为学生提供充分并且适当的发展空间。另外，充分发挥高校学生工作者在创造支撑性环境中的作用。

---

① D. W. Winnicott, *The Maturational Processes and the Facilitating Environment*. New York: International University Press, 1965, p. 88.

② R. Kegan, *The Evolving Self: Problems and Process in Human Development*. Cambridge, MA: Harvard University Press, 1982, p. 59.

在挑战性的大学环境中，学生工作者通常扮演"同情的辅导员"角色，关注学生发展的每一水平，为学生提供高质量的学习支持，同时鼓励学生转变当前的思考方式，尝试新的思维方式。

大学生学习结果评价:高等教育质量保障的新视角*

与人才培养模式运行逻辑相匹配的评价和质量管理是大学履行人才培养根本使命的前提,大学生学习结果评价是实现高等教育质量实质性突破的新视角。

在我国,大学受政府的制约明显,政府是大学获取外部资源的主要渠道,大学对政府的资源依赖使得政府实现对大学的外部控制,并影响大学内部的权力安排。

一、高等教育质量保障的内在文化冲突与突破路径

高等教育机构处在专业权力、政府权力和市场权力的制衡中,形成政治文化、消费文化和学术文化,三种文化存在内在冲突。冲突的焦点是信息,政治文化寻求终结性信息,尤其是可对比的信息,用以判断大学的质量,对有限的教育资源进行配置,并确保高等教育达到问责的目标。消费文化同样寻求终结性信息,用以对比、判断高等教育的质量,方便学生和家长择校。学术文化寻求的则是形成性信息,用于改善教学过程、教学结果和学生学习,提高教育质量,实现大学人才培养的使命。

从本质而言,三种文化冲突的根本是两类信息,即用于改善提高的形成性信息和用于对比、决策的终结性信息。形成性信息大多与教育过程和结果有关,如:大学在多大程度上完成其章程所陈述的目标?大学如何监督?形成性信息的最终目标是内在的改善和提升,是一种内

---

* 原载《中国高等教育》2018 年第 12 期,夏欢欢为第一作者。

在问责机制的体现。终结性信息，如学术发表、生师比及高等教育产出等信息主要服务外部对象，如大学在花费国家财政经费及教育资源后，是否有相应的产出？终结性信息的最终目的是通过外部问责影响大学的行为，是一种外在问责机制的体现。

在质量保障体系中，我国高等教育问责体系的内在文化冲突体现为外部质量保障体系和内部质量保障体系之间的张力。外部质量保障体系主要包括质量审核和质量认证，内部质量保障体系则体现为基于大学使命，设定学生大学期间应达到的学习结果，给学生提供相应的学习和锻炼机会，并科学合理地评价大学生的学习结果。内部质量保障体系以院系为单位，是大学建立内部治理和质量保障的核心，也是我国“五位一体”评估制度得以真正落实的基石。因此，以改革教育教学、加强学生学习指导、提升学习力，提高高等教育质量，促进高等教育内涵式发展为目标的大学生学习结果评价实现了高等教育问责体系内外文化冲突的平衡。大学生学习结果评价与教学、课程及学生发展相联系，是传递高等教育质量的重要信号，也是未来我国高等教育问责发展的一种新质量视角（图 1）。从国际国内看，对大学生学习结果评价主要注重三个方面。

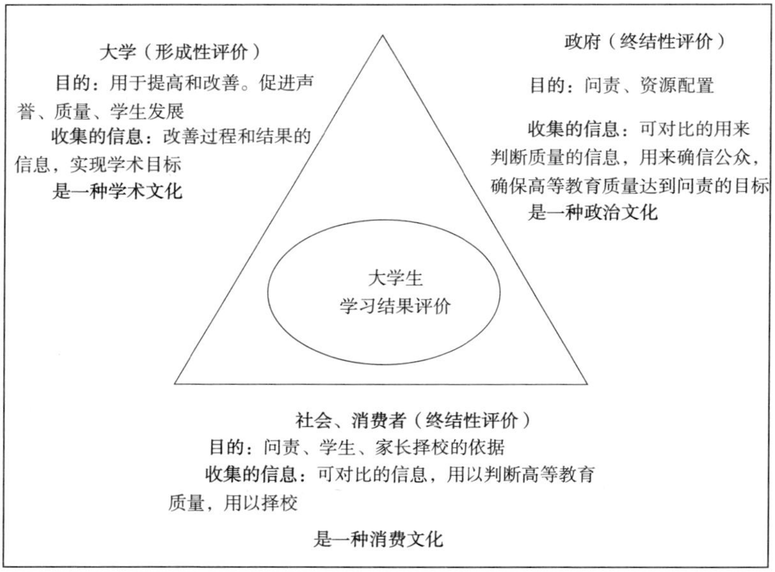

图 1　高等教育问责体系的内在文化冲突

1. 评价方式和评价工具方面,以间接评价和直接评价为主导

大学生学习结果评价通常有两种方式:直接评价和间接评价。直接评价,指通过测试、论文、评分量尺、档案、毕业考试和研究报告、通识课程和专门学科测试等方式,直接测量大学生的学习结果。间接评价,则通过学生问卷调查学习行为、学生经历、学生自我期望和满意度等间接测量大学生的学习过程。直接评价通过纸笔方法,直接测量大学生的学习效果,但不能涵盖其他因素,如学习过程、学习动机和学生的期望,因而无法测量和理解学生的学习过程。间接评价通过对与学习过程相关的学习动机、学习期望、学习满意度、学习参与等因素的自我评价,更加真实地反映学习过程,但间接评价收集的信息是学生学习的外围信息,无法直指学生学习结果的核心。

无论是直接评价还是间接评价,都涉及一系列信息的收集:收集什么样的信息?如何收集?谁来收集?在对国内外高等教育评估及现有的大学生学习结果评价进行综述研究的基础上,发现当前世界各国对大学生学习结果评价的信息呈两大类别:以问卷调查为主的间接性调查和以标准化测试为主的直接测试(表1)。

表1　国外大学生学习结果评价工具、形式、内容及时长分析

类别	国家/组织	测试名称	形式	主要考察内容	时长
直接评价	OECD	高等教育学习结果评价(Assessment of Higher Education Learning Outcomes,AHELO)	表现性任务和多选题	主要测试大学生的一般技能,测试结果期望可以在成员国之间进行跨文化的比较;除了一般的通用性技能,AHELO还致力于测试不同学科学生的专业技能,如分专业测试经济学和工程学专业学生学习结果	90分钟
	美国	大学学习评价(Collegiate Learning Assessment +,CLA+)	表现性任务	通用能力和特定领域能力:批判性思维、分析推理、写作沟通、使用信息的能力。胜任力:现实生活任务,根据阅读和评估不同类型的文本和数据,准备备忘录和政策建议;	90分钟

续表

类别	国家/组织	测试名称	形式	主要考察内容	时长
直接评价	美国			在自然科学、社会科学、人文学科和艺术情境中的表现性任务。	
		HEIghten™ 批判性思维测试(HEIghten™ Critical Thinking,HCT)	多选题	通用能力:考察学生的逻辑思维能力、决策能力和解决问题的能力	90分钟
		ETS 水平轮廓测试(ETS Proficiency Profile,EPP)	多选题	通用能力和特定领域能力:测量人文学科、社会科学和自然科学中的阅读和批判性思维。	2小时
		学科专业测试(Major Field Tests,MFT)	表现性任务	特定领域知识和能力:被认为是每个主要学科领域中最重要:事实性知识、分析和解决问题的能力、理解关系的能力、解读相关材料的能力,包括相关领域的图形、图表。适用于15门本科生学科和工商管理硕士(MBAs)学科。	2小时,MBA 3小时
		国际学习表现性评价(The international Performance Assessment of Learning,iPAL)	表现性任务	通用能力:批判性思维;观点选取解决冲突;伦理、社会正义、道德判断;自我调节、反弹能力;认知灵活性和适应能力	90分钟
	澳大利亚	毕业生能力评价(Graduate skills assessment,GSA)	多选题测试和写作任务	通用能力:批判性思维、问题解决、写作沟通(ACER 目前考虑修改增加一些基本技能,如管理能力、IT能力和科研能力);专业领域知识和能力:目前尚未包含,但 ACER 目前考虑测试领域各学习领域的可能性;非认知结果:人际理解	3小时
间接评价	美国	全美大学生参与度调查(National Survey of Student Engagement,NSSE)	问卷调查	通用能力和特定领域能力:关于学生参与的信息:本科生是如何使用他们的时间,他们从课程、课外活动和高等教育服务中获得了什么	15分钟

续表

类别	国家/组织	测试名称	形式	主要考察内容	时长
间接评价	美国	研究型大学学生就读经验(Student Experience in the Research University,SERU)	问卷调查	通用能力和特定领域能力:以自我报告的形式调查学生的分析和批判性思维能力、写作能力、阅读和理解能力、口头表达能力、量化能力和特定领域学习能力。	15分钟
		本科教育学习有效评价(Valid Assessment of Learning in Undergraduate Education,VALUE)	评分标准	知识和实践技能:调查和分析能力、批判性思维、创造性思维、书面沟通能力、口头沟通能力、数字素养、信息素养、阅读能力、团队合作、问题解决能力;个人和社会责任:公民参与一地方和全球,跨文化知识和能力,道德推理,全球学习、终身学习;整合与应用学习:整合性学习。	—
		沃巴什全美通识教育研究(Wabash National Stu-dy of Liberal Arts Education, WNSLAE)	问卷调查	通用能力:批判性思维、道德推理、社会责任领导力、从事智力挑战性工作的兴趣、政治和社会参与兴趣、幸福感、积极的读写能力、对艺术的兴趣、对科学的兴趣、对新的想法和不同类别的人持开放态度、与不同类别的人交往互动、学术动机。	15分钟
	英国	英国大学生参与度调查(UK Engagement Survey,UKES)	问卷调查	通用能力和特定领域能力:调查学生的高阶学习能力、合作学习能力、提出和探索问题能力、核心能力、反思和整合性学习能力等方面,还包括对学术整合性、课程挑战度、学生科研参与度及课余活动时间支配情况的调查。	15分钟
		高等教育毕业生目的地调查(Destinations of Leavers from Higher Education,DLHE)	问卷调查	职业胜任力:毕业后六个月的结业和深造情况:多少毕业生正在就业,从事的工作类型、多少毕业生选择继续深造。	15分钟

续表

类别	国家/组织	测试名称	形式	主要考察内容	时长
间接评价	加拿大	加拿大大学生参与度调查(Canadian National Survey of Student Engagement, Canadian NSSE)	问卷调查	通用能力和特定领域能力:关于学生参与的信息:本科生是如何使用他们的时间,他们从课程、课外活动和高等教育服务中获得了什么。	15分钟
		全国毕业生调查(National Graduate Survey)	计算机辅助电话访谈(CATI)	职业胜任力:毕业后二年至五年的就业结果。毕业后所有工作的总数、特征和持续时间,求职活动的期间、教育与职业的匹配度,毕业生对高等教育经历的满意度。	—
	澳大利亚	澳大利亚大学生参与度调查(Australasian Survey of Student Engagement, AUSSE)	问卷调查	通用能力和特定领域能力:关于学生参与的信息,本科生是如何使用他们的时间,他们从课程、课外活动和高等教育服务中获得了什么。	15分钟
		毕业生去向调查(Graduate destination Survey, GDS)	问卷调查	职业胜任力:毕业后约四个月的就业结果,就业能力,就业的行业、平均年薪,毕业生求职活动、进一步研究活动,如学习模式(全/兼职)、研究水平、教育领域和机构。	5—10分钟
		课程经验问卷(Course Experience Questionnaire, CEQ)	问卷调查	通用能力:问题解决、分析能力、写作沟通能力;非认知结果:团队工作能力、学生对教学、目标和标准、任务量和评价的满意度;一般胜任力:应对不熟悉情景的自信心、规划工作的能力。	5—10分钟

相比国外的大学生学习结果评价,国内的大学生学习结果评价起步较晚,早期的大学生学习结果评价主要以间接评价为主,最早源自2001年北京师范大学引入的大学生就读经验调查项目,之后的间接评价项目主要包括清华大学“中国大学生学习与发展追踪研究”,北京大

学"高校教学质量与学生发展监测项目",南京大学、湖南大学和西安交通大学"研究型大学学生就读经验调查",厦门大学"大学生学习情况调查研究",以及华中科技大学"全国本科生能力测评"等。

直接评价方面,国外利用标准化测试评价大学生学习结果由来已久,相比之下,国内采用标准化测试评价大学生的学习结果主要受OECD高等教育学习结果评价(AHELO)的影响,AHELO项目主要利用CLA工具测试大学生的通用性技能和不同学科学生的专业技能。在此影响下,国内大学将大学生学习结果评价聚焦于大学生批判性思维培养,如北京师范大学和北京航空航天大学利用ETS研发的EPP工具汉化版对样本学校进行大学生批判性思维测试,华中科技大学运用批判性思维测试题调查大学生的批判性思维能力,清华大学和北京大学利用HEIghten™批判性思维测试分别对清华大学"中国大学生学习与发展追踪研究"项目组学校和北京大学在校生进行批判性思维测量。此外,还有河南大学与斯坦福大学合作开展Supertest项目,利用HEIghten™批判性思维测试测量中国36所高校的电子工程(EE)和计算机科学(CS)专业学生的批判性思维。

2. 评价方法层面,倾向采用整体分析法评价大学生的学习结果

通常的评估框架将大学生的学习结果划分为不同的组成部分,包括批判性思维、沟通与合作、创造与创新、自我调节和元认知、社会和文化能力、灵活性和适应能力、信息和技术素养等,且每项能力又被进一步划分为几个子维度,再由无数个题项构成子维度。基于这一评价框架,大学生学习结果评价展现更多的是评价的内部结构和证据的可靠性及效度。然而,现实世界的挑战要求学生应用各项能力时,并非将能力分成几个部分,确切地说,学生所具备的所有能力是糅合在一起应对挑战的过程,学生的经验、能力、知识、动机在特定的情况下共同作用,由具体的情境所引发的应对策略是学生能力倾向的复杂组合。因此,未来的大学生学习结果评价将更倾向采用整体分析法评价大学生的发展。整体分析法假定人是个多维的概念,整体大于各部分之和,强调发

展完整的人。整体分析法认为大学生学习结果的评价应基于现实情境，评价学生能否在面对日常复杂的生活情况时，批判性地思考，解决问题，理解和包容他人的观点，清晰地表达自我的想法和信念，这也是21世纪大学生需必备的基本技能。

3. 评价结果的运用层面，结合大数据统筹构建智能人才培养体系

无论是利用大学生自我报告的方式调查其学习经历和就读经验，还是利用标准化测试题直接测量其各项能力，共同弊端是将大学生的学习结果评价从大学教学中剥离出来，缺少与教学的互动，也看不到教师在大学生学习结果评价中的身影，这是当前大学生学习结果评价一直试图解决的难题。大数据时代的来临和计算机技术在教育领域的普及，为大学生学习结果评价结果的应用提供了契机。大数据技术可综合运用教、学、研、用、管等多视角的相关数据，以提取对学生学习结果、学习行为和教师教学情况的反馈和建议，将为优化教学质量和人才培养策略作出合理决策。未来的大学生学习结果评价可通过跨平台数据的整合，收集海量学习信息，用已知模型和方法评估学生的学习行为，精准预测和分析学生的学习情境和学习规律，打开人才培养过程的"黑盒子"，对学生的学习结果、学习行为和学习需求进行预测，建构人才培养的智能体系。虽然将海量数据挖掘和数据整合用以大学内部治理和管理决策是未来大学改革的最新利器，但学生数据的低利用效率、数据部门分割、数据"局部性"或者"信息孤岛"等诸多问题也是未来大学生学习结果评价运用中需进一步解决的问题。

二、对我国未来高等教育质量保障的反思

我国现有的高等教育质量保障体系主要体现为具有中国特色的"五位一体"的教学评估制度，包括自我评估、院校评估、专业认证与评估、国际评估、教学状态常态监测，这一评估制度在当下中国具有重要的社会现实意义。在"五位一体"的教学评估制度中，高校内部的教育

质量保障体系是教学评估制度的基础,也是高校履行人才培养质量责任主体的保障。高校内部的教育质量保障体系,促使高校内部形成"有限教育目标的设定—配套与教育目标相应的课程及学习机会—专业的评价机制"的螺旋上升圆环,大学生学习结果评价是未来高校内部质量保障体系建构的关键,未来可从以下方面加以完善。

1. 从数据收集层面来看,正视高校内部信息收集过程的文化冲突

开篇讨论外部问责要求与内部学术对教学、学习质量期望的差异是一种文化差异,是一种竞争范式间的张力。政策制定者希望以简单、明确的信息检验大学生在大学期间是否学到知识和能力,学术权力则发现以最低基线为标准的评价方法让很多非专业人员侵扰他们的专业领域。高校内部层面的大学生学习结果评价信息的收集需深挖形成性评价信息和终结性评价信息的差异:形成性评价是微妙的、细小的,通常以质性的、情境的评价实践为基础,有利于改善和提高大学的教学和学生的学习;终结性评价是标准化的、可对比的,通常是量化的指标来服务外部的问责需求。政策制定者发现微妙的形成性评价的信息对理解高等教育机构对学生、社会以及更广范围的利益相关者的整体价值意义不大,甚至没有意义,而教师和教职员通常会认为终结性评价的信息会误传甚至歪曲他们的专业学术努力,高校内部信息收集过程需关注内在文化冲突对于信息收集的博弈,并加以平衡。

2. 从评价工具层面来看,结合高校人才培养的使命选取评价工具

使命决定了一个社会组织应该做什么,不能做什么。大学就是这样一种必须明确自己使命、并在使命驱使下采取理性行动的社会组织。从大学使命的共性而言,大学需要坚守人才培养这一核心使命,这使得大学生学习结果评价成为高校未来发展需重点关注的方面。从大学使命的个性而言,不同类型的高校在人才培养目标定位、人才培养过程和人才培养效果检验都存在较大差异,有其自身的特色和特点。无论间

接问卷调查法，还是直接评价法，或其他的综合能力测评框架，大学生学习结果评价工具从设计初衷、测试形式和测试内容都存在较大差异，且现有的任何一种评价工具都各有所长，各有所短。因此，大学生学习结果评价工具的选取唯有结合高校自身的人才培养使命和具体的培养目标，有针对性地选取适当的评价工具，才能结合高校人才培养目标，选择教学内容和课程体系，建构完善的评价体系，实现人才培养顶层设计和组织实施的有效结合。

3. 从评价结果层面来看，坚守评价对学生的学习诊断和促进作用

学术权力"由内而外"的观点与政策制定者、问责机构"由外而内"的观点存在一种矛盾张力。学术权力解读大学生学习结果评价的结果时，关注与大学生学习结果相关的学生已有水平及资源的有效性（时间、设施以及技术）之间的因果关系。政策制定者和问责机构的研究则主要关注实施者的行为（教学能力）和他们制定的教学项目、教学过程。在由内而外的观点所固有的建构主义认识论与由外而内观点所固有的实证主义认识论之间，很难找到双方共同可接受的最优化解决方案很难，这种矛盾和张力将大学生学习结果评价结果解读置于一个较难的情境。前面讨论过，高等教育评价有内部和外部问责体系，大学生学习结果评价主要不是用于应对外部问责，而应该用于改善学校的教学与学生的学习，从而实现内部质量的提升。

4. 从评价功效来看，促使静态结果证明走向动态过程改进

教育的根本目的是促进人的发展，评价也应服务这一目的。大学生学习结果评价基于增值评价的方式，不以静态的某次成绩作为评价教师和学生表现的唯一标准，不简单粗暴地进行横向比较，更关注学生的起点和努力程度，转变注重静态结果而忽视学生的动态发展，过分强调甄别而忽视诊断和改进的传统评价方法。大学生学习结果评价可通过纵向研究设计和横截面研究设计的增值评价，探索学生学习过程给学生的学习结果所带来的增值。纵向研究设计（同一群组重复测试）可通过线性回归研究单一因变量与一个或一个以上自变量之间的关系,横截面研究设计(不同群组测试)可通过分层线性回归研究多个自变量与因变量的层次性或阶层性关系,因而这一评价方式可尝试解读评价数据背后的教育价值,探寻大学生学习结果的形成过程及存在问题,找出高校在人才培养过程中的问题并自主诊断,为高校未来的人才培养开出个性化"处方",充分发挥评价的动态改善功能。

欧洲高等教育区质量保障及其对“双一流”建设的借鉴*

建设世界一流大学和一流学科（以下简称“双一流”建设）是建设高等教育强国和实现人力资源强国战略的必然选择和重要举措。一流本科教育是“双一流”建设的重要内涵，本科教育的质量和水平是“双一流”建设的重要基础。① 欧洲是现代大学的发源地，拥有剑桥大学、牛津大学等世界一流大学，21 世纪以来更是将提升区域高等教育质量作为重塑欧洲高等教育辉煌的重要途径。

1999 年，欧洲 29 国教育部长签订了《博洛尼亚宣言》，确定了 2010 年前建成欧洲高等教育区（European Higher Education Area，EHEA）的发展目标，博洛尼亚进程（Bologna Process）应运而生。2010 年，博洛尼亚进程签约国教育部长齐聚布达佩斯和维也纳，宣布共同启动欧洲高等教育区进程。截至目前，已经有 47 个欧洲国家参与到博洛尼亚进程这项改革中，在欧洲乃至全球范围内影响深远。

博洛尼亚进程将欧洲高等教育质量保障作为改革的重点和核心，保障体系的构建逐步从国家层面扩展到欧洲区域，质量保障关注的重心逐步拓展和深入到中观和微观层面，欧洲高等教育质量保障的区域整合开始由理念转变为政策，并日益影响到欧洲高等教育的发展和改革。② 尤其是 EHEA 2010 年启动以来，质量保障在制度构建和实践探索中都呈现出良好的发展态势。

---

* 原载《中国大学教学》2017 年第 12 期，王新凤为第一作者。

① 钟秉林、方芳：《一流本科教育是“双一流”建设的重要内涵》，《中国大学教学》2016 年第 4 期。

② 王新凤：《欧洲高等教育区域整合研究——聚焦博洛尼亚进程》，社会科学文献出版社 2013 年版，第 126 页。

一、欧洲高等教育区质量保障的制度框架

早在1999年,《博洛尼亚宣言》就鼓励各签约国在欧洲范围内通过确立可比性的标准和方法来实现欧洲范围内的高等教育质量保障,其后一系列的宣言推动了这个保障体系的完善。

1. 制定和完善欧洲质量保障的标准和指南

2003年,柏林欧洲部长会议授权欧洲高等教育质量保障协会(ENQA)确立一个实用的高等教育质量保障标准、程序以及指南,以建立欧洲各国可以互认的质量评估标准和方法。2005年,在卑尔根部长会议上,各签约国签署了由ENQA起草,并与欧洲学生会(ESIB)、欧洲高等教育机构协会(EURASHE)、欧洲大学协会(EUA)等共同提出的《欧洲质量保障的标准和指南》(the European Standards and Guidelines for Quality Assurance, ESG),包括高校内部质量保障的标准、高等教育外部质量保障的标准、外部质量保障机构自身评估的标准,力图建立一个欧洲范围内的高等教育质量保障机构,实行通用的质量保障标准,并要求欧洲各国在五年内完成第一轮的质量评估工作。

2005年以来,欧洲高等教育区的发展重点越来越趋向于以学生为中心的教学和学习,质量保障活动的背景也相应地发生了变化。因此,2012年布加勒斯特欧洲部长会议提出修订ESG,提高其准确性、适应性及实用性。2015年,埃里温部长会议通过了博洛尼亚进程后续工作组(BFUG)于2014年提出的新的《欧洲高等教育区质量保障的标准和指南》。2015年,会议还公布了《欧洲高等教育2015:博洛尼亚进程实施报告》,对欧洲高等教育区内实施ESG的情况进行了统计分析,有23个国家的质量保障系统在全国范围内运行,对所有高校或者项目的评估都涵盖教学、学生支持服务以及内部质量保障或管理系统,成功运

行 ESG。①

2.建立欧洲层面的高等教育质量保障机构

欧洲高等教育质量保障协会(ENQA)和欧洲高等教育质量保障机构登记处(EQAR)是欧洲高等教育区推进质量保障工作的两个重要组织。

ENQA 成立于 2000 年,主要代表其组织成员参与欧洲层面或者国际层面的政治决策及与相关组织进行合作。其目标是:在较高层面维持和提高欧洲高等教育的质量,支持各国质量保障机构实现欧洲层面的合作,通过在其成员组织中传播信息和分享经验,推动博洛尼亚进程签约国践行 ESG。ENQA 作为一种工作网络或黏合剂,推动了欧洲质量保障机构的合作,为成员机构之间交流成功经验、提升高等教育质量搭建了平台。

EQAR 成立于 2008 年,目的是促进质量保障机构在欧洲范围内的运行和国际合作。其目标是:增强欧洲高等教育区高校之间的信任,促进学生流动;为各国政府和高校选择合适的质量保障机构提供基础信息与平台;提升质量保障机构的质量,加强机构之间的信任。截至 2014 年 9 月,在 EQAR 注册的质量保障机构有 32 个,分布在克罗地亚、丹麦、爱沙尼亚、芬兰、法国、德国、立陶宛、荷兰、挪威、波兰、罗马尼亚、斯洛文尼亚、西班牙、瑞士和英国等 15 个国家。②

各国政府鼓励国家层面的质量保障机构注册成为 ENQA 的会员。目前有 22 个质量保障机构既是 ENQA 成员,也在 EQAR 进行登记注册,这反映出欧洲高等教育区这两大组织的不同职能:促进质量保障机构自身发展和发挥其承担的质量保障责任。在博洛尼亚进程的推动下,欧洲各国政府普遍重视高等教育质量问题,纷纷制定或修改本国法

---

① European Commission/EACEA/Eurydice(2015), *The European Higher Education Area in 2015: Bologna Process Implementation Report*. Luxembourg: Publications Office of the European Union, p. 98.

② http://www.eqar.eu/about/introduction.html.

律，设立或重组大批新的高等教育质量保障机构，赋予高等教育质量保障机构充分的自主权，高等教育质量保障机构的独立性得到前所未有的提高。[①]

二、欧洲高等教育区质量保障的标准

欧洲高等教育区质量保障的标准和指南是指规范欧洲高等教育内部和外部质量保障的一系列准则，它既不是教育教学质量的具体标准，也不限定质量保障实施的程序，而仅仅提供原则性的指导。它重点关注高校教学和学习的质量保障，包括学习环境及相关的科研、创新环节，适用于欧洲高等教育区的所有高等教育形式，也包括跨国高等教育。

1. 目标与原则

2015 年修订的 ESG 重点关注以学生为中心的学习和教学，目标是：确定欧洲区域、国家和高校不同层面上教学与学习质量保障的共同制度框架，保障和提高欧洲高等教育区的教育质量，促进跨国高等教育的互认和流动，为欧洲高等教育区的质量保障提供信息支持等。

欧洲高等教育区内不同国家的政治制度、高等教育体系、社会文化、教育传统、语言、国民期望与抱负具有多样性，这种多样性使得各国高等教育互通面临重重困难，也使得实施单一的质量保障标准和方法不切实际。ESG 的颁布实施为不同国家及其质量保障机构提供了一般性的原则和标准，确保各国质量保障遵循共同的原则和程序，以适应各自环境和目标的差异性。

2. 基本内容

ESG 包括内部质量保障、外部质量保障、质量保障机构三个方面，

---

① 杨治平、黄志成：《欧洲高等教育质量保障机构的发展与定位》，《比较教育研究》2013 年第 1 期。

三者密切关联并作为整体实施。欧洲高等教育区质量保障的标准和指南的区别是：标准确立欧洲高等教育区高等教育质量保障普遍认可的实践原则，各类高校都应该予以考虑和遵守；指南则阐释标准的重要意义及如何实施，总结相关领域的成功经验供质量保障领域的利益相关者参考。欧洲高等教育区质量保障的标准可以概括如下[①]：

一是内部质量保障标准，具体包括：高校制定并公布质量保障的政策，内部利益相关者通过相应的结构与程序实施这一管理战略；根据国家学位资格框架（NQFs）、教学目标和预期学习结果设置课程，并明确相关要求；确保课程设置以学生为中心，并能够对教学和学习结果进行评估；确保质量保障涵盖学生入学、学习过程、学习结果的识别与认证等全部学习周期；确保质量保障程序公平透明，组织教职员工的聘任并促进其个体发展，保障教师工作能力；为教学和学习提供充足的资金，确保学生获得丰富的学习资源和便利的支持；收集、分析、应用相关信息，为课程教学及其他相关活动的有效管理提供基础；公开课程等相关活动信息，确保清晰、准确、客观、容易获得；定期监测和检查教学活动，满足学生和社会的需要，持续改善教学活动，并将结果反馈给利益相关者；定期进行外部质量保障活动。

二是外部质量保障标准，具体包括：外部质量保障应该促进高校内部质量保障的有效性；外部质量保障机构设置应契合其目的和目标，充分考虑利益相关者的需求；外部质量保障程序包括自我评估报告、正式的外部评估活动、评估报告、改进反馈报告，确保其可靠、持续有效和对外公开；外部质量保障活动由学生、同行、专家等组成的专家组进行；公开发布专家报告，确保其清晰，使学者、合作伙伴及感兴趣的个人都容易获得；设置外部质量保障的投诉和申诉程序，确保与高校的良好沟通与反馈。

---

① *Standards and Guidelines for Quality Assurance in the European Higher Education Area*（*ESG*）. 2015. Brussels：Belgium，p. 7.

三是质量保障机构标准，具体包括：质量保障机构定期进行外部质量保障活动，确定并公布其目的、目标和任务，确保利益相关者的参与；应具有既定的法律依据，并得到主管部门的正式确认；应具有独立性和自主性，机构运行不受第三方制约；定期公布相关专题报告，描述和分析评估结果；应有充足和合适的人力和财力资源，确保工作顺利开展；应具有相应的部门负责机构内部工作程序，确保质量保障活动的整体性和实效性；应至少五年一次接受周期性的外部审查。

总体来看，修订后的ESG的改善体现在：更加重视以学生为中心的学习结果的评价；更加重视对质量保障活动和机构的元评价；注重各利益相关者的参与；注重质量保障结果的对外公布与公开。ESG是欧洲高等教育区质量保障的基础，也是博洛尼亚进程后续工作的一项主要成就。

三、欧洲高等教育区质量保障的发展趋势

《欧洲高等教育2015：博洛尼亚进程实施报告》(以下简称《报告》)对欧洲高等教育区质量保障的现状和发展趋势进行了分析[①]。欧洲高等教育区高校承担内部保障质量的主要责任，多数高校公布了持续性质量提升战略。在外部质量保障方面，随着外部质量保障机构的增加，质量保障的透明度、国际性以及学生、雇主等利益相关群体的参与度都有所提高，教学质量依然是外部质量保障的重点。

1.高校内部质量保障的主体地位不断增强

高等教育质量保障的主要责任在高校本身。2003年，柏林部长会议强调，保障质量是每个高校的基本义务，这是国家质量保障的基础，

① European Commission/EACEA/Eurydice(2015), *The European Higher Education Area in 2015: Bologna Process Implementation Report*. Luxembourg: Publications Office of the European Union, pp. 88—102.

也是博洛尼亚进程建立 ESG 的基础。

《报告》显示，过去五年有 33 个国家中超过 75%的高校都公布了持续性质量提升战略，其中 15 个国家的所有高校都提出了此类战略。持续性质量提升战略是加强高校内部质量保障的一种积极、主动的举措，欧洲高等教育区各国高校的内部质量保障体系建设因此有了显著改善。

2. 国家层面的外部质量保障机构显著增加

随着高等教育快速发展，质量保障体系的作用不断加强，外部质量保障机构显著增加。1999 年《博洛尼亚宣言》签署时，只有少数国家建立了高等教育质量保障体系，外部质量保障机构更是寥寥无几。而截至 2014 年底，欧洲高等教育区已经有 22 个国家建立了外部质量保障机构。除此之外，阿塞拜疆、匈牙利、黑山、俄罗斯、斯洛伐克和马其顿依然是教育部或其下属机构承担质量保障的职责。还有一些国家建立外部质量保障的替代性机构，比如捷克、匈牙利、冰岛、斯洛伐克等国建立了教育部主管下的国家高等教育质量保障系统，而卢森堡由七个专家组成的委员会独立行使质量保障职责，列支敦士登则要求国内高校与 EQAR 注册的国外质量保障机构合作进行质量评估工作。

3. 以教学为重点的外部质量保障的透明度逐步提高

欧洲高等教育区各国的外部质量保障机构关注的重点日趋一致，只是略有差别。大多数国家将高校和课程作为一个整体进行综合评价，也有少数国家更专注于单独对课程或者对高校进行评价。鉴于目前质量保障系统日趋复杂，外部质量保障需要在不同层面上处理更多信息，在本土化发展环境下考虑问题已成为当前欧洲高等教育区国家的共识。

高等教育区的所有国家都将高校教学工作作为质量评估的重要内容。大多数国家质量评估也包括高校的科研工作，部分国家拥有相对独立的科研工作质量保障程序。而其他教学工作的内容，比如学生服务、招生录取以及高校内部管理等，也常常被作为外部质量保障的内容；还有的国家将高校学生的入学、辍学以及毕业率作为质量评估的考察内容。芬兰高校则重视在学生福利、学习指导系统、创业和可持续发展等方面开展评价，但这些内容很少出现在国家质量保障框架中。值得注意的是，许多国家将学生学习结果或者科学研究结果作为评估的关键要素。

欧洲高等教育区质量保障的一个重要进步就是提高透明度，批判性和负面评价报告的发布在逐步增加。2012 年，欧洲高等教育区成员国中只有 4 个国家要求所有高校公布批判性或者负面的评价报告，到 2015 年则增加到 13 个国家，还有 12 个国家的超过 51%的高校公布此类报告。此外，许多国家的高校将评价报告公开发行，公众也可以获得由质量保障机构公布的评估结果。总之，随着教育事业的发展和教育体制改革的深化，欧洲高等教育区各国要求或鼓励高校公开其质量保障结果，不管是正面还是负面的，以接受社会的监督。

4.学生全面参与外部质量保障活动

欧洲高等教育质量保障系统发展的一个最显著特点，就是认识到学生、家长、雇主、校友等高等教育利益相关者广泛参与的重要性，尤其是重视学生作为核心利益群体的作用，强调学生应该完全参与高等教育质量保障。

《报告》将学生参与外部质量保障的活动归纳为五种：参与国家质量保障机构的治理结构、作为重要成员或者观察员参与外部审查小组、参与自我评价报告的准备活动、参与外部审查的决策过程、参与后续整改工作。截至 2014 年底，欧洲高等教育区有 14 个国家的学生全面参与了外部质量保障的五种活动，比 2012 年增加了 3 个国家；学生分别参与四种、三种和两种质量保障活动的国家分别是 7 个、13 个和 7 个；依然有 7 个国家没有学生参与外部质量保障活动，或者只参加一种活动。欧洲高等教育区国家对学生参与外部质量保障活动的要求略有差别，统计在内的国家中有 31 个国家对学生参与质量保障机构的治理结构有正式要求，还有 11 个国家没有此类要求。要求学生参与外部审查小组活动的国家比较普遍，但在要求学生参与外部审查的决策过程方面有差异，只有比利时（法语区）等 28 个国家要求学生参与决策过程，很多国家不愿意让学生参与决策过程。

总之，欧洲高等教育区大多数国家的学生都能参与外部质量保障活动，发挥了核心利益群体在质量保障活动中的参与作用，但与欧洲高等教育区的预期设想还有较大差距，将学生参与外部质量保障作为标准并普遍实践的情况还不理想，有些国家对学生参与没有给予足够的关注。

5. 质量保障机构的跨国活动日趋增多

欧洲各国质量保障机构之间的信任度一直是各国争论的焦点。衡量信任度的一个重要方法，就是是否愿意让其他国家的质量保障机构遵循 ESG 对本国高校进行评估。《布加勒斯特公报》强调，跨国质量保障活动对加强不同质量保障体系之间的相互学习至关重要，将为欧洲高等教育区的发展作出重要贡献。

《报告》将欧洲高等教育区外部质量保障活动的国际参与程度分为四个层面：质量保障机构是 ENQA 的会员或者在其名单中、国际同行或专家参与国家质量保障机构的管理、国际同行或专家作为评估小组的成员或观察员参与评估、国际同行或专家参与后续整改工作。截至 2014 年底，10 个国家的国际参与是全方位的，16 个国家能够实现三个层面的国际参与，9 个国家实现两个层面的国际参与；13 个国家的国际参与程度最低，其中有 5 个国家的外部质量保障活动完全没有国际性。这些数据相较 2012 年均有进展，而且中欧和东欧国家进展明显。

跨国评估对各国的国家责任构成了挑战，对于能否将跨国评估结果作为国家外部质量保障的重要组成部分，各国都采取了更加审慎的态度。有些国家对认可非本国国家质量保障机构的评估结果犹豫不决,尤其是涉及高校自主权或项目设置权等相关问题。约75%的国家质量保障机构还没有遵守《布加勒斯特公报》的要求,接受在EQAR注册机构的评估。愿意接受国际评估的国家,也并非都选择EQAR成员机构对高校进行质量评估,而且对评估结果的认可度也存在差异,多数国家还是遵循本国的规定和要求。比如,德国高校依然要依靠德国认证委员会对内部质量保障系统的定期认证。还有一些国家,只有特定类型的高校允许进行国际评估,比如,奥地利只有公立大学和应用科学大学可以接受外国机构评估;瑞士负责综合大学的质量保障机构可以与其他国家合作开展评估,但也只有应用科学大学可以接受外国机构的评估。

四、启示与借鉴

21世纪以来,我国高等教育事业发展迅速,正加速从大众化阶段向普及化阶段迈进。高等教育发展方式正在从以规模扩张和空间拓展为特征的外延式发展,转变为以提高质量和优化结构为核心的内涵式发展。高等教育内部和外部质量保障体系建设受到高度重视,融院校评估、专业认证、国际评估、自我评价、常态监测为一体的"五位一体"高等教育质量保障体系正在构建之中,并在运行中初见成效。当前,我国有关高校正在完善和实施"双一流"建设方案,欧洲高等教育区质量保障的发展趋势及特点,对于科学构建我国高等教育质量保障体系、有效开展质量保障活动、推进"双一流"建设具有启示和借鉴意义。

1. 强化"双一流"建设高校质量建设和保障的主体地位

高校是质量建设的主体,教育质量的提高取决于高校自身的努力。高校内部质量保障体系建设是提高教育质量的制度保证,这是欧洲高等教育区高校的共识。随着我国高等教育规模的不断扩大和体制改革的不断深化,人才培养质量越来越成为高校办学声誉的载体和生存发展的生命线。高校内涵建设和质量保障的主体地位进一步强化[①]，公共问责的重点和新闻媒体关注的热点也指向高校的人才培养质量。“双一流”建设是一个动态的积累过程，关键是靠学校自身的办学水平，核心是人才培养质量、学科建设水平和办学声誉得到国际社会的认可。在构建中国特色高等教育质量保障体系和开展教学评估工作中，有关高校要进一步增强质量意识和主体意识，避免动辄扩大规模的冲动和盲目攀比的功利化倾向，遵循教育规律，集中精力抓好内涵建设和特色发展，深化人才培养模式改革，不断提高人才培养质量。

2. 注重“双一流”建设高校内部质量保障体系的有效性

不断完善高等学校内部质量保障体系，提高其运行有效性，是欧洲高等教育区质量保障标准的重要价值取向，也是国际高等教育质量保障的重要发展趋势。[②] 高等教育质量保障体系构建的实践表明，明确质量评价标准、优化评价指标体系、完善评价方式方法是质量保障的重要基础，而提高高校内部质量保障系统运行的持续性和有效性，则是实施质量保障活动的关键。“双一流”建设高校要注重质量评价结果的反馈和改进工作机制的建设，通过质量保障活动，切实提高教师的教学和科研能力，有效改善学生的学习效果，使师生直接从质量保障活动中受益。要推进评价结果的信息公开工作，让高等教育利益相关者和社会各界能够及时和全面地了解高校人才培养情况，促使高校自觉接受社会监督与问责。

3. 重视“双一流”建设高校大学生学习效果的跟踪评价

欧洲高等教育区的所有国家都将高校教学工作作为质量评估的重

---

① 钟秉林：《强化高校办学主体地位，促进内涵建设和质量提升》，《中国高等教育》2015年第18期。

② 钟秉林、周海涛：《国际高等教育质量评估发展的新特点、影响及启示》，《高等教育研究》2009年第1期。

要内容，还有不少国家将学习指导系统、创业与可持续发展、学生服务与福利、学生入学率与毕业率以及高校内部管理等与教学工作密切相关的其它内容，也作为外部质量保障的考察指标。许多国家将学生学习结果或科学研究结果作为评估的关键要素。在“双一流”建设过程中，有关高校要深入践行以学生为本、促进学生全面发展的教育理念，更加重视以学生为中心的学习方式的探索和教学工作的质量评估。在高校自我评价、院校评估、专业评估和课程评估等质量保障活动中，将学生学习效果的跟踪评价作为评估标准和评价指标体系的重要内容，探索跟踪评价方法，开发跟踪评价技术工具，全面客观地反映高校人才培养的效果。

4. 探索“双一流”建设高校大学生参与质量保证活动的有效方式

大学生是高等教育的核心利益群体。欧洲高等教育区重视学生参与质量保障活动的理念和做法值得我国教育行政部门和“双一流”建设高校学习、借鉴。近年来，我国高校在引导学生参与质量保障活动方面作了一些探索，如学生参与课程评价、评选“最受大学生欢迎的教师”，以及专家组进校考察时召开学生座谈会或进行学生访谈等。但从制度建设的角度而言，还没有保证和充分发挥学生在质量保障活动中的参与作用。今后，教育行政部门和“双一流”建设高校应逐步建立学生参与学校内部和外部质量保障活动的长效机制，将学生参与质量保障活动纳入相关质量评估标准和程序，探索学生参与质量保障机构的治理结构，以及作为成员或观察员参与学校自我评价、外部质量评估和后续整改工作的机制和有效方式，保证学生核心利益的实现。

5. 促进我国质量保障机构的国际交流与合作

开展质量保障机构的国际交流与合作，提高本国高等教育质量保障水平，是欧洲高等教育区质量保障的重要经验。自 20 世纪 90 年代起，我国逐步探索、构建了具有中国特色、符合国际趋势的高等教育质量保障体系，在实践中取得了重要进展，并在国际合作方面迈出了重要步伐。比如，一些重点大学自主开展有国际专家或机构参与的学科、专业或课程评估；在本科教学工作审核评估中邀请国外专家参与进校考察工作；2015 年中国评估专家应邀赴俄罗斯高校开展国际评估；2016 年中国正式加入“华盛顿协议”。教育发达国家在建设一流本科教育质量保障体系方面进行了长期探索，取得了成功经验。今后，我国“双一流”建设高校和质量保障机构要进一步拓展国际合作渠道和方式，不断提高质量保障活动的水平。同时，要积极促进中国质量保障经验的国际交流，为国际高等教育发展作出贡献。

6. 开展质量保障机构和活动的“元评价”

制定质量保障机构的设置和运行标准，对外部质量保障活动和质量保障机构进行“元评估”，是欧洲高等教育区质量保障的重要举措，却是我国高等教育质量保障的薄弱环节。随着我国教育体制改革的深化、政府转变职能、放权分权，如何保证高等教育评估机构的工作水平已经成为提高高等教育质量的一个重要问题，需要从制度建设方面进行改革探索。比如，制定相关标准，开展质量保障机构的认证和周期性外部审核，并对外部质量保障活动进行评估；完善外部质量保障的投诉和申诉程序，确保与高校的良好沟通与反馈；协调政府、质量保障机构和高校之间的关系，保证质量保障机构的相对独立性和自主性；规范信息公开和评估报告定期公布制度，保证利益相关者的知情权和问责权等。

教育专业学位新拓展　职业教育发展新举措*

最近，经国务院学位委员会审议表决，职业技术教育领域教育硕士专业学位正式设立，这是继2008年设置教育博士专业学位之后，我国教育专业学位与研究生教育发展的又一重要事件，也是促进职业教育发展的重要举措。改革开放三十多年来，我国职业教育事业快速发展，职业教育师资队伍建设在取得巨大成绩的同时，也存在着数量不足和质量不高的问题。我国教育硕士培养体系中现有的专业结构和覆盖的教育领域已不能满足现实需求。截至目前，教育硕士包含的所有专业仍然只针对普通教育，面向职教专业教师的培养尚属空缺，这种情况既不适应职业教育发展的迫切需要，就教育专业学位体系的专业结构而言，显然也是不完备的。

为贯彻落实全国职业教育工作会议精神和《国务院关于加快发展现代职业教育的决定》要求，培养一大批高素质“双师型”职教师资，重点提升教师队伍学历层次和专业化水平，使中等职业学校拥有硕士以上学位的专任教师比例达到预定目标，在教育硕士专业学位教育中增设职业技术教育领域，具有重要的现实意义。受国务院学位委员会办公室的委托，全国教育专业学位研究生教育指导委员会组织有关专家学者就设置职业技术教育领域教育硕士专业学位的必要性、可行性和实施方案等进行了详细论证。本文将就有关问题进行阐释。

---

* 原载《中国高等教育》2015年第17期。

一、增设职业技术教育领域教育硕士的必要性

1. 迅速发展的职业教育对师资培养提出新的要求

进入21世纪以来，国家高度重视职业教育，相继召开了四次全国职业教育工作会议，将大力发展职业教育作为我国教育事业发展的战略重点之一。我国中等职业教育实现了规模上的“跨越式发展”，高中阶段职业教育与普通教育的招生比例已趋于1∶1；高等职业教育的学生规模也占到整个高等教育的半壁江山。在保持良好规模发展势头的同时，提高人才培养质量的问题凸显，我国职业教育发展面临着扩大规模和提升质量的双重任务。

教师的素质是提高教育质量、培养高素质人才的关键。大力发展职业教育，需要建设一支具有专业理论、职业教育教学理论和职业实践能力的高素质“双师型”职教师资队伍。职教教师不仅要具有一定的专业理论水平，而且要掌握本行业最新科学技术和职业技能的发展动态，更要具有将新的理论和技术转化为课程、渗透到教学中去的能力。这种能力不是一次性的培养能够形成的，必须要依靠教师自身的不断努力，依靠更高的教育层次和更适合的教育类型来培养。因此，发展面向职业教育教学和管理实践的教育硕士专业学位势在必行。

2. 职教教师学历提升与职业发展需要拓展新的培养渠道

自2000年起，教育部职成司和国务院学位办在部分高校开展“中等职业学校教师在职攻读硕士学位”工作，有组织、有计划地培养骨干教师和专业带头人。十余年来，从首批招收982人逐渐增长至每年招收2000人左右，招生专业也从最初的39个增加到100多个，在一定程度上起到了提高中职教师素质和学历层次的积极作用。但学位授予仍属于学术性学位的范畴，即在我国现行学位制度框架内以同等学力申请现有学位。学习者大都被分散融入各个学科专业已有的学术学位

研究生培养体系之中，分别授予不同学科专业的学术性学位，如教育学、管理学、经济学、工学、农学等。相应地，其教学计划也基本上采用学术型硕士课程加上几门教育学门类课程的框架，首先侧重学术能力和专业理论水平，其次才是应用性的内容，如教育技术、教学方法等，不能很好地体现教师教育的要求和职业教育的特点；而且对于兼职学习的中职教师来说，由于缺乏足够的时间，学习难度很大，学位获得率较低，有的高校以影响硕士培养质量为由甚至不愿意招收中职硕士。

职业教育的师资培养有其特殊的性质：一方面，针对职业学校人才培养的特点，需要突出技术性，强调“双师型”专业素质；另一方面，它又承袭了教师教育兼顾学术性与师范性的要求，强调教师的专业性。关键是要将职业教育理论与职业教育实践更加紧密地联系起来，增强教师应对实际问题的能力。专业学位的性质显然令职教师资的培养更具优势，有利于师范性和职业技术性相融合，使职教教师的学历提升从依附于学术性的各类学科转移到注重应用性的教育硕士的轨道上来。

3. 拓展新的专业领域是完善教育硕士学位体系的需要

不仅广大职教教师对于专业学位有着迫切的需求，教育硕士学位体系自身的建设也亟需将职教领域纳入其中。我国的教育硕士专业学位在过去的十余年中经历了专业设置由少到多、由相对单一到多样化的发展历程：从最初的教育管理和学科教学两个专业，其后陆续增设了现代教育技术、小学教育、科学技术教育、心理健康教育和思想政治教育等诸多专业；学科教学包含的专业方向也从最初的 6 个增加到 11 个（语文、英语、历史、数学、物理、化学、生物、地理、音乐、体育、美术）。教育硕士的发展与完善既可以是纵向的延伸，例如从高中阶段延伸到整个中小学和学前教育，同样也需要有横向的拓宽，即由普通教育扩宽到同一学历层次的职业教育。另一方面，职业技术教育学的硕士点、博士点均已建立多年，但是对于实践性、应用性特征鲜明的职业教育而言，旨在提升职教教师教学能力的专业学位却远远滞后。因此，有必要设置相应的专业学位，培养优秀职教骨干教师。

二、增设职业技术教育领域教育硕士的可行性

1.广阔的生源基础

随着我国职业教育进入快速发展的轨道，中等职业教育师资队伍规模持续增长。据教育部统计，从2005年至2012年，三类中等职业学校（职业高中、中等专业学校和技工学校）的专任教师由64.66万人上升到81.43万人，增幅明显。从年龄结构看，专任教师队伍呈年轻化趋势。2012年，35岁以下的教师超过专任教师的一半，45岁以下的教师占80%以上。从学历结构看，职业学校教师的学历达标率，即具有本科以上学历的教师比例由2005年的72%提高2012年的86.9%；但专任教师中具有研究生以上学历的比例仅为5.1%，与教育部提出的10%的要求相距甚远。从职称结构来看，2012年，中等职业学校专任教师中具有高级专业职务的教师比例为22.98%，与教育部的要求仍有差距；而具有初级教师职务和无职称的教师比例较高，分别占到28.05%和8.41%。

综上所述，从中职学校教师规模和队伍结构的现状来看，总量大、年轻化、学历偏低、低职称比例偏高，这些特征使得专业硕士招生具有广泛的生源基础。另一方面也要看到，当前还存在着一些不利于招生的因素。比如，生师比偏高，2012年达24∶1；专业理论课教师和实习指导教师占专任教师比例偏低，2012年分别为53.69%和3.64%，专任教师教学任务繁重，难以脱产攻读专业学位。

2.教育硕士专业学位具有包容性和适应性

我国从1996年开始在学位体系中增设教育硕士专业学位，为中小学教师和管理人员攻读硕士学位开辟了一条新的渠道，堪称“中国教育发展史上的里程碑”。教育硕士与教育学硕士是两种不同性质的学位：

前者是职业性、应用型的学位，重在培养应用知识或技术的能力；后者是学术性学位，重在培养创造知识或技术的能力。我国教育硕士专业学位教育在主动适应社会需求和自我完善中不断发展，在招生对象、专业领域和方向等方面不断拓展，初步形成了多方位、多样化的专业硕士教育体系。随着我国经济社会和教育事业的发展，不断增加专业学位类型，增大应用型人才培养在整个研究生教育中的比例，已经成为调整高等教育布局结构和人才培养类型结构、满足经济建设和社会发展需求的重要战略任务。探索、实践过程表明，面对整个教育行业中各个具体领域的发展需求，教育硕士专业学位显示出很强的包容性和适应性，从而也为职业技术教育领域教育硕士专业学位的设置奠定了基础，提供了平台。

3. 现行教育硕士培养积累了宝贵经验

国内多年的教育硕士研究生培养的探索、实践，已经在人才培养和教学方面体现出了不同于学术型人才培养的特点。比如，要求课程与论文并重，一般应学习三至四门学位课程以及相关的选修课程，论文选题则强调联系教育教学和管理工作的实际，重在提高综合运用所学专业理论和知识分析和解决实际问题的能力；时间安排比较灵活，研究生除用少部分时间到学校集中上课外，大部分时间是在职攻读，即在工作岗位上一边工作，一边进行学习与研究、撰写学位论文，然后通过在职申请学位的途径获取学位。这些经验和做法充分考虑到生源的工作特点，注重发挥生源的实践优势，也为职业技术教育领域教育硕士培养方案的设计提供了清晰的设计原则和宝贵的经验。

4. 职教师资培养体系不断完善

随着职业教育事业的迅速发展，我国职教师资培养体系日臻完善，为职业技术教育领域教育硕士专业学位的设置提供了重要支撑。在我国，专门的职教师资培养机构的建立始于 20 世纪 70 年代末，最初是由国家独立设置了一批职业技术师范学院，而后又在一些普通高校（主要是师范大学和综合性大学)下设二级学院,以职教师资班的形式招生和培养。1999年初,国务院批转教育部《面向21世纪教育振兴行动计划》,提出“依托普通高校和高等职业技术学院,建设职业教育专业教师和实习指导教师培养培训基地”,中央财政划拨专款,支持了一批“全国重点建设职教师资培养培训基地”。截至2008年,已发展到54个基地,为建设高学历、高质量的职教师资队伍储备了丰富的硬件与软件资源。“中等职业学校教师在职攻读硕士学位”的工作,实际有一部分也正是依托部分具有硕士学位授予权的基地院校才逐渐开展起来的。

5. 职业技术教育学科发展迅速

早在1983年,“职业技术教育学”就被国务院学位委员会正式列入学科专业目录,从1987年举办全国首个“职业技术教育学”硕士点起,先后有华东师范大学、北京师范大学、天津大学等一批重点大学设立了职业技术教育学硕士点和博士点。截至2006年,职业技术教育学博士点由过去的4个增加到10个,硕士点由26个增加到48个,逐步构建起了完整的职业技术教育学科人才培养体系。职业教育学术研究机构数量持续增加,立项课题、专著、论文数量逐年上升(仅“职业教育学”教材或著作到2006年已出版35部),产生了一批标志性教学成果。我国职业教育学科队伍已经初步形成,包括国家和地方以及高校的职业教育研究机构、硕士博士点学术梯队,以及群众团体(如中华职业教育社)、国家和地方职业技术教育学会(协会)的研究人员,相关理论和实践研究成果为职业教育的发展,也将为职业技术教育领域教育硕士的培养提供重要的理论支撑。

三、职业技术教育领域教育硕士专业学位的特点

参照现行教育硕士的学习方式,职业技术教育领域教育硕士可以分为全日制和在职攻读两类。

1. 培养目标

就全日制而言，目标是培养掌握现代教育理论、具有较强的职业教育教学实践和研究能力的高素质的中等职业学校专业课程专任教师和教育教学管理人员，学习年限一般为两年。就在职攻读而言，目标是培养具有现代职业教育观念、扎实专业基础和职业素养、较强职业教育教学能力和教研能力的“双师型”中职学校教师，学习年限为二至四年。

2. 培养对象

全日制研究生招生对象为具有国民教育序列大学本科学历（或本科同等学力）人员。在职攻读研究生招生对象为具有国民教育序列大学本科毕业，获得学士学位，并有 3 年以上中等职业教育工作实践经验的专任教师或管理人员；大学本科毕业但未获得学士学位者，需具有中级专业技术职务。

3. 招生领域

按照国家教育统计对中等职业教育专业群的分类，职业技术教育领域教育硕士的招生包括 13 个方向：信息技术、加工制造、文化艺术与体育、财经、学前教育、医药卫生、商贸与旅游、农林、交通运输、土木水利工程、社会公共事务、能源、资源与环境。

4. 课程设置

全日制研究生的课程分为学位基础课程、专业必修课程、专业选修课程、实践教学四个模块。总学分不少于 36 学分，其中实践教学时间原则上不少于一年。实践教学包括教育实习、教育见习、企业实践、微格教学、教育调查、行业企业调查、课例分析、班级与课堂管理实务等实践形式，其中到中等职业学校和企业进行实践活动的时间不少于半年。

在职攻读研究生的课程除上述 4 个模块外，增设公共学位必修课程模块。总学分不少于 34 学分，其中课程学习不少于 30 学分。课程体系突出“双师型”的职教师资培养目标。学生结合工作实际，开展教学设计研究、实训实习研究、教育调查、企业实践、校企合作工学结合研究、教育案例分析、班级与课堂管理研究等；并以“职业教育课程开发、专业建设、教学法的实践与应用”和“企业实践专题研究”为主题，提交两份研究报告。

5. 培养方式

对全日制研究生，采用课堂参与、小组研讨、案例教学、合作学习、模拟教学等方式。在中职学校和企业建立稳定的教育实践基地，实行导师组指导制；在中职学校聘任有经验的高级教师担任指导教师，同时还须聘任一定数量具有高级专业技术职务的行业企业技术人员和管理人员担任兼职教师和指导教师。

对在职攻读研究生，采取脱产、半脱产和在职兼读等多种方式。脱产学习年限一般为两年，其中在校学习时间不少于一年；半脱产和在职兼读学习年限一般为三年，其中累计在校学习时间不少于六个月，结合课题研究到企业实践的时间不少于两个月。培养院校应建立校内导师、中等职业学校实践导师、企业实践导师三位一体的导师团队，运用课堂讲授与案例教学、项目教学、行动学习、实践考察、模拟教学、线上学习等相结合的多元化学习方式，以提高职业教育教学能力和教研能力为重点，突出将新技术新设备等生产资源和企业文化转化为课程与教学资源的能力培养。应推进学位证书和职业资格证书“双证书”制度，鼓励毕业生获得与其所从事专业教学相关的职业资格证书。

6. 学位论文要求

职业技术教育领域教育硕士的学位论文应紧密联系职业教育实践，注重研究的实践意义和应用价值，综合运用科学理论和方法，分析解决中职教育教学和管理中的实际问题。论文形式可以多样化，如调研报告、研究报告、案例分析、校本课程开发、教学案例设计等；可以把论文答辩与展现课程开发、实训设计、教具开发、示范课等相结合，突出职业教育的特色。

职业技术教育领域教育硕士专业学位设置之后,如何保证培养质量将成为健康发展的关键。为此,应精心设计培养方案和课程体系,构建相应的质量标准和评价与监控机制,从而使职业技术教育领域教育硕士专业学位教育在推进我国职业教育改革与发展进程中发挥应有的作用。

关于“十三五”期间深化研究生教育改革的建议*

当前我国研究生教育发展迅速，规模稳步增长，结构调整稳步推进，质量保障体系日臻完善，服务经济社会能力不断提升，目前已基本形成比较完备的研究生教育体系。但是，也要看到，我国研究生教育在培养模式、类型结构等方面仍存在问题，研究生培养水平整体不高，各类研究生培养机构水平参差不齐，研究生教育资源配置效率有待提高；特别是一些地方和高校将是否具有研究生培养资格作为评价高等教育办学水平的主要指标，盲目追求研究生规模，不重视内涵发展和特色发展。近年来，研究生教育存在的问题已在劳动力市场上有所反映——研究生特别是地方高校研究生，正在成为一个新的就业困难群体。深化学位与研究生教育改革，全面提升研究生教育质量，事关创建世界一流大学和一流学科以及建设高等教育强国。

当前深化学位与研究生教育改革，关键是进一步明确中央和地方、政府和学校的职责，进一步强化研究生教育培养机构的主体责任，建立质量导向的研究生教育管理体制和人才培养模式。为此，一方面，要简政放权，在考试招生、资源配置、学位授予等方面赋予研究生培养机构更大的自主权；另一方面，要加强监管，完善激励和约束机制，引导和督促研究生培养机构走内涵式发展道路。为此，建议：

第一，有序扩大高校研究生招生自主权，增强人才选拔的科学性和有效性。在确保公平公正的前提下，适当提高高校自主选拔的比例，

---

* 原载《教育与职业》2016年第10期。

充分发挥导师在研究生招生上的重要作用，积极探索申请入学、保送入学等形式多样的选拔方式。完善研究生入学选拔标准和程序，实行信息公开，接受社会监督，形成自我约束和外部监督相结合的良性机制。

第二，扎实推进学位授权制度改革，引导研究生培养机构准确定位、特色发展。通过完善学位授权审核体系、细化学位授权审核标准、实施学位授权分类审核和管理、加强地方政府统筹规划、探索高校自主审核等举措，构建职责清晰、监管有力、周期性审核与动态调整相结合的学位授权审核制度。

第三，优化研究生教育结构，增强对经济社会发展的适应性。调整研究生教育的类型结构，学术学位研究生和专业学位研究生并重发展。面向行业、产业对高层次人才的需求，调整学科和专业结构，引导高校有计划地建设经济社会发展急需的学科专业以及交叉学科、边缘学科，既要解决学科专业体系僵化、封闭的问题，又要避免造成研究生教育资源的浪费。

第四，加快以导师制为核心的培养模式改革，全面提升研究生教育质量。在资格认定和选拔上严格把关，建设高素质的研究生导师队伍。进一步明确导师的权力和职责，既要扩大导师的自主权，使其真正成为育人的主体，又要建立健全导师考核评价和问责机制，敦促导师切实履行育人职责。探索导师培训和学术休假制度，鼓励导师利用培训与休假，开展国际学术交流，不断提高自身学术水平。

第五，完善研究生教育质量保障体系，建立客观公正的评价机制。科学的研究生培养质量评价指标体系既要包含评价研究生学术表现等内部指标，也要兼顾评价研究生社会服务、就业质量等外部指标。要孕育和扶持第三方机构开展研究生教育质量评价，定期发布质量报告，对研究生教育质量形成有效的监督和制约。

第六，改革成本分担机制，建立稳定的经费保障机制。建立健全政府投入为主、受教育者合理分担培养成本、培养单位多渠道筹集经费的研究生教育成本分担新机制，进一步提高生均经费水平。探索和完善企业参与研究生培养的机制，通过产学研合作、专利转让、订单式培养等，让社会分担部分培养成本。

我国大学教师发展的现状、困境及对策*

一、问题的提出

随着我国经济社会的发展和高等教育改革的深化，高等学校教师发展问题越来越引起政府和社会的重视。教师队伍的素质和水平是高校坚持内涵发展，不断提高教学质量、学术水平、创新能力以及国际竞争力的决定性因素之一，而大学教师发展的成效又直接决定了高校教师队伍的质量与水平，这构成了高校教师发展的外在逻辑。

高校教师是学术职业的主要从业者。从某种意义上讲，学术职业对于从业者的要求远远高于一般职业，它要求从业者对知识的继承与创新保持高度的热情，从业的动机不仅是满足物质报酬的需要，更重要的是个人价值的自我实现，这构成了高校教师发展的内在要求。

西方学者对大学教师发展的研究起步较早。博伊斯(Boice)等人认为，高校教师发展就是提高教师教学水平、促进教学改进的同义词。施密茨(Schmitz)等人认为，大学教师发展就是促进教师的科研活动。伯格奎斯特(Bergquist)和菲利普斯(Philips)认为，尽管大学教师发展的首要目标是提高教师个人的教学质量，但同时也应是综合的，包括教

---

* 原载《国家教育行政学院学报》2012年第9期。

师作为教学者、个人以及组织成员的发展。① 1991 年美国教育联合会（NEA）提出，教师发展基本围绕着四个目的，即个体发展、专业发展、教学发展和组织发展。

国内学界对大学教师发展的内涵也有广泛而深入的讨论。潘懋元认为，大学教师发展的内容应当包括三个方面：学术水平——基础理论、学科理论、跨学科的知识面，教师职业知识和技能——教育知识和教学能力，师德——学术道德、教师职业道德。刘恩允从教师专业化角度提出大学教师发展的"双专业性"，既把教师培养成学科专家，又把教师培养成学科教育家。沈红则强调学术职业的本质属性，并将其概况为学术性、自由性、独立性、竞争性、精神性②。

二、大学教师发展的需求分析

1. 普通高校教师队伍的结构变化

20 世纪末我国政府实施高等教育大众化发展战略以来，高等教育规模急剧扩张，效益显著提高，投入平稳增加，结构不断优化，体制改革取得突破，高等学校的基本功能得到进一步发挥。大学教师队伍的数量和结构也相应地发生了明显变化（表 1）。从 1998 年到 2010 年，普通高校的专任教师数增加 2.3 倍；生师比升中趋稳，稳定在 17∶1 左右；专任教师具有博士和硕士学位的比例以及正高级职称比例逐年上升。

---

① 徐延宇：《高校教师发展：基于美国高等教育的经验》，教育科学出版社 2009 年版，第 21—22 页。

② 乔连全：《大学教师发展与高等教育质量——第四次高等教育质量国际学术研讨会综述》，《高等教育研究》2006 年第 11 期。

表 1 抽样调查的样本学校概况

	1998 年	2006 年	2007 年	2008 年	2009 年	2010 年
专任教师数(万人)	40.73	107.60	116.83	123.75	129.52	134.31
生师比	11.62	17.93	17.28	17.23	17.27	17.33
博士学历占比(%)	4.65	10.09	11.21	12.28	13.58	14.92
硕士学历占比(%)	23.14	29.54	31.07	32.39	33.52	34.50
正高级职称(万人)	3.67	10.89	11.97	12.90	13.82	14.86
副高级职称(万人)	11.59	30.48	32.63	34.27	36.07	37.72

资料来源:根据相应年份《中国教育统计年鉴》有关统计数据整理

2. 大学教师发展的需求现状

参照美国教育联合会的划分,本文所指大学教师发展需求主要包括高校教师的教学发展、专业发展、个体发展和组织发展四个维度。

教学发展主要是指教育教学理论的学习、教学技巧的运用以及多媒体教学辅助设备的应用等,这是教师遵循的一整套具有指导性的观念和方法,有助于教师实现从知识接受者到知识传授者的转变。为了适应信息化社会对教育教学发展的新要求,大学教师对有助于提高教学效果的多媒体教学手段和课件研发表现出浓厚的兴趣亦是必然。

专业发展主要涉及学历水平的提高、学术前沿动态的了解以及科研能力的提升等。当前高校教师在这方面的发展需求普遍较高,特别是以提高科研能力为目的的发展需求。但是,也有教师对学历水平提升表示无所谓,这与目前我国普通高校专任教师,特别是中青年教师高学历比例较高有关,亦与教师从教高校的目标定位和中青年教师的个人价值取向有关。

个体发展包括教师自身的职业生涯规划、心理健康以及社会交往能力的提高等方面。当前大学教师在职业倦怠上检出率较高,严重影响了教师的工作和生活质量。杜毅对 200 名天津高校教师进行了职业倦怠的问卷调查,研究发现 80%左右的调查对象反映自己有职业压力比较大、情感出现衰竭等问题。①

组织发展主要体现在新教师的定位指导和学校相关政策制度的了解。林杰等对北京地区19所普通高校1144名专任教师的发展需求进行问卷调研发现，42.6%的教师表示需要对新教师进行定位指导，56.6%的教师表示需要了解学校的相关政策制度。②

3. 大学教师发展需求的群体差异

按教师职务来看，职务越低的教师反映缺少进修机会的比例越高，随着教师职称的升高，各方面的发展需求均有所降低。按教师学历来看，拥有硕士学位的教师发展需求最高。按教师年龄来看，50岁以下各年龄段中，越年轻的教师发展需求越高。按教师就职学校的隶属关系来看，缺少进修机会的教师占该类教师的比例，从高到低依次为地方院校、中央其他部委院校、教育部直属院校；从学校所在地区来看，依次为东北、西北、中南、西南、华北、华东。③

总体而言，大学教师发展的需求呈现出如下三个特点：一是多样性，体现在教师发展需求维度涵盖了学术研究、课堂教学以及职业生涯等多个方面，需求层次更多地指向对工作成就、职业发展以及自我实现的预期等高层次需求；二是独特性，主要表现为不同教师群体各自突出的发展需求，比如一般高校的青年教师和低学历教师对专业发展特别是以提高科研能力为目的的发展需求强烈，而研究型大学的中青年教师的教学水平和能力则亟待提高；三是持续性，是指教师发展不能简单等同于岗前或在职培训，而应贯穿于教师的整个职业生涯。因此，大学教师发展问题要明晰工作思路，优化方案设计，加强系统性和针对性。

---

① 杜毅：《高校教师职业倦怠现状调查》，《教育与职业》2012年第10期。

② 林杰、吴亚丽：《普通高校专任教师职业发展的需求及影响因素分析》，《教育学报》2011年第6期。

③ 梁玉兰、张宇宁、吴德敏：《中国高校教师队伍现状、培训情况调查问卷分析研究》，《武汉大学学报（人文科学版）》2005年第3期。

三、大学教师发展的供给分析

1.重点项目的引领

《国家中长期教育改革和发展规划纲要(2010—2020年)》把加强教师队伍建设放到了实现教育发展战略目标的保障措施之首,教育部《全面提高高等教育质量的若干意见》更是明确提出了提高高校教师的业务水平和教学能力的要求。近年来,中央和地方政府通过加大投入和安排重大项目等举措积极推进高校教师队伍建设,比如,实施长江学者奖励计划、创新团队发展计划等一系列人才计划,加强高层次人才队伍建设;选择一批高校探索建立人才发展改革试验区,实施教师教育创新平台项目;启动"高等教育质量工程",评选教学名师和优秀教学团队,表彰在人才培养方面作出突出贡献的高校教师;设立"青年骨干教师出国研修项目",选派骨干教师出国研修;实施"本科教学工程",重点支持建设一批国家级教师教学发展示范中心等。

2.培训体系的完善

从21世纪初起,高校教师培训工作依托国家重点大学建立了70多个相对固定的培训基地,依托国家和地方重点师范大学或综合大学建立了38个高校师资培训中心,包括2个国家级中心,6个大区中心,30个省级中心;同时创造了高级研修班、国内访问学者、出国进修、骨干教师进修、单科进修、在职攻读学位、短期研讨班、岗前培训等多种类、多层次的培训形式,从而初步形成了一个适合中国国情的高校师资培训体系。[①]

3.高等学校的实践

高校在加强教师队伍建设方面也进行了积极的实践探索。比如,

---

① 管培俊、吕杰、徐金明:《我国高校教师培训工作及其评价——新时期中国高等学校教师培训工作之二》,《中国高等教育》2001年第Z1期。

实施新教师岗前培训，提高新教师的专业素质和教学技能；举办青年教师教学技能大赛、教师多媒体课件大赛等，鼓励教师改进教学技能，提高教学水平；改革教学评价制度，澄清教学的多维属性，实行多维度考核，引导教师将精力投入教学和人才培养工作；评选学术带头人、学科带头人、青年学科骨干教师，加强学科梯队建设；加大科研奖励力度，鼓励教师进行科学研究；改革教师聘任制度，实施多种人才计划；设立教师教学发展中心，通过教师培训、咨询评估、研究交流等工作，营造重视教学的校园文化，服务教学发展，促进有效学习。这些措施对提高高校教师队伍整体素质和人才培养质量发挥了重要作用。但不容忽视的是，许多教师表示，由于普遍缺乏进修机会，提高业务水平的途径目前主要靠自学。北京师范大学有关研究人员对普通高校教师工作状况的调查显示，超过半数的受访者对高校教师培训的形式和效果不满意，其中非常不满意的占13%，不满意的占40%。①

四、大学教师发展的问题分析

当前高校教师发展普遍存在的问题是，尽管重视教师队伍建设，但缺乏全局性和系统性。在目前高校教师队伍建设工作中，尤其是在中青年教师培养和发展方面，还存在不少矛盾和薄弱环节。现有高校师资培训体系已不能完全适应目前高等教育和高等学校发展的需求。

1.旺盛的发展需求与有限的供给力度之间的矛盾

至2010年，我国普通高校专任教师规模已达134.3万人。与高校扩招之前的1998年的40.7万规模相比，净增了93.6万人。新增教师中以新教师、青年教师为主，45岁以下中青年教师占专任教师总数的比例已近80%。中青年教师的培养与发展已成为高校教师队伍建设

① Faculty Life in China[EB/OL]. http://www.nea.org/assets/docs/HE/H-Mohrman_28Feb11_p83-100.pdf,2012-04-10.

和学校可持续发展的关键,他们需要更多的发展与培训的支持与服务。

相对需求而言,大学教师发展的供给力度有待加强。第一,办学经费短缺是困扰我国高校发展的重要因素之一,高校教师发展作为学校的一项重要工作也受到影响。各高校用于教师发展的专项经费还有待进一步增加,各省级政府投入的高校教师培训经费还存在很大差异。第二,教师教学发展还缺乏规划和长效机制。国家级教师教学发展示范中心的建设尚在酝酿阶段;近期不少高校相继设立的校级教师教学发展中心在教师培训、教学评估、教学研究等教学支持与服务方面尚处于起步阶段,其功能的发挥还有待时日。第三,高校重引进、轻培养的现象比较明显。近年来,国家和地方相继出台了包括长江学者计划在内的诸多人才项目和计划,不惜重金引进高层次人才,取得了明显成效。但与此同时,高等学校对现有教师和新入职教师的职业发展和职后培养却重视不够,有效的教师职业拓展体系亟待完善。

2.多样化的发展需求与单一的供给模式之间的矛盾

就发展主体而言,教师发展不是少数教师的特权,而是所有教师的普遍权利。就发展需求维度而言,由于相关政策和考评指标的导向效应,高等学校的中青年教师,尤其是研究型大学的中青年教师,对提升学术科研能力的意愿强烈;与此同时,由于扩招以来高校在校生人数的迅速增加,教学任务大幅度增加,以提升高校教师教学能力为主的发展需求随之而至。此外,目前高等学校中青年教师的待遇水平仍然不高,一线城市高校教师的住房问题十分突出,加之职称晋升压力较大,职业倦怠、枯竭等心理健康问题已不容忽视。

在供给方面,教师培训是目前教师发展的主要形式,存在的主要问题包括:第一,培训内容重科研、轻教学的现象突出。目前一些高校制定的教师培训目标往往以提高教师学历和科研水平为重点,忽视了教师教学等方面的要求。第二,高层次培训仍显不足。以培养学术带头人和学术骨干为主的国内访问和出国进修项目较多,而以培养青年教师教学能力为主的培训项目则很少。第三,培训方法和方式单一。教师培训名额和培训任务通常由主管部门分配到高校，较少考虑不同院校、不同学科教师群体的需求差异；培训活动以办班形式为主，多采用专家统一授课，难以满足教师的多样化需求。此外，培训对象广泛性不足，有些培训活动学术含量少，受益者覆盖面小。

3. 需求的持续性与供给的间断性之间的矛盾

大学教师发展是一个持续不断并逐步深入的过程，与大学教师的职业生涯发展息息相关。美国组织行为学专家道格拉斯·霍尔(Donglas T. Hall)认为，职业生涯是指一个人一生中所有与工作相联系的行为、活动以及相关的态度、价值观等连续性变化经历的过程。职业生涯规划是指一个人与组织相结合，在对其职业生涯的主客观条件进行测定、分析和总结的基础上，确定其最佳的职业发展目标，并为实现这一目标做出行之有效的安排。教师进行职业生涯规划有利于教师专业化的发展，有利于教师文化素养的提高，同时能够促进教师积极主动地投入教学、科研和服务工作，提高工作效率。

然而，当前关于大学教师发展的理念尚待更新。将教师发展等同于岗前或在职培训的观念还比较普遍，教师在各个生涯阶段可能遇到的发展瓶颈和心理困境尚未得到应有的关注和重视。在实践层面，教师发展的活动组织仍以短期培训为主，不同形式的培训活动在目标上系统性和整体性不够，在内容上连贯性和衔接性不足。

4. 高等学校与教育行政部门之间的平衡

《高等教育法》确立了高校是“面向社会、依法自主办学、实施民主管理”的法人实体，教师发展是高校自主办学的一个重要方面。在高校教师发展和师资培训的实践中，如何将政府行为与学校行为有机结合，制定科学的师资培训规划，在发挥政府宏观调控功能和现有师资培训机构作用的同时，充分发挥高校在教师培训中的主体作用，是促进大学教师发展的重要课题之一。

高校作为一个学术组织，其内涵的管理理念和外显的管理模式无疑对教师发展起着非常重要的作用。如何切实将教师发展作为学校管理的一项重要任务，积极拓展人力资源发展空间，探索改革教师聘任制度、考核制度和教学科研评价制度，提供有利于教师发展的内部组织环境和制度保障，是目前我国高等学校改革和发展的重要任务之一。

五、大学教师发展的对策建议

需求与供给源自经济学的概念。根据凯恩斯经济学的观点，要实现供需平衡，关键在于实现有效需求，而实现有效需求的方式是通过扩张性的财政政策发挥乘数效应。乘数大小受制于两个因素：一是投资项目的产业关联度，二是边际消费倾向（低收入人群边际消费倾向较大）。就教师发展而言，有效需求简言之就是教师发展的需求偏好，它涉及教师发展需求的优先位序。实现有效的教师发展需求意味着对教师发展需求的引导与推动，主要的影响因素有二：一是大学教师发展的供给，二是边际需求倾向（中青年教师边际需求倾向较高）。具体而言，笔者认为今后应重点做好以下工作：

1. 加强重点项目的系统建设

大学教师发展是一个全局性、系统性和长期性的概念，相关重点项目建设要体现这一特征。首先，重点项目建设要体现以人为本的理念，要从“教师培训”转变为“教师发展”，尊重教师发展的自主性。其次，重点项目建设要体现内涵发展的理念。教育行政部门要切实承担起项目推进的统筹与领导职责，发挥政策指导和资源配置的作用；高等学校则要科学定位，克服同质化倾向，为项目落实创设适宜的组织环境，调动教师发展的积极性和主动性。最后，重点项目建设要体现协调发展的理念，要统筹教师教学水平的改进与科研能力的提升，兼顾教师的个体发展与教师队伍整体素质的提升，并有效衔接教师的入职、在职培训与职业生涯规划。

2. 推进培训体系的优化完善

根据教育部《关于新时期加强高等学校教师队伍建设的意见》，高校教师培训工作要在工作重点和运行机制两个方面实现转变，即从基础性培训和学历补偿教育逐步转变为着眼于更新知识、全面提高教师素质的继续教育；从主要依靠政府行为逐步转变为政府行为、学校行为和教师个人行为相结合。因此，要进一步完善高校教师培训的激励机制和约束机制，为高校教师的进修提供有力的保障机制；要着眼高校教师培训工作改革和发展的新要求，加强规划，从教师发展理念、教师培训内容及方法手段的革新等方面回应高等教育教学改革和发展的新挑战。

3. 营造回归本位的校园文化

人才培养是高等学校的根本任务，教学工作是高等学校经常性的中心工作。树立正确的质量观、先进的教学观和科学的发展观，这既是实现大学本质功能的需要，也是体现以师生为本的办学理念、激发教师发展内在动力的必然要求。在高校教师队伍的建设中，要根据《全面提高高等教育质量的若干意见》的要求，努力营造重视教学和人才培养工作的校园文化，着力做好以下工作：完善教研室（学科组）、教学团队、课程组等基层教学组织，坚持集体备课，深化教学重点难点问题研究；健全老中青教师传帮带机制，实行新开课、开新课试讲制度；完善助教制度，加强助教、助研、助管工作；探索科学评价教学能力的办法；把教授为本科生上课作为基本制度，让优秀教师为本科一年级学生上课；开展专业核心课程教授负责制试点，倡导知名教授开设新生研讨课，激发学生专业兴趣和学习动力等。

4. 完善教师发展的支持体系

第一，各级教育行政部门要在预算中大幅度增加高校教师发展和职后培养培训的经费，加强对高校教师发展的政策指导和项目引导。第二，加快建设教师教学发展中心，重点支持建设一批国家级教师教学发展示范中心，有计划地开展教师培训、教学改革、研究交流、质量评估、咨询服务等各项工作。第三，加强教师发展和人才成长规律的研究，注重把高校科学研究资源转化为优质教学资源，提高教育教学研究对我国高校教师发展的引领能力和服务能力。第四，制定教师发展评估指标体系，合理采用多种评估手段，评价各种教师发展举措的实施效果。

信息科技驱动教育变革

互联网技术与学习革命*

一、教育发展呼唤互联网技术的应用

随着经济社会的发展和教育普及程度的提高，当前我国教育发展呈现出如下特点：一是上好学校难、优质教育资源短缺且配置不均衡的矛盾日益突出，教育公平与人才培养质量问题凸显；二是教育利益相关者增加，不同的利益群体强烈表达自身的利益诉求，体现出的价值取向呈现多样化趋势，有的甚至相互矛盾和冲突；三是教育与经济社会联系更加紧密，内外部发展环境更加复杂，内涵发展任务十分繁重；四是社会诚信体系尚不健全，违背教育规律以及教育腐败现象时有发生，教育政策和改革举措的出台往往会在社会公信力方面受到质疑；五是教育体制改革不断深化，学校办学主体地位不断增强，教育结构和治理体系需要优化，教育治理能力亟待提高。互联网技术以及数字化移动终端技术的发展，为提高教学质量、拓展优质教育资源、推进教育国际化进程带来了重要机遇。

1. 互联网技术为构建学习型社会创造了新条件

基于互联网的教学能够发挥互联网倡导的共享与协作精神，多元而便捷地获取教学资源；可以将分散在不同空间、不同时间的教学资源整合到一起，实现教育资源的广泛共享，满足包括社会公众和在校学生

---

* 原载《光明日报》2016 年 3 月 17 日第 011 版。

在内的学习者的迫切需求。近年来的实践探索表明，互联网教学突破了学习者学习时间和空间的局限性，有利于学习者随时、随地、随意地进行个性化的线上学习；同时也大大降低了学习者享受教育资源的准入条件，学习者可以轻而易举地在线学习网络课程，共享课程资源，从而为提高公民素养，加速构建学习型社会创造了新条件。

2.互联网技术为拓展优质教育资源提供了新途径

基于互联网教学模式的发展提供了以效率促公平的新途径，可以将有限的资源投入到优质网络课程的开发上，进而优化教育资源配置方式。首先，通过优先发展策略，如整合相关专家和名师力量、研发优质网络课程等，实现学习资源开发效益的最大化；其次，通过政策导向，如完善教育资源共享机制、加强学校和社会的教育信息化建设等，实现优质教育资源的均衡配置。显然，通过互联网获取优质教育资源的方式，将在很大程度上改善目前优质教育资源短缺且配置不均衡的状况，扩大优质教育资源的覆盖面，为包括在校学生在内的每个学习者提供更好的适合自己的教育，有效推进教育公平。同时，也为各级各类学校探索线上教学与线下教育相融合，创新教学方式和学习方式，促进学生的自主学习与合作学习创造了条件。

3.互联网技术为推进教育国际化搭建了新平台

教育国际化是经济全球化的必然产物，其基本特征是师生资源和教学资源的跨国、跨地区流动成为常态。慕课等在线开放课程联盟和协作组织的诞生和发展，加速了国际化课程、教材和课件的跨国流动与共享，也必然伴随着先进教学理念、现代教学方式和教学管理模式的跨国传播与融合。显然，这为我国学校借鉴国外先进的教育理念和教学模式、引入国外优质教学资源和现代教学方法、提高人才培养质量带来了难得机遇；另一方面，也为推进中国优质教学资源的国际拓展、增强中国教育的国际话语权、改善中国学校的社会形象提供了重要平台。

二、互联网教学对传统教育提出严峻挑战

然而，基于互联网的教学模式的诞生和发展，也对传统的教育观念、学习过程、教师角色、教学方式和管理体制带来了全方位的挑战。

1. 变革传统的教育教学观念

基于互联网的教学模式正在颠覆传统的教育教学观念。首先，要树立科学的人才观和质量观，确立促进学生全面发展的教育价值观，践行因材施教的教育理念；遵循教育教学规律和人才成长规律，突破“千校一面”的办学模式和“万人一面”的培养模式的桎梏，研究学生的差异性，尊重学生的选择权，鼓励学生兴趣、特长的发展，探索多样化和个性化培养。其次，要摈弃以教师、教材和课堂为中心的陈旧教学观，在教学活动中确立以学生学习为中心的现代教学观，探索先进的教学方式和学习方式，加强师生互动，鼓励学生自主学习、合作学习，不断改善学习效率和学习效果。

2. 颠覆传统的学习过程

互联网教学的发展对传统的学习过程提出了挑战。一般而言，学习过程包括知识传输和知识内化两个阶段。对于学校教育而言，传统的知识传输大都通过教师课堂讲授等方式来实现；知识内化过程则一般在课后完成，通过学生复习、做习题、参加教学实验、社会实践和教师辅导答疑等方式来实现。互联网教学与线下课堂教学的结合，则借助现代信息技术手段，将学习过程的两个阶段进行了“翻转”：知识的传输从课堂上迁移到课堂之外，通过学生课前个性化的线上学习来实现；而一部分知识内化的功能则从上课之后转移到课堂上，在教师引导下通过学生的合作探究、练习巩固、反思总结、自主纠错等方式来实现。显然，这种教学模式可以更加有效地激发学生的学习积极性和主动性，促进学生的自主学习和合作学习，有利于教学效率的提高

和教学效果的改善。从这个角度而言，互联网教学带来了学习过程的“翻转”和学习方式的变革，这也就是所谓“翻转课堂”与“学习革命”的内涵。

3.转变传统的教师角色

互联网技术和数字化技术的发展，尤其是互联网教学的发展带来的学习革命，正在使知识传递的方式发生深刻的改变，从传统的单向传递转为多向互动。学生接受知识的渠道和方式已经远远超出了课堂教学的范畴，这使得学校的知识权威和学术垄断地位遭到严重冲击，教育实际效能也受到社会的质疑和批评。对学校教育而言，互联网教学带来的最大冲击莫过于教师角色的转变，即从过去的知识传授者和课堂教学组织者，转变为学习活动的引导者和学生的学习伙伴；而学生则从被动的知识接受者，转变为主动的学习者。显然，这种发展趋势必然会影响到教师的专业发展和学校师资队伍的建设。要完善教师队伍建设规划，加强教师的职业生涯规划和校本培训工作，不断提高教师的教学能力和水平。当前，尤其要注重转变教师的教学观念，调整优化教学评价标准，提高教师运用现代教育技术的能力和指导学生规划学习生涯的能力，鼓励教师研发网上课程，参与线上教学，积极探索课堂教学模式和教学方式的改革；同时，教师培训的内容以及教学竞赛的内容也要相应进行调整更新。

4.冲击传统的教学方式

基于互联网的教学模式的发展，对于传统的教学方式，尤其是课堂教学模式，带来了冲击，也为创新学习模式、改善学习效果和学习效率带来了机遇。如何构建以学生学习为中心的教学方式和学习方式，引导学生自主学习、合作学习、探究式学习；如何将线上教学和学校课堂教学相互结合，促进优质教学资源共享，彰显教学水平和特色；如何调整优化课堂教学的评价标准和评教方式，改革传统的课堂教学模式，重视培养学生的独立思考能力、团队精神和创新意识；如何加强学校的信息化建设工作，为线上学习与线下学习融合创造条件等，都是需要校长和教师进行深入研究和积极探索的重要现实问题。

5.挑战传统的教学管理体制

互联网教学与学校教育的融合，必然对学校传统的教育教学管理模式和体制机制带来冲击。要根据互联网教学的特点、课程改革和人才培养模式改革的要求，创新教学管理体制和学生事务管理机制，调整教学组织形式乃至教室布局；要研究互联网教学的发展趋势，完善学校内部教育教学质量监控和保障体系，调整教师考核标准和评价方式，健全学生学习效果跟踪和评价机制，强化评估结果反馈和改进工作的机制；要组织力量研发教学基本状态数据库，将常态监控和动态监测有机结合，为学生的成长成才提供体制机制保障。

必须强调指出，上述观点已经不仅仅停留在理念层面，而是进入到了实践探索阶段；已经不仅仅是国外学校的实践探索，而是传播到了国内各级各类学校。比如，国内有的小学已经改变了过去以教师为中心的传统教室布局，由便于学生小组学习讨论的分组式教室布局所取代；有的初中尝试“翻转课堂”，先学后教，学校对教师提出“10+35”的要求，即课堂讲授时间不超过10分钟，其余35分钟引导学生讨论、合作学习和做习题；有的高中利用教育信息化手段，构建选择性课程体系，实现了学生每人一张课表，进行个性化培养；有的大学正在探索将优质网络课程资源与线下教学相结合，改革传统的课堂教学模式。

对于互联网教学这一新兴的教学模式，我们必须保持敏锐的跟踪能力，早做准备，积极探索，在充分发挥其优势和特点的同时，需要正视面临的问题及其局限性，在教学实践中不断加以改进和完善。当然，教育的终极目标是培养全面发展的人，从这个意义上讲，课程教学不等于学校教育，互联网教学还不能完全取代学校教育。笔者认为，要倡导严谨求实的态度，避免炒作概念和片面夸大作用，与其忧虑将来有多少传统学校会面临消亡、有多少教师会面临失业，倒不如把主要精力放在优化网络教学环境、提高在线开放课程质量、共建共享优质教学资源,以及线上线下教学相互融合上。互联网教学联盟和协作组织也要避免功利性倾向,在投入产出效益、技术模式互通和提高教学效率上多下功夫。

互联网教学与高校人才培养*

一、问题的提出

当前，我国教育改革和发展在取得巨大成就的同时也面临着诸多新的严峻挑战。一是随着教育普及程度不断提高，优质教育资源短缺矛盾凸显，并引发了教育质量、教育公平、学生就业、自主办学等一系列社会广泛关注的热点难点问题。二是教育利益相关者增多，不同群体的利益诉求呈现出多元化的价值取向，教育发展环境的变化和教育诸影响因素之间的相互作用和制约，使教育政策制定和改革举措实施的难度不断增加。三是教育体系内部不同层次、不同类型教育之间的关联度增加，一项教育政策或改革举措的出台，往往涉及学前教育、基础教育、高等教育、职业教育等相关教育领域，需要加强系统研究和协同改革。四是教育发展与经济社会发展之间的关系更加紧密，教育改革往往受到教育外部制度、政策和舆论环境的制约，需要社会配套改革的支持。五是我国教育行政体制改革不断深化，政府转变职能，简政放权，推进管办评分离，学校的办学主体地位不断增强，内涵发展和质量建设任务繁重，现代大学制度建设任务艰巨。因此，深化综合改革，坚持依法治教，不断提高教育质量已经成为缓解教育主要矛盾、破解教育热点、难点问题的必由之路。①

---

* 原载《中国大学教学》2015 年第 9 期。

① 钟秉林：《加强综合改革，平稳涉过教育改革“深水区”》，《教育研究》2013 年第 7 期。

同时，我国教育发展方式正在发生根本性的转变，即从以规模扩张和空间拓展为特征的外延式发展，转变到以提高质量和优化结构为核心的内涵式发展。[①] 在这一时代背景下，互联网与教育的有效融合，为缓解教育主要矛盾和破解教育热点、难点问题注入了新的理念和思维，带来了新的机遇和挑战。

二、互联网技术为教育发展带来重要机遇

变革的时代需要变革的思维。社会文明的进步是以科技的进步为前提的，互联网信息技术的快速发展，正在改变人们的学习和生活方式，也为教育未来的变革之路提供了新的动力和路径。

1. 基于互联网的教学为拓展优质教育资源创造了条件

毋庸置疑，缓解教育主要矛盾的根本途径是拓展优质教育资源，提高教育质量，办好每一所学校。在知识数字化和互联网技术飞速发展的背景下，慕课、微课程等基于互联网的教学模式蓬勃兴起，大大降低了学习者享受优质教育资源的准入条件，学习者可以轻而易举地在线学习全球各大名校开设的网络课程，在校大学生也可以免费选修网上的优质课程，并与课堂教学相结合，改善学习效果，提高学习效率。

互联网倡导的是一种共享精神。与传统的教育模式相比，互联网技术应用到教育领域的最大优势就在于能够将分散在不同空间、不同时间的优质教学资源整合到一起，实现优质教育资源的全民共享。无论是国内重点大学的名师课程，还是远在大洋彼岸的世界一流大学的优质课程，都可以通过网络整合到同一资源平台；不同时间节点的学习资料，可以应用相关技术实现高效集成。这种学习空间和时间上的突破，为学习者带来了极大的便利，有利于加速优质教学资源的拓展，满

① 赵应生、钟秉林、洪煜：《转变教育发展方式：教育事业科学发展的必然选择》，《教育研究》2012 年第 1 期。

足社会和公民对于高质量教育的迫切需求。

2. 教育资源获取方式的多元与便捷可以有效促进教育公平

人、财、物等教育资源在区域和地区之间存在较大差距，因分布不均衡而导致教育不公平，是包括中国在内的许多国家面临的共同问题。通过基于互联网的信息化技术手段进行教育资源配置，可以为促进高等教育公平、构建学习型社会提供有效的路径。教育由线下走向线上，打破传统教育的时间和地域限制，教学内容和手段向多媒体化和互动化发展。学习者可以有效利用碎片化时间，在任何地点参与基于互联网的"移动教育"活动，在校大学生也可以利用网上教学资源实现自主学习，而提供不同类型教育的主体的边界变得日益模糊。

较之于传统教育教学情境中教育资源配置不均衡和优质教育资源短缺的状况，互联网教育时代可以选择"以效率促公平"的教育资源配置方式，将有限的资源投入到优质网络课程的开发。通过优先发展，实现资源开发效益的最大化；再通过政策导向，如完善教育资源共享机制、加强学校和社会的教育信息化建设等，保证优质教育资源在"二次分配"过程中体现教育公平。显然，通过互联网获取教育资源的方式，将在很大程度上改善目前优质教育资源配置不均衡的现状，进而为包括在校大学生在内的每个学习者提供更好的适合自己的教育，有效推动教育公平和构建学习型社会的进程。

3. 在线课程联盟的构建可以提升教育国际化水平

进入21世纪以来，随着经济全球化的迅猛发展，人力资源和物质资源在世界范围内的跨国、跨地区流动成为常态，并很快渗透到教育领域，形成了教育国际化的大趋势，[①]教育竞争已经在国际舞台上全面展开。在大学影响力的评估指标体系中，人才培养作为大学的核心功能，

① 钟秉林：《推进高等教育国际化是高校内涵建设的重要任务》，《中国高等教育》2013年第17期。

其课程体系和教学成果被世界各国公认为关键的标准之一，而基于互联网的教学模式的发展，则为提高人才培养质量和教育国际化水平创造了条件。

慕课等相关课程联盟和协作组织的构建和运行，促成了国际化课程、教材、课件以及教学方式等教学资源的跨国、跨地区流动和共享，使得传统的教育方式和教学手段正在经历前所未有的变革，同时也必然伴随着教育教学理念、人才培养模式和教学管理模式的跨国、跨地区的传播与融合。显然，这对中国高校学习、借鉴国外先进的教育理念和教学模式，引入国外优质教学资源和现代教学方法，深化人才培养模式改革带来了机遇；另一方面，也为中国高校优质教学资源的国际拓展（并从而增强国际话语权）提供了平台。

三、互联网教学给高等学校带来严峻挑战

以慕课、微课程等为代表的基于互联网的教学模式以大规模、高质量及其开放性、互动性特征，吸引了大量学习者注册学习，传统的教育观念和教学模式因而面临着严峻挑战。

1. 对传统的教育教学观念带来了冲击

基于互联网的教学模式的发展正在颠覆着传统的教育教学观念。首先，高等学校要确立促进学生全面发展的教育价值观，遵循教育教学规律和人才成长规律，践行因材施教的教育理念，突破传统的同质化的培养模式的禁锢。要重视研究学生的差异性，尊重学生的选择权，鼓励学生兴趣特长的发展，不断深化人才培养模式改革和教育教学体制机制改革，探索学生的多样化、个性化培养。其次，要在教学活动中坚持以学生学习为中心的现代教学观，摒弃以教师、教材和课堂为中心的传统教学观，探索新的教学方式、学习方式和教学方法与手段，加强师生互动，鼓励学生自主学习和合作学习，不断提高教学效率，改善学生的学习效果。

2.对教师队伍建设带来了冲击

基于互联网的教学模式的发展正在改变着人类获取知识的渠道和方式,知识传递的方式已经由单向转为多向互动,这使得大学的知识权威和学术垄断地位遭到威胁,教育实际效能也受到社会质疑。而最直接的冲击莫过于教师角色的转变,教师正在从知识的传授者转变成为学生的学习伙伴。在构建师生学习共同体的过程中,要通过教师的引导、师生的互动、学生的合作来实现教学目标。首先,高等学校要认真研究经济社会发展和教育教学改革的新趋势,调整教师队伍建设的思路和重点,修订和完善教师队伍建设规划。其次,要加强教师的职业发展规划和在职培养、培训工作,不断提高教师的教学能力和水平。当前,尤其要注重转变教师的教学观念,提高教师运用现代教育技术的能力和指导学生规划学习生涯的能力。要重视教学管理人员和学生工作干部的培训工作,引导他们创新教学管理模式和学生工作机制,为学生的成长成才提供良好服务。再次,要改革教师聘任和考核制度,引导教师将精力投入到教学工作之中,努力将科研资源转化为优质教学资源,①密切跟踪互联网教学的发展趋势,积极探索课堂教学模式和教学与学习方式的改革。

3.对传统的教学方式和课堂教学模式带来了冲击

基于互联网的教学模式以其开放性和互动性特征对传统的课堂教学模式和教学方式提出了挑战。首先,高等学校要着力改革以教师和教材为中心的传统课堂教学模式,根据不同专业和课程的基本要求和特点,探索探究式学习、讨论式教学、合作式学习等以学生学习为中心的教学方式和学习方式。当前,尤其要积极探索线上教学与线下教学相结合的教学模式,注重培养学生的独立思考能力、批判意识和创新精神,实现学生的多样化和个性化培养。比如,利用慕课、微课程等线上

① 钟秉林:《推进大学科教融合 努力培养创新型人才》,《中国大学教学》2012年第5期。

优质课程资源，将学生接收知识的途径从课堂讲授转移到课前网上自学，而在课堂上则通过教师组织引导、师生互动和生生合作，将学生课前个性化学习到的知识融会贯通，实现知识内化的部分功能。其次，要组织教师研发网上课程，积极参与线上教学，辐射优质教学资源，促进优质教学资源在校内和校外的共享，彰显学校的教学水平和特色。再次，要优化学生的课堂学习效果评价标准和指标体系，调动学生的学习积极性和主动性，鼓励学生参与线上学习，不断提高学习质量。

4. 对传统的人才培养模式和管理体制带来了冲击

互联网教学模式带来的教学方式和学习方式的变革，对大学传统的人才培养模式、教学组织形式、教学和学生管理体制，乃至传统的教室布局都带来了冲击。首先，高等学校要加强人才培养体制和内部管理体制改革的系统研究和顶层设计，重视政策导向，发挥干部、教师的主动性和创造性，利用教育信息化手段，积极探索人才培养模式、管理体制机制和学习制度的创新。比如，根据经济社会发展需求和学校人才培养目标及规格，适时开展按大类宽口径培养、学分制、弹性学习制、短学期制、书院（学堂）制的改革探索，抑或进行订单式培养、产学合作育人等多样化的人才培养模式改革尝试。其次，要根据经济社会和科学技术发展趋势，[①]优化学科、专业结构，调整院系设置和教学组织，为深化综合改革、培养创新型人才构建学科专业平台和学术组织架构；同时，要加强高校信息化建设工作，为线上学习和线下学习相结合创造条件。再次，要研究互联网教学的发展趋势和特点，完善学校内部教育教学质量监控和保障体系，明晰质量标准，优化指标体系，改革评估方式，强化评估结果反馈和改进工作的机制，建立学生学习效果跟踪和评价机制，不断改善学生的学习效果。最后，要推进和完善现代大学制度建设，制定和实施大学章程。当前，尤其要根据互联网教学的融入以及学

① 钟秉林：《大学人才培养要研究新问题应对新挑战》，《中国大学教学》2013 年第 7 期。

习制度和人才培养模式改革的要求，探索教学管理体制和学生事务管理机制的创新，为大学生成长成才提供制度保障。

四、基于互联网的教学模式要不断完善

互联网技术正在为教育发展作出重要贡献，同时也要看到，基于互联网的教学模式还需要直面问题，不断完善。

1.课程教学不能完全等同于教育

教育的终极目标是培养全面发展的人，大学的核心功能是培养德智体美全面发展的高级专门人才，为经济建设和社会发展提供人力资源支撑和智力贡献。保证和提高人才培养质量，需要干部、教师遵循教育教学规律和人才成长规律，围绕立德树人的根本任务，做好教学工作和管理工作，坚持全员、全方位、全过程育人；另一方面，一所大学优良的办学传统、校园文化和校风学风的潜移默化的熏陶作用，对大学生综合素质的养成，包括社会发展性、人际关系和公共关系等素养和能力的养成，至关重要。从这个角度而言，基于互联网的教学模式不能完全取代学校教育。与其忧虑将来有多少传统学校会面临消亡，倒不如把主要精力放在如何优化网络教学环境和提高教学质量上。要探索将线上教学和线下教育相互融合、扬长避短，不断改善学生的学习效果；各级各类学校以及互联网教育产业、在线课程联盟和协作组织应该加强协同探索、优势互补，统筹进行教育教学改革试验。

2.加强“连结”与“互动”，提高学习效率

基于互联网的慕课、微课程、翻转课堂等学习模式的基本特征是连结和互动，这是提高学习效率、改善学习效果的关键。互联网教学必须创造性地运用现代信息技术手段，创新学习模式、教学内容和运行机制，更好地实现师生互动、生生互动和人机互动，并且与线下教育有机融合，吸引包括在校大学生在内的更多的学习者注册学习，才能够真正

发挥其优势，实现其在共享优质教学资源、促进教育公平、提升教育国际化水平等方面的价值；否则，慕课、微课程等和十多年前开始尝试的网络课件就没有区别了。

3. 完善学习监督和效果评价机制

由于互联网教学准入门槛较低，目前还缺乏有效监督和证书驱动等激励机制，总体上看，学习者的学习主动性和自律性、课程完成率普遍较低。如何对线上学习的效果进行科学评价，并将评价结果反馈给教师和学生，不断改善教师的线上教学水平，提高学习者的学习主动性和学习效率，已经成为基于互联网的教学模式可持续发展的瓶颈问题，也直接影响到线上教学和线下教学的结合，因此，迫切需要有关研究人员和教师在评价标准、评价体系、评价方式和管理体制与运行机制，以及大数据技术应用等方面进行深入研究和积极探索。

4. 探索和完善市场运营机制

市场在教育资源配置中发挥着决定性作用，有市场需求和社会需求，基于互联网的教育技术和教学模式就会得到充分的发展空间。完善的运营机制是互联网教学发展的重要保障，比如，如何厘清线上教学的公益性和营利性之间的关系，如何优化慕课、微课程等课程联盟和协作组织的运营模式，如何筹集免费线上教学的经费并保障其稳定运行，如何与高校互认课程学分等，都需要在实践中认真研究和探索。

慕课发展与大学人才培养模式改革*

随着高等教育大众化进程的推进，优质高等教育资源短缺矛盾凸显，并引发了教育质量、教育公平、学生就业、自主办学等一系列社会广泛关注的热点、难点问题，我国高等教育发展方式正在从以规模扩张和空间拓展为特征的外延式发展，转变为以提高质量和优化结构为核心的内涵式发展。教育主要矛盾的转化和发展方式的转变、教育发展内部和外部环境的变化、教育诸影响因素之间的相互作用和相互制约，以及不同教育利益相关者的利益博弈，使得学校内涵发展和质量建设的任务更加繁重，教育决策的难度明显增加，教育政策的出台和教育改革实践的推进更为艰难。加强系统研究，深化综合改革，坚持依法治校，已经成为平稳涉过教育改革“深水区”，不断提高高校办学质量和效益的必然选择。

在高等教育改革不断深化和科学技术迅猛发展的大背景下，互联网与教育有效结合，以慕课、微课程等为代表的基于互联网的学习方式和课程联盟应运而生，为缓解高等教育主要矛盾和破解高等教育热点难点问题注入了新的理念和思维，带来了新的机遇和挑战。

一、慕课是如何热起来的？

慕课是一种具有交互功能的开放式的在线学习方式，其突出特点是以短视频为主要方式传授名校名师的课程教学内容，以即时测试与

---

* 原载《中国高等教育》2015年第21期。

反馈促进学习者学习，并基于大数据分析促进教师和学生改进教与学。慕课的概念形成于2008年，作为一种基于互联网的学习方式和课程联盟，慕课以其开放性、互动性、公益性和高质量的特点吸引了专家学者、大学教师和广大学习者的关注和参与。

2012年，慕课在美国得到飞速发展，包括斯坦福大学、哈佛大学、麻省理工学院等在内的世界一流大学，几乎同时掀起了一股慕课风潮，并涌现出了以EdX、Coursera和Udacity等为代表的课程支撑平台。因此，《纽约时报》将2012年称为“慕课元年”。EdX是由耶鲁、哈佛和麻省理工学院在2012年联合创建的免费在线课程项目，目的是建立世界顶尖高校的共享教育平台，提高教学质量，推广网络在线教育。目前该组织的成员学校已达29所，拥有超过90万的注册者；我国的北京大学、清华大学、香港大学、香港科技大学在2013年相继加入该联盟。Coursera是美国斯坦福大学两名教授在2012年创办的免费大型公开在线课程项目，旨在同世界顶尖大学合作，在线提供免费的网络公开课程。目前该组织已包括斯坦福大学、密歇根大学、普林斯顿大学、宾夕法尼亚大学等81所高校或机构，拥有网站注册学生400多万，是全球最大的在线课程联盟；我国的上海交通大学、复旦大学、香港中文大学、香港科技大学等在2013年加入了该联盟。Udacity是由斯坦福大学巴斯蒂安·特伦教授在2011年创办的免费在线课程项目，区别于EdX和Coursera平台的是，该项目没有固定的合作大学，而是邀请知名教授和专业人士开设网络公开课程。目前，该组织已拥有超过75万的注册学生。

欧洲的慕课近年来也得到快速发展，并涌现出了一批课程平台。OpenupEd网络公开课程是由欧盟委员会支持的课程平台，于2013年4月正式启动，英国、法国、俄罗斯、意大利、荷兰、葡萄牙、斯洛伐克、西班牙等11个欧洲国家参与其中，目前已包括用12种语言开设的数十门课程，内容涉及数学、经济、电子商务、信息技术、气候变化、文化遗产、国际关系、语言学习等诸多领域。2012年12月，在英国文化委员会的支持下，英国开放大学联合英国12所大学建立了名为“未来学习”(Future-learn)的课程平台，已有来自全球的26个组织成员和合作伙伴。欧洲其他的慕课平台还包括：西班牙的MiriadaX、芬兰的Eliademy、德国的Iversity等。

我国在2013年也掀起了慕课热，若干所国内一流大学相继加入慕课国际课程联盟，数十个慕课国际论坛和国内会议频繁召开。中国高水平大学慕课联盟、全国地方高校优课联盟、东西部高校课程共享联盟、中国职业教育微课程及MOOC联盟、中国医学教育慕课联盟、清华在线学堂、全国C20慕课联盟等慕课课程联盟或协作组织也先后建立。

二、“慕课”为高等教育发展带来了什么机遇？

互联网信息技术和知识数字化技术的快速发展，互联网与高等教育的有机结合，以慕课为代表的基于互联网的学习方式的诞生，正在改变着人们的学习和生活方式，也为教育未来的变革之路提供了新的动力和路径。

1. 慕课为大学教学改革提供了新的路径

拓展优质高等教育资源的根本途径是提高高等教育质量，尤其是提高人才培养质量，通过长期积累，努力办好每一所高校。与传统的学习方式和课程协作组织相比，慕课的最大优势就在于能够发挥互联网倡导的共享与协作精神，将分散在不同空间、不同时间的优质教学资源整合到一起，实现优质教育资源的广泛共享，满足在校大学生和公民享受高质量高等教育的迫切需求。无论是国内重点大学的名师课程，还是远在大洋彼岸的世界一流大学的优质课程，都可以通过网络整合到同一资源平台；不同时间节点的学习资料，可以应用相关技术实现高效集成。这种学习空间和时间上的突破，大大降低了学习者享受优质高等教育资源的准入条件，学习者可以有效利用碎片化的学习时间，在线学习全球各大名校开设的网络课程；在校大学生也可以通过选修网上优质课程，实现个性化的学习。另一方面，慕课课程的研发有效推进了教学内容和教学手段向多媒体化、短视频化和互动化方向发展，有利于大学将线上教学与线下课堂教学相结合，创新教学方式和学习方式，促进学生自主学习和合作学习，不断改善学习效果，提高学习效率。

2.慕课为拓展优质高等教育资源提供了新的思路

人力、财力、物力等高等教育资源在不同区域之间存在较大差距，因高等教育资源配置不均衡而导致高等教育布局结构失衡和种种教育不公平现象的产生，是包括中国在内的许多发展中国家面临的共同问题。在高等教育资源拓展过程中，时常要面对公平与效率的矛盾，二者如何兼顾、何者优先，教育决策者和实施者必须综合平衡，作出选择。慕课学习方式和课程联盟的诞生和发展，则提供了“以效率促公平”的新的思路和路径，拓展优质高等教育资源、优化高等教育资源配置。首先，采取优先发展策略，如实施“精品网络课程”计划、启动“名师大讲堂”项目等，将有限的资源投入到优质网络课程的开发，实现学习资源开发效益的最大化；然后，再通过政策导向，如完善高等教育资源共享机制、加强高校和社会的教育信息化建设等，保证优质教育资源在二次分配过程中体现教育公平。显然，通过慕课获取优质教学资源、优化高等教育资源配置的方式，将在很大程度上改善目前优质高等教育资源短缺且配置不均衡的状况，进而为包括在校大学生在内的每个学习者提供适合自己的优质教育，有效推动促进高等教育公平和构建学习型社会的进程。

3.慕课为提升教育国际化水平搭建了新的平台

进入21世纪以来，随着经济全球化的迅猛发展，人力资源和物质资源在世界范围内的跨国、跨地区流动成为常态，并很快渗透到教育领域，形成了教育国际化的大趋势，教育竞争已经在国际舞台上全面展开。慕课等相关国际课程联盟和协作组织的构建和运行，以及中外合作办学项目和机构的迅速增加，促成了国际化课程、教材和课件等教学资源的跨国、跨地区流动和共享，使得大学传统的教育方式和教学手段正在经历着前所未有的变革；同时，这也必然伴随着教育教学理念、人才培养模式和教学管理模式的跨国、跨地区的传播与融合。从公益性角度来看，大学可以利用慕课教学平台在全球范围内提供其优质课程资源与成果，使遍布世界各地的大学生和其他学习者共享优质教学资源；同时，大学也可以通过慕课课程的传播形成良好的社会形象，提高学校的国际知名度。显然，慕课对中国大学学习借鉴国外先进的教育理念和教学模式，引入国外优质教学资源和现代教学方法，深化人才培养模式改革带来了难得机遇；另一方面，也为推进中国大学优质教学资源的国际拓展，增强中国高等教育的国际话语权，提升高等教育国际化水平提供了重要平台。

三、大学如何应对慕课的挑战？

以慕课、微课程等为代表的基于互联网的学习方式和教学模式以其鲜明的特征，吸引了大量学习者注册学习，使传统的教育观念和教学模式面临着严峻挑战，因此，高等学校要保持敏锐目光，拓展办学视野，密切跟踪基于互联网的慕课学习方式的发展趋势，不断深化人才培养模式改革。

1. 更新传统的教育教学观念

慕课的发展正在颠覆着传统的教育教学观念。首先，要突破“千校一面”“万人一面”培养模式的禁锢，树立科学的人才观和质量观，确立促进学生全面发展的教育价值观；要遵循教育教学规律和人才成长规律，践行因材施教的教育理念，研究学生的差异性，尊重学生选择权，鼓励学生兴趣特长发展，探索多样化和个性化培养。其次，要摈弃以教师、教材和课堂为中心的传统教学观，在教学活动中确立以学生学习为中心的现代教学观，探索先进的教学方式和学习方式，加强师生互动，鼓励学生自主学习和合作学习，不断改善教学效率和学习效果。

2. 改革传统的教学方式和课堂教学模式

慕课教学模式以其开放性和互动性特征对传统的课堂教学模式和教学方式提出了挑战。首先，高等学校要着力改革以教师和教材为中心的传统课堂教学模式，根据不同专业和课程的基本要求和特点，探索探究式学习等以学生学习为中心的教学方式和学习方式。当前，尤其要积极探索线上教学与线下教学相结合的教学模式，引导学生自主学习、合作学习，注重养成学生的独立思考能力、批判意识和创新精神，实现学生的多样化和个性化培养。比如，利用慕课、微课程等线上优质课程资源，将学生接收知识的过程从课堂讲授转移到课前网上自学，而在课堂上则通过教师组织引导、师生互动和生生合作，将学生课前个性化学习获得的知识融会贯通，实现知识内化的部分功能。其次，要组织教师研发网上课程，积极参与线上教学，促进优质教学资源在校内和校外的共享，彰显学校的教学水平和特色。第三，要优化课堂学习效果评价标准和指标体系，调动学生的学习积极性和主动性，鼓励学生参与线上自主学习，不断提高学习质量。

3. 创新人才培养模式和管理体制机制

慕课教学模式带来的教学方式和学习方式的变革，对大学传统的人才培养模式、教学组织形式、教学和学生管理体制，乃至传统的教室布局都带来了冲击。首先，高等学校要加强人才培养体制和内部管理体制改革的系统研究和顶层设计，发挥教师的主动性和创造性，积极探索人才培养模式、管理体制机制和学习制度的创新；尤其要根据慕课教学模式的融入以及人才培养模式改革的要求，探索教学管理体制和学生事务管理机制的创新，为大学生成长成才提供体制机制保障。其次，要根据经济社会和科学技术发展趋势，优化学科专业结构，调整院系设置和教学组织，为深化综合改革、培养创新型人才构建学科专业平台和学术组织架构；同时，要加强信息化建设工作，为线上学习和线下学习相结合创造条件。第三，要研究慕课教学模式的发展趋势和特点，完善学校内部教育教学质量监控和保障体系，明晰质量标准，优化指标体系，改革评估方式，强化评估结果反馈和改进工作的机制，建立学生学习效果跟踪和评价机制，不断改善学习效果。

4. 提高师资队伍的整体素质和水平

以慕课、微课程等为代表的基于互联网的教学模式的发展，正在改变着人类获取知识的渠道和方式，知识传递的方式已经由单向转为多向互动，大学的知识权威和学术垄断地位因而遭到威胁，教育实际效能也受到社会质疑。而最直接的冲击莫过于教师角色的转变，教师正在从知识的传授者转变成为学生的学习伙伴，因此，在教师与学生构建的师生学习共同体中，要通过教师的引导、师生的互动、学生的合作来实现教学目标。首先，高等学校要认真研究经济社会发展和教育教学改革的新趋势，调整教师队伍建设的思路和重点，修订和完善教师队伍建设规划。其次，要加强教师的职业发展规划和在职培养培训工作，不断提高教师的教学能力和水平。当前，尤其要注重转变教师的教学观念，提高教师运用现代教育技术的能力和指导学生规划学习生涯的能力。要重视教学管理人员和学生工作干部的培训工作，引导他们创新教学管理模式和学生工作机制，为学生的成长成才提供良好服务。第三，要改革教师聘任和考核制度，引导教师将精力投入到教学工作之中，努力将科研资源转化为优质教学资源；要鼓励教师密切跟踪互联网教学的发展趋势，积极探索课堂教学模式和教学与学习方式的改革。

近两年来，从中央到地方，从普通高校、开放大学到互联网教育产业，从高等教育到基础教育，纷纷组建慕课课程联盟或协作组织，但大多还是各自为战，顶层设计和相互协调比较欠缺。通过组建联盟提高社会影响力的功利性取向较重，而如何发挥慕课的优势，与线下课堂教学有机结合，改善学习效率和学习效果则考虑较少；投入产出效益如何，技术模式是否互通，在校大学生如何直接受益，仍缺少关注与研究。大学要密切跟踪慕课等基于互联网的教学模式和学习方式的发展趋势，根据我国国情和高等教育教学需求，结合课程自身属性，在运用现代信息技术丰富教学资源、改革教学方法、创新学习方式等方面打造精品,探索建设多种新型的资源共享课,以满足不同教学需要和包括在校大学生在内的不同学习者的需求。同时,要加强规划和协调,避免低水平重复建设,将变革教育观念、创新体制机制与探索线上线下教学相融合的混合教学模式有机结合。改革探索成功的标准,主要在于学习效果和效率的改善以及社会的认可。

STEAM 教育如何本土化*

给学生提供多样的选择是教学改革的重要内容，可以尝试将STEAM 课程设为特色选修课，为不同兴趣爱好的学生提供不同项目的参与机会，激发学生的学习兴趣与创造性，也可以将 STEAM 教育融入学校的日常教学，在学科课程教学中为学生提供自主探索的机会，让他们了解学科之间的连接与交叉。如何促进 STEAM 教育在中国的研究转化应用和推广？我谈三个观点：

一、深刻理解 STEAM 教育的重要意义

有别于传统的单学科严格界定、重书本知识传授的教育方式，STEAM 教育是一种重实践的跨学科整合的教育理念和教育模式。科学和数学是较为抽象的思辨性学科，技术工程和艺术则是贴近现实生活的应用性学科，将这几门学科知识融会贯通，有利于激发学生的兴趣，增强他们对知识的理解，有利于完善学生的知识结构和思维方式，培养他们的创新思维和创造能力，促进学生全面而有个性的发展，为满足经济社会和科技发展对多样化人才的需求奠定基础。STEAM 教育让我们重新思考教育的本质，对我国基础教育教学改革具有重要的启示和借鉴意义。

---

* 原载《人民政协报》2017 年 4 月 5 日第 9 版。

二、准确把握STEAM教育的基本特征

探究STEAM教育的基本规律,把握STEAM教育的基本特征,是开展STEAM教育的重要先导。

1.变革教学方式

不同于传统的讲授式教学方式,STEAM教育采用探究式的学习方式,基于现实生活的实际问题,让学生自己动手完成他们感兴趣且与他们生活相关的项目,从中学习各相关学科及跨学科知识,在探究式学习过程中促进学生养成正确的学习态度、科研精神和团队协作意识。采用规范的科学研究或工程实践流程,从提出问题、描述问题、到分析问题、解决问题,再到评估效率,亲身体验每一个小目标的创新,从而改善交流合作能力,对知识和技术的深度理解和综合应用能力,培养批判性思维的能力及综合科学素养。

2.重视学习过程

STEAM教育颠覆了基于标准化考试的传统教育理念,更加注重学习过程,而不仅仅是学习效果。传统的教育往往强调学生个体最终取得的分数,父母用成绩单判定学生在学校有没有好好学习,实际情况并不是如此,因为学习本身远远超过了知识的范畴。STEAM是一种基于问题的学习,运用科学探究过程和工程设计流程,连接抽象知识和实际问题,学生在动手实践的过程中发现、创造、设计、合作并解决问题。从建构主义教育理论而言,STEAM教育给学生提供让他们自己建构知识的环境,引导学生创造能够应用于真实生活的知识,鼓励孩子动手实践,找到自己想要的答案,达到潜能开发的作用。STEAM教育允许失败,因为科学探索的过程本身就是失败不断地累积、总结与超越,只要全心投入,敢于尝试,过程比结果更重要。

3.改革评价方式

STEAM教育强调在培养学生能力的过程中阶段性地检验其学

习、成长与不足。对学生学习结果的评价一方面作为老师参考的依据，另一方面可以作为学生学习行为的界定。STEAM 教育非常开放，但传统的考试不能完全适合，所以要建立科学的评价体系，融入创新能力、时间管理、思考方法、沟通合作等评估纬度与指标，对学生进行客观和全面的评价，引导学生跨学科学习、跨学科思维、跨学科实践，为多样化和个性化的教学提供依据。

三、积极探索 STEAM 教育的实践路径

要加强系统研究和顶层设计，明确策略和行动措施，探索以学习者为中心的人才培养模式，积极开展 STEAM 教育的实践探索。

1. 转变教育角色，改革创新教学方式

在 STEAM 教育实践中，教师的角色从传统的知识传授者转变为学生学习的引导者和协助者，和学生之间形成一种新的伙伴关系。教师引导学生通过项目的学习发挥各自所长，通过团队合作讨论、设计、修订和完善解决方案，通过自主学习与合作学习体验到传统课堂教学难以实现的满足感与成就感。所以要加强师资队伍建设，同时发挥高效的优势开展专业培训，让教师认同 STEAM 的理念，提高跨学科综合能力，与不同学科的教师开展项目合作，关注学生的学习路径，帮助学生更好地解决问题。

2. 深化教学改革，推进教学资源建设

要根据 STEAM 的规律和特点，探索课程改革，调整教学布局。我国课程体系相对固定，分科教育由来已久，要充分认识到不同学科在 STEAM 课程体系当中的价值、地位、作用和相互关系，破除学科壁垒，实现跨学科的内容整合和有效教学。因为 STEAM 教育涉及系统的知识体系，所以需重构科学的课程结构，研究 STEAM 的校本教材，还要加强硬件推广建设，探索专业的 STEAM 实验室和专业化中心，为

探究式学习创造环境。

3. 平衡 STEAM 和日常学习的关系

给学生提供多样的选择是教学改革的重要内容，可以尝试将 STEAM 课程设为特色选修课，为不同兴趣爱好的学生提供不同项目的参与机会，激发学生的学习兴趣与创造性，也可以将 STEAM 教育融入学校的日常教学，在学科课程教学中为学生提供自主探索的机会，让他们了解学科之间的连接与交叉。

4. 建立互动协同机制

要传播 STEAM 教育的理念，建立政府学校、家庭、教育研究机构、教育学术社团共同参与的互动协同机制，推进课内课外、校内校外，学校与家庭，学校与社区的资源整合。同时，还要结合当地的博物馆、图书馆等资源提供更丰富的内容，更完善的场所和设备，体现 STEAM 教育社会效应的最大化。

信息科技驱动下的教育变革*

信息技术革命给世界带来了翻天覆地的变化。从语言的创造，文字的发明，造纸和印刷术的发明，电报、电话、电视等现代通讯技术的创造，到电子计算机的发明和应用，信息技术的每次变革都给人类的生产、生活和学习方式带来极大的影响。近年来，互联网教学方兴未艾，人工智能、虚拟现实、大数据、区块链等新兴信息技术日新月异，给教育领域带来了前所未有的机遇和挑战，教育理念、教育形态和发展生态等都正在发生着深刻的变革。

信息化是教育现代化的重要内容，也是推进教育现代化的关键途径。2015 年 5 月，习近平总书记在致国际教育信息化大会的贺信中强调，因应信息技术的发展，推动教育变革和创新，构建网络化、数字化、个性化、终身化的教育体系，建设“人人皆学、处处能学、时时可学”的学习型社会，培养大批创新人才，是人类共同面临的重大课题。2017 年和 2018 年，我国先后颁布了《新一代人工智能发展规划》和《教育信息化 2.0 行动计划》，推进教育现代化与教育强国建设；2019 年新春伊始颁发的《中国教育现代化 2035》明确提出，将加快推进信息化时代的教育变革作为我国面向未来的重要战略任务，建设智慧化校园、探索新型教学方式、创新教育服务业态、推进教育治理方式变革。现代信息技术与教育教学的融合已是大势所趋，对此，应该保持敏锐的目光与积极的态度，进行科学的判断与理性的反思。

---

* 原载《南京师范大学学报》(社会科学版)2019 年第 5 期。

一、信息技术与教育教学融合　助力教育发展方式转变

21世纪以来，世界各国教育改革共同追求的目标聚焦到两点：公平和质量。大部分国家和地区审时度势，制订了教育发展战略和规划，尽管国情不同、路径各异，但相互学习借鉴，呈现出共性发展趋势。比如，倡导以学生学习为中心，注重培养批判性思维和创新精神；完善教师专业标准和培养培训机制，推进教师专业化进程；开展教学质量监测与评估，推动学校办学质量提升；关注贫困家庭和农村家庭孩子受教育机会，促进教育公平与社会公正等。

推进信息科技与教育教学深度融合，提高教育质量和促进教育公平，缓解当前我国教育领域的主要矛盾，已经成为我国教育改革发展的重要趋势。

1.信息科技与教育的融合有助于促进教育公平

教育公平包括起点公平、过程公平和结果公平。教育资源配置不均衡是制约我国教育区域公平和城乡公平的主要制约因素，基于现代信息技术的教学模式可以突破教育主客体的地域限制，发挥优质教育资源的溢出效应，实现优质教育资源共享，促进教育起点公平；基于现代信息技术的智慧化教育，可以实现教育信息的精准推送，契合学习者的个性化差异和多样化需求，实现教育服务个性化，促进教育过程公平；[①]基于现代信息技术的慕课、微课程等各种网络教学的兴起，使更多受教育者获得学习机会和学历认证机会；[②]通过基于大数据的过程性评价，可以实施结果导向的教育，促进教育结果公平。运用新兴信息技术构建信息资源门户、名师视频平台、虚实结合的内容体系等，以数

---

① 熊才平等：《信息技术促进教育公平整体推进策略的转移逻辑》，《教育研究》2016年第11期。

② 董尚燕：《信息技术对教育公平的影响分析》，《中国成人教育》2018年第1期。

字化的方法促进更高层次的教育公平实现，是一条中国特色的教育公平之路。

2.信息科技与教育的融合有助于提升教育质量

基于现代信息技术的教学和学习方式正在颠覆着传统的学习过程和教学与学习方式，有助于构建以学习者为中心的未来教育体系，建立以学习者学习结果为导向的教育质量评价系统；有助于持续改进教学过程，改革传统的课堂教学模式，提高管理效益和教学效益，改善教学质量和学习效果。大数据等信息技术在教育领域的普及，使我们可以很便捷地综合运用教、学、研、用、管等多视角的相关数据，提取对学生学习结果、学习行为和教师教学情况的反馈和建议，从而为优化教学质量和人才培养策略作出合理决策。

二、信息科技与教育教学融合带来的机遇与挑战

以互联网技术、大数据技术和人工智能技术为代表的现代信息技术的飞速发展及其与教育教学的深度融合，给学校教育带来了难得的机遇和严峻的挑战，必须保持敏锐的目光，密切跟踪发展趋势，不失时机地进行多样化的改革探索。

1.互联网技术带来的新机遇与新挑战

互联网是20世纪最伟大的发明之一，它极大地改变了人类的思维、生产、生活及学习方式，并因此成为经济社会发展的新引擎和改变教育的重要力量。党的十九大报告指出要办好网络教育和继续教育，加快建设学习型社会，大力提高国民素质。“互联网＋”模式下的在线教育产业发展迅猛，近年来的市场规模和用户规模连续高速增长，“十二五”期间在线教育产业年增速维持在15%以上。《国家教育事业发展“十三五”规划》提出，积极发展“互联网＋教育”，进一步改善学校教育信息化基础设施，推进数字教育资源普遍开放、共享。面向教育发展

落后地区和特殊人群，提供公益性数字教育资源服务。加快教育大数据建设与开放共享。发展现代远程教育和在线教育，实施“互联网＋教育培训”战略，支持“互联网＋教育”教学新模式，发展“互联网＋教育”服务新业态。基于互联网的教育信息化建设已经成为中国教育发展的战略重点。

互联网技术、知识数字化技术和移动通讯技术的发展，使人类获取知识的方式和渠道发生了深刻变革，知识传播的方式正在由传统的单向传递转为多向互动。大学的知识权威和学术垄断地位遭遇挑战，实际教育效能遭到质疑。教师的角色正在由知识的传授者转变为学生学习活动的设计者和指导者，与学生之间形成了新型的学习伙伴的关系。以慕课、微课程、翻转课堂等为代表的基于互联网的教学模式，突破了学习时间和空间的局限性，有利于优质课程资源共享，也为促进自主学习与合作学习、改革传统教学方式和手段提供了条件。同时，在线课程联盟的发展，对我国学校借鉴国外先进的教育理念和教学模式，引入优质教学资源和现代教学方法带来了新机遇，也为推进中国优质教育资源的国际拓展、改善学校国际形象提供了新平台。

互联网技术对传统教育教学带来了新的挑战。一是对传统教育教学观念的挑战。要突破同质化培养模式的桎梏，树立富有时代内涵的人才观、科学的质量观和现代的教学观，遵循人才成长规律，深度融合信息技术和教育教学，多样化、个性化地培养人才。二是对传统学习过程的挑战。互联网教学模式正在颠覆传统的学习过程，知识传输的环节从课堂上前移到上课之前，通过学生个性化的线上学习来实现；在课堂上，则通过教师引导学生探究、反思、纠错与合作，实现知识内化的部分功能。三是对教师队伍建设的挑战。要构建师生学习共同体，通过教师引导、师生互动、生生合作实现教学目标；加强教师培养培训，鼓励教师研发网上课程、参与线上教学，探索线上教学和线下教育相结合。四是对传统教学方式的挑战。要探索以学生学习为中心的教学和学习方式，引导学生自主学习、合作学习、探究式学习；改革传统的课堂教学模式，提高学习效率，改善学习效果。五是对传统教学管理体制的挑战。要创新教学管理和学生管理体制，调整教学组织、教室布局；优化教师考核标准和课堂教学质量评价标准，重视学生学习效果的跟踪和综合评价机制的建设，完善学校内部教育教学质量保障体系。

2. 大数据技术带来的新机遇与新挑战

大数据技术的核心是预测——分析海量数据以预测事情发生的可能性，从而改变我们的生活以及理解世界的方式。大数据技术的应用正在成为新发明和新服务的源泉，具有潜在的重大科学价值和社会价值。大数据技术的发展将带来人类知识体系的变革，大数据时代的经济学、政治学、社会学和许多学科门类都可能会产生巨大甚至是本质性的变化和发展，进而影响到人类的价值体系、知识体系和生活方式。大数据带来信息处理方式的重要转变，可以通过分析更多的数据，甚至是处理和某个特别现象相关的全部数据，而不再依赖随机抽样；不再执迷于信息的精确性，而是接受混杂性和不确定性；不再执着于探究因果关系，而是更侧重于分析事物之间的相关关系，从而更好地预测未来。①

大数据技术的发展正在改变这我们认知世界的方式，这无疑将给教育带来深刻的变革。一方面，大数据技术与教育教学的融合，有助于提高教育教学决策的科学化水平，实现管理精细化、学习个性化和教学信息化。通过分析学习生活的数据碎片，可以分析学习者的行为模式，进而建立个性化的教育体系，帮助教育者重新审视学习者的需求，实现因材施教的教育理念。通过对教育教学数据的全口径分析，可以实现对教育教学活动的监测和预测功能，为教育决策者提供科学依据。大数据技术所带来的数据思维与方法，正在重构教育诸多领域和行业

① 维克托·迈尔·舍恩伯格、肯尼斯·库克耶著，周涛译：《大数据时代：生活、工作与思维的大变革》，浙江人民出版社2013年版。

业态。

另一方面，大数据技术的发展对传统教育教学带来深刻的挑战。大数据时代的学习者，会将基于数据的学习视为理所应当的事情，知识将被海量的信息所充斥。在这样的世界里，老师最不需要交给学生的就是更多的信息。学生手上已经有太多信息，他们需要的是能理解信息，判断哪些信息重要、哪些不重要，而最重要的是能够结合点点滴滴的信息，形成一套完整的世界观。[①] 未来的教育更加呼唤从知识本位向能力本位的转变，需要养成学生理解信息、分辨信息、整合信息的素养，并进而形成整体的人生观、世界观和宇宙观。因此，创造性和批判性思维的培养，显得更加重要。同时，人们更加依赖数据做出决定，数据分析家的作用日益凸显，显然，这对教师和教育研究者的知识权威和学术垄断地位提出了直接的挑战。

3. 人工智能技术带来的新机遇与新挑战

当前，人工智能（AI）在工业、能源、环境、经济、教育、医疗等各个领域都扮演着重要角色，已经成为推动社会各领域前进的重要力量。在图像识别、语音识别等领域，人工智能系统的问题解决能力已经超过了人类。人工智能在特定领域解决特定问题的能力仍在飞速发展，而且因其连续性和可更新性，人工智能具有独特的非人类能力，因而可能将在更多领域超过人类。

人工智能技术与教育教学的融合，也成为教育发展的核心驱动力之一。有学者总结国内外相关研究与实验证明，人工智能对教育有积极的正向作用，包括：(1)知识表示——基于互联网的知识库日益丰富，成为全球学习者的知识来源，扩展了人类记忆智能；(2)机器学习——通过对教育数据深挖和学习分析，促进教育管理和决策科学化，帮助教育者实施因材施教；(3)模式识别——通过语言识别、情感识别等帮助

① 尤瓦尔·赫拉利著、林俊宏译：《今日简史》，中信出版集团2018年版。

学习者定制个性化学习资料;(4)自然语言处理——可以作为辅助工具应用到语言教学,或者作为人机交互手段应用到智能教学系统;(5)智能机器人——可以提升学生的学习效果;(6)智能教学系统——模仿教师帮助学习者某个领域的学习,增强学习者的参与感与深度学习。[①]总之,人工智能技术与教育教学的融合将促进教育的个性化、精准性、自适应性与普适性,提高教学效率和质量,促进教育现代化的实现。

教育机器人是人工智能应用于教育领域的典范。教育机器人是指面向教育领域专门研发的以培养学生分析能力、创造能力和实践能力为目标的机器人,是人工智能、语音识别和仿生技术的综合应用。教育机器人分为机器人教育和教育服务机器人两类,前者的功能和目的在于激发学生对智能技术的兴趣和动力,比如中小学生的机器人竞赛等;后者的功能和目的则在于将机器人应用于教育领域,比如运用于课堂辅助教学等。目前,教育机器人已经应用于学校和家庭,如智能玩具、儿童娱乐同伴和家庭智能助理等,课堂机器人助教和机器人教师等技术和产品的研发也有了一定的发展。[②]

虚拟现实(VR)和增强现实(AR)技术与人工智能技术的结合也为教育发展带来了新的机遇。虚拟现实技术在教育领域的应用目前主要集中在支持学习环境创设、支持技能实训、支持语言学习、支持特殊儿童教育等四大方面。虚拟现实技术结合三维图形生成技术、多传感交互技术、多媒体技术、人工智能技术、人机接口技术以及高分辨显示技术等高新技术,生成三维逼真的虚拟教育环境,可以为学习者提供关于视觉、听觉、触觉等感官的模拟,让学习者如同身历其境一般,及时、没有限制地观察三度空间内的事物。同时,学习者与虚拟环境之间可以进行多维信息的交互,从定性和定量综合集成的虚拟教育环境中获得对客观世界中客观事物的感性和理性的认识,从而深化概念和建构新

---

① 贾积有:《人工智能赋能教育与学习》,《远程教育杂志》2018 年第 1 期。

② 黄荣怀等:《教育机器人的发展现状与趋势》,《现代教育技术》2017 年第 1 期。

的构思和创意，这有利于激发学习者的学习兴趣，增强对于知识的理解，培养创新思维和创造力，实现基于建构主义的学习。“VR＋教育”正成为教育产业领域新的探索与尝试，人工智能、虚拟现实技术与教育产业的深度融合，可以解决传统在线教育现场感不足等问题，为传统教育和在线教育产业的转型升级提供借鉴。

人工智能技术的发展对传统教育教学也带来严峻的挑战。一是对传统教育观的冲击。人工智能技术的发展在一定程度上将会冲击人类社会存在的本质，对自由和平等的现代价值观带来威胁，我们需要重新思考人工智能时代教育将如何存在，[①]重新思考教育将致力于培养什么样的人、以什么方式培养人，明确和坚定教育的方向和价值选择等基本问题。二是对教育功能的拓展。教育为人工智能技术的发展提供人力资源和智力支撑。人工智能技术的发展需要高等学校和科研院所提供创新的源头，在前沿基础理论、关键共性技术、人才队伍建设等方面提供支持；需要中小学校培养学生更好的数字素养，通过STEAM教育、计算机课程、人工智能和数据科学等课程培养学生的科学素养和知识融合能力及创造力；需要人工智能技术与数学、计算机科学、物理、生物、社会科学的交叉融合，提供强大的科学储备。三是对教师传统角色和权威地位的挑战。部分知识性教学角色将会被人工智能所取代，更加需要教师在激发学生学习兴趣、启迪学生智慧、涵养学生健全人格等方面发挥作用，凸显育人功能的重要性和不可替代性。四是对劳动力市场的直接影响。人工智能更精于计算概率和模式识别，简单、重复性劳动将首先被取代，一大批职业将逐渐消亡。同时，传统职业内涵不断更新，新的职业不断产生，比如人工智能的维护和运用等。新兴职业将会更加需要高深的专业知识，而且将不可避免地会产生庞大的“新无用阶层”，[②]从而可能带来系统性

---

① 唐汉卫：《人工智能时代教育将如何存在》，《教育研究》2018年第11期。

② 尤瓦尔·赫拉利著、林俊宏译：《今日简史》，中信出版集团2018年版。

失业的威胁。这将对高等学校的人才培养结构、学科专业结构以及就业市场带来明显的冲击。

三、理性反思信息科技革命下的教育变革

信息科技领域的高歌猛进让无数人为之欢欣鼓舞,我们在热切地期盼和迎接大数据时代和人工智能时代的到来。信息技术改变了人与人之间互动的方式,改变了人们认知世界的方式,也正在驱动一场新的教育变革。信息技术与教育教学的融合,正在改变着传统的教育教学观念、教学组织形态、教学与学习方式、教学管理机制、教学方法手段以及教师布局,对教师的专业素养和权威地位提出了挑战。但这些变革并不能改变教育的本质:教育的本质是生命教育,体现人为之人的价值和意义。顾明远先生认为,教育的本质是提高生命的质量和提升生命的价值。他认为,长期以来,对教育的功能就有工具理性和价值理性的分歧,我们更重视教育的功能性,而忽视教育的本体性。[①] 回归教育的本质,就是重视生命养成的教育,培养全面而有个性发展的人。因此,必须理性看待信息技术带来的教育变革,回归教育本质,保持教育“初心”,警惕对教育价值的背离,避免陷入纯技术化的误区。

1.理性认识信息技术对教育的冲击

与其他领域相比,教育领域与信息技术的融合过程较为缓慢,这是由教育发展的规律性所决定的。比如,20 世纪 20 年代,苏联学者舒里金等就预言学校教育必将消亡;60 年代,美国学者伊利奇等再次提出“学校消亡论”的观点;近年来,随着互联网技术和人工智能技术的发展,又产生了学校消亡和教师失业的担忧。而教育实践表明,学校依然顽强地生存着并将永续存在,只是教育的观念、内容、方式以及组织形

① 顾明远:《再论教育本质和教育价值观——纪念改革开放 40 周年》,《教育研究》2018 年第 5 期。

态等发生了改变，因此，需要理性评估新兴信息技术对教育的影响。

一是理性认识互联网的作用。互联网技术与教育的结合使得人类获取知识的方式和渠道发生了深刻变革，为共享优质教学资源、促进教育公平，变革传统学习方式、提高教学质量带来了难得的机遇。但必须清晰地认识到，教育的根本目标是培养全面而有个性发展的人。社会发展性素养是学生未来发展的必备品格和关键能力，包括人际交往和公共关系能力、团队精神、社会责任感和健全人格等，需要在现实环境中，通过校园教育、群体合作学习、家庭教育、社会教育和社会实践等逐步养成。一所学校优良的办学传统、校园文化和校风学风，对学生的全面发展和成长成才具有潜移默化的熏陶和催化作用。而在虚拟环境下这些问题的解决，尚需从观念、技术和方法等方面进行长期的创新探索。从这个角度而言，课程教学不能完全等同于学校教育，互联网教学也不可能完全取代学校教育。要坚持严谨求实，避免炒作概念、片面夸大互联网教学的作用，把重点放在提高网络教学质量、优化网络教学环境、共建共享优质教学资源方面。

二是理性评价大数据的作用。一方面，大数据是信息科技发展的重要趋势，大数据技术与教育教学的融合，可以促进教学和学习，加强教学决策的科学性，提高教学质量监控的水平，促进教育评价的全面性与客观性。[①] 但大数据并非一个放之四海而皆准的概念，大数据技术处理的问题要由人所决定，海量教育教学信息处理系统需要人来研发，信息处理结果要为人所利用，因此，我们不能让数据主宰一切，而要不懈地追寻教育的本质。另一方面，教育教学数据系统有别于商业、工业等其它领域的数据系统，在大数据技术的具体应用中，必须结合教育教学实际研发关键技术，避免简单照搬。要研究海量教育教学数据的前置处理方法，包括噪声剔除技术、数据分布检验技术等，保证数据系统

---

① 胡弼成、王祖霖：《“大数据”对教育的作用、挑战及教育变革趋势——大数据时代教育变革的最新研究进展综述》，《现代大学教育》2015 年第 4 期。

的可靠性与完备性，提高数据处理结果的信效度；要重视教育教学信息的安全管理，加强前瞻预防和约束引导，避免核心数据的泄露，确保信息安全、可用、可控。

三是理性预估人工智能的影响。人工智能技术与生物技术、教育教学的结合，可能对人类社会结构以及教育带来颠覆性的冲击。有学者认为，人工智能对教育的影响，既不能高估，也不能低估，短期内可能不会对教育产生实质性的影响，但是也可能与互联网、大数据等信息技术叠加之后对教育产生颠覆性的改变。① 当然，人工智能可以作出比人脑更加复杂和精准的计算，但不能完全替代人的情感性、创造性和批判性。在可以预见的未来，人工智能技术的运用在一定程度上还是以人类的意识为准；智能机器人、虚拟现实技术在教育领域的全面应用与拓展尚需假以时日，攻克关键技术难题；人工智能可以替代教师的部分知识性教学角色，但不能取代教师的育人功能。同时，要高度重视人工智能技术运用于教育教学领域的规范管理，加强对人工智能技术应用的多重伦理研究，防止技术对人的异化。

四是理性看待信息技术促进教育公平的作用。通过教育信息化促进教育公平，解决优质教育教学资源分布不均衡带来的教育发展差异性问题，是人们对教育信息化发展的重要期望之一。但在现实中，信息科技的发展有可能进一步拉大数字鸿沟。在大数据和人工智能背景下，数字的使用权集中在一小部分精英手中，在一定程度上会造成数字独裁，这有可能进一步加剧不平等，甚至会演变成为全球范围内需要面对的重要的政治问题。那么，在这种背景下，如何通过信息技术的普及及其与教育的结合促进教育公平，警惕和避免进一步拉大数字鸿沟，已经成为目前教育信息化发展过程中必须面对的重要话题。

2. 重塑面向未来的教育

信息科技驱动下的未来教育将更加重视知识本位向能力本位的转

---

① 余胜泉：《人工智能教师的未来角色》，《开放教育研究》2018 年第 1 期。

变,重视学习者批判性和创造力的培养,迎接未来世界的不确定性。因此,必须重塑面向未来的教育。

面向未来,学校教育不会消失,但是学校教育的内容、方式、组织和结构等都将可能被重构。一是在教育内容方面,教育教学的重点不再是知识或者信息、技能的传输与获得,而是养成学生的批判性思维和创造力,培养学生的分辨和处理信息的能力、应对和适应环境变化的能力,从而在人生发展的不同阶段重塑自己,应对一切不确定性。二是在价值观塑造方面,应该让学生从全球甚至宇宙的视角来看待问题,来应对人类社会将面临的一系列前所未有的全球困境,在民族主义与全球共同利益的冲突中作出理性选择。三是在教师队伍建设方面,面向未来的教师应该主动应对信息技术革命的挑战,转变传统的知识传授者的角色定位,更加注重发挥为人师表的育人功能,启迪学生智慧,涵养学生人格,体现人之为人的独特性和价值所在。四是在学校建设方面,面向未来的学校应该主动应对信息科技驱动下教育的变革,更新教育观念,优化学科专业结构,改革人才培养模式,调整人才培养体系,转变过去以知识传输为主的教育方式,引导学生自主学习、合作学习和探究式学习,注重培养学生发现问题和解决问题的能力。

面向未来,基于新兴信息技术的教育产业发展与升级势不可挡。在信息科技和教育事业快速发展的背景下,基于互联网、人工智能、虚拟现实和大数据等现代信息技术的教育产业如雨后春笋般发展。这种发展势头一方面加速了信息科技与教育教学的融合,激活了教育产业市场;另一方面也引发了一些值得高度关注的问题。首先,自觉遵循教育规律和市场规律,从促进学习者全面发展和个性发展的角度出发,在日益细分的教育服务市场中明晰定位。“烧钱”要烧出教育企业的核心竞争力,即优质的用户体验、品牌知名度和用户黏性。其次,根据特定用户市场的需求,研发高质量的技术产品,如线上课程资源、教师辅助教学系统、学生自主学习系统、学生生涯教育系统、学校教学管理系统等,形成差异化产品,满足用户的多样化需求。第三,调整教育企业的运营机制和商业模式,优化运营模式,避免重复、分散建设,促进技术模式互通,互导流量,共建共享优质教学资源和技术资源,提高投入产出效益。第四,研究和制定基于信息技术的教学标准、评价体系和资源共享机制,如网络课程标准与认证方法、学分转换、学分互认、学分银行等机制等,保证和不断提升教学质量。第五,加强教育产业与普通高校、开放大学、中小学校、在线教学联盟或协作组织之间的协同探索和优势互补,协力进行教学改革试验。

我们正身处信息科技与教育教学融合时代的黎明时刻,人类的未知远远大于已知;但无论如何,新的时代已经来临,我们每个人都身在其中。知有渐,千钧重担从头减,面对互联网、大数据、人工智能等信息科学技术的飞速发展,及其与教育教学深度融合带来的革命性变革,中小学校和高等学校在为信息科技革命提供人力和智力支撑的同时,要主动适应信息科技创新带来的教育形态和就业市场的变革,转变教师角色,优化培养规格,变革学习方式,调整教学组织。教育产业要科学研判市场需求,主动探索转型发展,不断提高产品质量。教育工作者、信息科技工作者和教育产业界人士要共同努力,携手创造我国教育更加辉煌的明天。

教育治理体系变革

建设现代大学制度　推进高校内涵发展*

当前，我国的高等教育已经走过了外延式发展阶段，迎来了内涵式发展新阶段，因而面临着更加繁重的改革发展任务。应对新的挑战，关键是要回归大学本质，遵循高等教育发展的内在逻辑。高等学校改革发展的实践表明：教育观念更新是学校发展的先导，人才培养模式改革是学校发展的核心，师资队伍建设是学校发展的关键，大学文化建设是学校发展的重要基础，而现代大学制度建设则是学校发展的制度保障。

一、现代大学制度建设的内涵与实质

建设现代大学制度，首先需要厘清当前大学与政府、大学与社会，以及大学内部治理结构中的关系，强调自主办学、学术自由和师生为本。

一是大学与政府的关系还不够顺畅，存在越位、错位、缺位的现象，不利于充分落实高校的办学自主权。一方面是政府以行政手段干预过多，另一方面是高校自主发展和自我约束能力不强。在计划经济体制下，大学作为行政单位对政府具有较强的依附关系，大学管理者习惯于揣摩和服从政府意志而获得更多行政配置的资源。进入社会主义市场经济之后，高校的办学自主权加强，但依附心理依然存在，比如在争取政府专项经费等方面表现比较明显。如何结合学校的优势特色和国家及地方需求，探索高校自身的办学特色，主动为经济社会发展服务，是一个值得高度重视的问题。

---

* 原载《探索与争鸣》2017 年第 8 期。

二是大学和社会的关系还不够协调，功利化的办学倾向侵蚀着大学精神。一方面大学要积极参与社会变革，充分发挥人才培养、科学研究、社会服务和文化传承创新功能，主动适应并积极促进社会的发展；另一方面要保持相对独立性，坚守大学理念与大学精神，这都需要协调好大学与社会的关系。大学要尊重教育规律，克服功利化的办学倾向，防止大学精神的流失；而社会也应该理解和支持教育的发展，营造教育改革与发展的良好氛围。

三是大学内部治理结构还不够合理，影响学校内部学术生态。大学内部治理结构是建立现代大学制度的重要方面，但目前还存在着行政权力与学术权力失衡的现象：一方面行政权力泛化，领导体制不健全，民主管理不到位，影响教育决策的科学性；另一方面学术权力弱化导致教师和二级学术机构参与学校发展的积极性受到制约。因此，要通过制度建设加强学术权力的地位和作用，营造良好的学术生态。

构建现代大学协调畅顺的内外部关系，回归大学组织特性和本质属性，坚持依法办学、依法治校，既是现代大学制度建设的目标，又是改善高等教育治理能力、推进高等学校内涵建设和可持续发展、建设“双一流”的重要基础和制度保障。

二、现代大学制度建设的重点与难点

1. 改善政府宏观管理

加强和改善政府宏观管理，是中国特色现代大学制度建设的重要内容。政府要转变职能、简政放权，实现管办评分离，通过政策规划导向、经济杠杆调节、检查评估监督和信息服务等手段对大学实施宏观管理和分类指导。当前我国教育行政体制改革的方向是中央向地方放权、政府向高校放权。而从实际情况看，地方政府尤其是经济欠发达地区政府向高校放权是薄弱环节，必须引起重视，加快推进。要完善高校外部质量保障体系，尊重、落实和扩大高校办学自主权，强化高校内涵发展和质量建设的主体地位。近年来我国高等教育的一系列改革举措都围绕着优化结构和提高质量进行，如学校自主设计和发放学位证书、逐步取消本科招生录取批次、依据设置标准审核学位授权、“双一流”建设采取遴选制等，院校设置如学校升格、更名、转制等也要坚持标准。对此，地方政府和高校都应该保持清醒的头脑。

2.完善大学领导体制

公办高校坚持党委领导下的校长负责制，是中国特色现代大学制度建设的重要内容。坚持和完善党委领导下的校长负责制，要从制度上明确党委和校长的职责，完善大学党委和行政的议事规则和机制。民办高校实施校董会领导下的校长负责制，关键是要协调好董事会、监事会、校长、党委之间的关系。不管是哪种领导体制，都要做到职责明晰、机制完善、规则明确和程序严谨，从而凝聚人心，形成发展合力，提高大学管理和决策的科学性、民主性和有效性，增强决策的执行力，推进学校战略发展目标的实现。

3.优化大学组织结构

科学合理设计大学内部的组织结构，是中国特色现代大学制度建设的关键环节之一。大学组织结构的调整和优化，应该符合大学的组织特性和运行特点，遵循教学和科研活动的规律。一是学术机构的调整要有利于促进学科的交叉融合，顺应学科发展趋势，鼓励学术创新。二是职能部门的调整要有利于提高管理效能，职能部门设置要精干、高效，干部和管理人员要专业、敬业；要倡导更好地为教师学生服务，为教学科研服务；要鼓励管理人员围绕学校发展目标、结合部处职能开展问题研究，这既有利于开拓工作，也有利于克服职业倦怠的现象。三是要有利于对基层教学科研单位实行扁平化管理，提高行政效率。当前我国高校教学科研二级实体单位设置偏多，管理覆盖面广，影响到学术权力的作用发挥和二级院系及教师积极性的发挥。一些高校正在尝试学部制改革，其目标指向都是实现扁平化管理、下移管理重心，调动院系和教师的积极性和创造性。

4.保障大学民主管理

实行民主管理是现代大学制度建设的核心内容之一。随着我国经济社会发展和教育改革进程的推进,高等教育利益相关者不断增加,如何发挥教代会、学生会、校友会乃至家长会的作用,重视和回应他们的权益诉求,已经成为大学发展进程中的重要现实问题。权益诉求体现了各个利益群体的不同价值取向,不一定都是合理的,合理的也未必都能够立刻做到,但是一定要完善反映诉求的渠道,一定要有研究、有对策、有反馈。同时,要完善校务公开和信息透明机制,重视舆情分析和跟踪,最大限度地保证利益相关者的知情权和参与权,保证社会监督权和公众问责权。实现大学民主管理的关键就是坚持以教师和学生为本,关注师生权益,发挥和调动干部、师生的积极性与创造性。

5.平衡学术权力与行政权力

平衡行政权力和学术权力是现代大学制度建设的目标之一。当前我国高校学术权力与行政权力的关系尚未完全厘清和理顺,程度不同地存在着行政权力泛化、越位、错位、缺位等现象。如何克服大学的“行政化”倾向,淡化“官本位”意识,摈弃“衙门化”作风,尊重学术权力并充分发挥其作用,优化学术生态,实现教学科研资源的合理配置,是现代大学制度建设面临的重要问题。关键是要实现学术权力与行政权力各司其职、各安其位,相互平衡、相互制约,这就需要完善权力平衡与监督机制,也需要加强制度、规则、程序保障。

6.深化管理体制改革

管理体制改革包括诸多方面的内容。一是人事聘任制度和考核制度。既要提高教师的教学和科研水平,又要加强师德建设,重视学术规范建设,避免学术腐败。目前中国大学教师的薪酬制度出现了多样化趋势,有月薪制、年薪制、人才计划薪酬制等,造成了同一个学科中教师的薪酬差异较大。这种薪酬制度到底是当前历史阶段中必要的过渡,还是今后的长远发展趋势，都需要在政策层面研究界定清楚。二是学习制度，包括教学管理制度、考试制度、学位制度、学生事务管理制度等。要建立弹性学习制度，完善学分制，关键是举全校之力，深化综合改革。三是条件保障体系建设，包括财经制度、资产制度、后勤改革与产业治理改革等。四是常态管理与突发事件应急管理机制。要精心构建，转换灵活。

7. 完善质量保障体系

质量保障体系建设是现代大学制度的重要组成部分。完善内部、外部质量保障体系建设，包括明晰的质量标准、科学的指标体系、合理的评价方式等，尤其是要建立反馈、改进机制和组织保障机制，这是提高中国大学内部质量体系有效性的关键因素。在教学评价方面，要探索分类评估、放权分权，更加重视资源使用效益、学生学习效果评价和质量保障体系运行的有效性。在专业评估方面，要探索由独立于主管部门和大学之外的第三方机构实施对大学的专业评价，重视开展国际评估。在学科和科研评价方面，要调整和优化评价标准和指标体系，促进学科和科研发展的多样性。

高校章程中学术机构及其运行模式*

大学章程的编制落实作为推进依法治校、建设现代大学制度的重要举措，在高等教育发展中具有里程碑意义。章程涉及诸多层面的问题，其中过度行政化一直是阻碍我国大学发展的痼疾之一，其症结是行政权力一支独大、行政机构"包办"大学、学术权力被边缘化、学术组织权能受限①，迫切需要借助编制章程这一契机，落实"教授治学"，摆正学术权力在大学发展中的主导地位，发挥教授在教学科研中的主体作用。

目前，大学章程的编制与核准已步入正轨。截至 2015 年 6 月底，教育部已核准了包括北京大学、清华大学、中国人民大学、北京师范大学在内的 84 所大学章程，其中前两批核准的 15 所大学章程具有较强的先导性，基本形塑了大学章程的形式结构，此外北大、清华和北师大的章程也具有较强代表性。通过研究这 18 所大学的章程，以点窥面，可对我国大学学术治理的相关问题进行全面深入的思考。

一、章程中的学术组织及法律依据

分析 18 所大学章程中的学术机构，可知所有学校均设有学术委员会，明确规定设置学位评定委员会的有 17 所，设置教学委员会的有 14 所，设置职称职务评审委员会的有 7 所，另有 3 所高校设置学术道德委员会(表 1)。

---

* 原载《中国高教研究》2015 年第 9 期，洪煜为第一作者。

① 杨德广：《关于高校"去行政化"的思考》，《教育发展研究》2010 年第 9 期。

表 1　高校章程中的学术组织

学校名称	学术委员会	最高学术机构	学位评定委员会	教学委员会	职称职务评审委员会	学术道德委员会	学科建设委员会	学术评价委员会
中国人民大学	√	否	√	√	×	×	×	×
东南大学	√	否	√	√	√	×	×	×
东华大学	√	否	√	√	×	×	×	×
上海外国语大学	√	是	√	√	×	×	×	×
武汉理工大学	√	是	√	√	√	×	×	×
华中师范大学	√	是	?	?	?	?	?	×
吉林大学	√	是	√	√	√	×	×	×
上海交通大学	√	是	√	√	√	√	×	×
同济大学	√	是	√	√	√	×	×	×
四川大学	√	是	√	√	√	×	×	×
西北农林科技大学	√	是	√	?	?	?	?	×
东北师范大学	√	是	√	√	×	×	×	×
上海财经大学	√	是	√	√	√	√	√	×
中国矿业大学(北京)	√	是	√	√	×	√	×	√
西南大学	√	是	√	×	×	×	×	×
北京大学	√	是	√	√	×	×	×	×
清华大学	√	是	√	√	×	×	×	×
北京师范大学	√	是	√	?	?	?	?	×

注:"学校名称"一栏按教育部章程核准号的次序排列,其中前 6 所大学为教育部第一批核准章程的大学。"√"表示该校章程中有此机构,"×"表示该校章程中未规定此机构。"?"表示该校章程中虽规定学校可按"学科建设、教师聘任、教学指导、科学研究、学术道德"等事务建立"若干专门委员会",但未具体指明有哪些委员会。

1. 学术委员会

学术委员会作为高校的常设机构,法律依据有四方面:一是《高等教育法》(1998)第四十二条:"高等学校设立学术委员会,审议学科、专业的设置,教学、科学研究计划方案,评定教学、科学研究成果等有关学术事项。"二是《高等学校本科专业设置规定》(1999)第二十四条:"校学术委员会……对本校的专业设置和调整方案进行评议。"三是《高等学校章程制定暂行办法》(2012)(以下简称“章程制定办法”)第十一条:“章程应当明确规定学校学术委员会、学位评定委员会以及其他学术组织的组成原则、负责人产生机制、运行规则与监督机制,保障学术组织……充分发挥咨询、审议、决策作用。”四是《高等学校学术委员会规程》(2014)(以下简称“学术委员会规程”)第二条:“高等学校应当……健全以学术委员会为核心的学术管理体系与组织架构;并以学术委员会作为校内最高学术机构,统筹行使学术事务的决策、审议、评定和咨询等职权。”

对比上述法律法规可以发现:1998 年颁布的《高等教育法》并未将学术委员会作为学校最高的学术机构,其职能也仅限于审议、评议相关学术事务,而 2012 年的“章程制定办法”、2014 年的“学术委员会规程”则赋予了学术委员会至关重要的“决策权”,后者还进一步明确了学术委员会“最高学术机构”的地位。这一变化体现了政策制定者和立法推动者在彰显学术权力、实现“教授治学”方面的认识在逐步加深:以学术委员会为核心,通过学术组织的权能扩张和权力集中,保障学者在学术事务决策中发挥主导作用。[①]

分析各所大学章程中学术委员会的表述,我们可得出以下三点结论:

第一,大多数章程将学术委员会规定为最高学术机构。除中国人民大学、东南大学、东华大学之外,其余大学均参照学术委员会规程,明确了学术委员会的最高地位:华中师范大学、四川大学、西北农林科技大学、东北师范大学、上海财经大学、中国矿业大学(北京)、西南大学、北京大学、清华大学和北京师范大学这十所高校规定学术委员会为“最高学术机构”,而其余五所高校则进一步明确学术委员会为“最高学术权力机构”或“学术事务的最高决策机构”。

第二,大多数章程中学术委员会的决策权不明确。有 12 所大学章

---

① 黄进:《坚持教授治学 充分发挥高校学术委员会的作用》,《中国高等教育》2014 年第 8 期。

程规定学术委员会对学术事务行使“决策、审议、评定和咨询”的职权，但只有北京大学、四川大学、东北师范大学和西南大学的章程明确了学术委员会有权决策的事项(“讨论决定”或“审定”的权力)，例如北京大学学术委员会有权“讨论决定学位授予标准、教师职务聘任的学术标准与规程、学术道德规范等学术管理制度”。除上述4所大学之外，其余大学大多照搬学术委员会规程的表述，虽规定了由学术委员会“审议和决定”的诸多事项，但未具体规定哪些事项只能审议，哪些事项可直接决定。作为大学章程，这种表述上的模糊性易导致学术委员会的决策权难以落到实处。[①]

第三，大多数章程规定了学术委员会的成员构成和产生方式。从学术委员会的人员组成来看，大多数章程参照学术委员会规程，规定学术委员会的成员应是“学术声望较高的专家学者”或“具有正高级职称”，委员会中担任党政领导职务的委员不超过1/4，不担任党政领导职务的专任教师不少于1/2，并有一定比例的青年教师。比较有特点的是上海交通大学、清华大学和北京大学。上海交通大学的学术委员会委员分职务委员和选举委员两类：职务委员由相关校领导担任，选举委员是由经民主选举产生的知名教授担任。清华大学除选举委员(按各院系教授比例推选)、职务委员(两名)之外，还允许校长直接聘任不超过总人数10%的委员。北京大学的学术委员会由教授委员、学生委员、校长及校长委派的委员组成，其中校长及其委派的委员不得超过委员总数的15%，并随校长任免而更替。可以发现，在委员的产生方式方面，主要有民主选举、依照职务当选和校长委派三种。从委员会主任的选任方式来看，主要有两种模式，一种是校长(校务会议)提名、全体委员选举产生，如清华大学、吉林大学、上海交通大学、西北农林科技大

---

① 王建美、宋静波：《从增强学术权力的视角透析学术委员会章程——基于34所高校学术委员会章程文本的探讨》，《现代教育科学》2011年第9期；苏宝利、吕贵：《审议方向·参与决策·监督控制——谈学术委员会在高校决策体制中的地位与作用》，《高等工程教育研究》2003年第4期。

学、上海财经大学;另一种是直接由全体委员会选举产生,如北京大学、武汉理工大学;也有学校兼具上述两种模式,如北京师范大学、西南大学。此外,中国人民大学章程规定,委员会主任由不担任行政职务的资深教授担任。

2. 学位评定委员会

学位评定委员会的法律依据主要有两条:一是1980年颁布的《中华人民共和国学位条例》(以下简称"学位条例")及其实施办法;二是2012年实行的章程制定办法第十一条。根据学位条例及其实施办法,学位评定委员会的权力主要集中在四个方面:一是审查学士、硕士、博士、荣誉博士学位获得者的名单;二是确定硕士、博士学位的考试科目、门数和范围,审批主考人和答辩委员会成员名单;三是做出授予硕士、博士学位的决定;四是处理与学位相关的争议,撤销违反相关规定的已授予学位。

从各校章程中学位评定委员会的职能权责来看,除了教育部学位条例所规定的四类权力之外,一些大学的章程还赋予学位评定委员会更多的职权:(1)审议学校学科、专业的设置和调整,如中国人民大学、武汉理工大学、同济大学和东北师范大学;(2)制定学校学科建设规划,或制定学校学位与研究生教育发展规划及有关政策,如四川大学、西北农林科技大学;(3)遴选研究生导师或制定研究生导师遴选标准,如中国人民大学、上海外国语大学、武汉理工大学、四川大学、西北农林科技大学和东北师范大学。在委员会主任的选任方式方面,武汉理工大学、西南大学均规定校长担任(兼任)学位评定委员会主任,上海外国语大学则规定由有正高级职称的学校主要负责人担任。在实践中,校长担任学位评定委员会主任的做法在高校中较为普遍,这种做法的好处是校长可以学位评定委员会主任的名义向毕业生颁发学位,并对培养质量负责。

通过分析学位评定委员会的法律依据和相关章程条款,可以发现:

第一,从法律地位上看,学位评定委员会并不低于学术委员会。从制定机构来看，学位条例是由国务院制定的法律，而学术委员会规程仅是教育部制定的部门规章，在法律效力上学术委员会规程弱于学位条例。从颁布时间来看，先有学位条例规定设立学位评定委员会（1980年），后有《高等教育法》要求设置学术委员会（1998年）。实际上，在2012年实行的章程制定办法的表述中，学术委员会和学位评定委员会的地位平等，直到2014年颁布的学术委员会规程才将学术委员会确立为“最高学术机构”，虽然这一表述与学位条例并不冲突，但若涉及两个委员会之间的权力边界划分，由于学术委员会规程的法律效力低于学位条例，所以应以学位条例为准，由此可能出现学术委员会难以统管学位评定委员会的局面，其结果是“最高学术机构”在学位评定方面有名无实。

第二，从学位评定委员会与学术委员会的关系来看，中国人民大学、东南大学和东华大学的章程中学术委员会并不是最高学术机构，因此这3所大学的学术委员会和学位评定委员会是平行机构，互不统属。在其余15所大学章程中，虽然学术委员会被规定为最高学术机构，但和学位评定委员会之间的关系却各有差异。有的大学将学位评定委员会置于学术委员会的管辖之下，例如北京大学章程规定学术委员会有权决定学位授予标准，并要求学位评定委员会定期向学术委员会报告工作；华中师范大学的学术委员会有权审定学位授予标准；中国矿业大学（北京）、上海交通大学、上海财经大学章程规定学位评定委员会是学术委员会下设的专门委员会之一；上海外国语大学、武汉理工大学、同济大学的章程均规定学术委员会有权提名学位评定委员会的成员名单，并审议学位评定委员会提交的事项。但也有部分大学章程对学术委员会和学位评定委员会之间的关系定位不清，例如吉林大学章程规定“学术委员会和学位评定委员会依照各自章程行使职权”，两大委员会实质上也是互不统属；四川大学、西北农林科技大学、东北师范大学的章程中，学术委员会和学位评定委员会的职责互不重合，也未明确二者之间的关系。

3. 教学委员会

在上述18所大学的章程中，有14所设置了教学委员会，由此可见设置教学委员会已成为多数大学的通例，该委员会在人才培养方面发挥了关键作用。

教学委员会的法律依据主要是教育部学术委员会规程第十一条："学术委员会可以就学科建设、教师聘任、教学指导、科学研究、学术道德等事项设立若干专门委员会。"此外，各高校设立教学委员会，也是为了与教育部的高等学校教学指导委员会相对应。

在大多数高校的章程中，教学委员会的职权主要包括四方面：审议学校人才培养与教学改革的重大项目与方案规划、审议教学管理与质量监控的相关规章制度并监督实施、审议教学奖项评定标准和办法、裁定教学责任事故与教学工作考核评价中的争议。此外，还有少数大学赋予教学委员会更多的职权，包括：(1)审议教学经费的分配使用(上海外国语大学、武汉理工大学)；(2)论证学科专业设置和调整(上海外国语大学)；(3)教学职称系列设岗和评聘办法(东北师范大学)。

在教学委员会的人员组成方面，仅有4所学校做出了明确规定：上海外国语大学的教学指导委员会由教学水平高、具有履职能力的高级专业技术职务人员组成；同济大学的教务委员会由教师以及部分管理机构、学生与用人单位代表组成；上海财经大学的教学指导委员会委员由学校教学单位和有关职能部门具有较深学术造诣和丰富教学经验的教师代表组成；东北师范大学的教务委员会下设督学组，由离退休教师组成。

4. 职称职务评审委员会

职称职务评审委员会是负责教师和专业技术人员的职称职务评审等相关学术事项的专门委员会。目前共有七所大学的章程中明确规定了此类委员会。

职称职务评审委员会的法律依据主要有学术委员会规程第十一

条、教育部1986年颁布的《高等学校教师职务试行条例》(以下简称"教师职务试行条例")和《高等学校教师职务评审组织章程》(以下简称"教师职务评审组织章程")。在教师职务评审组织章程中规定了教师职务评审委员会的职责,主要包括:审定助教、讲师的任职资格;评议教授、副教授的任职资格并提出意见,报省、自治区、直辖市、国务院有关部委的评审委员会审定;制定本校教师职务任职资格评审工作的实施办法。

随着高校办学自主权逐渐扩大,目前大部分部属高校已具有自主评审高级职称教师和专业技术人员的权力,从七所大学的章程来看,职称职务评审委员会的职能权责主要包括:审定教师和专业技术人员职称职务评审的工作条例和实施办法,组织教师和专业技术人员职务任职资格的评审工作。值得注意的是,武汉理工大学的章程中,学校设立了高级专业技术职务评审委员会,负责审定教授(研究员)职务,而副高级以下的职称职务的评审权下放给了基层学术组织,这种做法有利于激发院系的办学活力。从人员构成来看,主要由学校相关领导和职能部门负责人、校内各学科领域专家教授担任,其中,武汉理工大学的高级专业技术职务评审委员会主任由校长担任。

5.其他校级学术机构

除学术委员会、学位评定委员会、教学委员会、职称职务评审委员会之外,各校章程中还有一些其他类型的学术机构,包括上海交通大学、上海财经大学、中国矿业大学(北京)设置的学术道德委员会,上海财经大学设置的学科建设委员会,中国矿业大学(北京)设置的学术评价委员会等。这三类专门委员会都是根据学术委员会规程第十一条设置的。

二、章程中学术治理制度的问题探析

总体来看,完善学术治理体制作为现代大学制度建设的关键环节,各大学都处于探索完善阶段,仅就上述18所大学章程中的相关表述来看，尽管在章程编制过程中已深思熟虑、集思广益，但仍存在不少瑕疵，其中比较明显的问题有：

1. 法律依据变动

在章程制定过程中，部分条款的法律依据出现了变动，导致一些学校的章程在核准生效之后与上位法不相吻合，亟待修改。例如中国人民大学、东南大学和东华大学的章程在提交、核准之后，教育部颁布了学术委员会规程，因此这三所高校未能参照学术委员会规程中的规定，将学术委员会作为全校的最高学术机构。

2. 条款表意含混

章程中某些条款的表述不够严谨、留有漏洞，例如“最高学术机构”这一概念就值得商榷，所谓“最高”究竟是指学术委员会享有“最高学术地位”还是行使“最高学术权力”，若理解为“最高学术地位”，学术委员会可被解读为一个纯粹学术研究机构，其权力可能被架空。此外，少数大学在规定学术委员会职权时出现了“审议和决定”的表述，但却未指明哪些事项只能审议，哪些事项可以决策。这种表述的含混性可能导致在解读和操作中出现歧义。

3. 法定权力虚置

学术委员会的法定决策权在章程中未能体现。尽管章程中规定了学术委员会拥有决策、审议、评定和咨询等职权，但仔细分析 18 所高校章程中关于学术委员会职权的条款，发现仅有北京大学等 4 所大学的学术委员会拥有直接决策权，且其决策事项也大多限于学术评价领域，与“评定”职权相重合。

4. 关系定位不清

多数大学章程中，虽然规定学术委员会是最高学术机构，但是学位评定委员会却不是学术委员会的下属机构，二者之间的关系不清。较典型的是北京师范大学章程，一方面将学术委员会规定为最高学术机构，但另一方面把学位评定委员会表述为学位相关事务的“最高权力机构”，在涉及学位事务时，这两个委员会同为“最高”，如何协调尚存疑问。

5. 程序衔接不严

根据各校章程，学术委员会负责审议、评定诸多学术事项，但这些事项应提交哪些部门，或以何种形式作出最终决策，大多数章程并未明确规定。按目前高校的领导体制来看，学术委员会审议、评定的最终意见应提交党委（常委会或全委会）或校长办公会最终审定，例如北京大学的章程规定校长、院长要“尊重和维护学术委员会的地位，支持其履行职权，保障其决议的执行”。但在大多数章程中党委、校长的相关条款并未明确由谁来负责决定学术委员会所提交的事项，由此可能导致学术组织和非学术组织之间的职能对接出现漏洞、办事程序不够严密，学术委员会的审议、评定结果去向和效力不明显。

三、政策建议

目前高校章程编制与核准已进入最后阶段，全国2000余所高校的章程都将在今年末核准完毕。在编制核准大学章程、完善内部学术治理这一关键任务上，高校和教育主管部门责任重大，需要上下联通，携手解决目前存在的问题。为此，笔者提出如下两个方面的政策建议：

第一，对高校而言，章程要坚持教授治学、追求双重合法、条款严谨可诉。

坚持教授治学，就是要构建一个独立运行、自主决策的学术治理体制。要实现两个层面的自主：大学学术发展相对于外部力量干预的自主，校内学术权力相对于行政权力的自主。要实现学术自由，最理想的举措莫过于坚持“教授治学”，只有教授和学者掌握了“治学权”，学术组织的功能和作用得到充分发挥，才能导正大学发展方向，扭转行政主导之下的“政绩取向”，使立德树人、穷究真理真正成为大学的核心功能和神圣使命。在章程的编制过程中应抱持渐进改良的原则，扩大教授“治学权”的广度和强度，为实现教授治学夯实制度土壤。

追求双重合法，就是要兼顾章程和学术治理相关规章的形式合法性和实质合法性。[①] 所谓形式合法性，是指章程中有关学术治理的条款要以法律为准绳，与我国现行法律体系相对接，将章程作为依法治校的制度根基。章程“有法可依”不是照搬法律条文，而是要参照法律精神，根据学校实际，设计具有针对性、实用性、前瞻性的条款。所谓实质合法性，是指学术治理的相关制度应当与学术共同体的价值标准和理想信念相一致，在章程中体现学术自由、教授治学的理念纲领，不应只停留在精神文化层面，更应固化为大学的典章制度。

条款严谨可诉，就是要行文逻辑严密、措辞简练精确，可作为行政诉讼依据和司法审查对象。大学章程核准之后，便具有了行政法的性质，大学作为独立法人，在行使自主权力的同时必然要承担相应的法律责任。目前涉及大学的法律纠纷，最常见的有三类：一是涉及科研经费问题的诉讼，二是涉及学位问题的诉讼，三是与学术诚信有关的诉讼。这些诉讼都涉及学术治理的科学性与规范性，若是章程相应条款不够严密，学术治理相关制度不够健全，则大学在这些诉讼中往往陷于口说无凭、无规可依的尴尬境地，因此败诉的案例并不鲜见。由此看来，确保章程条款的系统严密是十分必要的，但即便是在已通过核准的 84 所大学章程中，仍存在不少关键条款需在办学实践中以“试误”的方式加以完善，甚至还需通过修订章程以提高相关条款严密性。

第二，对各级教育主管部门而言，要指引宏观方向、把稳核准关卡、留出创新空间。

指引宏观方向。政府对高校刚性的行政管理很可能会越俎代庖，

---

① 陆俊杰：《论大学章程的形式合法性》，《现代教育管理》2009 年第 9 期；陆俊杰：《大学章程的实质合法性》，《中国高教研究》2010 年第 6 期。

重蹈行政化的覆辙，应当通过完善立法、严格执法，引导学校走上依法治校的轨道。目前与章程的编制和学术治理相关的法律规章主要包括《教育法》《高等教育法》和高校章程制定办法、学术委员会规程，这四部法律规章形塑了大学内部学术治理的基本框架。但在现行法律体系中，也存在着诸如学术委员会的"最高学术机构"概念不清、学术委员会的"最高"地位不够凸显等问题，迫切需要以教育部为主导推动高等教育法的修订，明确学术委员会作为大学最高学术权力机构的地位。在未来章程核准与修订的工作中，各级教育主管部门一方面要注意立法的系统性，清理现行教育法规体系中相互抵触的条款，避免学术委员会与学位评定委员会关系不清等情况的出现；另一方面也应当充分尊重高校在章程编制中的自主性，通过开展研讨交流、发布参考指导意见等形式引导大学章程编制工作。

把稳核准关卡。教育部对高校章程的核准既是章程生效的必经环节，也是修正章程错漏的最后一道关卡，因此尽管待核准的章程数量众多，但仍需各级主管部门把好最后一关，尽力避免章程生效之后仍需大改的情况发生，以确保章程的严肃性和稳定性。一是要合理设计核准程序，将学校自查、部门核查、专家审查三个环节紧密衔接，减少章程中犯错几率；二是要提高专家来源构成的科学性，不仅要聘请高等教育领域的专家学者，更要聘请熟悉法律事务的专业人员和熟悉政策方向的行政人员，集思广益，提高章程核准工作的权威性和科学性。

留出创新空间。创新就是要打破现有的制度束缚和思维定势，积累量变，实现质变，最终实现大学治理水平和效能效益的整体提升。在去除行政化弊病、建设现代大学制度的历史拐点上，迫切需要大学在章程编制和制度建设过程中不断推陈出新，根据自身情况实现自主革新。但创新同时又意味着挑战传统权力和既得利益群体，其中尤以各级教育主管部门的权力为代表。可以说，若不削弱和限制教育主管部门的行政特权，高校在制度建设中的自主创新便不可能发生，因此，教育主管部门应转变职能，简政放权，整理负面权力清单，取消对高校的不合理管制，为高校的制度创新留出空间。

我国大学与政府的法律关系：规范分析的范式*

2004年3月，国务院发布了《全面推进依法行政实施纲要》，提出要用十年左右的时间基本上实现建设法治政府的目标。对教育而言，就是实现教育管理的法治化，尤其是将高等教育管理完全纳入法治的轨道。[①]到2014年，《纲要》已实施十年，我们有必要重新审视、探讨这个问题。

作为现代国家治理的首要原则之一，"法治"强调的是社会和政府都要置身于法律框架之下，都要服从法律的权威，接受法律的约束。当前我国大学与政府之间关系的困境，不在于政府简单的权力收缩或下放的问题，而是在于政府与大学关系中权与责的合理、准确界定。这些界定应当是通过法律规范来实现的，要求政府和大学必须共同遵守。因此，新的高等教育管理体制变革，应当坚持依法治国的理念，以法治作为准则来建立政府与大学关系模式。[②]

从法理学的角度看，政府与大学关系法治化研究的逻辑起点，在于理顺政府与大学的法律关系。而只有在特定的、具体的法律框架下准确分析二者之间法律关系的具体内容及其背后的法律理念和支配逻辑，才能根据法治精神及教育发展自身的规律，完善相关法律规范，最终实现高等教育管理体制的法治化和创新，从而推动我国高等教育健康有序发展。

---

* 原载《中国高教研究》2014年第10期，程接力为第一作者。

① 马怀德：《政府管理大学和大学自主管理的法治化思考》，《国家教育行政学院学报》2007年第11期。

② 董立均：《在法治原则下理顺政府与大学的关系》，《中国高等教育》2004年第11期。

一、法律关系规范分析的相关基础概念

作为法学上一个重要的概念，法律关系就是法律规范在调整人们行为过程中形成的权利义务的关系。[①] 德国著名法学家萨维尼认为，所有的具体法律关系就是通过规则而界定的人与人之间的联系。[②] 我国法学家对法律关系涵义所做的代表性的界定和认识主要有：(1)法律关系是由法律规范确认或调整的、基于主体特定行为而产生的、具有权利义务内容的社会关系[③]；(2)法律关系是法律规范在指引人们的社会行为、调整社会关系过程中所形成的人们之间的权利义务关系，是社会内容和法的形式的统一[④]；(3)法律关系是主体因为一定利益需要而在交往中形成的社会关系被纳入国家法律规范体系后所形成的以权利和义务为内容的社会关系[⑤]。

从上述不同的概念界定可以看出，尽管法学家们对"法律关系"这一概念的表述不尽相同，重点略有区分，但显然存在三个基本的共识点：(1)法律关系本质上是一种主体之间的特殊社会关系；(2)法律关系以法律规范为其形成、变更和消灭的依据；(3)法律关系以主体间的权利义务为主要内容。法学界通常认为法律关系包含三个基本构成要素，即法律关系的主体、客体和内容。[⑥] 法律关系的主体是指法律关系的参加者，即在法律关系中享有权利并承担义务的个人或组织，这是法律关系中的主导性因素，没有主体，法律关系就无从谈起。客体是指主体间权利、义务所指向的客观对象，包括物质形态的和非物质形态的，

---

① 《法学词典》编辑委员会编：《法学词典》，上海辞书出版社1985年版，第617页。

② [德]萨维尼著、朱虎译：《当代罗马法体系》，中国法制出版社2010年版，第258页。

③ 沈宗灵：《法理学》，高等教育出版社1994年版，第376页。

④ 张文显：《法学基本范畴研究》，中国政法大学出版社1993年版，第160页。

⑤ 谢阵、陈金剑：《法理学》，高等教育出版社2005年版，第236页。

⑥ 沈宗灵：《法理学》，高等教育出版社1994年版，第382—394页。

这是法律关系产生和存在的前提。法律关系的内容是指主体间权利义务的关系状态,是法律关系的核心。

法律关系根据不同的标准,可以有很多不同的分类:可以按照法律关系产生的方式不同划分为调整性法律关系与创设性法律关系;可以根据法律关系中主体的地位及其权利、义务的关系划分为纵向(隶属)法律关系与横向(平权)法律关系。而在通常的法律实践之中,使用最多的则是按照法律关系由以形成的法律部门(即按照法律关系表现的社会生活内容)进行的分类,一般包括宪法法律关系、行政法律关系、民事法律关系、刑事法律关系、劳动法律关系、经济法律关系、婚姻法律关系、诉讼法律关系等。①

法学理论界和法律实践界一般公认,严谨的法律关系规范分析应当以特定法律框架下的具体法律规范为依据,以权利、义务关系为核心,分别厘清实然和应然状态下的社会关系和社会事实,进而在需要而且可能的情况下为更加合理合法、公平高效地调整社会关系提出法律建议。

二、现行法律规范下我国大学与政府法律关系的性质定位

在我国现行的法律体系下,每个个人和组织都处在各种不同的社会关系中,也参加多种不同的法律关系。显然,大学和政府也是如此。作为法律主体,二者之间显然存在诸如民事法律关系、经济法律关系、行政法律关系、诉讼法律关系等各种不同的法律关系。但是这些法律关系的客体却是大不相同的,客体的不同自然也会引起具体权利、义务关系的不同。毋庸置疑,在当前语境下,我们讨论大学与政府关系的主要指向是高等教育及与高等教育直接密切相关的其他物质与非物质形态的对象。对照我国现行法律体系不难发现,关于这方面的法律主要涉及《中华人民共和国宪法》(1984)、《中华人民共和国教育法》(1995)、

---

① 张文显:《法学基本范畴研究》,中国政法大学出版社1993年版,第165—168页。

《中华人民共和国高等教育法》(1998)、《中华人民共和国学位条例》(1980)、《普通高等学校设置暂行条例》(1986)和《高等学校章程制定暂行办法》(2011)等。这里,除了《宪法》之外的其他法律法规都可以按照法律部门分类划入行政法范畴。[①] 而一般来说,由行政法调节的法律关系即称为行政法律关系。因此,既然大学与政府之间关于高等教育相关事宜的具体权利、义务关系由行政法调节,我们便可初步认定,大学与政府的法律关系主要是行政法律关系。

在行政法学上,行政法律关系通常可以被划分为内部行政法律关系和外部行政法律关系两大基本类型。内部行政法律关系是指主体双方均属于国家行政系统的行政法律关系,反映了国家自身的管理;外部行政法律关系是指其中一方主体不属于国家行政系统的行政法律关系,体现了国家对社会的管理。在外部行政法律关系中,属于国家行政系统的一方通常代表国家行使行政权力,称为"行政主体",而作为不属于国家行政系统的被管理者一方称为"行政相对人"。[②] 根据《教育法》第二十六条、二十八条、三十一条,《高等教育法》第二十七条、二十八条、三十条、三十一条,《中华人民共和国学位条例》第七条、第八条,《事业单位登记管理暂行条例》第二条以及《民办非企业单位登记管理暂行条例》第二条,结合当前相关社会关系和事实,我国的大学(无论是公立还是民办)都不属于国家行政系统,而只是事业单位法人或者民办非企业单位(民办非企业单位的法人属性在此暂不做讨论),并非像国家行政机关那样被《民法通则》第五十条确认为机关法人。即便认为大学行使的教育教学权是一种国家公权力,这种权力却也只是大学作为非行政机关得到的来源于法律法规的"授权"。我国行政法学一般认为,行政职权一般有"设定"和"授权"两种产生方式,前者用于行政机关,后者用于非行政机关。[③] 因此,可以进一步认定,我国大学与政府之间的主

---

① 张文显:《法理学》,高等教育出版社、北京大学出版社 1999 年版,第 132 页。

② 胡建淼:《行政法学》,法律出版社 2010 年版,第 19 页。

③ 同上书,第 70 页。

要法律关系是外部行政法律关系,至少已经在法律制度层面上区别于以往的内部权力关系模式,具有基本的外部性特征。

三、现行法律规范下我国大学与政府法律关系的具体内容

从法理学的角度说,任何法律关系中的当事人都处于权利与义务的纽带之中,都是权利与义务的结合体。权利和义务相互依存,“没有无义务的权力,也没有无权利的义务。”[①]这里还需要说明的是,从行政法学的角度说,在行政法律关系中,无论是行政主体还是行政相对人,他们都既具有行政法上的权利,又具有行政法上的义务。略有区别的是,权利在行政主体身上转化为行政职权和行政优益权,义务在行政主体身上转化为行政职责[②]。

根据《教育法》《高等教育法》以及相关法律法规的相关条款,我国政府在与大学的行政法律关系中主要具有以下四个方面的行政职权(此处暂不讨论行政优益权,因为它的实现与作为行政相对人无直接关系):(1)对大学的宏观领导权,主要包括执行法律规定的高等教育制度,制定发展规划,制定教育行政法规和规章,领导统筹协调高等教育发展,推进高等教育体制改革和高等教育教学改革,优化高等教育结构和资源配置,提高高等教育的质量和效益等;(2)对大学的行政管理权,主要包括审批学校的设立、分立、合并、终止、变更等其他重要事项,审批学校章程的制定和修改,任命校长,确定并分配招生计划、指导招生标准和程序、指导专业和课程的设置,规定大学年经费开支标准以及筹措的基本原则和办法等;(3)对大学教育教学质量的保障监督权,主要包括审批和撤销学校的学位授予权,评审认定或授权学校评审认定教师职务资格,监督和评估学校的办学水平、教育质量,监督学校经费的

① 张文显:《法理学》,高等教育出版社、北京大学出版社 1999 年版,第 146 页。

② 胡建森:《行政法学》,法律出版社 2010 年版,第 114 页。

使用和管理等;(4)行政处罚权,主要是依法对于违反教育行政法律法规的大学及其人员进行行政处罚。

我国政府在与大学的行政法律关系中主要负有以下两个方面的行政职责:(1)依法保障大学中的科学研究、文学艺术创作和其他文化活动的自由;(2)建立以财政拨款为主、其他多种渠道筹措高等教育经费为辅的体制,依法为大学提供相关税费优惠,确保学校办学经费的稳定和逐步增长。

同样根据上述法律法规,我国的大学在与政府的行政法律关系中主要享有如下权利:(1)根据社会需求、办学条件和国家核定的办学规模,制订招生方案,自主调节系科招生比例;(2)依法自主设置和调整学科、专业;(3)根据教学需要,自主制订教学计划、选编教材、组织实施教学活动;(4)自主开展科学研究、技术开发和社会服务;(5)依法自主开展与境外高等学校之间的科学技术文化交流与合作;(6)自主确定内部组织机构的设置和人员配备;(7)依法评聘教师和其他专业技术人员的职务,自主调整津贴及工资分配;(8)依法自主管理和使用所属经费,享受国家相关税费优惠;(9)依法颁发学业证书;(10)依法制定学校章程。

我国的大学在与政府的行政法律关系中主要负有如下义务:(1)贯彻落实国家高等教育方针、高等教育基本制度和政策;(2)贯彻落实高等学校基本管理制度(党委领导下的校长负责制、学术委员会制度、教职工代表大会制度);(3)执行国家相关标准,确保并不断提高教育教学质量;(4)信息公开,接受教育行政部门的监督及其组织的教育质量评估;(5)依法建立健全财务管理制度,并接受国家和社会的监督;(6)维护教职员工和受教育者的合法权益。

四、现行法律规范下我国大学与政府法律关系中存在的主要问题

1. 从行政主体的行政职权(权利)分析

根据现行法律法规,作为行政主体的政府总体上对大学具有广泛

的行政职权。如《教育法》第十四条规定,"国务院和地方人民政府根据分级管理、分工负责的原则,领导和管理教育工作……高等教育由国务院和省、自治区、直辖市人民政府管理。"《高等教育法》第十三条规定,"国务院统一领导和管理全国高等教育事业。省、自治区、直辖市人民政府统筹协调本行政区域内的高等教育事业,管理主要为地方培养人才和国务院授权管理的高等学校。"教育行政职权的这种概括性设定,缺乏一个明确的边界和限定条件,同时行政过程中又缺乏基本程序法的约束,导致自由裁量空间较大。当然,由于现代社会和现代教育发展变化的迅速性和复杂性以及行政实施的专业技术性等因素,法律往往难以对行政机关的职权作出具体而明确的设定,行政机关就必然需要拥有一定的自由裁量权,但这种设定也必须符合明确性和操作性的要求,不能太概括和抽象。显然,我国教育法律法规中对政府教育行政职权的设定概括性有余、具体明确性和可操作性不足,必然导致行政权力实际上仍可以全面而细致地干涉本该属于大学自主办学的事项,仍习惯于沿用计划经济的思维,把大学当作其下属的行政机构,通过行政手段进行资源配置,以行政命令和科层体制来实现对大学的管理,使大学难以根据自身特点和实际情况自主发展。

此外,相关法律还赋予了政府制定发布教育政策性规范文件的职权。但是一些部门和地方政府在出台政策性文件时,民主决策不到位,合法性审查不够,一些规定不符合法律精神,与上位法律法规存在冲突,不经意间侵蚀了法律赋予高校的办学自主权。

2.从行政主体的行政职责(义务)分析

如上文所述,根据现行法律法规,作为行政主体的政府总体上对大学主要负有两个方面的职责,即依法保障大学的学术自由和确保大学办学经费的稳定和逐步增长。

一方面,尽管传统的行政法观点认为行政主体和行政相对人之间本身就是不平等的地位关系,权利、义务也具有不对等性,但是现代行政法律关系已呈现出平权型发展趋势,越来越强调相对人和行政主体平等地拥有相当的权利，进行相对应的交往，进一步凸显出人的主体价值与行政过程的民主性。[①] 因此，对于拥有广泛行政职权的政府而言，仅仅负有这两项实体性职责显然是很不够的。根据现代大学的组织特性、教育教学规律和国际惯例，我国政府负有的实体性职责至少还应包括在各方面保障和尊重大学办学自主权的职责。另一方面，从行政法权利、义务平衡性的角度看，在行政实体法律关系中，行政机关可能需要享有更多的行政职权，而行政相对人需要负有更多的服从义务，但在行政程序法律关系中，行政机关却应该负有更多的程序性义务，而行政相对人应该享有更多的程序性权利，而不是行政机关在任何时候、任何法律规范中都只享有权利，行政相对人只承担义务。[②] 因此，在教育行政法律关系中，政府作为行政主体还应负有更多的程序性义务，如正确使用自由裁量权、不滥用职权的义务，正确适用法律法规的义务，遵守法定程序、防止程序违法的义务，遵循合理性原则、防止行政不当的义务等，而这些在目前的教育行政法律法规中应该说是缺失的，至少是不明确的。

此外，即便是现行法律已经规定政府对大学的两项行政职责，也还不够明确，在内容上过于概括和原则，更像是一种政策宣示，缺乏相应的具体的可操作的实质性内容，更缺乏义务履行的具体保障制度。如在教育经费的筹措、使用、管理和分配上，没有一个明确的法律规范，具体操作上往往仅依据政府有关部门发布的"通知"，具有较大的封闭性和随意性。

3. 从行政相对人的权利分析

当前学术界通常认为，《教育法》第二十八条和《高等教育法》第十一条、第三十一至三十八条中规定了大学享有办学自主权，包括按照章程自主管理、组织实施教育教学活动、聘任教师、管理使用本单位的设

---

① 华燕：《隶属到平权：现代行政法律关系的转型》，《江西社会科学》2012 年第 11 期。

② 王成栋：《行政法律关系基本理论问题研究》，《中国政法大学学报》2001 年第 6 期。

施和经费、拒绝任何组织和个人对教育教学活动的非法干涉等,但是这些权利只是大学作为民事主体而具有的权利,即高校的法人权利,并非作为行政相对人所具有的权利。[①] 这种观点有一定道理,但也不全对。因为从法理上说,外部行政法律关系中行政相对人的身份不可能是孤立存在的,必定同时具有民事主体(包括自然人或法人)的身份,享有相应的民事权利,而这些民事权利在行政法律关系中也有不受非法侵犯的权利。也就是说,行政相对人在行政法律关系中的权利应该包含其民事权利不受非法侵犯的权利。[②] 所以,此处的问题不在于大学作为行政相对人的权利的缺失,而在于法律没有明确规定如何保障高校办学自主权落到实处,这才是关键所在。究其原因,一方面,政府在高等教育上的行政职权被泛化和放大、行政职责被缩小或模糊化;法律在赋予高校各种"可以"的同时,却没有设定政府相应的"不得"。另一方面,我国教育法律法规中对政府作为行政主体的程序性义务缺少明确的规定。这两方面加在一起势必造成大学作为行政相对人的权利保障会被弱化。

同时,《教育法》和《高等教育法》等教育法律法规中还缺失对大学作为行政相对人的程序性权利的明确规定,包括行政参与权、行政监督权、提请行政复议和行政诉讼权、获得行政赔偿或补偿权。程序性权利对于在行政法律关系中处于相对弱势地位的行政相对人而言无疑具有非常重要的意义,尤其在我国当前高等教育管理领域更是如此。

4. 从行政相对人的义务分析

如前文所述,根据《教育法》和《高等教育法》等教育法律法规,我国大学作为行政相对人在与政府的法律关系中承担着遵守行政法律秩序、服从行政命令和协助行政管理等方面的诸多义务,尤其是实体性义

---

① 祁占勇:《解构与重构:我国公立高校与政府的行政法律关系》,《高等教育研究》2005年第10期。

② 胡建淼:《行政法学》,法律出版社2010年版,第100页。

务。这当然首先是行政法律关系中主体间权利义务不对等性的固有特点使然，但也不可否认，在我国现行行政法律环境中，政府作为行政主体拥有非常广泛的职权，具有较大概括性和自由裁量权，这又在很大程度上加剧了这种不对等性，从而还可能会对作为行政相对人的大学强加很多潜在于法律明文规定之外的非法定义务。

5.从法律背后的理念和支配逻辑分析

综上可以看出，当前我国教育行政法律法规背后的理念和支配逻辑是行政法理论上的“管理论”。这种“管理论”来自于早期德法等大陆法系国家以及苏联和东欧各国一些行政法学者的相关理论探讨，其核心观点可概括表述为“行政法作为一个概念范畴就是管理法，更确切地说就是国家管理法”，行政法的调整对象是国家管理关系。“管理论”是从管理层面来概括行政法的，在“管理论”者看来，行政法是国家进行行政管理的一种手段，目的在于保障国家行政管理的有效性和合法性。这种理论认为，行政主体与行政相对人之间是一种支配与服从的关系，强调二者法律地位不平等和权利义务的不对等，强调维护行政特权，“命令—服从”是行政行为的基本模式，缺乏对行政相对人权利的重视和保护。[①]

随着20世纪70年代以来“新公共管理”和“新制度主义”思潮在西方世界的兴起和全球化传播，行政服务理念已经成为一种时代精神，即政府行政管理应以公共服务为理念进行重塑，要打破传统管理模式，突出行政的服务理念与功能，在真正意义上变行政规则为服务规则，更好地扮演普遍利益保障者的角色。显然，面对时代的发展、进步与变革，以强调行政权力优越性为特征的传统“管理论”已经难以适应时代的需要。

而由于与苏联在政治、经济、社会、文化制度等多方面的相似性，我国行政法的立法理念在很大程度上也受到了这种理论的指导和影响，

---

① 沈岿：《行政法理论基础回眸——一个整体观的变迁》，《中国政法大学学报》2008年第6期。

尤其是在20世纪80年代中期以前。虽然随着我国社会政治经济改革的进程,这种影响在逐渐减弱,但却依然存在,有时还很明显,尤其是在教育领域。因此,伴随着我国政府职能转变的改革,教育行政法律法规体系也必然需要从理念上开始进行调整、修订和完善。

五、我国大学与政府行政法律关系的调适——基于行政法理和大学自主权的讨论

高等教育法律体系是高等教育制度的一个重要组成部分,深刻而具体地影响着高等教育事业的发展。针对政府与大学之间行政法律关系存在的问题,笔者认为,我们应以建立中国特色现代大学制度为目标,转变和更新教育行政法治理念,调整和丰富行政管理的方式,强调和凸显行政程序的价值,对政府与大学之间的行政法律关系进行必要的深层次调适。

1.转变和更新行政法治的理念

行政法律制度与其背后的理念之间具有密切的深层联系,当背后的理念发生改变后,具体的行政法律制度迟早也会被新的制度所修改或取代。传统行政法以"管理论"和"控权论"为基础,从"主体视角"与以"行政权为核心"来构建行政法律制度体系,要么倒向片面地保护行政权,要么倒向片面地控制行政权。现代行政法制建设应以"平衡论"为指导,着眼行政主体与行政相对人之间的关系,在维护监督行政主体依法行政与保护行政相对人合法权益之间谋求一种平衡,通过对行政主体与行政相对人双方的有效激励和制约,形成行政主体与相对人权利义务在总体结构上的对等、对话与对抗机制,从而协调各方利益,确保社会持续、稳定地发展。①

---

① 罗豪才、宋功德:《行政法的失衡与平衡》,《中国法学》2001年第2期。

随着社会主义法治建设的推进，“平衡论”已逐渐成为我国行政法学界的主流理论。以此为指导，高等教育法律法规修订的首要内容就是构建大学与政府间权利（权力）关系的平衡机制，确保大学自主办学与政府规范之间的均衡。一方面，大学办学自主权是高等教育领域中最重要的一项制度，是大学存在和发展的基石。在修订后的教育法律法规体系中，要明确大学独立的法律地位（不仅限于民法层面），进一步扩大和落实大学的办学自主权，明确自主权的具体内容和保障机制，从而使大学能真正在合理限度内自主地处理内部事务。另一方面，立足于“有限管理者”和“大学服务者”的角色定位，明确和增强政府的行政调控权（主要包括立法、规划、拨款和监督），严格按照《行政许可法》的规定，限定政府的教育行政审批权。此外，因为行政权对行政相对人权利的侵害，极易在两者界限模糊的状态下发生，有必要对双方权利都进行显性定界，即法律应对各项权利（权力）尽量以列举的方式使之明确具体而非抽象概括，而且在权利设置时，要考虑对应义务的设置，真正形成积极有力的制衡。[①]

2. 调整和丰富行政管理的方式

传统行政法基本上以强制性行政为主要管理方式，行政法的实践表明，“命令—服从”模式存在较大弊端，不仅缺乏应有的民主性，还可能因行政相对人的有形或无形的抵制而降低功效。相形之下，非强制性的指导性行政有助于缓解和改善行政主体与相对人之间的紧张关系，通过提高相对人行政参与程度和范围的方式实现行政目标。[②] 因此，行政机关应该转变以强制性为主的管理方式，从单一的行政强制性手段逐步转向综合多维的选择性手段，尽可能从直接管控转向间接调控，尽可能多地依法实施一些权力色彩较淡的非强制性的指导性行政

---

① 祁占勇、陈鹏：《转型期政府与高校的行政法律关系及其权限边界》，《中国高教研究》2009 年第 6 期。

② 罗豪才、宋功德：《行政法的失衡与平衡》，《中国法学》2001 年第 2 期。

行为,这是现代行政法律制度发展的一个重要趋势。

以我国高等教育质量评估为例。之前的评估方式是教育行政部门制定并发布一个统一的质量标准,其中全面而具体地规定了大学如何做才能达到评价标准。这些标准在执行中是带有很大刚性和强制力的,而由于各个大学办学特点和实际情况不同,往往很难完全遵照执行,不仅引起很多大学的抵触,而且也在很大程度上影响了评估目标的达成。最新的教学质量评估显然注意到了之前的问题,于是改变了以往的思路,采取自下而上的做法,即在一个基本的框架下由各学校自主提交质量报告,以展示和证明自身的教育教学水平。这种方式显然具有更大的非强制性和指导性,既能调动学校参与评估的主动性,又能有效引导学校走特色发展之路,积极建立自身内部质量保障体系,能更好地实现政府评估的目标。同时,政府也开始鼓励和扶持社会第三方专业机构参与大学质量评估,这也是调整行政管理方式的一个重要体现,即从政府的“硬管制”转向社会中介组织的“软管制”。①

3.强调和凸显行政程序的价值

根据平衡论的观点,行政程序不是用来强化行政权的,而主要是用来规范和制约行政权的,这便是行政程序法的独立价值。世界法治发展史表明,法律程序划分是人治和法治的分水岭,是防止权力滥用的有效屏障。而在我国,重实体、轻程序是行政法律制度的传统,这影响和制约了法律制度的健全和完善。具体到高等教育管理领域,理论和实践都表明,仅仅依靠实体法根本无法构建政府和大学之间关系的良好运行。

推进高等教育法治化,保障大学自治,必须借助具有自身独立价值的程序,建立和完善体现正义理念的程序制度。为此,我们必须牢固树立依据法定程序行政的观念,坚守公正、公开、公平、理性和参与等价

---

① 郭为禄:《张力与平衡:高校与政府法律关系的构建》,《江苏高教》2008年第3期。

值，在教育行政法律体系中加强行政程序法律制度的建设，建立健全教育行政公开制度、说明理由制度、告知制度、听证制度、行政复议制度和行政诉讼制度等。因为行政程序对行政主体而言意味着义务，只有作为行政主体的政府承担更多的程序性义务，行政相对人（大学）的包括大学办学自主权在内的各项权利不受侵犯才能得到更多保障，而且，即便权利受到侵犯，行政相对人也可以根据完善的程序设计启动相应的权利救济机制，以保障其充分享有各项法定权利。[①]

近年来，随着我国行政管理体制改革和高等教育法治建设的不断发展，政府与大学的关系正在逐步改善。政府在很多方面开始树立管理与保护并重、监督与服务共生的理念，开始从原来举办者、管理者和监督者的角色向组织者、协调者和服务者的角色转变。这无疑为进一步从深层次上理顺政府与大学之间的行政法律关系提供了很好契机，但仍需要继续深入实践依法行政、依法治教的思路，以建立现代大学制度为目标，以现代行政法治理念为指导，推进高等教育法律法规的修订与完善，积极巩固和发展已有成果，深化高等教育管理体制改革。

---

① 程样国、刘春滚、陈威：《政府与公立高校行政法律关系中存在的问题及其调适》，《江西社会科学》2011年第10期。

论日本竞争性经费配置机制对我国创新科研管理的启示*

竞争性科研经费一般是指科研项目、科研奖项、奖学金和其他以竞争性的方式提供给研究人员个体、研究团队或单位的经费。① 竞争性科研经费配置是当前各国普遍采用的科研经费配置手段,有其独特的社会背景。一是经济全球化和教育国际化加剧了各国对全球科研竞争力的关注。各国政府纷纷调整科研政策,改变科研经费配置机制,以基于科研质量的经费配置机制吸引、培养和稳定最优秀的科研人员,提高科研国际竞争力。竞争性科研经费配置成为各国政策调整的重要手段之一。② 二是科研系统本身面临日趋激烈的竞争环境。随着科学研究在国家建设中地位和作用的提升,科研活动对外部资源的竞争进一步加剧了科研系统与外部环境的张力。竞争的资源既包括无形资源,如科研价值观和理念,也包括有形资源,如科技人才和科研经费。政府更加倾向于以竞争的方式配置科研经费以促进科研绩效和科研创新。三是越来越多的研究证实竞争性经费配置机制具有正向性。近年来有愈来愈多的国家将竞争性科研经费分配模式引进高等教育系统,这种模式将政府的资助与机构的产出或结果加以联结。③ 研究表明,基于绩

---

* 原载《高校教育管理》2016 年第 3 期,夏欢欢为第一作者。

① H. Horta, J. Huisman, & Heitor M. Does, "Competitive Research Funding Encourage Diversity in Higher Education?" *Science and Public Policy*, 2008, 35(3): 146-158.

② OECD, *Promoting Research Excellence: New Approaches to Funding*. Paris: OECD Publishing, 2014, p. 20.

③ 刘秀曦:《台湾高等教育质量保证与竞争性经费之联结》,《中国高等教育评论》2010 年第 1 期。

效的竞争性科研资源分配机制对大学和科研机构具有正向激励作用,[①]科学论著的产出与竞争性的激励存在正相关关系[②]。研究还证实,基于竞争性科研经费配置的项目更加关注基础研究[③],公共经费以竞争性经费形式配置,是少有的能确保高等教育多元化发展的可持续性政策之一[④]。在此背景下,我们将通过对日本竞争性科研经费配置机制的研究,对比分析我国竞争性科研经费配置主体、运行机制和管理模式,揭示我国竞争性经费配置机制存在的问题,并提出相应的政策建议。

一、日本的竞争性经费配置机制

1. 日本竞争性科研经费概况

日本的研究经费按来源主要分为竞争性科研经费和国家分配给各独立行政机构的经费,按支持项目的性质可分为国家课题对应型研究和以求知为导向的研究[⑤],具体包括五大类:科学研究费助成事业(科研费)、战略研究项目、研究成果拓展项目、国际科技合作研究推广项目、国家课题对应型研究推进项目[⑥]。竞争性科研经费支持从自然科

---

① United States General Accounting Office, *Performance Budgeting, Past Initiatives Offer Insights for GPRA (Government Performance and Results Act) Implementation*. Washington: United States General Accounting Office, 1997:45.

② O. Auranen & M. Nieminen, "University Research Funding and Publication Performance: An International Comparison", *Research Policy*, 2010, 39, 6: 822-834.

③ K. D. Rubenstein, P. W. Heisey, & C. K. Ingram, et al., "Competitive Grants and the Funding of Agricultural Research in the United States", *Review of Agricultural Economics*, 2003, 25: 352-368.

④ H. Horta, J. Huisman, & Heitor M. Does, "Competitive Research Funding Encourage Diversity in Higher Education?: *Science and Public Policy*, 2008, 35(3): 146-158.

⑤ 研究事業部, Annual Report of Japan Society for the Promotion of Science(2010—2011),東京都:日本学術振興会,2011:4.

⑥ 学術研究助成課、研究助成第一課、研究助成第二課:《科研費:新たな知の創造世界をリードする知的資産の形成と継承のために》,東京都:文部科学省、独立行政法人日本学術振兴会,2014年6月。

学到人文社会科学的所有学科,尤其对基础研究的资助力度较大。

科研费是面向全国公开募集科研项目,研究者可以以个人或团队名义提出申请,经审查通过的项目参照不同的项目类别获得数额不等的年度科研费补助金资助,项目类别主要分为七类:一是特别推进研究,指具有较高国际声誉和评价的研究;二是新的学术领域研究,指为提高日本学术水平、拓展新的研究领域,以共同研究或培养研究人才的方式,开展新研究领域的研究;三是基础研究,指个人或较少人数的研究人员进行的独创性、先驱性研究,细分为 S、A、B、C 四类(图 1)①;四是挑战性、探索性研究,指基于独创的构思,挑战较高的设定目标的探

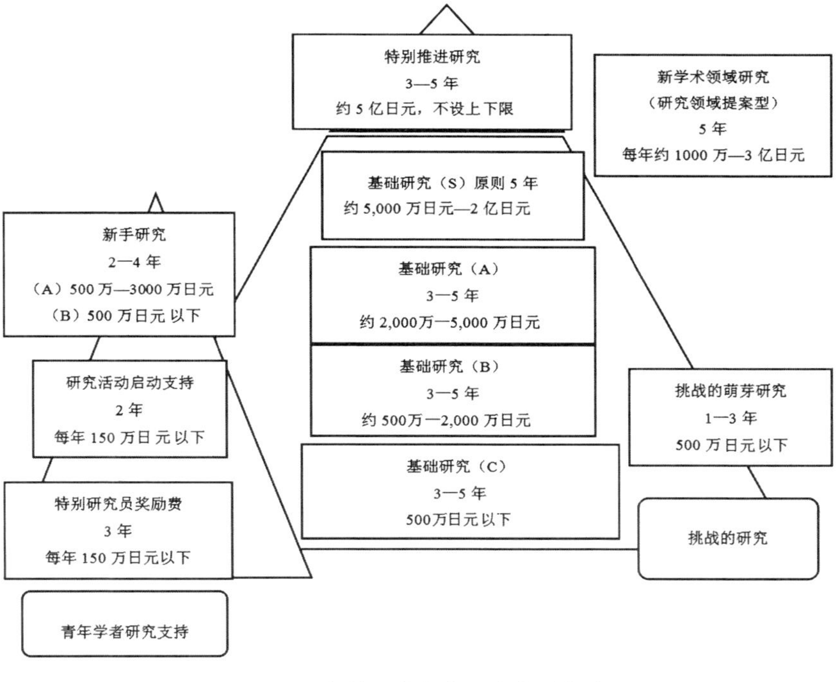

图 1 日本科研费各类研究类别构成

---

① 学術研究助成課、研究助成第一課、研究助成第二課:《科研費:新たな知の創造世界をリードする知的資産の形成と継承のために》,東京都:文部科学省、独立行政法人日本学術振兴会,2014 年 7 月。

索性研究；五是青年学者研究，指39岁以下青年学者独立开展的研究，分为A、B两类；六是研究活动启动支持，指研究机构聘用的研究人员，或结束产假重回工作的女性研究人员个人进行的研究；七是奖励研究，指教育机构、研究机构和企业职员之外的人员个人进行的研究[①]。总体而言，日本的科研费是由青年学者研究资助、基础研究和特别推进研究、新学术领域研究和挑战性研究三大类构成。

2. 日本竞争性科研经费的配置机制

日本竞争性科研经费的配置主要通过跨部门研发管理系统完成。跨部门研发管理系统"府省共通研究開発管理システム"(the Cross-ministerial R&D Management System，e-Rad)由文部科学省牵头，其它相关部门包括内阁府、总务省、文部科学省、厚生劳动省、农林水产省、经济产业省、国土交通省、环境省。[②] 在配置竞争性科研经费的过程中，跨部门研发管理系统的服务对象主要包括三类：一是科学与技术政策委员会(Council for S&T Policy，CSTS)，这是日本内阁政府下属的专门负责全国性科研政策分析的部门，利用跨部门研发管理系统提供的信息，开展全国研发活动拨款政策分析，并统筹协调全国研发活动政策；二是日本的政府部门和拨款机构，它主要包括各部委及两个拨款机构——独立行政法人日本学术振兴会(Japan Society for the Promotion of Science，JSPS)和独立行政法人科学技术振兴机构(Japan Science and Technology Agency，JSTA)，政府部门和拨款机构通过监督跨部门研发管理系统提供的项目数据、研究者数据和机构数据，实现对现有的和待定的科研项目的监督，减少不合理的项目重叠和项目过度集

① 文部科学省：《平成26年度科研費(補助金分・基金分)の配分状況等について》[EB/OL]. (2015-07-07)[2015-11-02]. http://www.mext.go.jp/amenu/shinkou/hojyo/_icsFiles/afieldfile/2015/07/07/1352401_3.pdf.

② 大臣官房政策課、情報化推進室，研究振興局振興企画課等：《府省共通研究開発管理システム(e-Rad)の概要・移行について》[EB/OL]. (2012-11-26)[2015-11-02]. http://www.research-fund.sec.tsukuba.ac.jp/e-rad/e-rad201302/e-radhp/e-rad01.pdf.

中现象；三是研究机构，包括国立大学、公立大学、私立大学、独立法人研究机构和地方政府等，它们通过跨部门研发管理系统提供的信息管理科研，研究人员通过在线申请项目，较为便捷地找到资助机会，减少研究机构和研究人员的负担。① 科研经费通过计算机操作分配给研究人员和研究机构，研究人员和研究机构通过跨部门研发管理系统发布成果信息。

3. 日本竞争性科研经费配置机制的特点

第一，实现了多部门的沟通和协作。日本的竞争性经费配置涉及多个部门，既包括拨款机构如文部科学省、独立行政法人日本学术振兴会和独立行政法人科学技术振兴机构，还包括其他政府部门如总务省、厚生劳动省、农林水产省、经济产业省、国土交通省、环境省等。从隶属关系而言，这些政府部门之间都是平行关系，为确保竞争性科研经费配置效益的最大化，日本构建了跨部门研发管理系统来协调和沟通各部门的研究活动，这个系统主要由文部科学省牵头，文部科学省下属的科研经费管理办公室（Office of Research Funding Administration，ORFA）负责具体工作。科学与技术政策委员会统筹各部门提交的发展重点，制定国家科研的重点方向和领域，并报送内阁府审核。政府各部门可通过跨部门研发管理系统实现部门之间的信息共享，加强彼此之间的沟通和协作，拨款机构亦能有效得知各部门现有的研究项目，确保科研经费配置效益最大化。

第二，体现了对科研和学术创新的鼓励。如前所述，日本竞争性科研经费主要用于国家课题对应型研究和以求知为导向的研究经费，其中科研费主要是用于以求知为导向的研究经费。与由政府各部门自行设立、旨在支持为实现规定的目标而公开招募的以使命为导向的研究不同，以求知为导向的研究主要基于学者的研究创新和研究自由，鼓励

① 文部科学省大臣官房政策課情報化推進室：《府省共同研究開発管理システム（e-Rad）について》，《大学資料》55—58，2008 年。

研究者以问题为导向，创造性地开展研究。其资助筛选标准主要是考察研究的挑战性（基于研究者的研究能力和知识构成，挑战新的知识）、综合性（开拓新的知识时重视学术研究的多样性，以传统体系化学科分类为前提，进行学科细分化和统合研究）、融合性（基于研究者自发的创造性，与国内不同学科领域研究者协作，从而产生新的学科领域）和国际性（无论是自然科学还是人文社会科学，在世界学术领域通过探讨和验证，使其具有相对通用的优越性，并形成新的研究框架，对世界研究有所贡献）。[①] 以求知为导向的研究资助的基本原则是确保研究的多样性和自由性。

第三，有效避免竞争性科研经费配置的不合理现象。在日本的竞争性科研经费和项目研究经费配置过程中，曾存在不合理的重叠现象，如竞争性经费过多地重复分配给某一学者主导的同一研究主题，或存在科研经费过度集中的现象，如科研经费在研究周期内分配给某一学者或某一研究团队的科研经费超过一定额度，研究经费不能高效使用，存量资金有待激活。为有效避免竞争性科研经费的不合理重复和过度集中，跨部门研发管理系统记录了各政府部门竞争性科研经费项目的具体信息，包括研究人员姓名、所属机关、研究主题、研究概要、研究期限、预算数额等内容，在对研究申请进行资助时能有效避免科研经费的不合理重复和过度集中，一旦发现不合理的研究复制和研究经费过度集中，新的研究计划将不被采纳，且研究预算将被取消或减少。

第四，体现了竞争性科研经费配置的透明度和公正性。在日本的竞争性经费配置过程中，跨部门研发管理系统确保了竞争性经费配置的透明度。跨部门研发管理系统是一个在线管理科研及数据库系统，数据库系统涵盖项目数据、研究者数据和机构数据，使用者不仅包括经

---

① 学術研究助成課、研究助成第一課、研究助成第二課：《科研費：新たな知の創造世界をリードする知的資産の形成と継承のために》，東京都：文部科学省、独立行政法人日本学術振兴会，2014 年 3 月。

费配置部门的人员，还包括申请研究项目的研究者，以及研究机构或大学的办事人员、项目主管、项目办公室和评估者等等。在竞争性经费配置过程中，项目申请的相关信息或被选中的项目都会通过跨部门研发管理系统提供给拨款机构和政府各部门。通过基本的科研项目信息的共享，研究题目、研究人员的姓名、研究周期以及资助经费总数等将被统一汇总在同一系统中，避免经费资助过程中的信息不对称和"暗箱操作"，确保了竞争性科研经费配置的透明度。

二、我国竞争性科研经费的配置机制及其现存问题

1. 我国竞争性科研经费配置和管理机制

政府直接拨款和基金项目是我国当前科研经费配置的两种主要方式。政府直接拨款又分为经常性科研经费拨款和专项科研经费拨款：经常性科研经费拨款主要是一种非竞争性资助方式，专项科研经费拨款和基金项目主要是基于质量评价和同行评议的基础上的竞争性资助方式。① 从科研主体（主要指高校）所获得的竞争性科研经费类别来看，我国的竞争性科研经费又主要包括面向研究者、面向学科和面向学校三类。② 面向研究者的竞争性科研经费投入是指国家以项目的形式向研究者提供的科研经费，如国家自然科学基金项目、国家社会科学基金项目（其中教育学、艺术学、军事学单列）以及国务院各相关部门设立的项目课题；面向学科的竞争性科研经费投入是指用于国家重点学科、教育部人文社科重点研究基地以及国家重点实验室的经费；面向学校的竞争性科研经费投入主要是指用于"985 工程"、"211 工程"与 2012 年教育部和财政部发布的高等学校创新能力提升计划实施方案（"2011

① 康小明:《中国政府对大学科研的资助体系研究》,教育科学出版社 2011 年版,第 9 页。

② 王建华:《竞争性与非竞争性——政府部门高教经费投入的一个分析框架》,《中国地质大学学报(社会科学版)》2010 年第 1 期。

计划”)等的经费。这里研究的主要是面向高校研究者的竞争性经费。

从经费配置主体而言,政府是当前我国竞争性科研经费的资助主体,且呈现多元化特征。从负责国家宏观经济运行的发改委,到科技行政主管部门的科技部,再到财政部、工信部、教育部、文化部、人社部等,从资助基础研究为主要职责的国家自然科学基金到负责国家社会科学基金的中共中央宣传部,竞争性经费资助主体多元,资助名目繁多。

从管理模式而言,我国的竞争性科研经费管理属于典型的分散型管理体制,全国人大是科研预算的最高决策机构,国务院是科研预算的最高行政领导机构。各个主管部门向财政部提交科研预算,财政部考虑国家的财力状况综合平衡各部门的需求后向最高决策层送审;预算下达后再由相应的主管部门负责分配和拨付;在具体的项目管理层面,由各个主管部门分别管理。

2.我国竞争性科研经费配置机制的现存问题

我国现行竞争性科研经费配置和管理机制为促进国家科学技术发展、服务国家经济社会建设做出了重要贡献,取得了显著成果,但同时也存在着明显的缺陷和不足。

第一,竞争性科研经费管理分散,缺乏有效统筹和沟通。在我国的财政预算管理格局下,科研经费主要由政府主管部门直接分配和拨付(以资助基础研究为主的国家自然科学基金及其他科学基金除外)。[①] 竞争性科研经费来源既包括国家自然科学基金委员会、科技部、哲学社会科学规划办公室,还包括其他具备一级预算资质的单位,如教育部、农业部和卫生部等。由于国务院下属各部门之间都是平行关系,既没有行政上的隶属关系,也没有业务上的依存关系[②],国家层面缺乏统一的统筹规划,相关部门常常出现重复研究的情况,如同一项目得到不同部门提供的政府经费资助。科研资助主体之间彼此分割,

① 康小明:《中国政府对大学科研的资助体系研究》,教育科学出版社2011年版,第9页。

② 康小明:《中国政府对大学科研的资助体系研究》,教育科学出版社2011年版,第3页。

各自为政，很难对科技投入有一个全面而整体的规划和设计。

第二，竞争性科研经费不利于学术创造和创新。竞争性科研经费除了资助研究者完成国家对应型课题外，还应鼓励研究者自由开展创新性、独创性研究。但竞争性科研经费配置机制在我国主要体现为满足政府对重大社会问题和现实问题的需求，科研项目的申请指南常常“具体而狭隘”，缺乏对研究者研究自主权的尊重。而学术研究是由具有独立人格和自由探索精神的学者出于好奇心完成的，不是单纯靠国家统一计划或是规划的方式来促进的。[①] 我国的竞争性经费资助的思维习惯的背后，是政府长期以来对科研管理的一种计划性思维，将政府的价值观、视角灌输给科研主体（高校），致使高校呈现一种新的学术漂移现象，即高校的内部科研结构和科研活动越来越政府化、行政化，研究者完成命题作文，研究缺乏自主权，研究者无法真正基于个人研究兴趣和优势开展科学研究。

第三，竞争性科研经费配置过程不透明，项目重复低效。我国竞争性经费配置和资助方式缺乏国家层面的统筹规划，也缺乏共同的信息平台，目前竞争性科研经费的配置主要由各个部门各自发布课题信息，各部门之间缺少沟通，各自为政；且我国很多政府部门有下属的大学和科研机构，很多时候，课题信息的发布和筛选是通过个人关系和单位关系发放，配置过程不透明，极易造成权力寻租和科研腐败。由于部门项目经费的申请、审核、批复由政府各部门分别管理，科研项目管理分散，所以低效和重复研究活动长期存在。此外，我国竞争性科研经费管理粗放，缺乏有效的全程化管理，普遍存在重项目申请、轻项目过程管理，重预算、轻决算，抓两头、放中间的情况，也是造成当前竞争性科研项目重复资助的重要原因之一。

第四，竞争性经费配置缺乏科学规范的科研评价体系。竞争性经

---

① 张斌：《我国学术共同体运行的现状、问题与变革路径》，《中国高教研究》2012 年第 11 期。

费配置的核心目标应是一方面鼓励我国研究者在相关领域开展基础性、前瞻性和探索性研究，促进我国学科发展；另一方面通过竞争性经费的资助，鼓励研究者成为具有公认影响力、有重大理论创新、对学科发展具有重要贡献的国际学者，提高我国科研国际影响力和竞争力。但我国现有的科研评价体系没有将具有世界共性和对学科本身发展作出基础性、原创性贡献放在首要地位，造成这一结果一方面是因为我国现有的竞争性经费配置政策导向问题，另一方面也是因为在科研评价体系中，我国学术共同体在组织层面、制度层面和精神层面有待进一步完善，尤其是守卫着学术评价的程序正义和学术资源的公平分配的同行评议制度。竞争性经费配置需要由学术共同体构建专业的科研评价机构，基于同行评议制度和科学标准的科研质量评价体系，秉持公开、公正、透明的原则共同完成。

三、启示与借鉴

由于中日两国国情和经济社会发展水平不同，两国科研经费配置管理面临的问题及挑战也存在较大差异。分析、借鉴日本竞争性科研经费配置机制，尤其是汲取日本在确保国家研发投入投资效果的最大化、推动研究创新和研究效率、避免研究经费的不合理重复和过度集中、提高科研国际水平等方面的先进理念和成功经验，对改善我国的竞争性科研经费配置和管理具有重要的启示和借鉴意义。

1. 创新竞争性科研经费管理制度，以科研体制改革引领国家科技创新

为了应对全球化背景下日益加剧的经济竞争，依靠科技创新提升综合国力与核心竞争力，建立国家创新体系，走创新型国家之路，已经成为许多国家的共同选择。日本在践行“科技创新战略”过程中，充分发挥了科学与技术政策委员会、政府部门、拨款机构、研究机构及研究人员等的积极作用，科学与技术政策委员会负责统筹政府各部门的科

技规划和计划,凝练国家科技需求,制定国家整体性科研规划和战略,确保国家研发投入效果最大化,拨款机构、研究机构及研究人员履行各自职责,政府各部门彼此协作,在整个科研管理体制中发挥协调和平衡的作用。国家科技创新亦是我国当前的首要任务,相比日本的科研经费管理制度,我国当前的科研经费管理制度需进一步深化调整。首先,我国应从拨款机制方面加以改革,设立专业拨款机构,从根本上改善现有的各政府部门利益固化的现状。其次,我国应设立跨部门的信息共享平台,确保各政府部门间项目信息的共享,充分发挥政府在统筹全国科研政策和规划中的积极作用。最后,我国的竞争性科研经费配置还应确保项目资助权、筛选权和监督权分立,建立沟通协调和监督制约机制,沟通协调和监督制约机制既包括政府各部门之间,又包括专业拨款机构、学术共同体、研究人员和政府、社会公众之间的沟通协调和监督制约。当前我国竞争性科研经费的资助权、筛选权和监督权均在政府部门,今后,项目的资助权应交由专业拨款机构,筛选权应交由学术共同体,监督权则应交由研究人员、政府和社会公众。

2.优化科研创新支持机制,确保科研的多样性和自由性

资源的配置机制和使用在很大程度上决定决策的结果[①],日本在科研资源的配置过程中,将竞争性科研经费划分为国家课题对应型研究和以求知为导向的研究两大类别,并从资源配置机制上保证科研费主要用于资助以求知为导向的研究,尤其是对基础研究、新的研究领域和具有国际声誉的研究的支持。这一设计体现了日本政府在提高日本的学科创新、科研水平和国际竞争力方面的宏观战略引领作用,鼓励研究者开展探索性、独创性研究,调动研究者的研究激情和创新潜力。相比之下,我国的国家课题对应型研究在推动我国科技事业的快速发展、满足国家重大需求、提升整体科技实力方面具有积极作用,但新形势

① J. L. Bower & C. G. Gilbert, *From Resource Allocation to Strategy*, UK: Oxford University Press, 2006, p. 12.

下，继续沿用以国家课题对应型研究为主导的竞争性科研经费配置方式，弊端越来越凸显。首先，在当前政府部门作为资助主体、对竞争性科研经费配置起决定作用的情况下，国家课题对应型研究和以求知为导向的研究未细分，易造成以国家课题对应型研究替代以求知为导向的研究的状况，在国家课题对应型研究未覆盖的领域易形成研究凹地，不利于研究的多样性和整体水平的提高。其次，由于以求知为导向的研究普遍存在的耗时性和挑战性，越来越多的研究者倾向选择"短、平、快"的国家课题对应型研究，从而使以求知为导向的研究被边缘化，不利于科研创新和发展，也不利于调动研究者的积极性和创新潜力，更不利于国家整体科研竞争力的提升。因此，我国在今后的竞争性经费配置过程中，应加大对以求知为导向的研究的支持，鼓励研究者自由探索研究，以填补国家课题对应型研究尚未覆盖的空白领域，不断提高我国的科研创新和国际引领能力。

3. 搭建跨部门科研公共信息平台，确保经费配置透明、公开、规范化

我国的科研财政投入体制存在明显的条块分割和部门利益特征，有限的竞争性科研经费被分散在数十个国家部委机构中，在与这些部委机构下属的科研机构研究者同台竞争时，很多项目以委托课题的形式配置，其他研究者很难得到公正的待遇，从而使得本该属于竞争性科研经费的科研资源被垄断在特定部门之内，真正拥有研究实力的研究者很难通过公平竞争获得应有的资助。[①] 为避免竞争性科研经费配置的条块分割、不合理重复和过度集中，我国现有的课题立项已有相应的限定，如全国社会科学基金关于"避免一题多报、交叉申请和重复立项，确保申请人有足够的时间和精力从事课题研究"的规定，以及国家自然科学基金公布的限项申请规定。这些规定在某种程度上解决了各个基金内部的经费配置和使用中的不合理现象，但部门之间的条块分割和不合理重复及

① 康小明：《中国政府对大学科研的资助体系研究》，教育科学出版社 2011 年版，第 3 页。

过度集中问题，仍是当前科研经费管理的灰色领域。不仅如此，现有的各类规定更多地仅停留在提出要求的阶段，对于如何有效避免条块分割和不合理重复及过度集中问题，由于缺乏信息支撑，没有实际的操作办法，也缺乏有效监督方法和惩罚措施。对此，我国可以借鉴日本竞争性科研经费配置的举措，建设跨部门科研公共信息平台，建立公开、透明、规范的项目遴选机制，将竞争性科研经费的申请、审核、批复放在统一公开平台上进行，实现跨部门信息共享，公开招标、立项、资助、结题、经费使用情况等信息，接受相关利益群体和社会的公共监督，从而有效避免科研经费资源分散、避免学术腐败、低水平重复，提高科研经费配置效率。

4.强化学术共同体建设，建立公开、公平、公正的科研评价机制

日本2015年推出了新的科研经费管理政策和科研评价制度。此前，日本竞争性经费的评审一般由同行评议决定，但政府资助项目则主要是由政府监管，新政策将政府提供的科研经费和竞争性经费均放到跨部门研发管理系统平台进行统一运作，所有的项目均采用同行评议的办法进行评估，行政干预退出科研评价体系。我国的竞争性科研经费配置除了在项目经费的申请、审核和批复过程中缺乏有效信息公开外，还存在行政权力、社会关系等外部力量干涉甚至包办科研，导致科研经费分配过程中“权力取向”胜于“能力取向”，有限的科研资源向有权力、有地位、有资历的少数学者集中，出现项目申请的马太效应①，部分学术创新能力突出的研究者难以获得资助，类似权力寻租、学术垄断等行为严重影响竞争性科研经费的分配。为有效推进我国现有的科研评价实践，我国应在搭建跨部门科研信息平台的基础上，加强学术共同体建设，建立健全各领域的评审专家个人信息库，建立科学的科研评价标准，完善同行评议制度，减少科研评价中行政干预，建立公开、公平、公正的科研评价机制，不断提高我国的科研质量和国际竞争力。

---

① 洪煜：《中国普通高校学术资源配置现状与内在机制的实证研究》，北京师范大学教育学部2013年博士论文，第30页。

独立学院发展再审视*

伴随我国高等教育大众化进程应运而生的独立学院，走过了20年的发展历程，取得了显著成就。独立学院的诞生和发展，弥补了高等教育公共财政的不足，加速了高等教育大众化进程，促进了人才培养规格的多样化，培养了大批应用型人才，探索了办学体制改革的新方式，促进了高等教育结构的优化。目前，我国有独立学院265所，占普通高等学校总数的10.1%，民办高等学校的35.5%；占本科院校总数的21.3%，民办本科院校的63.6%。[①] 独立学院已成为我国高等教育事业的重要组成部分和民办本科教育的主要力量。进入新时代，明所从来、察之即在、知其将往，积极推进独立学院的健康可持续发展，已经成为我国高等教育发展进程中十分紧迫的重大现实问题。

一、独立学院发展的历史沿革与现状分析

1. 已有研究基础

20年来，相关研究从各层面对独立学院发展中的重要理论与现实问题展开了较为全面的探索。

在内涵及属性方面，有学者认为，独立学院是公立高校与其他生产要素所有者，为生产相互同意的教育服务而把自身资源组合到一起，并根据约定按投入比例分享实际收益的一种合约的产物。[②] 有学者认

---

* 原载《教育研究》2019年第4期。

① 中华人民共和国教育部：《高等教育学校（机构）数》[EB/OL]. http://www.moe.gov.cn/s78/A03/moe_560/jytjsj_2017/qg/201808/t20180808_344686.html.

② 朱军文：《新制独立学院概念及其本质特征：基于产权的分析》，《复旦教育论坛》2004年第5期。

为，独立学院是从早期的“二级学院”演变而来的，发展中必须坚持国家“优、独、民”的方针，并在发展中逐步走向规范，只有独立学院取得了办学资金自由、获得了学士学位授予权、民办高教立法比较完备、公办大学退出机制成熟时，独立学院才能真正独立办学。[①] 还有学者反思独立学院的属性及相关问题，认为独立学院的主体构成不同，应区分其主要行为特征是营利性还是非营利性而区别对待。[②]

在宏观发展战略方面，较多学者认为，独立学院应坚持应用型、服务区域经济社会发展的目标定位。[③] 同时，其发展会有一个完善和成熟的过程，促进独立学院的快速发展，应不断完善相关制度机制，强化规范管理，注重提高质量，推进改革创新，促使独立学院实现真正的独立。[④]

在现存难题及对策方面，不少学者认为独立学院发展存在着办学有待规范、办学条件有待改善、办学定位有待明确、办学同质化突出、经费使用效益有待提高、内部治理尚需加强、教学工作仍需加强、师资水平不高、产权归属有待明确、优惠政策有待完善、人才培养模式亟待改革等难题，因此，要不断强化相关制度建设，完善内部治理机制，加强经费使用监管，强化教师队伍建设，深化人才培养模式改革，建立健全学校内部教学质量保障机制等。[⑤]

在制度建设方面，有学者认为，从改善独立学院生存发展的制度环境、加强独立学院自身制度建设两方面着手，对不同办学形式的独立学

---

① 冯向东：《独立学院“独立”之辨》，《复旦教育论坛》2006 年第 1 期。

② 秦惠民、王大泉：《关于“独立学院”属性及其相关问题的思考》，《中国高教研究》2005 年第 4 期。

③ 李庆军：《关于独立学院办学定位的思考》，《江苏高教》2006 年第 1 期；许为民：《论独立学院的三个定位》，《中国高教研究》2006 年第 8 期。

④ 潘懋元、吴玫：《独立学院的兴起及前景探析》，《中国高等教育》2004 年第 Z2 期；沈勇：《应用技术大学：独立学院转型定位的战略选择和实施路径》，《江苏高教》2013 年第 6 期。

⑤ 刘凤泰：《从专项检查看独立学院的生成与发展》，《中国高等教育》2005 年第 17 期；樊哲等：《独立学院发展的现状研究与对策建议——我国民办高等教育改革与发展探析（二）》，《中国高等教育》2011 年第 Z1 期；季诚钧等：《独立学院办学现状、困境与对策思考》，《教育发展研究》2009 年第 22 期。

院要采取不同的措施，坚持尊重历史，加强监管，加大支持，促进独立学院的多元、规范、创新发展①；有学者认为，要明确独立学院的法律身份，处理好独立学院内部产权关系，规范独立学院办学协议等法定文件，建立相应的资产评估制度，通过构造产权主体、优化产权结构、谨慎分割产权等策略，明确独立学院产权。②

在人才培养模式方面，有学者认为，独立学院应大胆推进改革创新，努力探索和实施应用型人才培养模式，应围绕高素质应用型创新人才培养目标，坚持宽口径、多方向、复合型的要求，注重基础教学，加强实践环节，实施个性化培养。③ 有学者认为，健全人才培养质量保障体系，要以"高素质、应用型"为目标、以就业为导向，明确人才培养质量目标，以"民、独、优"为指导整合教学资源，以重实践、强能力为内容推进教学工作，以隐性文化为中介进行校园文化建设，以促进个性发展为宗旨建立质量评价体系。④

总的来看，相关研究对独立学院的内涵与属性、宏观发展战略、现存难题及对策、制度建设、人才培养模式等关键问题进行了较为系统的探讨，为深入探索奠定了文献基础。同时，已有研究对独立学院历史沿革及其特点未见分析，对独立学院发展的政策瓶颈及针对性建议较少。基于此，本文进一步对独立学院的发展历史及现状特点、突出问题及成因、政策调整建议等试作分析。

2. 独立学院发展的历史沿革

从发展历程和政策文件梳理的视角看，我国独立学院的发展可以

---

① 阙明坤等：《我国独立学院三大区域发展模式及政策规制》，《教育发展研究》2018年第23期。

② 郭丽君：《独立学院产权制度的分析》，《高教探索》2007年第3期；万卫：《论我国独立学院产权政策的调整》，《江苏高教》2014年第5期。

③ 斯荣喜等：《独立学院应用型创新人才培养模式探索》，《高等工程教育研究》2005年第1期；戴林富、游俊：《创新独立学院人才培养模式刍议》，《中国高教研究》2006年第1期；袁剑波：《独立学院应用型人才培养模式创新与实践》，《高等工程教育研究》2011年第2期。

④ 朱健、刘巨钦：《构建独立学院人才培养质量保障系统》，《中国高等教育》2011年第10期。

划分为三个阶段。

第一阶段，探索创新阶段（1998—2003 年）。1998 年，国家作出扩大高等教育招生规模的决策，一定程度上缓解了民众对接受高等教育的渴求，同时也面临着高等教育资源供给与投入不足的问题。江苏、浙江等经济发达地区率先开始探索和试办独立学院，主要特征是以二级学院形式，借助社会资本，依靠母体高校的品牌、校舍、设备、师资与优势专业办学，发展态势迅猛，成为当时各类高等教育机构中发展最快的办学形式之一。

第二阶段，规范发展阶段（2003—2008 年）。以 2003 年教育部颁发的《关于规范并加强普通高校以新的机制和模式试办独立学院管理的若干意见》（以下简称“8 号文”）为标志。8 号文正式将“由普通高校按照新机制、新模式举办的本科层次的二级学院”命名为“独立学院”；并对独立学院的设置和办学进行了规范，提出七个“独立”要求，即独立学院应具有独立法人资格，能独立承担民事责任，具有独立的校园和基本办学设施，实施相对独立的教学组织和管理，独立招生，独立颁发学历证书，独立进行财务核算，对原有的国有民办二级学院提出了若干规范意见和设置要求。

第三阶段，转型发展阶段（2008 年至今）。以 2008 年教育部颁布《独立学院设置与管理办法》[中华人民共和国教育部令（第 26 号），以下简称“26 号令”]为标志。26 号令从独立学院的性质、设立、组织与活动、管理与监督、变更与终止、法律责任等方面予以明确规范，规定“独立学院按照普通本科高等学校的设置标准来执行”，并提出了明确的五年考察验收期限。然而，受制于校园占地面积不达标、资产过户困难等因素，2008 年“26 号令”颁布至今，仅有 57 所独立学院完成规范设置，仅占全国独立学院总数的 18%。

3. 独立学院办学实践现状分析

独立学院在规模、区域分布结构、学科专业类型结构和办学体制及模式等方面，均有显著的特点。

从发展规模上看，独立学院数量最高时达到2011年的323所，随着规范设置工作的推进，近年来逐步下降，到2017年年底尚有265所。

从区域分布上看，独立学院覆盖地域广泛，以东部地区居多。东部地区有133所独立学院，占全国独立学院总数的50%；中部地区有77所独立学院，西部地区有55所独立学院，分别占全国独立学院总数的29%和21%。按各省(自治区、直辖市)独立学院数量及其占全国独立学院总数的比例，排在前六位的依次是江苏省(25所)、浙江省(21所)、湖北省(17所)、河北省(17所)、广东省(16所)和湖南省(15所)，分别占全国独立学院总数的9.4%、7.9%、6.4%、6.4%、6.0%和5.7%，总计111所，占全国独立学院总数的41.9%。

从学科专业类型上看，独立学院类型多样，差异性较大。按独立学院类型占比从高到低排序，依次为理工类(93所)、综合类(69所)、财经类(43所)、医药类(23所)和师范类(19所)，分别占全国独立学院总数的35.1%、26.0%、16.2%、8.7%和7.2%，共计247所，合计占全国独立学院总数的93.2%；其余18所分别为语言类(7所)、农林类(6所)、体育类(2所)、艺术类(2所)和民族类(1所)院校，合计占全国独立学院总数的6.8%。

从办学模式上看，形态复杂、方式各异。按办学主体不同进行划分，主要包括校政模式、校企模式、校中校模式、校校模式等。一是校政模式，由公办普通本科院校与地方政府合作共建，一般由地方政府提供土地及地面建筑等资源，高校负责办学。二是校企模式，由公办普通本科院校与企业共同创办，一般由企业提供资金，负责办学所需的硬件建设，高校提供品牌，负责软件建设。三是校中校模式，由公办普通本科院校利用自身资源在校内独立举办二级学院。四是校校模式，由两所或两所以上公办普通本科院校合作，整合各校的优势资源共同创办。

二、独立学院发展的突出问题及成因分析

当前，独立学院在发展中遇到了一系列瓶颈问题，面临着规范设置

进展缓慢的困境，26 号令正式施行已近 11 年，而仍有 265 所独立学院未能达成规范设置目标，占到了独立学院总数的 82%。这种情况造成了学校举办者和师生的忧虑与困惑，也引起了社会的关注与热议。为准确把握独立学院近 20 年发展的现状、问题和各利益相关方诉求，我们实地走访、访谈调研了 4 省 30 余所独立学院及其母体高校，汇集痛点堵点，收集看法意见，辨别剖析原因。

1. 政策预期模糊，法人属性不清

调研发现，五年考察验收期已过，国家尚未修改完善 26 号令，也没有出台明确的后续政策，不少独立学院面临未来发展困惑。独立学院诞生之初，带有明显的“先发展后规范”的特征，即地方实践在先、政策规范在后，这与当时我国经济社会和教育发展的历史环境有关。各地独立学院办学形态多样，差异性很大，甚至同省市的不同独立学院也存在显著差异，现有相关政策和验收标准并未充分考虑各省市独立学院的特殊性和复杂性。比如，在用地要求方面，生均占地面积或者学校办学用地面积的规定限制了小规模独立学院的发展，占地总面积没有达到 500 亩的学校，不能实现规范设置验收；在产权过户方面，地方政府投资的独立学院能否实现产权结构多元化尚不明晰。另外，在独立学院办学中涉及土地、资产、税收等问题，已经超出了教育行政部门的管辖权限，目前还缺乏切实可行的协同配套政策和机制。

在教育管理和学校发展实践当中，独立学院陷入了公办、民办“两不靠”的尴尬境地。26 号令明确独立学院属于民办教育，依法享有《民办教育促进法》所规定的各项奖励与扶持政策。然而，在现实中由于独立学院法人属性不清，既不能享受公办高校生均拨款、教师编制等政策，也不能享受民办高校专项财政经费扶持等政策，甚至在管理上也被列入“另册”。有的学校虽然在形式上达到了独立法人的要求，但依靠母体学校的品牌和学科专业办学，受限较多，附属痕迹偏重。

2. 出资方顾虑大，办学经费不足

不少地方反映，出资者顾虑重重，不能持续保证充足的经费投入，影响独立学院稳步发展。部分投资方获取短期回报的愿望强烈，且投资主体更多以自身利益为先，很少进行稳定长期投资，遇到资金周转等困难时便会撤出。部分母体高校收取高额的管理费，将独立学院作为弥补母体高校办学经费不足的"钱袋子"。同时，尽管营利性和非营利性民办学校分类管理的法律法规和政策已经明确，但由于独立学院发展方向不明晰，独立学院是否实施分类管理，是否允许举办营利性独立学院等重要问题仍未明确，这加剧了投资方再投资的顾虑，影响了投资方的信心。

由于办学经费收入渠道单一和支出科目多重叠加，导致独立学院办学经费严重不足。独立学院真正获得的财政扶持与优惠政策过少，办学资金主要依赖学费收入，而在学费收入当中要向投资方提交合理回报，还要向母体高校上缴25%到30%的管理费，有的独立学院收取的学费还必须进入母体高校账户后方能支出。此外，独立学院面临生源不足压力，如果提高学费标准，则会直接面临生存风险。由此导致独立学院的实际生均经费不仅远低于公办本科院校，甚至低于普通民办本科院校；部分独立学院独立校舍、教学仪器设备、图书资料等资源匮乏，自有教师队伍建设不力，程度不同地存在着凑合办学、勉强运行等现象，直接影响到学校的办学质量，尤其是人才培养质量。

3. 自主办学受限，师资问题突出

一些学校认为，办学自主权的缺失制约了独立学院的特色发展。一是专业设置缺少自主权，办学特色难以形成，竞争力受到影响。独立学院既受限于政府与公办母体高校之间的关系，也受制于母体高校的学科专业发展。地方政府的计划管理模式痕迹严重，对独立学院的专业设置管得过多、统得过死；独立学院依靠母体高校的品牌和学科专业办学，受限较多，附属痕迹偏重，专业设置重复雷同，依附倾向严重，人才培养模式趋于同质化。二是独立学院在招生和收费方面受到很大的限制，各地收费权力和标准差异较大；有的省规定民办院校可以自主确定学费，但将独立学院排除在外，抑制了独立学院办学的自主性和灵活性。

师资问题已成为制约独立学院发展的“一道坎”。由于制度不健全、薪酬待遇低、专业发展受限、社会保障不足等原因，独立学院教师尚难以做到与公办高校教师同等地位、同等权利、同等待遇，导致独立学院自有教师队伍建设的难度很大。教师“招不进，留不下”，教师队伍结构失衡现象严重，整体水平亟待提升。一是专兼职结构失衡。大部分独立学院的兼职教师比例过高，专兼职教师结构比例远低于本科教学工作合格评估指标体系中的基本要求。二是年龄结构失衡。独立学院教师队伍的年龄结构总体上“老的老、小的小”，年富力强的骨干教师比例较低，优秀青年骨干教师数量不足，“两头大、中间小”的情况比普通民办本科院校还要严重。三是整体素质亟待提升。不少独立学院的专任教师来自于母体高校，而兼职教师也以公办高校的退休教师居多，在应用型人才培养方面经验不足，与独立学院培养应用型人才的目标不符。近年来，独立学院中以应届硕士毕业生为主的青年教师有所增加，但面临身份转换困难和教学负担过重等问题，青年教师的职业倦怠水平和离职比例居高不下，教学经验也相对不足。

4. 内部治理关系不顺畅，内涵建设亟待加强

访谈中我们了解到，在现有体制和政策环境下，独立学院内部治理关系不顺畅，院长的行政管理权受限，不能充分发挥在学校重大发展事宜中的决策和组织实施作用。一是院长需要花费大量时间和精力协调多方利益主体诉求，处理多重利益，既要协调好外部与投资方的关系，又要处理好内部与母体高校的关系，疲于应对企业投资行为和高校治理逻辑之间结构性矛盾的尴尬局面，很多时候处于焦虑和无奈之中。二是院长遴选缺乏制度化与专业化标准，不少独立学院的院长由举办高校的在职人员或退休人员担任，少数是投资方的人选担任，校董会领导下的独立学院院长负责制难以规范和落实，无法最大限度地发挥院长的领导才能和管理作用。三是在独立学院的具体管理实践中，来自母体高校的很多院长的管理理念和管理方式往往受限于母体高校的模式和经验，不能适应独立学院管理的新要求；学校的发展规划往往被局

限在母体高校利益的框架之内，限制了独立学院民营机制的发展，阻碍了学校体制机制创新和教育教学改革。

由于受到前述种种问题的困扰，很多独立学院领导班子和干部、教师的时间精力并没有真正集中到学校的内涵发展上来，没有在优化结构和提高质量方面下大力气，这必然会影响到学校的办学水平和社会声誉，部分学校面临着潜在的生存危机。相比较来看，提高独立学院质量是系统工程，离不开强烈的质量理念和意识、完善的质量保障制度和机制、浓厚的质量文化和气氛，离不开突破质量认识瓶颈、创新课程教材体系、探索新型教学方式，这需要全员参与、全方位投入、全过程关注，一些独立学院在人员、资源、精力和时间上投入不足，尚未真正将内涵建设摆上日程。

三、独立学院改革发展的对策建议

完成规范设置工作，走出独立学院发展的困境，必须要直面问题，有的放矢，从完善政策法规、改革体制机制、加强规范管理、分类扶持发展等方面进行综合治理，使独立学院的发展尽快步入正轨。

1. 健全相关政策法规，因地制宜推进改革

鉴于独立学院发展的多元化特征，以单一标准来规范设置与管理独立学院，脱离了当前不同区域、不同类型独立学院的办学实际，影响了独立学院规范设置工作的顺利推进。当前，部分地区和独立学院出现了等待、观望、畏难等情绪，政府层面要加强政策引导和法规约束，加快推进独立学院规范设置进程。

建议确立和遵循“政府主导、属地管理、因地制宜、一校一策”的原则，以《民办教育促进法》为基本依据，以 26 号令为原则框架，尽快研究制定独立学院规范设置的国家指导意见和地方实施细则。一是在中央层面尽快出台民办教育新法新政背景下独立学院规范设置的指导意见，修订和完善 26 号令，同时在调查研究的基础上调整和优化独立学院规范设置验收标准。二是在省级层面结合各地实际情况，制定独立学院规范设置实施细则，使得各独立学院在涉及规范设置的资产过户、土地达标、产权归属、教师保障等重大问题上能够做到有据可依，有效规范独立学院利益和权力格局的重大调整，维护师生权益，并确保学校的安全、稳定运行。

2. 完善统筹协调机制，强化省级政府统筹权

我国独立学院规范设置验收工作进展缓慢，除了独立学院形态多样、多方利益错综交织的原因之外，统筹协调机制不健全也是重要原因之一。一方面，独立学院资产过户、土地指标等问题的解决远远超出了教育行政部门的权限范围，需要多个政府部门协同制定可行方案。另一方面，仅依靠国家层面的顶层设计和独立学院的基层创新，还难以推动独立学院规范设置工作的实质性进展，亟须加强省级政府部门的中层担纲。

一是进一步完善统筹协调机制。建议建立教育、发改、财政、国土、税务等相关部门的综合会商机制，协调解决独立学院规范设置中出现的有关问题；建立政府、母体高校、独立学院和投资方等主体协同推进独立学院规范设置的机制，以及独立学院与母体高校“脱钩”的专项协调机制。二是进一步下放权力。建议将独立学院规范设置验收的权力下放到省级政府，针对当前独立学院规范设置过程中存在的不想转、不敢转、不能转、不会转等问题，充分发挥地方政府的教育统筹作用，结合省情校情，多管齐下，多策并举，扎实推进。国家教育行政部门和全国高等学校设置评议委员会（简称“高评委”）应研制和把握独立学院规范设置验收的标准框架和基本规范，并对地方验收结果进行核准和抽查，成熟一所，审批一所，形成加快独立学院规范设置的局面。

3. 坚持分类指导，建立差别化的规范设置与管理制度

我国独立学院办学主体多元、合作形式多样，不同地区、不同学校存在很大差异，要避免采取“一刀切”式的规范设置与管理方式。对独

立学院规范设置的审核与评估，应尊重历史和现实，充分考虑不同地区、不同类型独立学院的特殊性，给予差别化规范。一是针对“校政模式”，要尊重历史事实，创新设置模式。在规范设置的实现路径上可以选择：或维持现状，按26号令要求做到真正独立，由母体高校继续举办；或政府以生均拨款和专项拨款方式按年度投入财政性教育经费，转设为公办本科院校，与母体高校脱钩或由母体高校继续举办；或引入社会力量投入，与母体高校脱钩，转设为独立设置的民办本科院校。二是针对“校企模式”，要明晰产权结构，规范办学行为。在规范设置的实现路径上可以选择：或与母体高校脱钩，转设为独立设置的民办本科院校；或终止合作办学协议，统一招生标准和学费标准，回归母体高校。三是针对“校中校”模式，要加强规范管理，改善学校声誉。在规范设置的实现路径上可以选择：或统一招生标准和收费标准，回归母体高校；或引入新出资者迁址办学，与母体高校“脱钩”，转设为独立设置的民办本科院校；或逐年缩减招生计划，逐渐终止办学。四是针对部分满足26号令第六条规定的“七独立”要求，但既不想回归母体高校、又不想转设为独立设置的民办本科院校的独立学院，要鼓励创新办学体制，依法依规探索“混合所有制”的办学模式。五是针对部分由于历史遗留问题而无法完成评估验收的独立学院，要考虑其特殊情况，在有关方面形成共识的基础上制定针对性政策，推进顺利完成规范设置工作。

4.加大政府支持力度，落实独立学院办学自主权

规范设置的目的是为了促进独立学院办学水平和人才培养质量的提升。建议进一步加大政府在资产过户、法人登记、优惠政策等方面的支持力度，落实和扩大独立学院自主权，激发独立学院改革发展的主动性和创造性。

一是有效解决独立学院办学面积达标问题。在验收标准方面，不少独立学院面临的最大困难是占地面积不足500亩，难以达标。建议地方政府将独立学院建设用地纳入地方整体建设规划，采取优惠出让、无偿建设等形式予以支持；或者在原则上坚持现行占地面积标准的同

时，特殊情况予以特殊对待，设定例外情况和附加条件。二是在明晰产权关系方面予以规范。在资产过户方面，独立学院转设必然牵涉资产分割和结算，要依照国家有关法律法规，及时清产核资和登记产权，明晰产权关系，保障国有资产不流失。独立学院转设的瓶颈问题之一是公办母体高校与投资方在无形资产划分、资产增值部分的认定和利益诉求存在差异，建议进一步完善评估指标体系，建立专门化的资产评估机构或委托有资质的第三方资产评估机构，进行分类评估，并合理确定出资额。三是明晰独立学院的法人属性。在法人登记方面，目前绝大多数独立学院在民政部门登记为民办非企业，导致独立学院教师的社会保障和退休待遇等与公办高校教师存在很大差别，建议将非营利性独立学院登记为事业单位。四是加大政府扶持力度。在制定优惠和扶持政策方面，随着办学成本的增加和政府对公办高校投入的加大，以及对民办高校扶持力度的逐渐加大，独立学院单一依靠学费收入已无优势可言，办学经费捉襟见肘，建议理顺管理体制，加大政策扶持力度。比如，采取专项资金、生均补贴等形式对独立学院给予必要的财政支持。五是切实落实独立学院的办学自主权。地方政府及教育行政部门应将独立学院的管理纳入“正册”，使学校在公文流转、职称评聘、专项经费、奖优评优、学位授权审核、专业设置、本科教学评估等方面，享受普通高等学校的同等待遇。

5. 抓好内涵建设，促进高等教育健康可持续发展

必须明确，规范设置的最终目的是促进独立学院乃至我国高等教育实现内涵式发展。独立学院目前在规范设置方面困难重重，在发展过程中亦有种种困惑和疑虑，要扭转国家层面积极推进规范设置、地方及学校层面等待观望和被动应付的现象，尽快完成规范设置工作。

对于公办母体高校尤其是“双一流”建设大学和省属重点建设大学而言，要有大视野和大格局，践行科学发展观，避免急功近利的短期行为，协调各方，尽快完成独立学院的转设工作，集中精力抓好学校自身的内涵发展和特色发展，加快一流大学和一流学科的建设进程。

对于独立学院而言，则应在规范设置过程中，始终将学校的内涵发展放在核心地位。一是确立明晰的办学理念和目标定位。冲破母体高校办学模式和学科专业的局限性，面向地方需求，科学定位，在干部、教师中形成发展共识和改革合力，坚持特色发展、多样化探索。二是构建先进的人才培养模式和有效的质量保障体系。明晰人才培养目标和规格，加强专业建设和改革，优化人才培养方案和课程体系，改革教学方法与手段，构建和完善内部教学质量监控与保障体系建设。三是开展学科建设与科学研究。促进学科专业一体化建设，将高水平的研究平台和研究成果转化为优质教学资源，支撑和反哺人才培养。四是建设精良的教师队伍。加强师德建设，创新教师聘任和考核机制，优化教师队伍结构，加强教师培训，改善教师待遇，不断提高教师综合素养和队伍整体水平。五是创建现代学校制度。构建科学的治理体系和运行机制，优化学校内部和外部治理结构，深化管理制度机制改革，不断提高治理能力，为学校发展提供制度保障。六是营造优良的学校文化。要注重长期积累，发挥校园文化和校风学风对于大学生成长成才的潜移默化的熏陶、催化作用，不断优化育人氛围和环境，为实现立德树人夯实基础。

我国民办教育培训行业发展现状与对策*

在经济全球化和教育国际化的大背景下，加大人力资本投资、建设学习型社会、提高公民素质和能力已成为加快我国经济社会建设步伐、全面建成小康社会的重要基础。近年来，在国家"积极鼓励、大力支持、正确引导、依法管理"方针(《民办教育促进法》第三条)的指引下，民办教育事业蓬勃发展，已经成为我国教育事业发展的重要增长点和促进教育改革的重要力量。多种教育模式的探索，既适应了广大学生和社会公众对教育的多样化和个性化需求，也对构建灵活开放的教育体系作出了重要贡献。

总体而言，民办教育机构可以分为两类，即从事学历教育的民办学校和从事非学历教育的民办教育培训机构，本文研究对象为后者。根据培训对象的不同，民办教育培训机构又可分为两类：一类是面向从幼儿阶段到研究生阶段各层次学生的教育培训，如幼儿教育、文化补习、兴趣提高、特长发展、证书考试辅导、出国考试培训等；另一类是面向在职人员和社会人员的教育培训，以提高职业技能、改善知识结构等为目标，涵盖了职业教育、成人教育和继续教育等，主要涉及 IT 教育、外语、金融、管理、市场类职业培训以及国际化培训等领域。

民办教育培训行业快速发展的动因可归结为以下两个方面。一是从需求角度来看，多元化、专业化教育的刚性需求是近年来民办教育培训获得长足发展的根本原因。随着经济社会的发展，公众提高自身素质的需求不断攀升，对知识、技术以及个人职业生涯发展的渴

---

* 原载《中国教育学刊》2014 年第 5 期，方芳为第一作者。

望，加剧了对于教育的多元化、个性化和专业化需求；以普及性和公平性为价值取向的公办学历教育已经无法完全满足这些需求，社会教育同学校教育一样成为重要的教育领域，民办教育培训机构在巨大的教育市场呼唤之下应运而生。二是从供给角度来看，由于公众对于教育消费的投入不断增加，公办教育投入的滞后与教育消费快速增长的迫切需求之间形成了巨大落差，稀缺的优质教育资源与公众的迫切需求之间存在较大差距，这使得不同类型和规模的民办教育培训机构大量涌现并迅速成长，民办教育培训行业快速拓展并逐步走向产业化道路。①

一、民办教育培训行业的发展现状和特点

我国民办教育培训市场的形成和发展并非孤立和割裂的过程，它与经济体制改革和经济发展方式转变、公民生活水平提高和需求结构调整紧密相关，也与就业规模扩大和劳动力市场供求关系变化等因素密切关联，并随之不断发生着变化。综观近年来我国民办教育培训行业的发展变化状况，其特点可以归纳为以下几个方面。

1. 市场性特征鲜明

第一，教育培训服务的供求状况受市场调节。随着经济社会和教育事业的发展，教育培训服务的供求越来越受到市场的影响，各类民办教育培训机构的出现缓解了教育市场多样化、个性化需求的压力，同时也会有较多的民办教育培训机构因不能适应市场的需求而逐渐走向消退。第二，教育培训服务的形式和内容直接反映了市场需求。例如，教育国际化进程的加快催生了巨大的英语培训市场；民营经济的迅速发展和激烈竞争导致了各种商业管理培训课程和机构的出现等。第三，培训服务

① 环球企业家.民办教育黄金十年[EB/OL].(2011-12-01)[2014-02-15]. http://www.zgpxjyworg/shownews.asp? id=1129.

价格随市场供求关系的变化波动。[①] 在市场经济条件下，民办教育培训机构作为独立的经济实体，其培训服务在供需状况上必然受到市场机制的调节，因此，民办教育培训机构必须运用价格机制来适应市场竞争。第四，市场因素在教育培训资源配置方式中发挥重要作用。民办教育培训机构在市场化运作中的办学模式、运行机制和培训品质等影响着培训市场要素的配置，使得其生存和发展遵循适者生存、优胜劣汰的市场法则。

2. 资本化运营方式步伐放缓

随着终身学习理念逐渐为人们接受，我国家庭把越来越多的资金用于教育，民办教育培训市场规模发展迅猛，潜在市场空间巨大，而且在人口基数庞大的情形下，很容易形成强势的消费能力。另外，民办教育培训服务的形式灵活、方式多样，能够在较短时间内获得高速发展并产生高额回报，这使得海外投资公司纷纷看好中国教育培训行业。在短短几年间，教育培训领域从资本绝缘体变成了资本涌入地。自 2006 年 6 月东方纪元在新加坡率先上市，特别是同年 9 月新东方教育集团在纽约上市后，教育培训机构获得越来越多风投公司的关注，从而使得上市圈取充裕的发展资金，成为众多培训机构的集体冲动（表 1）。客观而言，我国民办教育培训机构是在自身尚未发展成熟的情况下被推入资本市场洪流中的，如果没有明晰的先进教育理念为先导，缺乏强烈的质量意识和风险意识，就容易舍本逐末，陷入盲目扩张、同质化发展、一味追求市场利润的误区，上市背后的强劲盈利需求势必影响培训质量的提升和教育目的的实现，同时也会给民办教育培训机构的发展带来新的问题。可见，资本的介入将会打破民办教育培训市场的平衡，使其陷入新的博弈当中。数据显示，近年来，我国民办教育培训机构上市的资本化运作步伐已经明显放缓，进入了由冲动回归理性的调整期。

---

① 魏真：《我国民办非学历教育培训的发展定位及策略调整》，载中国教育学会教育经济学分会：《2009 年中国教育经济学学术年会论文集》，中国教育学会教育经济学分会 2009 印行，第 1128—1133 页。

表1　我国教育与培训行业上市公司概况

上市企业（上市代码）	地区	投资机构	上市地点	上市时间	筹资额
东方纪元(511)	广东	深圳创新投、大华投资	新加坡凯利板	2006/06/01	SGD1165万
新东方(EDU)	北京	老虎基金	纽约证券交易所	2006/09/07	USD3亿
弘成教育(CEDU)	北京	IDG资本、花旗创投、柏尚投资、海纳亚洲、大华投资	纳斯达克证券交易所	2007/12/11	USD6820万
ATA公司(ATAI)	纽约	赛富亚洲	纳斯达克证券交易所	2008/01/29	USD4630万
正保远程教育(DL)	北京	兰馨亚洲、晨兴投资、贝塔斯曼亚太投资	纽约证券交易所	2008/07/30	USD6125万
安博教育(AMBO)	北京	集富亚洲、思科香港、艾威基金、华威科创、麦格理、英联	纽约证券交易所	2010/08/05	USD1.1亿
环球雅思(GEDU)	北京	赛富亚洲	纽约证券交易所	2010/10/08	USD6694万
好未来教育(XRS)	北京	老虎基金、KTB	纽约证券交易所	2010/10/20	USD1.2亿
学大教育(XUE)	北京	鼎晖创投	纽约证券交易所	2010/11/02	USD1.3亿

注：数据来源于清科研究中心网站(http://zdb.pedaily.cn/ipo/h2869/)，其中，正保远程教育的数据来自其官网的相关信息(http://www.cdeledu.com/)。"好未来"的前身即"学而思"，于2013年8月19日正式更名。

3.由快速扩张转向规范调整

民办教育培训机构作为社会力量办学的一种组织形式，进入21世纪以来，其规模保持着平稳增长的发展态势(表2)。然而近两年来，民办培训机构数和接受培训人数、各级各类非学历教育结业生和注册生人数均呈现出稳中趋降的态势(图1)。初步分析，这既与学校教育规模急剧扩张、网络教育迅速发展有关，也与民办教育培训机构的适应性和社会声誉有关。可以预见，我国民办教育培训行业的发展速度正在逐步放缓，进入一个关键的转型期，即由以规模快速扩张为特征的外延发展转向以提升品质为核心的内涵发展。从实际情况看，不同类型的民办教育培训机构正在以提高培训质量和管理水平为重点，积极探索多样化的内涵发展路径。例如，一些规模较小的教育培训机构凝练培训方向，向单一的专业化方向发展；一些规模较大的教育培训机构加强内部管理，着力提升品质等。正如有学者所言，民办教育培训行业已经由过去“野蛮增长”的旧时代逐步走向精细管理的新时期。①

表 2 2008—2012 年民办教育培训机构规模情况

年份	民办培训机构(所)	接受培训人数(万人次)
2008	19579	834.76
2009	19395	844.93
2010	18341	929.78
2011	21403	955.46
2012	20155	860.64

注：数据来源于《全国教育事业发展统计公报》(2008—2012)

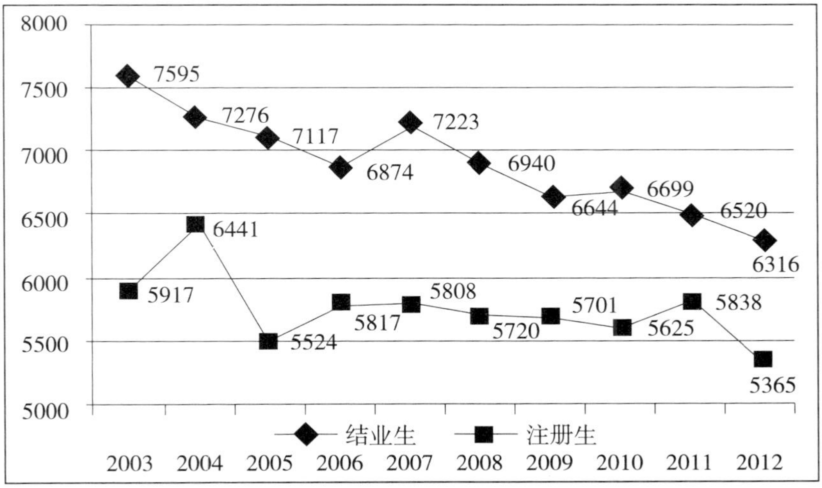

注：数据来源于《中国统计年鉴》(2014—2012)

图 1 2003—2011 年全国各级各类非学历教育结业生和注册生数

① 《高峰对话：民办培训教育的热扩张与冷思考》[EB/OL].(2013-05-21)[2014-02-15].http://www.xdf.cn/redi-an/201305/9416140.html.

4.互联网领域的线上竞争强势展开

网络技术和知识数字化的发展，导致知识传递的方式由单向转向互动，带来教学方式和学习方式的变革，这为民办教育培训行业带来了新的发展机遇，并催生着广阔的二、三线城市市场。过去一些年，民办教育培训机构的竞争主要集中在线下，而自2012年起，越来越多的民办教育培训机构开始关注线上的竞争，大型的教育培训机构开始角力于互联网和移动互联网领域。除传统的网络课程外，社区式的网络学习平台、依托于移动客户端的APP应用、微课程等培训模式已经出现在教育培训市场上。随着慕课的兴起和智能设备的普及，有关互联网和移动教育的新想法和新举措开始涌现，信息技术在教育培训中的优越性日益凸显，作用不断增强，线上教育已成为民办教育培训机构的“必争之地”。例如，新东方、学而思、学大、博乐网、微课网等近来在网络教育方面动作频频。[①] 可以预见，随着线上竞争的进一步加剧，民办教育培训市场面临着新一轮的分化和重组。

二、民办教育培训行业面临的困境

随着我国市场经济的逐渐成熟，民办教育培训行业也充分实现了它在市场经济链中的价值。然而由于处于经济转轨时期，民办教育培训行业的发展也出现了很多矛盾和问题，使其陷入了一方面因旺盛的多样化需求而蓬勃发展，另一方面却因质量良莠不齐、乱象频出而招致社会诟病的怪圈。

1.属性定位模糊，相关法律依据有待细化

民办教育培训机构兼具教育机构与商业机构的双重属性，然而在实际运营过程中，作为商业机构的经济属性往往被过度放大，而作为教

---

① 《2013，民办教育培训市场潮向何方？》[EB/OL].(2012-12-25)[2014-02-15].http://bjyouth.ynet.com/3.1/1212/25/7706901.html.

育机构的教育属性则在某种程度上被缩小了。另外，根据《民办教育促进法》的规定，民办教育培训机构具有公益性和民办非企业法人的属性，然而实际上一些民办教育培训机构并不是以其在工商部门注册登记的公司的名义直接从事教育培训活动，而是以该公司作为民办学校的举办人或者出资人，向教育行政部门或劳动保障部门申请设立民办学校，然后以民办学校的名义再从事相应的教育培训活动。《教育法》规定，任何单位和个人不得在我国境内举办营利性教育机构，《民办教育促进法》强调“民办教育事业属于公益性事业”，并回避了“投资”和“收益”等概念，只规定“出资人可以从办学结余中取得合理回报”。民办教育培训机构属性定位的不清晰，使得其从诞生至今，始终行走在公益和营利之间，并导致在培训宣传、培训收费、培训质量、缴纳税费等方面出现种种问题。

2. 品质良莠不齐，运行机制和经营模式亟待完善

在教育培训市场的巨大需求推动下，相对于学校教育来说，民办教育培训的形式更加多样和灵活，如“一对一”或“一对多”等私人之间的培训等，但这些培训模式常常并不需要市场准入，因此很难对其进行监管。另外，一些培训机构以营利作为首要的甚至是唯一的目的，在市场运行的规范性和经营模式的有效性等方面存在不少问题，导致现有的教育培训机构品质良莠不齐，社会声誉差异较大。第一，从行业标准来看，目前我国培训市场没有统一的行业性协会，也缺乏相应的行业标准，政府、市场、教育培训机构三者之间资源配置的机制亦不明晰。第二，从准入门槛来看，由于社会需求旺盛，民办教育培训市场的准入门槛偏低，中小型民办教育培训机构数量众多，同时还存在不少未经任何政府部门批准而开展教育培训活动的机构，它们通常都未达到相应的办学标准，教学与服务质量也难以得到保障。第三，从培训业务来看，不同机构在教学管理和培训质量等方面差异悬殊，而且在课程设置、教材选择等方面随意性较大，在培训模式和内容上存在趋同化和低水平盲目竞争的倾向。第四，从经营形式来看，“直营”与“加盟”成为民办教

育培训机构实现市场扩张的基本路径，而后者的管理权相对分散，内部品质监管不易，往往成为教学服务品质投诉的重灾区。[①]

3.师资力量薄弱，专业化建设亟待加强

当前，我国民办教育培训机构的从业人员普遍存在专业化、职业化程度不高，核心竞争能力欠缺的现象，教师队伍和管理人员队伍建设亟待加强。首先，培训者的资格准入和职业培训制度尚不健全。很多民办教育培训机构招聘的教师多是半路出家，往往不具有系统的教育学、心理学知识，并缺少相应的职业能力训练，而目前在职培训的机构很少，运行及管理机制不健全，导致专业培训者严重匮乏。其次，不少民办教育培训机构的管理人员缺乏市场运作的相关经验和知识。他们大多承担教学组织管理和后勤服务工作，对于经济发展规律和教学规律、市场运作和商业策略等缺乏足够的经验和知识，制约了民办教育培训机构的可持续发展。最后，针对教育培训市场的人才培养、培训者的培训和科学研究未得到充分重视。目前，我国尚无高校设置相关专业方向或模块课程，研究教育培训市场和培训模式问题的专家学者寥寥无几，相关研究文献和成果较少，难以为教育培训行业的发展提供有效的智力支持和政策咨询。

4.市场监管缺位，规范管理和鼓励发展的制度急需健全

办学形式的灵活性和自主性是民办教育培训的特点与优势所在，然而长期以来，政府对教育培训机构实行多头管理。根据《民办教育促进法》的规定，民办社会力量办学机构应由民政部门负责审批、备案，由教育行政部门负责学历教育培训机构管理，由劳动保障部门负责职业技能培训机构管理，而其审计工作则由税务部门负责。多个部门参与民办教育培训机构的管理，在实际运行过程中往往容易导致相互推诿、规范管理制度不统一、鼓励发展政策不明确等现象的产生；加之教育培

---

① 胡天佑：《我国教育培训机构的规范与治理》，《教育学术月刊》2013年第7期。

训行业协会还未建立，部分民办教育培训机构的法律意识和自律意识不强，往往片面追求经济效益，忽视教育目标和社会效益。这些因素无疑会影响和制约教育培训行业和教育培训市场的健康、可持续发展。

三、我国民办教育培训机构发展的对策建议

破解我国民办教育培训行业的发展难题，促进我国民办教育培训机构的健康发展，必须在转变观念的基础上加强规范管理，健全竞争机制，抓好内涵建设。为此，笔者提出以下几点建议。

1. 更新教育观念，提高对教育培训重要性的认识

首先，要转变教育观念，从构建终身教育体系和学习型社会的角度出发，充分认识教育培训在国家教育体系中的重要战略地位。从终身学习的理念来看，学校教育只是人生教育的一部分，更多的知识和技能需要通过在工作岗位上和生活中进一步学习才能获得。因此，构筑学习型社会不仅要不断完善质量较高的普通教育体系，也要大力发展成人教育和社区教育，推进教育培训的社会化。要改变过去教育培训无系统、无组织的随机发展状态，加强系统规划和协调推进。其次，要在构筑学习型社会的进程中突出教育培训的特殊功能。学习重要性的突出和人们对知识及技能的渴求，是推动培训行业发展的巨大力量，也决定了民办教育培训机构必须在激烈的竞争中形成自己的优势和特色，更好地发挥独特的教育功能，才能在为构建体系完备的终身教育、提升公民素质作出贡献的同时，实现自身的长足发展。

2. 加强规范管理，健全竞争机制和质量保障体系

政府是教育培训市场竞争规则的制定者和竞争秩序的维护者，也是教育培训成果的购买者[①]，有责任和义务推动民办教育行业的发展。

---

① 李艳艳：《移民劳动力培训管理研究》，河海大学 2009 年博士论文。

首先，应制订和修订相关政策法规，进一步明晰民办教育机构的法人属性，完善教育培训规范管理机制和市场竞争机制，建立教育培训信息服务系统，引导教育培训市场有序竞争，为民办教育培训机构的发展提供良好的政策环境。其次，要深化教育培训体制改革，积极探索与普通教育、成人教育的沟通和互动，尝试建立学历教育与非学历教育之间成果评价和互认机制，努力形成职前培养和职后培训之间的有效衔接机制，构建灵活多样的教育培训市场体系，以提高教育培训资源和投资的利用率，更好地实现教育培训的社会效益。最后，要根据不同类型教育培训机构的共性与个性制订标准，加强民办教育培训机构认证工作，完善准入和退出机制，建立健全质量保障体系，适时开展培训质量评估，引导民办教育培训机构办出水平，形成特色。

3. 加强教师能力建设和教育培训资源平台建设

教师队伍的整体素质和水平是民办教育培训机构的核心竞争力之一。首先，要加强对培训者的专业化培训。通过多种形式的培训，培训者了解到教育培训领域的理论和现实问题，熟悉教育培训市场的规律和运营模式，掌握相关专业或职业的培训技术和方法，逐步提高自身的专业化水平。其次，要跟踪国际前沿，借鉴国际经验。当前要认真研究慕课、翻转课堂、微课程等教育教学模式变革对我国教育培训行业带来的新机遇和新挑战，利用互联网技术，推动教育培训信息化建设进程，改革培训模式，建立优质教育培训资源平台，不断提高教育培训质量和效益。最后，有条件的高校可以根据社会需求尝试设置教育培训的专业方向或模块课程，开拓相关研究领域，加强教育培训市场规律、培训模式及质量评价方法的研究，探索培养专家型培训者的模式和方法。

4. 坚持质量为本，加强内涵建设和特色发展

在激烈的教育培训市场竞争中，培训质量和水平已经成为民办教育培训机构社会声誉的载体和生存发展的生命线。首先，民办教育培训机构要转变观念，坚持以质量求生存，以服务求发展，处理好公益性和营利性的关系，把精力真正放到改善培训品质上来。其次，民办教育培训机构要注重内涵发展。要研究人力资源市场和就业市场的变化，关注普通教育和学校教育的改革发展趋势，针对教育培训市场的多样化、个性化和专业化需求，明晰培训目标和规格，突出教育培训的针对性和实用性，在优化培训课程结构和培训内容、改革培训方法和手段等方面进行积极探索。最后，民办教育培训机构要建立和完善内部质量监控和保障体系。要建立有效的自我评价制度，科学设计质量标准和指标体系，积极探索评价方式和手段，以不断提高培训质量和效率，并逐步形成自身的优势和特色。

后　记

中华人民共和国成立70年来，尤其是改革开放以来，我国教育事业取得了长足发展。与此同时，教育领域的改革也一直在路上。如今，我国社会主要矛盾的转变、科学技术的进步、国际战略格局的变化，都对我国教育事业的发展提出了新的要求。面向新时代，我国教育事业的发展目标、战略地位、教育形态、发展模式、治理体系也都呈现出新的样态与特征。教育改革涉及的利益群体和诉求日趋多元，利益冲突与博弈更加凸显，因此必须加强顶层设计和系统研究，高等教育、基础教育、学前教育甚至是家庭教育都需要进行系统改革。

在我国教育发展的漫漫征程中，我有幸亲历并参与了这一场伟大的变革，也有一些研究和感悟。2015年出版的《大学的走向》一书收录了2015年之前我在高等教育领域的有关研究成果。近些年来，出于工作需要，尤其是2014年国家启动新一轮高考综合改革以来，在继续高等教育研究的同时，我的研究视野拓展到包括基础教育、学前教育在内的整个教育领域，更多关注高等教育与基础教育的衔接与协调发展。此次将近几年关于教育改革和发展的论文分类整理出版，并命名为《教育的变革》，希望能够抛砖引玉，得到教育界同仁们的批评与指正。这本文集是本人多年来从事教育工作轨迹和心路历程的再一次总结，在这次结集出版时，个别地方有文字改动，同时，为保证内容的连续性和完整性，难免有一些重复的地方，请读者多多谅解。

需要特别强调的是，作为一名教育管理者和大学教师，工作岗位为我提供了熟悉和研究教育的广阔舞台，同事和学生们为我思考和研究教育问题提供了莫大的帮助。文集中除了本人独立撰写的文章外，也有一部分是我与同事、博士生、博士后等合作的成果，周海涛、方芳、赵应生、洪煜、夏欢欢、程接力、王新凤、李志河、张斌贤、和震等，参与了部分文章的撰写。在书稿整理过程中，王新凤、段戒备完成了成果摘录、格式调整、文字校对等工作。在此，向他们表示衷心的感谢。

另外，本书的出版得到了商务印书馆谢仲礼先生的大力支持。他对文集的构思与结构等许多方面提出了宝贵建议，也向他表示诚挚的谢意。

钟秉林

2019年12月10日于北京